KB185271

이런 미드책 처음이야!

어려운 질문에

CHRIS SUH·서성덕

MENTORS

미드영어 어려운 질문에 쉽게 답하다!

2024년 12월 02일 인쇄
2024년 12월 10일 개정판 포함 5쇄 발행

지 은 이 Chris Suh
발 행 인 Chris Suh
발 행 처 **MENTORS**
경기도 성남시 분당구 황새울로 335번길 10 598
TEL 031-604-0025 FAX 031-696-5221
mentors.co.kr
blog.naver.com/mentorsbook
* Play 스토어 및 App 스토어에서 '멘토스북' 검색해 어플다운받기!
등록일자 2005년 7월 27일
등록번호 제 2009-000027호
I S B N 979-11-94467-05-2 13740
가 격 25,000원(MP3 무료다운로드)

PREFACE

미드만큼 좋은 영어교재는 없어~

미드가 유행한 지도 이젠 꽤 오래되었다. 〈프렌즈〉, 〈섹스앤더시티〉, 〈위기의 주부들〉 그리고 〈CSI〉 등 연이은 대작의 출현과 더불어 시작된 미드열풍은 〈빅뱅이론〉, 〈굿와이프〉, 〈왕좌의 게임〉, 〈한니발〉, 〈퍼슨오브인터레스트〉 등 다양한 성격의 개성있는 작품들로 계속 이어져 가고 있다. 많은 사람들이 재미로 혹은 영어학습을 목적으로 미드를 보고 있다. TV나 인터넷에서 아니면 다운로드를 받아가며 남녀노소 가리지 않고 자기가 좋아하는 미드를 즐기고 있다. 즐기면서 영어를 계속 접한다는 점에서 그 어떤 영어교재보다 긍정적인 역할을 하고 있다. 굳이 영어학습만을 목적으로 하지 않는다 쳐도 미드를 계속 보고 듣고 있으면 자신도 모르게 조금이나마 영어 발음이나 억양에 익숙해지고, 쉽고 짧은 표현 등이 조금씩이나마 들리기 때문에 영어, 그것도 살아있는 영어에 노출(exposure)되는 좋은 기회가 된다.

그런데 아직도 뜬구름 걷는 듯, 배드섹터 때문이야!

미드를 보는 사람들은 인터넷에서 자료를 구하고, 함께 모여 스터디를 하거나 혹은 서점에서 책을 통해 미드표현들을 공부해서 좀 더 잘 듣고, 좀 더 잘 이해하기 위해 노력을 한다. 그래서 예전에 비해 살아있는 영어표현들을 많이 알고 있다. 멘토스를 비롯한 많은 출판사들이 많은 표현들을 책에 담고 독자들은 이 표현들을 많이 이해하고 공부하였다. 하지만 이런 수요와 공급의 원리는 맞아 떨어지지만 어딘지 모르게 허전하고 아쉬운 점이 있었다. 많은 표현들을 이해하고 두뇌에 세이브를 해놨지만 배드섹터가 있다는 말이다. 다시 말하자면 자신이 알고 있다고 생각하는 표현들이 실상은 모르고 있는 경우, 알긴 아는 것 같은데 정확히 어느 경우에 어떻게 쓰이는지 뜬구름 잡듯이 알고 있는 경우 등이 바로 그 예이다. 이렇게 기초공사가 부실하다보니 새로운 표현들을 계속 배우고 익혀도 미드영어실력이 휘청거리는 경우가 많게 된다. 영어자막으로 봐도 모르는 단어는 없는 것 같은데 머리는 '멍'하고 이해가 되지 않기 때문이다.

이게 무슨 뜻이에요?

이러한 필요에 의해서 이 책 〈모르면서도 모르는 줄도 모르는 미드표현들, 미드영어 Q&A〉가 나오게 되었다. Section 1 이게 무슨 뜻이에요?에서는 I see where this is going(무슨 속셈인지 알겠어), Where does it come from?(왜 그런 말을 하는거야?), We'll see about that(과연 그렇게 될까), Don't go there(그 얘긴 꺼내지마) 등 초등학교 단어들로 구성되어 있지만 정확히 모르고 있는 표현들, 그리고 Knock yourself out!(어디 해봐!), I could go for a bite(좀 먹었으면 좋겠다), Nice try!(시도는 좋았어!) 등 실제 어느 문맥에서 어떤 상황에서 어떤 뉘앙스로 쓰이는지에 대해 잘 모르는 경우가 많은 표현들을 집중적으로 모아서 그 표현들의 의미와 용례 등을 자세히 설명하였다. 영어로 이해하는 경우가 더 편할 수도 있어 중요한 우리말 옆에는 영어를 함께 수록하여 이해도를 높이도록 꾸몄다. 다음 Section 2에서는 Here's a deal/Here's the deal, kick one's ass/kick ass, Do your job/Do your job right, Don't bother/Don't bother me 등 비슷비슷하지만 의미가 달라지는 표현들을 한자리에 모아놓고 그 의미를 분명히 구분하여 기억에 오래 남도록 하였고, 마지막 Section 3에서는 a flash in the pan, talk turkey 등 미드에서 많이 나오면서 미국문화가 스며 들어있는 표현들을 선택하여 현재의 의미를 갖게 된 사연이나 이유 등을 자세히 설명하였다.

쉬운 단어로 된 미드표현들이 더 어려워~

이 책의 목적은 따라서 새로운 표현들을 더 주입하기 보다는 그동안 축적된 표현들의 기반을 단단히 다지는데에 있다. 쉬운 단어들이 얼마나 어렵게 우리를 힘들게 하는지, 그 쉬운 단어들의 확장성이 얼마나 뛰어난지 깨달으면서 앞으로 계속 미드를 보면서 적어도 모르면서도 알고 있는 것으로 착각해서 그냥 넘어가는 실수는 범하지 않도록 하는 데에 이 책이 예방주사 내지는 영양주사와 같은 역할을 한다면 그 이상 바랄게 없다. 미드는 60년 대에도 있었고 앞으로도 계속 존재할 것이다. 최고의 영어교재인 미드로 영어를 즐기면서 배운다는 마인드를 갖기 바라며, 그 출발지점에서 이 책이 여러분의 미드영어실력의 기반을 다지는데 조금이나 도움이 되었으면 한다.

미드로 공부해야 되는 이유 3가지

1. 미드보다 더 좋은 영어교재 있으면 나와 봐!

우리가 미국 현지에 가서 직접 네이티브들과 일상으로 부딪히면서 영어를 습득하지 않는 한 미드만큼 좋은 영어학습도구는 없다. 물론 인위적이고 과장된 부분들이 많이 있지만 그럼에도 불구하고 피상적인 미국이 아니라 미국인들의 일상을 엿볼 수 있다는 점에서 단연코 으뜸이다. 특히 시트콤의 과도한 말장난 그리고 수사물에 나오는 일반인조차 이해하기 힘든 속어나 욕설 등 불필요한 장면이 많이 나오는 것은 사실이지만 그 정도는 우리가 선별해서 관심의 강약을 조절하면 어렵지 않게 해결되는 문제이다. 솔직히 말하면 또 그런 액션이나 야한 장면들이 있는 것이 영어학습의 동기유발을 할 수도 있으니 그런 의미에서 무조건 부정적으로 생각하지 말고 긍정적으로 생각해도 될 것이다.

2. 지루하지 않게 영어를 접할 수 있다!

이렇게 좋은 영어학습교재를 TV를 통해서 무료로 볼 수도 있고 다운로드를 통해서 볼 수도 있다. 주변에 널린 게 미드이다. 우선은 자기가 좋아하는 장르의 미드를 보면서 영어학습과 재미를 동시에 얻을 수 있는 것이다. 엄마 뱃속에서부터 히어링을 연습한 네이티브를 조금이라도 더 따라가기 위해서는 가능한 많은 미드에 눈과 귀를 노출하는 수밖에 없다. 영어교재 달랑 하나 외웠다고, 학원에서 네이티브 강좌를 한 달 수강했다고 영어가 바로 되는 것은 아니다. 물론 그런 부분들이 조금씩 기본을 다지고 밑바탕이 되어야 하지만, 영어학습의 가장 큰 난관인 지속성의 문제를 해결할 수 있는 방법은 미드를 보는 것이다. 다들 경험이 있겠지만 앞부분만 보고 책장 어딘가에 꽂혀 있는 책, 한 달 수강에 3-4일 나가고 그만두는 경우가 허다하지 않은가 말이다. 이런 관점에서 미드폐인이 될 정도로 미드에 미치는 것은 아주 생산적이고 효과적인 영어학습법이다.

3. 얼마나 쉬운 영어로 말하는지 느낄 수 있다!

미드를 어느 정도 본 사람이라면 느끼는 공통점이 하나 있을 것이다. 네이티브들은 참 쉬운 단어들로 말하고 그리고 그 쉬운 단어들로 된 표현들이 더 어려운 경우가 많다는 것을 말이다. 다시 말하면 네이티브들이 쉬운 단어들로 우리가 생각하는 것 이상으로 수많은 문장을 만든다는 것에 감탄하게 된다. 사실 영어도 언어이고 우리말도 언어이다. 우리의 일상대화를 생각해보면 우리도 엄청 쉬운 말로 완벽한 의사소통을 하고 있다는 것을 느껴야 한다. 하지만 아쉽게도 우리에게 영어는 살아 움직이는 언어가 아니라 책상 위에서 공부하는 과목으로 인식하고 학습하는 대상이다. 하지만 미드는 학습반, 재미반으로 즐길 수 있어 미드를 계속 보다 보면 영어에 대한 감을 자신도 모르게 느낄 수 있게 된다.

미드 볼 때 하면 안되는 3가지

1. 재미없는 미드라 미리 선을 긋지마라!

우선은 자기가 좋아하는 장르의 미드를 즐기면서 봐야 한다. 처음부터 자기와 안맞는 장르를 택해 거부감을 가질 필요는 없다. 하지만 미드의 장르는 시트콤, 팬터지물, 수사물, SF물, 사극 등 점점 다양해지는 추세이므로 어느 정도 미드장르에 유연성을 가지면서 선호하지 않는 장르에도 한번 재미를 붙여보도록 한다. 자기의 취향을 개발할 수도 있고 또 다른 재미를 느낄 수도 있으니 말이다.

2. 한글자막만 보지마라! 안들려도 포기하지마라!

자막을 보지 않거나 가리거나 하면서 미드를 접해야 한다. 아니면 한번 이상 본 미드를 또 보는 경우, 가끔 10분씩이라도 뒤로 돌아서 귀로만 TV를 들어보는 것도 좋은 방법이다. 완벽하게 하려다 금방 지치는 것보다는 설렁설렁하면서 꾸준히 지속하는게 더 현명한 방법일게다. 반면 다운로드한 미드파일들은 한글자막으로 된 것만 아니라면 한영 혹은 자막선택하는 기능이 있는 파일도 있으니 영어자막을 보던지 혹은 다 안들린다고 해도 영어로 직접 듣는 훈련을 해보면 큰 효과를 볼 것이다. 뭐든 공부하다가 다들 멀어지는 가장 큰 원인 중의 하나는 지나친 완벽주의이다. 안들어도 되는 기능어까지 안 들린다고 스트레스를 받을 필요는 없다. 첫술에 배부르랴~. 영어자막을 이용하든지 아니면 원음으로만 훈련을 하든지, 절대 모든 것을 다 들으려는 욕심은 버려야 한다. 그게 영어를 정복하는 스마트한 방법이다.

3. 표현의 의미를 도식화하지마라

언어는 살아있는 유기체이다. 언어는 끊임없이 변화한다. 이렇게 언어의 살아 움직이는 특징을 염두에 두어야 하며 동시에 한 표현에 대한 우리말 정의를 그대로 외우면 안된다. 학교에서 한 단어가 다양한 의미로 사용되는 것을 외면하고 그 대표적 의미만을 외우게 했기 때문에 120% 실용영어인 미드에서 고전하는 것이다. 그러다보니 쉬운 단어로 구성된 표현을 더 이해하지 못하는 현상이 생기게 된다. 최소한 영영사전을 통해 그 단어, 그 어구의 의미와 쓰임새를 알아야 하는데 우리는 인터넷 사전 등에 나와 있는 대표적인 우리말 정의 하나로 도식화시키려는 경향이 강하다. 영어는 수학이 아닌데, 그렇게 대입하다 보면 인터넷 번역기를 쓴 것처럼 언어가 아닌 문장이 되어 버린다. 마지막으로 이를 극복하기 위해서는 적어도 영영사전에 쓰여 있는 영어의미를 이해하고 이를 우리말로 풀어보는 연습을 하면서 여기에 가장 잘 맞는 우리말이 무언지 생각해내는 노력을 해야 한다. 이런 연습을 하면서 미드를 많이 보는 게 영어의 모든 분야에 강해지는 지름길일 것이다.

이책의 특징

모르면서도 모르는 줄도 모르는 미드영어 Q&A

❶ 미드를 좀 공부한 사람조차도 정확한 의미가 헷갈리는 표현들을 집중적으로 모았다.

❷ Section 1에서는 정확한 의미와 사용용도가 중요한 표현들의 정체를 밝혔고

❸ Section 2에서는 형태상 혹은 내용상 비슷비슷한 표현들을 함께 모아 비교 정리하였다.

❹ 마지막으로 Section 3에서는 미국의 문화가 깊게 배어져 있는 미드에 종종 등장하는 표현들의 속내 이야기를 펼쳐보여 언어 속에 숨겨진 미국의 문화까지 접할 수 있다.

❺ 모든 예문과 대화를 원어민이 실감나게 그리고 속도감있게 읽어서 실제 미드를 보는 듯한 상황을 연출하였다.

이책의 구성 및 이용법

Section 1 이게 무슨 뜻이에요?

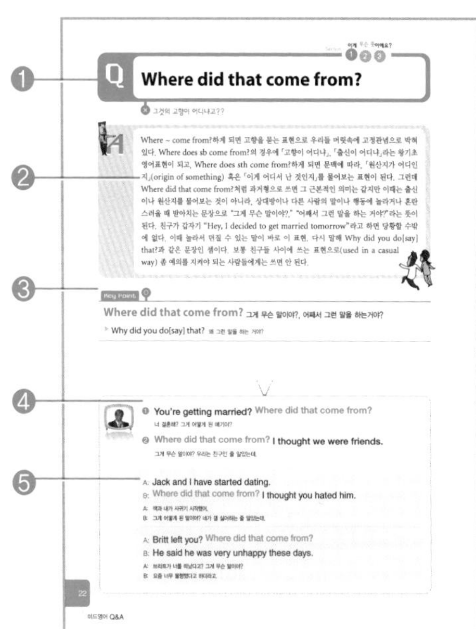
Section 이게 무슨 뜻이에요? 1 2 3

Q Where did that come from?

그것의 고향이 어디냐고??

A Where ~ come from?하게 되면 고향을 묻는 표현으로 우리들 머릿속에 고정관념으로 박혀 있다. Where does sb come from?의 경우에 「고향이 어디냐」, 「출신이 어디냐」라는 왕기초 영어표현이 되고, Where does sth come from?하게 되면 문맥에 따라, 「원산지가 어디인지」(origin of something) 혹은 「이게 어디서 난 것인지」를 물어보는 표현이 된다. 그런데 Where did that come from?처럼 과거형으로 쓰면 그 근본적인 의미는 같지만 이때는 출신이나 원산지를 물어보는 것이 아니라, 상대방이나 다른 사람의 말이나 행동에 놀라거나 혼란스러울 때 받아치는 문장으로 "그게 무슨 말이야?," "어째서 그런 말을 하는 거야?"라는 뜻이 된다. 친구가 갑자기 "Hey, I decided to get married tomorrow"라고 하면 당황할 수밖에 없다. 이때 놀라서 던질 수 있는 말이 바로 이 표현. 다시 말해 Why did you do[say] that?과 같은 문장인 셈이다. 보통 친구들 사이에 쓰는 표현으로(used in a casual way) 좀 예의를 지켜야 되는 사람들에게는 쓰면 안 된다.

Key Point

Where did that come from? 그게 무슨 말이야?, 어째서 그런 말을 하는거야?

▸ Why did you do[say] that? 왜 그런 말을 하는 거야?

❶ You're getting married? Where did that come from?
너 결혼해? 그게 어떻게 된 얘기야?

❷ Where did that come from? I thought we were friends.
그게 무슨 말이야? 우리는 친구인 줄 알았는데.

A: Jack and I have started dating.
B: Where did that come from? I thought you hated him.
A: 잭과 내가 사귀기 시작했어.
B: 그게 어떻게 된 말이야? 네가 걜 싫어하는 줄 알았는데.

A: Britt left you? Where did that come from?
B: He said he was very unhappy these days.
A: 브리트가 너를 떠났다고? 그게 무슨 말이야?
B: 요즘 너무 불행했다고 하더라고.

22 미드영어 Q&A

우리도 일상생활에서 쉬운 말로 하듯이 미드에 나오는 일상의 대화는 무척 쉬운 단어들로 구성된 표현들이 엄청 나온다. 너무 쉬워서 이디엄이라고 할 수도 없는 어구들이 수두룩하다. 그래서 너무 쉬운 나머지 마치 자기가 알고 있는 것처럼 오해하고 그냥 넘어가는 경우가 많다. I can live with that, Don't go there, Where does it come from? 등의 표현에 뒷통수를 맞을 수가 있다는 얘기이다. 아니면 Knock yourself out같이 사전에 나와있지만 정확히 어떤 상황에서 어떤 느낌으로 말하는지 그 어디에서도 찾아볼 수 없는 표현들을 선정하여 그 의미와 사용법에 대하여 자세히 영문을 곁들여 설명을 하고 있다.

❶ 미드표현 엔트리
안다고 착각한 혹은 정확한 의미의 개념이 잡히지 않는 미드 빈출표현들이 나오는 자리이며 바로 밑에서 이를 글자 그대로 직역해본 경우.

❷ 미드표현 우리말 설명
위 표현에 대한 의미, 사용용례 및 실예문 등을 우리말과 영어로 함께 설명하여 쉽게 그리고 확실히 이해할 수 있도록 하였다.

❸ 키포인트
우리말 설명에서 정리한 내용을 간략하게 요약한 것으로 메인 엔트리의 우리말 의미와 이와 관련된 표현들의 우리말 의미를 함께 정리하였다.

❹ 실감나는 예문
엔트리 표현의 진면목이 잘 살아나도록 그리고 이 표현이 미드에 나올 경우 이해가 잘 되도록 하기 위해서 예문을 엄선하였다.

❺ 현장감 있는 대화
단순한 문장보다는 그 표현이 사용되는 대화를 통해 표현들이 어떻게 쓰이는지를 감각적으로 느낄 수 있도록 하였다.

Section 2 이게 무슨 차이에요?

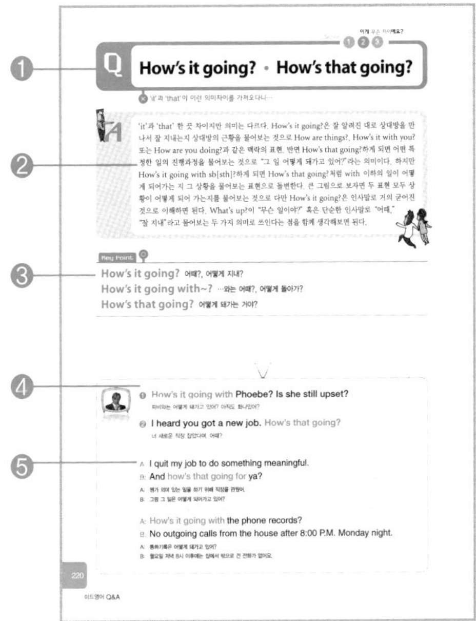

이게 무슨 차이에요?

Q How's it going? • How's that going?

'it'과 'that'이 이런 의미차이를 가져오다니…

A 'it'과 'that' 한 끗 차이지만 의미는 다르다. How's it going?은 잘 알려진 대로 상대방을 만나서 잘 지내는지 상대방의 근황을 물어보는 것으로 How are things?, How's it with you? 또는 How are you doing?과 같은 맥락의 표현. 반면 How's that going?하게 되면 어떤 특정한 일의 진행과정을 물어보는 것으로 "그 일 어떻게 돼가고 있어?"라는 의미이다. 하지만 How's it going with sb[sth]?하게 되면 How's that going?처럼 with 이하의 일이 어떻게 되어가는 지 그 상황을 물어보는 표현으로 돌변한다. 큰 그림으로 보자면 두 표현 모두 상황이 어떻게 되어 가는지를 물어보는 것으로 다만 How's it going?은 인사말로 거의 굳어진 것으로 이해하면 된다. What's up?이 "무슨 일이야?" 혹은 단순한 인사말로 "어때," "잘 지내"라고 물어보는 두 가지 의미로 쓰인다는 점을 함께 생각해보면 된다.

Key Point

How's it going? 어때?, 어떻게 지내?
How's it going with~? …와는 어때?, 어떻게 돌아가?
How's that going? 어떻게 돼가는 거야?

① How's it going with Phoebe? Is she still upset?
피비와는 어떻게 돼가고 있어? 아직도 화나있어?

② I heard you got a new job. How's that going?
너 새로운 직장 잡았다며. 어때?

A: I quit my job to do something meaningful.
B: And how's that going for ya?
A: 뭔가 의미 있는 일을 하기 위해 직장을 관뒀어.
B: 그럼 그 일은 어떻게 되어가고 있어?

A: How's it going with the phone records?
B: No outgoing calls from the house after 8:00 P.M. Monday night.
A: 통화기록은 어떻게 돼가고 있어?
B: 월요일 저녁 8시 이후에는 집에서 밖으로 건 전화가 없어요.

220

미드영어 Q&A

미드공부를 해본 사람은 아는 사항. 약간의 차이로 의미가 전혀 달라지는 경우, 거의 같은 의미이지만 조금씩 용례가 다른 경우 등을 많이 접하면서 혼란스러운 때가 한 두번이 아니었을 것이다. 여기서는 Here's a deal/ Here's the deal, Don't mind me/ Do you mind? 그리고 I'm on it/ I'm in on it 등을 모아모아서 비교해 의미파악과 용법의 차이를 세밀하게 정리하였다.

① 비슷한 미드표현들
형태가 비슷하거나 약간의 차이로 전혀 다른 의미로 쓰이거나 혹은 비슷한 형태로 의미가 조금씩 다른 경우 등 형태상 및 내용상 비슷한 표현들을 정리하였다.

② 의미 및 용례 차이 우리말 설명
두 표현 혹은 세 표현의 차이점을 우리말 설명에 영어를 수록하여 더욱 분명하게 이해할 수 있도록 꾸몄다.

③ 키포인트
비슷한 표현들을 함께 그리고 관련표현이 있는 경우에는 그것도 함께 간략하게 요약정리하였다.

④ 실감나는 예문
가능하면 비슷하지만 다른 표현의 차이를 느낄 수 있도록 예문을 엄밀히 선정하였다.

⑤ 현장감 있는 대화
두 표현이 각각 어떤 문맥에서 쓰이는지 현장감나는 네이티브의 대화를 들으면서 확인해본다.

Section 3 이게 왜 이렇게 쓰여요?

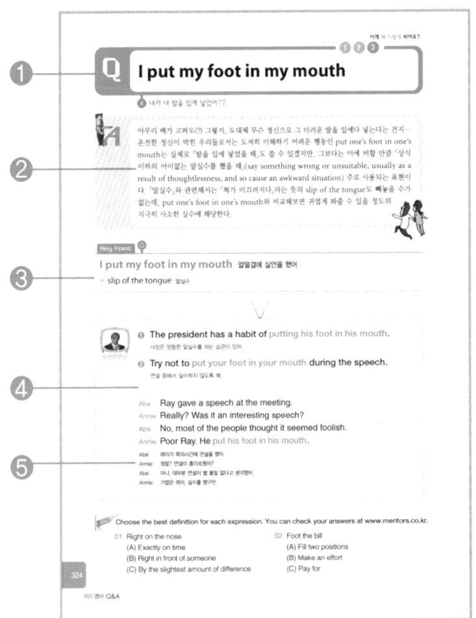

이게 왜 이렇게 쓰여요?

Q I put my foot in my mouth

내가 내 발을 입에 넣었어??

A 아무리 배가 고파도(?) 그렇지, 도대체 무슨 정신으로 그 더러운 발을 입에다 넣는다는 건지… 온전한 정신이 박힌 우리들로서는 도저히 이해하기 어려운 행동인 put one's foot in one's mouth는 실제로 「발을 입에 넣었을 때」도 쓸 수 있겠지만, 그보다는 이에 비할 만큼 「상식 이하의 어이없는 말실수를 했을 때」(say something wrong or unsuitable, usually as a result of thoughtlessness, and so cause an awkward situation) 주로 사용되는 표현이다. 「말실수」와 관련해서는 「혀가 미끄러지다」라는 뜻의 slip of the tongue도 빼놓을 수가 없는데, put one's foot in one's mouth와 비교해보면 귀엽게 봐줄 수 있을 정도의 지극히 사소한 실수에 해당한다.

Key Point

I put my foot in my mouth 얼떨결에 실언을 했어
• slip of the tongue 말실수

① The president has a habit of putting his foot in his mouth.
사장은 엉뚱한 말실수를 하는 습관이 있어

② Try not to put your foot in your mouth during the speech.
연설 중에서 실수하지 않도록 해

Abe: Ray gave a speech at the meeting.
Annie: Really? Was it an interesting speech?
Abe: No, most of the people thought it seemed foolish.
Annie: Poor Ray. He put his foot in his mouth.
Abe: 레이가 회의시간에 연설을 했어.
Annie: 정말? 연설이 흥미로웠어?
Abe: 아니, 대부분 연설이 별 볼일 없다고 생각했어.
Annie: 가엾은 레이, 실수를 했구만.

Choose the best definition for each expression. You can check your answers at www.mentors.co.kr.

01 Right on the nose
(A) Exactly on time
(B) Right in front of someone
(C) By the slightest amount of difference

02 Foot the bill
(A) Fill two positions
(B) Make an effort
(C) Pay for

324

미드영어 Q&A

언어와 문화는 어떻게든 연결되어 있다. 이렇게 문화가 곁들인 언어가 특히 영어를 모국어로 쓰지 않는 사람들을 힘들게 한다. 여기서는 미드에 자주나오는 문화가 스며든 표현들, know the rope, keep one's finger's crossed, a flash in the pan 등이 어떻게 하여 지금의 의미를 갖게 되었는지 자세히 설명하고 있어 이 표현들이 갖는 의미를 더욱 정확히 이해할 수도록 했다.

① 문화가 스며든 표현들
사연이 좀 남다른 표현들을 모아서 어떻게 이런 의미를 갖게 되었는지 설명해본다.

② 미드표현 우리말 설명
표현의 사연 뿐만아니라 언제 어떻게 사용되는지에 대한 자세한 설명을 곁들였다.

③ 키포인트
사연있는 표현과 관련된 혹은 응용된 표현들을 함께 모아 정리하였다.

④ 실감나는 예문과 현장감있는 대화
Sec 1, 2와 마찬가지로 살아있는 예문과 대화를 통해 표현을 확실히 익힐 수 있도록 한다.

⑤ 머리식히는 미니퀴즈~
사연있는 표현들의 의미를 퀴즈형식으로 다시 한번 확인해보는 시간. 부담없이 영어로 된 예문 중에서 답을 골라보고 확인은 www.mentors.co.kr에서 해본다.

목차

SECTION 1

이게 무슨 뜻이에요? _018

더 말하지 말라고?? _062
Say no more

네가 가진 것을 보여 달라고?? _063
Show me what you got

그게 종소리를 울린다고?? _064
That rings a bell

나는 그거 위에 잔뜩 있다고?? _065
I'm all over it

그거에 관해 내게 말해달라고?? _066
Tell me about it

하나의 이론이다?? _067
That's a theory

우리가 여기서 뭘 갖고 있냐고?? _068
What do we have here?

일어날 수 있는 최악이 무어냐고?? _069
What's the worst that could happen?

내가 뭐를 놓쳤냐고? _070
What did I miss?

누가 생각을 할 수도 있었을 거라고?? _071
Who would have thought?

모든 due한 존경심으로?? _072
with all due respect

그것은 단계라구?? _073
It's a phase

하나 더 얘기해달라고?? _074
Tell me another (one)

지금 아니면 절대 아니라고?? _075
It's now or never

나는 전적으로 너의 것이다?? _076
I'm all yours

이게 거기서 네가 날 갖고 있다고?? _077
Now there you have me

그게 걔네들 모두가 말하는 거라고?? _078
That's what they all say

내가 거기 있어봤다고?? _079
I've been there

저게 그것에 관한 것이라고?? _080
That's about it

나를 아끼라고? _081
Spare me!

너는 수학을 하라고?? _082
You do the math

그건 네 전화라고?? _083
It's your call

나한테서 무엇을 원하냐고?? _084
What do you want from me?

네가 감히 그러지 못하지! _085
You wouldn't dare!

어떤 놈과 엮겨야겠다고?? _086
I need to hook up with some guy

상황이 있다고?? _087
We got a situation

난 그것을 놓치지 않을 텐데?? _088
I wouldn't miss it

그것은 모두 다 최선을 위한 것이다?? _089
It's all for the best

날 불어 끄지 말라고?? _090
Don't blow me off

누가 너를 그거에 달아놨냐고?? _091
Who put you up to it?

계속 움직이자고?? _092
Let's move on

내가 알 리가 없다고?? _093
I wouldn't know

네가 나한테 말한다고?? _094
You tell me!

우리들 중 두 명만이야?? _095
It's just the two of us

날 물어줘?? _096
Bite me

걔는 나를 위해 그것을 안에 갖고 있다고?? _097
He has it in for me

모든 사람들은 자기 자신을 위하라고?? _098
(It's) Every man for himself

걔는 조각조각들을 주워 모으고 있다고?? _099
He's picking up the pieces

저게 그것과 더 비슷하다구?? _100
That's more like it

난 그냥 flirt하고 있다고?? _101
I'm just flirting

내 두 발을 내려놔야 한다고? _102
I got to put my foot down

이게 어디로 가는지 안다고?? _103
I see where this is going

나는 그것에 대해 듣지 않을 거라고?? _104
I won't hear of it

나는 그거에 대해 너를 받아들인다고?? _105
I'll take you up on that

깨져서 되는게 그게 아니라고?? _106
It's not all it's cracked up to be

나는 그것을 너에게 줘야만 한다고?? _107
I've got to hand it to you!

판단하는 당신은 누구세요?? _108
Who are you to judge?

우리는 쉽게 내려왔다고?? _109
We got off easy

contents

contents

contents

SECTION 3

이게 왜 이렇게 쓰여요? _320

contents

미드영어
Questions & Answers

SECTION 1

이게 무슨 뜻이에요?

What you got?에서
Don't go there까지
정확한 **개념파악**하기

Q What have you got?

네가 갖고 있는 게 뭐냐고??

A

CSI나 Law & Order 등의 범죄수사물에서 무척 많이 듣는 표현. Grissom이나 Horatio 반장이 현장에 도착해서 요원들에게 어떤 사건인지, 어떤 증거들이 있는지 물어보는, 혹은 연구실에서 결과가 어떻게 나왔는지 물어볼 때 쓰는 표현이다. 다시 말하면, 상황이 어떠한지 혹은 어떤 증거(evidence)를 갖고 있냐고 물어보는 것으로 지금까지 벌어진 것들에 대한 정보를 요구할 때 사용한다. 일상의 구어체 대화에서는 그리 많이 쓰이지 않으며 주로 근무자들 사이에서 뭔가 정보 등을 얻고자 할 때 사용된다. 비문법적으로 What do you got?, What you got? 혹은 What do we have?라고도 쓰인다. 그밖의 사용용례로는 어떤 사람이 아프다고 할 때 사용할 수 있는데, 예로 What have you got on her?이라고 하면 "걔가 무슨 병이야?"라고 물어보는 문장이 된다.

Key Point

What have you got? 무슨 일이야?, 결과가 어떻게 나왔어?, 뭐 갖고 있어?

- What (do) you got? 무슨 일이야?
- What do we have here? 무슨 일이야?, 뭐야?

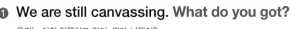

❶ We are still canvassing. **What do you got?**
우리는 아직 탐문하고 있어. 뭐가 나왔어?

❷ Sheldon. **What you got there?** A new comic book?
쉘든, 거기 뭐 갖고 있어? 새로 나온 만화책이야?

A: If you catch the guy, will you reduce my sentence?
B: Depends. **What have you got?**

A: 그 놈을 잡으면 내 형기를 줄여 줄 겁니까?
B: 상황에 따라 다르지. 알고 있는 게 뭔데?

A: **What have you got for me?**
B: It looks like someone was murdered in this apartment.

A: 무슨 사건이야?
B: 이 아파트에서 누가 살해당한 것 같아.

I'll see what I can do

내가 할 수 있는 걸을 알아보겠다??

직역하면 "내가 할 수 있는 것을 알아보겠다"라는 의미로 상대방이 어떤 요청(request)을 하거나 상대방이 직면한 문제를 듣고서 그 요청을 들어주거나 그 직면한 문제를 풀도록 노력을 하겠다고 대답할 때 쓰는 표현이다. 다시 말해서 상대방이 어떤 요청을 했지만 100% 자신이 없을 때 하지만 최대한 노력을 해보겠다고 말할 때 사용하면 된다. 우리말로 하자면 "내가 어떻게 해볼게," "무슨 방법이 있나 내가 알아볼게" 정도로 생각하면 된다. 예를 들어 한 학생이 친구에게 학비(school tuition)내는 것을 도와달라고 할 때, 혹은 백수 친구가 중소기업 인사부에 근무하는 친구에게 자기 일자리를 부탁할(ask for a job) 때, 아직 고용할 계획은 없지만 어떻게 도울 방법이 있는지 알아보겠다고 할 때 쓰면 딱인 표현이다.

Key Point 

I'll see what I can do 내가 어떻게든 해볼게

- Let me see what I can do 내가 무슨 방법이 있나 알아볼게
- I'll see what I can do to help 내가 도울 수 있는지 알아볼게

❶ I'll call the feds. **See what I can do.**
내가 연방수사관에게 전화할게. 무슨 방법이 있는지 알아볼게.

❷ So let me call the next of kin and **see what I can do.**
그러니 내가 가장 가까운 친척에게 전화해서 어떻게든 알아볼게.

A: I need my car fixed by tomorrow.
B: **I'll see what I can do.** Let me look at it.
A: 내 차 내일까지 수리해야 돼요.
B: 어떻게든 해보도록 할게요. 한번 볼게요.

A: Can you help find me a blind date?
B: **I'll see what I can do.** It won't be easy.
A: 소개팅 좀 시켜줄래?
B: 어떻게든 알아보겠지만 쉽지는 않을 거야.

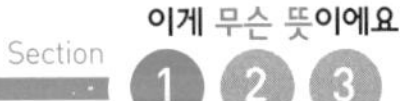

I'm not getting into this right now

지금 여기에 안 들어간다고??

미드족 아니면 그냥 빤히 보고 당할 수 있는 표현 중의 하나. get into는 「어떤 상태에 빠지다」, 「…에 관련되다」(be involved in), 「…에 대해 이야기하다」(discuss)라는 의미. 그래서 get into a fight하면 「싸우다」, get into trouble은 「곤경에 처하다」, get into an accident하면 「사고를 당하다」라는 표현이 된다. 그리고 주로 be not getting into that[this] (right) now의 형태로 쓰이는 이 표현은 "지금은 그 얘기를 하고 싶지 않다"라는 문구로 말하는 사람이 단순히 바쁘거나, 자신이 불리하거나 불쾌한 얘기여서 얘기를 하고 싶지 않거나 혹은 상대방이 사적인 문제 등을 꼬치꼬치 물어볼 때(bring up private details) 사용하는 문장으로 "그 이야기는 지금 하고 싶지 않아"(I don't want to talk about this)라는 뜻이다. 주로 진행형 부정형태인 I'm not getting into this right now라는 문장으로 애용된다. 비슷하게 생긴, 하지만 전혀 다른 의미인 I'm not getting this는 "난 (이게) 이해가 안 돼"라는 뜻이니 헷갈리면 안된다.

Key Point

I'm not getting into this right now 지금 그 얘기는 하고 싶지 않아

▶ I'm not getting this 난 이해가 안 돼

1. I'm not interested in **getting into** historical arguments with you.
   난 너와 역사에 관련된 논쟁을 하는데 관심 없어.
2. I don't care about your problems. **I'm not getting into this right now.**
   난 네 문제에 관심 없어. 지금 얘기하고 싶지도 않아.

A: When are you going to get a better job?
B: **I'm not getting into this now** with you.

A: 언제 더 좋은 직장으로 갈 거야?
B: 지금 너와 그 얘기는 하고 싶지 않아.

A: Every day you get fatter and lazier.
B: **I'm not getting into this now.** I'll go on a diet.

A: 너 나날이 뚱뚱해지고 게을러진다.
B: 나 지금 그 얘기하고 싶지 않아. 다이어트할거야.

Q We're done here

 우리가 여기서 다했다고??

A 직역하면 '여기서의 일,' '지금 하고 있는 일'을 끝냈다고 말하는 것. 자기네가 할 수 있는 일을 다 했거나 일을 다 마쳐서 다른 일을 하거나 혹은 일어나 가야겠다고 할 때 사용하는 표현이다. 예를 들어 팀으로 구성된 근로자들이 한 장소에서 일을 다 마쳤을 때 팀장은 "We're done here"이라고 말하고 다른 곳으로 가자고 할 수 있는데, 이 때의 "We're done here"는 "여기 일은 다 끝냈다"라는 뜻이다. 또 다른 예로는 수술을 끝마친 외과의사가 수술 팀에게 이제 다 끝났다라는 의미로 "We're done here"라고 말할 수 있다. 하지만 미드에서는 비유적인 의미로 협상을 하다 혹은 토론이나 얘기를 하다 "We're done here"이라고 말하는 장면을 많이 볼 수 있는데 이 때는 상대방과 더 이상 얘기가 통하지 않으니 혹은 더 이상 할 말이 없으니 "대화는 더 이상 할 필요가 없다"라고 좀 험한 분위기 속에서 사용되는 경우이다. 이 때 상대가 얘기 안 끝났으니 더 이야기하자고 화를 버럭 내면서 할 수 있는 표현은 "I'm not done here(얘기 아직 끝났지 않았어)"이다.

Key Point 

We're done here 끝났다, 얘기 끝났어

- I'm not done here 얘기 아직 안 끝났어
- I'm done talking 더 이상 할 얘기 없어

1. **There. I think we're all done here.**
   저기, 우리 얘기 다 끝난 것 같아.
2. **I guess we're done here. You can go home now.**
   우리 다 마친 것 같은데 집에 가도 좋아.

A: We've checked the crime scene very carefully.
B: Okay, we're done here. Tell everyone to go home.

A: 우리는 매우 주의 깊게 범죄현장을 점검했어.
B: 좋아, 우린 다 끝냈네. 다들 집에 가라고 해.

A: Let's finish up. We're done here.
B: Are you sure we're ready to leave?

A: 마무리하자. 우린 다 끝냈어.
B: 우리가 정말 퇴근해도 돼?

Q Welcome to my world

 지구에 온 외계인을 환영하는 말??

단어 그대로 해석하자면 "내 세계로 온 걸 환영한다"라는 말이다. 상대방이 자기가 경험했던 거와 유사한 상황에 놓이게 될 때 사용하는 표현으로 「네가 무슨 일을 겪는지」(what you're going through) 이해한다라는 의미. 미드에 자주 나오는 표현으로 말하는 사람이 상대방이 겪는 어려움을 알고 있다는 것을 나타낼 때 사용하면 된다. 이 표현은 「…에 온 것을 환영하다」라는 "Welcome to+장소"에서 발전하여 비유적으로 사용하게 된 경우이다. 예로 이미 이혼의 어려움을 알고 있는 이혼남이, 한 친구가 이혼한다고 했을 때 "Welcome to my world"라고 할 수 있다. Join the club 또한 같은 맥락의 표현으로, 친구 모임에서 한 친구가 언제나 돈이 부족하며 경제적으로 어려움을 겪는다고 하자, 그 말을 들은 옆 친구가 자기도 같은 어려움을 겪고 있다고 할 때 "Yeah, join the club"이라고 할 수 있다.

Key Point 

Welcome to my world 같은 상황에 놓인 걸 환영해

▶ Join the club 나도 같은 처지야

❶ **Well, join the club. No usable prints on the parking garage camera either.** 나도 마찬가지야. 주차장 카메라에서도 쓸 만한 지문이 없어.

❷ **You are going bald too? Join the club!**
너도 대머리가 되어간다고? 나랑 같은 처지네!

A: God, this work is really hard to do.
B: That's right. **Welcome to my world.**

A: 어휴, 이 일은 정말 하기 힘드네.
B: 맞아. 이제 나랑 같은 처지네.

A: It sure is lonely without a girlfriend.
B: Yes, it is. **Welcome to my world.**

A: 여친이 없으니까 정말 외로워.
B: 그래, 그러겠지. 나도 같은 처지야.

Q You heard me

 상대방 청력을 탓하는 건가??

미드족이라면 친숙하게 여러 번 들었을 법한 빈출표현이다. 그대로 옮기자면 "넌 내 말을 들었다"라는 말. 다시 말해, 내가 이미 말을 했기 때문에 너는 이해했을 거고 그렇기 때문에 나는 반복해서 말하지 않겠다. 일반적으로 상대방이 화자가 말한 내용에 놀라 "What?"이라고 말할 때 "You heard me(내가 말했잖아)"라고 말한다. 이 문장에 깔려있는 뉘앙스는 상대방의 반문에 혹은 상대방이 머뭇거릴 때 내가 이미 말했는데 「못 알아 듣냐」, 「내가 또 다시 말해야 되냐」라는 강압적인 분위기가 깔려 있을 때가 많다. 범죄미드에서 한 경찰이 용의자를 체포하면서 "You're under arrest"라고 하고, 그 용의자는 "What?"이라고 했을 때, 그 경찰은 바로 이 표현, "You heard me(말했잖아, 또 말하랴)"라 할 수 있다. 때로는 부모가 자식들보고 그만 자라고 했는데도 말을 듣지 않을 때 부모들이 할 수 있는 말이 바로 "You heard me, go to bed!"이다.

Key Point 

You heard me 들었잖아, 내가 말했잖아, 또 말하랴

▶ I know you heard me 내 말 알아들었을 텐데

❶ **You heard me.** Go to your room.
내가 말했잖아. 네 방으로 가.

❷ That's what I said. **You heard me.**
내가 한 말이 바로 그거야. 내가 말했잖아.

A: Did Brandon's wife really cheat on him?
B: **You heard me.** I saw her with another guy.
A: 브랜든의 아내가 정말 바람을 폈어?
B: 내 말했잖아. 걔가 다른 남자와 있는 것을 봤다고.

A: Are you telling me we have to work this whole weekend?
B: **You heard me.** We have a job to finish.
A: 주말 내내 이 일을 해야 된다는 거야?
B: 내 말했잖아. 끝마칠 일이 있어.

Q Try me

나를 어찌해보라는 말씀??

A 역시 많이 쓰이는 표현이지만 순간 이 표현을 들었을 때 '이게 뭐지?' 라는 궁금증이 생기는 표현이다. 보안의 문제라든지, 믿음이 안가서라든지, 혹은 무시하는 마음에서든지, 상대방이 뭔가 말을 하려다 말고 망설일 때, 궁금해 하며 "Try me"라고 말할 수 있다. 내가 알 수도 있으니, 혹은 나를 믿어도 되니 "내게 말해보라"(I'm ready to listen)는 의미이다. 한 친구가 자기 아버님의 죽음에 대해서 말하고 싶지 않다고 할 때, 자기가 위로와 힘이 되어줄 수도 있으니 자기한테 한번 말해보라(give me a chance)고 할 때, 혹은 뭔가 할 얘기가 있지만 말하기에 너무 지겹다고 생각돼 망설일 때, 듣는 사람은 괜찮으니 어서 말해보라고(let me know what's on your mind) 재촉할 때 쓰는 표현이 바로 Try me이다.

Key Point

Try me 내게 말해봐

▶ Okay, try me 좋아 내게 말해봐

▶ Try me. Just try me 내게 말해봐. 그냥 말해봐

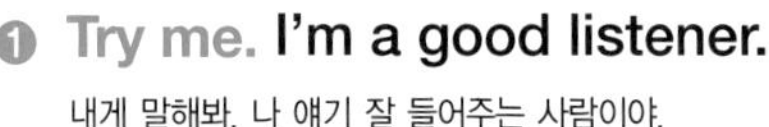

❶ **Try me. I'm a good listener.**
내게 말해봐. 나 얘기 잘 들어주는 사람이야.

❷ **Try me. I'm really curious.**
내게 말해봐. 정말 궁금해.

A: You wouldn't believe it anyway.
B: Try me, tough guy.

A: 너 어쨌든 믿지 않을 거야.
B: 내게 한번 말해봐, 터프가이.

A: Maybe you don't know the whole story.
B: She's my wife. Try me.

A: 넌 아마 사건의 자초지종을 모를 거야.
B: 걘 내 아내야. 내게 말해봐

How're you holding up?

너는 어떻게 잡고 있니??

뭔가 안 좋은 일을 당한 상대방에게 위로의 맘을 담아 쓸 수 있는 표현으로 우리말로는 "어떻게 견디고 있어?"에 해당된다. 기본적인 인사표현인 "How are you doing?," "Are you okay?"와 같은 맥락의 표현이지만 특이 이 How're you holding up?은 주로 뭔가 안 좋은 일이 생긴 후에(after something bad happens) 물어보는 위로인사이다. 친구가 교통사고가 나서(be in a car accident) 병원에 입원해 있을 때 친구가 와서 할 수 있는 말, 또한 상대방이 힘든 시기를 보내고 있을 때 친구들이 염려를 하면서 "어떻게 지내?"라고 할 때 쓰는 표현이 바로 이 "How're you holding up?"이다. 다들 아는 내용이겠지만 맨 뒤의 up을 빼고 What're you holding?하게 되면 물리적으로 「손이나 팔에 무엇을 들고 있느냐?」고 물어보는 표현이 된다.

Key Point

How're you holding up? 어떻게 지내?, 어떻게 견디고 있어?

▶ What're you holding? 뭘 들고 있어?

❶ **How are you holding up after your cancer surgery?**
암수술 받은 후에 어떻게 지내고 있어?

❷ **Ok, let's do it. How's his heart holding up?**
좋아, 그렇게 하자. 걔 맘이 어떻게 버티고 있대?

A: So you heard about my money problems?
B: I did. How are you holding up?

A: 그래 너 내 돈 문제에 대해 얘기 들었어?
B: 응. 어떻게 버티고 있어?

A: How you holding up?
B: How do you think I'm holding up?

A: 어떻게 지내고 있어?
B: 내가 어떻게 지내고 있을 거라고 생각해?

Q I got to thinking about fate

운명에 대해 생각해야 된다고??

A "운명에 대해 깊이 생각해봤다"라는 문장. I got to thinking about+N의 형태는 내가 "N"을 한동안 아주 깊이 생각해서 뭔가 결론에 이르렀다(reached a conclusion)는 뜻을 담고 있는 어구이다. 이 표현은 주로 어떤 곤경에 처했거나 혹은 어떤 문제에 대해 매우 깊이 생각할 때 사용된다. 예를 들어 어떤 사람이 밤새며 돈 문제를 생각했다면, 그는 자신의 상황을 "I got to thinking about the problems I've been having with money(돈 문제에 대해 깊이 생각해봤어)"라고 말할 수 있다. 또한 아내가 "I got to thinking about our relationship and I don't like it(우리 관계를 곰곰이 생각해봤는데 아닌 것 같아)"라고 하면서 남편에 대한 불만을 표현할 수도 있다. <Sex and the City>에서 캐리가 늦은 밤 "…에 대해 곰곰히 생각해봤는데"라고 하며 글을 시작할 때 쓰는 문장이 바로 이 표현이다.

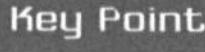

Key Point

I got to thinking about ~ …에 대해 깊이 생각해봤어

▶ Later that night, I got to thinking about~ 그날 밤 늦게, 난 …에 대해 곰곰이 생각해봤어

❶ **I got to thinking about** days gone by.
지나간 날들에게 대해 깊이 생각해봤어.

❷ Later that night **I got to thinking about** men, women and relationships. 그날 저녁 늦게, 난 남자와 여자 그리고 관계에 대해 곰곰이 생각해봤어.

A: Why did you decide to call me after all this time?
B: **I got to thinking about** how I felt about you.
A: 이렇게 오래 시간이 지난 후에 내게 전화하기로 한 거야?
B: 내가 너에 대해 어떻게 생각하는지를 깊이 생각해봤어.

A: **I got to thinking about** a guy I used to date.
B: Yeah? Did it make you miss him?
A: 내가 만나던 친구를 곰곰이 생각해봤어.
B: 그래? 생각해보니 보고 싶어졌어?

Q That leaves us with one choice

하나의 선택만 남겨두고 우리를 떠난다고??

A

That은 앞서 「발생한 뭔가」 (something that happened)를 말하는 것이고 leaves는 어떤 결과(result)나 기록(tally)이 「남다」라는 뜻으로, 이 둘을 합쳐서 That leaves~하게 되면 앞에서 이러이러하여 「최종적으로 혹은 결과적으로 …가 남게 되다」라는 의미가 된다. 논리적으로 결론을 이끌어낼 때(use logic and want to reach a conclusion)나 자신들이 처한 상황을 언급할 때 사용하게 된다. 형태는 That leaves~ 다음에 바로 남게 되는 결론이나 사람을 말하거나 혹은 That leaves us with~의 형태로 쓰이기도 한다. 예로 용의자가 존, 수, 레이가 있는데, 존과 수의 완벽한 알리바이가 입증됐다면 "That leave us with Ray. He must be guilty," 즉 "그러면 우리에겐 레이만 남게 되네. 걔가 범인일거야"라고 말할 수 있는 것이다.

Key Point

That leaves us with~ 결과적으로 …가 남게 되다

- So that leaves us with what? 그럼 우리는 결과적으로 어떻게 되는 거야?
- Which leaves us with~ 그럼 결과적으로 우리에게 …남게 돼

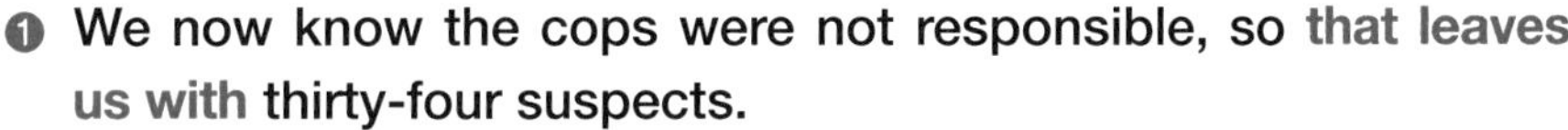

❶ We now know the cops were not responsible, so **that leaves us with** thirty-four suspects.
이제 경찰들에게는 책임이 없다는 게 밝혀졌으니 34명의 용의자가 남게 되는구만.

❷ **Which leaves us with** another coincidence but no smoking gun.
그렇게 되면 우리에겐 결정적인 증거는 없고 또 다른 우연이 남게 되네.

A: It looks like all of our money is gone.
B: **That leaves us in** a bad situation.

A: 우리 돈을 다 써버린 것 같아.
B: 그럼 우리는 상황이 안 좋겠네.

A: We talked to five people who were at the crime scene.
B: **That leaves us with** one more person to talk to.

A: 우리는 범죄현장에 있었던 다섯 명과 얘기를 나눴어.
B: 그럼 한 사람하고만 얘기를 나누면 되겠네.

Where did that come from?

 그것의 고향이 어디냐고??

Where ~ come from?하게 되면 고향을 묻는 표현으로 우리들 머릿속에 고정관념으로 박혀 있다. Where does sb come from?의 경우에 「고향이 어디냐」, 「출신이 어디냐」라는 왕기초 영어표현이 되고, Where does sth come from?하게 되면 문맥에 따라, 「원산지가 어디인지」(origin of something) 혹은 「이게 어디서 난 것인지」를 물어보는 표현이 된다. 그런데 Where did that come from?처럼 과거형으로 쓰면 그 근본적인 의미는 같지만 이때는 출신이나 원산지를 물어보는 것이 아니라, 상대방이나 다른 사람의 말이나 행동에 놀라거나 혼란스러울 때 받아치는 문장으로 "그게 무슨 말이야?," "어째서 그런 말을 하는 거야?"라는 뜻이 된다. 친구가 갑자기 "Hey, I decided to get married tomorrow"라고 하면 당황할 수밖에 없다. 이때 놀라서 던질 수 있는 말이 바로 이 표현. 다시 말해 Why did you do[say] that?과 같은 문장인 셈이다. 보통 친구들 사이에 쓰는 표현으로(used in a casual way) 좀 예의를 지켜야 되는 사람들에게는 쓰면 안 된다.

Key Point 

Where did that come from? 그게 무슨 말이야?, 어째서 그런 말을 하는거야?

▸ Why did you do[say] that? 왜 그런 말을 하는 거야?

❶ You're getting married? **Where did that come from?**
너 결혼해? 그게 어떻게 된 얘기야?

❷ **Where did that come from?** I thought we were friends.
그게 무슨 말이야? 우리는 친구인 줄 알았는데.

A: Jack and I have started dating.
B: **Where did that come from?** I thought you hated him.
A: 잭과 내가 사귀기 시작했어.
B: 그게 어떻게 된 말이야? 네가 걜 싫어하는 줄 알았는데.

A: Britt left you? **Where did that come from?**
B: He said he was very unhappy these days.
A: 브리트가 너를 떠났다고? 그게 무슨 말이야?
B: 요즘 너무 불행했다고 하더라고.

Q Knock yourself out

 너 스스로 쓰러지라고??

미드를 어느 정도 본다고 하는 사람들에게도 좀 낯설고 의미를 명확히 이해하기 힘든 표현 중의 하나이다. 의미 자체는 단순해서 표면적으로는 상대방이 뭔가 부탁하거나 해본다고 제안할 때 "어서 해보라(go ahead and try something)," "마음대로 해"라는 뜻이다. 문맥에 따라 단순히 그렇게 해봐라(Give it a try)라는 뜻으로도 쓰이지만 또는 "그게 어려울 텐데 혹은 해도 안 될 걸"이라는 부정적 의미가 함축된 표현으로 난 상관없으니 "해보려면 해봐"라는 뜻으로도 쓰인다. 별로 가능성이 없는 사람이 자기가 5년 안에 부자가 될 거라든가, 하버드 법대에 들어갈 거야라고 할 때 받아칠 수 있는 표현이 바로 이 Knock yourself out이다. 잘 알려진 knock sb out은 「때려서 못 일어나게 한다」는 뜻.

Key Point 

Knock yourself out 어서 해봐, 마음대로 해, 해보려면 해봐

- Go ahead, knock yourself out 어서 해보려면 해봐
- knock sb out 때려서 못 일어나게 하다

❶ Sure, you can drive the car. Knock yourself out.
물론, 그 차를 몰아도 돼. 어서 해봐.

❷ Knock yourself out. It won't be easy.
해보려면 해봐. 쉽지는 않을 거야.

A: Oh, can I give it a shot?
B: Uh, yeah, sure, knock yourself out! Be careful.

A: 저기, 내가 해볼까요?
B: 어, 그래, 해보려면 해봐! 조심하구.

A: I'm going to learn how to play the guitar.
B: Knock yourself out. You'll need to practice a lot.

A: 기타 치는 법을 배울 거야.
B: 해보려면 해봐. 연습을 많이 해야 돼.

Q What's your deal?

네 거래가 뭐냐고??

deal은 미드를 알기 위해서는 잘 이해해야 하는 단어 중 하나. What's the big deal?, Here's the deal, It's a deal 등, 주옥같은 미드표현을 많이 만들어내기 때문이다. 여기서 말하는 What's your deal?은 상대방이 평소와 다르게 이상하게 행동하는 경우에 "너 무슨 일이야?," "너 왜 이러는 거야?"라고 설명을 요구하는 문장이 된다. 잘 알려진 What's the matter with you?나 What's wrong with you?와 같은 표현으로 생각하면 된다. 좀 변형하여 What's her deal?하게 되면 "걔 왜 그래?," "걔의 문제가 뭐야?"라는 의미이다. 단 이 표현은 많이 쓰이기는 하지만 매우 구어적인 표현으로 젊은이들 사이에서 많이 쓰인다. 예를 들어 친구가 파티에 왔는데 짜증을 내면서 주변사람들을 열 받게 할 경우, 왜 그러는지 이유를 물어볼 때 던질 수 있는 표현이 바로 What's your deal?이다. 다만 비슷해서 헷갈리기 쉬운 What's the deal?은 그저 단순히 일어난 일에 대해서 물어보는 것으로 "무슨 일이야?," "어떻게 된 거야?"라는 뜻이고 또한 여기에 big을 넣어 What's the big deal?하게 되면 "별일 아니네," "그게 무슨 상관이야"라는 의미가 되니 잘 구분해서 이해해야 한다.

Key Point

What's your deal? 너 왜 이러는 거야?, 너 무슨 일이야?

- What the deal? 무슨 일이야?, 어떻게 된거야?
- What's the big deal? 별일도 아니네

❶ You keep touching me. **What's your deal?**
왜 계속 날 만져대는 거야? 너 왜 그래?

❷ **What's your deal?** You're making me angry!
너 왜 이러는 거야? 정말 짜증나게 하네!

A: I don't want you to use my computer.
B: **What's your deal?** We're supposed to share it.

A: 너 내 컴퓨터 사용하지 마.
B: 너 왜 그래? 같이 쓰기로 했잖아.

A: You look sad. **What's your deal?**
B: I think my boss is going to fire me.

A: 너 슬퍼 보인다. 무슨 문제야?
B: 사장이 날 해고할 것 같아.

Fair enough

 충분히 많다고??

미드를 보다 보면 참 많이 들리는 대답 중 하나가 바로 이 Fair enough이다. 하지만 여러 문맥에서 쓰이기 때문에 딱히 한마디로 의미를 규정하기가 쉽지 않다. 기본적으로 「상대방의 말에 동의하거나」(agree), 「괜찮다」(That's okay)고 말할 때 쓰는 표현이기는 하지만, Fair enough는 좀 다른 뉘앙스를 지니고 있다. 「충분하지만」(enough) 「적정하게」(fair) 충분하다는 말로, 자기는 100% 클리어하게 동의하거나 받아들이는 것은 아니지만, 뭐 그 정도면 accept하겠다는 의미가 함축되어 있다. 그래서 문맥에 따라 단순히 받아들이겠다라는 의미로 "알았다," "알겠다"라는 뜻으로도 쓰이고 혹은 마지못해 "그 정도면 됐다"라는 뜻으로도 사용된다. 가게 주인에게 어떤 물건을 사면서 50달러에 달라고 할 때, 주인이 자기는 좀 더 받고 싶지만 뭐 그 정도에 팔아도 된다는 뉘앙스를 풍기면서 던질 수 있는 말이 Fair enough, 그리고 회의가 3시에 열린다고 했을 때 회의 참석할 사람이 Fair enough라고 한다면 그 시간이면 "난 무리가 없다," "괜찮다"라는 뜻이 되는 것이다.

Key Point 

Fair enough 그 정도면 됐어, 괜찮아

▶ That's okay 괜찮아

① **Fair enough. Okay, what is your secret?**
알았어. 그래, 네 비밀은 뭐야?

② **Fair enough. So, how did he convince the CIA to look into this?**
알겠어. 그래, 어떻게 CIA를 설득해서 그것을 조사하게 한 거야?

A: I can come to your house Saturday morning.
B: Fair enough. I'll see you then.

A: 토요일 아침에 네 집에 갈 수 있어.
B: 알겠어. 그럼 그때 보자고.

A: Look, I'll offer $300 for your notebook computer.
B: Fair enough, you can have it for that price.

A: 저기, 300 달러에 네 노트북 살게.
B: 알았어, 그 가격에 팔게.

Q Listen to you!

 네가 한 말을 들으라고??

listen to sb는 「…의 말을 귀담아 듣다」라는 기초 표현. 그래서 Listen to me!(내 말 좀 들어 봐!)라는 표현은 많이 들어봤겠지만, Listen to you!하게 되면 이게 무슨 말일까 언뜻 우리말로 떠오르지 않는다. listen은 hear와 달리 관심과 의지를 갖고 듣는 거라는 점에 착안을 해야 한다. 즉 명령문 형태로 상대방에게 Listen to you!하게 되면 "네가 하는 말을 잘 들으라"라는 뜻으로 의역하자면 "신중히 생각하고 말해라," "말할 때 조심해라," "말이 되는 소리를 해라"라는 의미가 된다. 상대방이 바람직하지 않은 방식으로 말을 하거나 행동을 하고 있다고 주의를 주거나 혼낼 때 사용한다. 강조하려면 Listen to yourself!, 그리고 상대방의 잘못까지 말하려면 Listen to you ~ing의 형태로 쓰면 된다. 친구가 쌍욕할 때 "Listen to you. You need to be more polite"라고 할 수 있으며, 아이가 달래도 계속 떼를 쓰며 울 때, "Listen to you crying. You need to stop because you're upsetting everyone"이라고 말할 수 있다. 단 주의할 점은 "He's gonna listen to you"처럼 쓰이면 이는 "걘 네 말을 잘 들을 거야"라는 뜻으로 본래의 listen to sb가 쓰인 경우이니 잘 구분을 해야 한다.

Key Point 

Listen to you! 말할 때 조심해!, 말 되는 소리를 해!

- Listen to yourself 생각 좀 하고 말해
- Listen to you crying 너 우는 것 좀 봐라

❶ **Listen to you.** How can I possibly go?
말이 되는 소리를 해. 내가 어떻게 갈 수 있겠어?

❷ Oh my God! **Listen to you** talking about having kids.
맙소사! 아이 갖는 거에 대해 너 말하는 것 좀 봐라.

A: I'll kill the next person who pulls in front of my car.
B: **Listen to you!** You're too angry.

A: 내 차 앞에다 차를 세우는 다음 놈은 죽여 버릴 거야.
B: 정신 차려! 너무 화를 내고 있어.

A: I'm so sad that I could just die.
B: **Listen to yourself.** You need to cheer up.

A: 그냥 죽을 수도 있다는 생각에 너무 슬퍼.
B: 정신 차려. 너 기운 좀 내야겠다.

We'll see about that

 그거에 관해 알아본다고??

직역하면 "그거에 대해 생각해보다"가 된다. 실제 또 ~will see about sth (later)의 형태로 「나중에, 앞으로 확인해보겠다」라는 의미로 쓰이기도 한다. 하지만 We'll see about that처럼 굳어진 형태로 쓰이게 되면 이는 경쟁관계를 내용으로 하는 문맥에서 "어디 그렇게 되는지 두고 보자," 더 나아가면 "상대방이 그렇게 하도록 놔두지 않을 거야"라는 결연한 의지를 표현하는 문장이 된다. 어떤 사람이 하는 행동이나 일이 맘에 안 들어, 그대로 있지 못하고 나름대로 자기도 계획을 세워 상대방이 그렇게 하지 못하게 하겠다라는 뜻이다. 당연히 상대방에게 화가 난 상태에서 하는 말. 이웃집에서 시끄러운 파티를 한다는 얘기를 듣고서 이 표현을 말하게 되면, "어디 그렇게 되는지 보자"라는 말로 파티를 못하게끔 방해하겠다는 말이다. 또한 경쟁 관계에 있는 여자가 비싸고 멋진 옷을 입고 온다는 소식을 들었을 때, We'll see about that이라고 했다면, 바로 고급쇼핑몰로 얼른 달려가 더 멋진 드레스를 산다는 말씀이다. 첨에 언급한 ~ will see about sth (later)도 또한 같은 의미로 쓰이기도 한다.

Key Point 

We'll see about that 어디 그렇게 되나 보자

▶ We'll see about it later 나중에 (결정)하자, 그렇게 되도록 하지 않겠다

❶ **We'll see about that,** won't we? We're going to take it with us.
그렇게 될까, 그지 않아? 우리가 그걸 차지할거야.

❷ Pam wants my job? **We'll see about that.**
팸이 내 일자리를 원한다고? 그렇게는 안 되지.

A: They say that Gina is smarter than you.
B: **We'll see about that.** Wait till the next exam.
A: 지나가 너보다 더 똑똑하다고 해.
B: 그런지 두고 봐봐. 다음 시험 때까지 기다려.

A: My parents say you'll never be rich.
B: **We'll see about that** when I graduate from university.
A: 내 부모님이 너 절대로 부자가 될 수 없을 거래.
B: 내가 대학졸업하면 어떻게 되는지 봐.

Q You made your point

네 요점을 만들었다고??

make one's point는 「자신의 주장이나 입장을 이해시키다, 입증하다」라는 뜻. 이를 대입하여 You made your point를 그대로 해석해보면 "너는 네 주장을 이해시켰다"라는 의미. 우리말 되게 의역하면 "네 주장이나 입장을 이해시켰다," "충분히 알아들었다," "무슨 말인지 잘 알겠다"라는 뜻의 된다. 상대방이 뭔가 설명을 하거나 자기주장을 피력했는데, 이를 듣는 사람(들)이 상대방이 뭘 말하려는지 명확히 이해해서 더 이상 말할 필요가 없다는 말이다. 명령문으로 Make your point!하면 횡설수설 초점 없이 말하는 사람에게 "요점을 정확히 말해!," "말하려는 게 뭐야!"라는 뜻이 된다. 한 직원이 프레젠테이션을 하고 사장에게 혹 질문이 있냐고 했을 때, 사장이 "No, you made your point"하면 "아니, 발표를 잘했네"가 되고, 또한 회의에서 한 사람이 계속 얘기를 하는 경우, 회의를 주재하는 부장이 "You made your point, now let someone else speak"라고 말할 수 있다.

Key Point

You made your point 네 주장을 잘 이해시켰어

▶ Make your point! 요점을 정확히 말해!

❶ **You made your point without alienating the jury.**
배심원들을 멀어지게 하지 않으면서 네 주장을 잘 말했어.

❷ **If you are doing this to scare me, you made your point.**
날 놀래키려고 이 짓을 했다면 네 뜻대로 잘 먹혔어.

A: I'm telling you, Pete is guilty of murder.
B: You made your point, now let him speak.

A: 정말이야, 피트는 살인을 저질렀어.
B: 충분히 알아들었으니, 이제 걔 얘기를 들어보자.

A: I need this job to support my family.
B: You made your point, but I still have to fire you.

A: 내 가족을 부양하기 위해서 이 직장이 필요해요.
B: 무슨 말인지 잘 알겠지만, 그래도 자네를 해고해야 되네.

I'll get the ball rolling

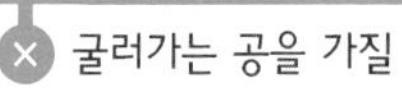

굴러가는 공을 가질 거라고??

형태는 get A ~ing로 「A를 …하게 하다」라는 의미. 그래서 get the ball rolling하게 되면 「공을 굴러가게 하다」, 즉 「공을 굴리다」라는 것으로 비유적으로 「뭔가 시작하다」라는 뜻으로 쓰인다. 비슷한 표현으로 Let's roll이라는 표현이 있는데 이는 「시작하다」, 「출발하다」라는 의미이고 Let's roll out of here하면 「여기서 나가자」라는 뜻이 된다. 친구가 직장생활에 지쳐서 자기 사업을 하고(start his own business) 싶다고 말할 때, "언제 시작할거야?"라고 물어보려면 When are you going to get the ball rolling?이라고 하면 되고 또한 한 친구가 뭔가 하겠다고 오래 전부터 입만 놀리고 하지 않을 때 더 늦기 전에 얼른 시작하라고 독려할 때, "It's time to get the ball rolling before it's too late"라 하면 된다.

Key Point 

I'll get the ball rolling 일을 시작할거야

- Let's roll 시작하다, 출발하다
- Let's roll out of here 여기서 나가자

❶ **What do we need to do to get the ball rolling?**
일을 시작하려면 무엇을 해야 되는 거야?

❷ **It's time to do what we do best, people. Let's roll.**
여러분, 우리가 가장 잘하는 것을 해야 될 때입니다. 시작합시다.

A: This is the house I plan to build.
B: It will take months to get the ball rolling on that.

A: 이게 내가 지으려고 하는 집이야.
B: 그거 시작하는데도 몇 달은 걸리겠다.

A: Hey, why don't we start that girl talk?
B: I'll get the ball rolling. Anybody have a yeast infection?

A: 야, 우리 여자들의 수다를 시작하자.
B: 내가 시작할게. 누구 질염 걸린 사람 있어?

I'm listening

나는 듣고 있다고??

살아있는 영어를 접하지 못하고 책상에서 교과목으로 영어를 배우게 되면, 이게 무슨 말일까라고 궁금해 할 수도 있다. 직역하면 "나는 듣고 있는 중이다"이기 때문이다. 그래도 Now you're talking보다는 난이도가 덜하다. 대화하다 네이티브가 "Now you're talking"하면 기분 나쁠 수도 있다. 지금껏 말했는데(talking), 이제와서 말한다고 하니, 그럼 지금까지 짖었단(barked) 말인가라고 생각하면서 말이다. I'm listening도 비슷한 경우로, 이는 상대방이 궁금한 이야기를 하려고 할 때, 혹은 뭔가 이야기를 하다 머뭇거릴 때 상대방보고 "나 열심히 듣고 있으니 어서 말해"라는 의미의 미드단골문장. 남편이 아내에게 할 말 있다며 주목해달라고 할 때, 아내가 I'm listening(그래 어서 말해봐)이라 말하고, 또한 상대방에게 빨리 얘기하라고 재촉할 때, I'm listening. What do you want to tell me?(어서 말해봐. 무슨 말 하고 싶은거야?)라고 할 수 있다. 그냥 단순히 뭔가 듣고 있다고 쓰일 수 있다. CSI Las Vegas 시즌 3에서 카지노 슬롯머신에 기대고 서있는 그리썸을 보고 워릭이 You lost?하자 그리썸이 「슬롯머신에서 나는 소리를 듣고 있다」 뜻으로 I'm listening이라고 한다.

Key Point

I'm listening 어서 말해봐

- Go on, I'm listening 계속해, 어서 말해봐
- I'm listening (to~) (…을) 듣고 있는 중야

❶ **I'm listening to** sports news on the way over here.
나는 돌아오는 도중에 스포츠 뉴스를 듣고 있었어.

❷ **I'm listening.** Why was it so bad?
어서 말해봐, 왜 그게 그리도 안 좋았던 거야?

A: Can I give you some advice about your clothes?
B: Go ahead. **I'm listening.**

A: 너 옷 입는 거에 대해 충고 좀 해줄까?
B: 그래 해봐. 어서 말해봐.

A: I can totally explain this. I swear.
B: **I'm listening.**

A: 이건 충분히 설명을 할 수 있어. 정말이야.
B: 어서 말해봐.

How do you do that?

그것을 어떻게 하는 거야??

"어떻게 하는 거야?"라는 물음으로 두 가지의 용법을 알고 있으면 된다. 먼저 상대방이 뭔가를 성공적으로 잘하는 것을 보고 그걸 어떻게 하는 것인지 그 방법(be asking about the method)을 물어보거나, 혹은 상대방의 뛰어난 능력 등에 놀라면서 "그걸 어떻게 한 거야?" 라고 감탄하면서 하는 말, 이 두가지의 경우이다. 애인한테 잘 보이고 싶어 하는 남자가 여친한테 간단한 마술을 보여줬을 때, 여친은 궁금해서 그걸 어떻게 하는 거냐고 물어볼 때 혹은 키도 작고 코도 작은데 항상 멋진 여성들하고 데이트를 하는 친구를 보고서는 감탄하면서 "너 어떻게 그러는 거야?"라고 말할 수 있다. 과거의 일이나 행동에 대해서 같은 의미로 물어보려면 How did you do that?라고 하면 된다.

Key Point

How do you do that? 그걸 어떻게 한 거야?, 너 어떻게 그러는 거야?

▶ How did you do that? 어떻게 그렇게 한 거야?

❶ **How do you do that?** How do you take that theory and put it in practice? 너 어떻게 한 거야? 어떻게 그 이론을 실제로 실현시킨 거야?

❷ That is so freaky, Chris. **How did you do that?**
크리스, 이거 정말 이상하다. 어떻게 한 거야?

A: Watch this magic trick that I learned.
B: Wow! **How do you do that?**

A: 내가 배운 마술묘기를 봐봐.
B: 야, 어떻게 한 거야?

A: I'm going to prepare a cherry pie.
B: **How do you do that?** Is it hard?

A: 체리파이를 준비할게.
B: 어떻게 만들어? 어려워?

Q I wouldn't put it past you

네 뒤에 그걸 놓지 않을 거라고??

A

먼저 put it[sth] past sb라는 표현을 알아야 한다. 이는 sb가 뭔가 「불법적이고 나쁜 짓을 한 것에 놀라다」라는 뜻이다. 그리고 I wouldn't는 가정법으로 I wouldn't put it past you하게 되면 "난 네가 그 짓을 한다고 해도 놀라지 않을게다"라는 의미로 'you'가 아주 근본적으로 못된 놈이라고 강조하는 문장이 된다. 즉 가정법을 썼기 때문에 아직 못된 짓을 한 것은 아니지만 평소의 모습을 볼 때 그런 나쁜 짓을 하더라도 「전혀 놀라지 않을 거다」라고 예상하는 표현법이다. 그 나쁜 짓까지 같이 표현하려면 I wouldn't put it past sb to+V라고 써주면 된다. 폭음을 하는 친구가 있는데, 그 친구를 바에서 보고, 난 "걔가 오늘밤 취한다고 해도 놀랄지 않을 거야"라고 하려면 "I wouldn't put it past my friend to get drunk tonight"이라고 하면 된다. 또한 부도덕한 정치인을 TV에서 봤을 때, "I wouldn't put it past that politician to steal money"라 하며 그들의 부도덕성을 강조할 수 있다.

Key Point

I wouldn't put it past you 너는 그러고도 남을 놈이야, 네가 그래도 전혀 놀랍지 않아

▶ I wouldn't put it past sb to~ …가 …해도 놀라지 않을 거야

❶ I wouldn't put it past Vince to steal stuff.
빈스는 물건을 능히 훔치고도 남을 놈이야.

❷ I wouldn't put it past him to be inconsiderate.
걔가 경솔하다고 해도 전혀 놀라지 않을 거야.

A: Nobody trusts the new manager.
B: I wouldn't put it past him to fire a few people.

A: 아무도 새로 부임한 매니저를 믿지 않아.
B: 몇몇 사람을 해고하고도 남을 사람이야.

A: So what are you saying, that the twins murdered Vicky?
B: Well, I wouldn't put it past them.

A: 그래 무슨 말하는 거야, 저 쌍둥이가 비키를 살해했다고?
B: 저기, 걔네들은 그러고도 남을 사람들이야.

Q I'm a sucker for tall guys

키가 큰 사람에게 잘 속는다고??

suck은 미드에서 다양하게 쓰이지만 그래도 suck하면 일단 좀 의미가 거시기하게 다가오는 것은 일반적일게다. 가장 기본적인 의미가 「입으로 빨다」이기 때문이다. 여기에 -er이 붙어서 sucker가 되면 「빠는 사람」이지만 비유적으로 「잘 속는(gullible) 사람」이란 의미로 미드에서 "You sucker,!" "Suckers!"하면 "바보 같은 놈!," "머저리 같은 놈들!"이란 뜻이 된다. 여기서 발전하여 sucker는 간 쓸개 다 내주고 싶을 정도로 뭔가 '사족을 못 쓰는 사람'을 의미해, be a sucker for sb[sth]의 형태로 「…에 죽고 못산다」, 「사족을 못 쓰다」라는 뜻이 된다. 위 문장처럼 I'm a sucker for~하게 되면 자기가 뭘 좋아하는지(preference)를 표현하고자 할 때 사용하면 된다. 식당에서 디저트 메뉴를 보다가 "I'm a sucker for chocolate cake" 하면 초콜릿 케이크를 무척 좋아한다는 것을 알 수 있고 또한 여자가 "I'm a sucker for tall guys"하면 키 작은 사람과는 데이트하지 않겠다는 강한 의지를 나타내는 것이다. 강조하려면 I'm such a sucker for~라 하면 된다.

Key Point

I'm a sucker for tall guys 난 키 큰 사람을 무척 좋아해

- I'm such a sucker for chocolate cake 난 초콜릿 케이크를 엄청 좋아해
- I have a weakness for showgirls 난 쇼걸들만 보면 사족을 못 써

❶ **You always were a sucker for young girls, weren't you?**
넌 늘 어린 소녀들에 사족을 못 썼지, 그렇지 않았어?

❷ **Does it involve candy? Because I'm a sucker for chocolates.**
그거 사탕까지 포함되나요? 초콜릿하면 엄청 좋아해서.

A: Would you like some more cake?
B: Sure, I'm a sucker for baked goods.

A: 케이크 좀 더 먹을래?
B: 좋지, 난 제빵류를 엄청 좋아해.

A: Gosh, Herman's girlfriend is really beautiful.
B: He's a sucker for tall, dark haired women.

A: 야, 허먼의 여친이 정말 예쁘네.
B: 걘 키 크고 검은 머리의 여자한테는 사족을 못 써.

I got this

내가 이걸 갖고 있다고??

참 간단한 표현이지만 네이티브가 아니면 이게 무슨 의미인가 헷갈릴 수 있는 문장이다. 여기서 this는 어떤 상황이나 일을 말하는 것으로 I got this하게 되면 "걱정하지마라 이 일을 내가 처리하지"(Don't worry, I can handle this)라는 의미가 된다. 내가 다른 사람의 도움 없이 충분히 커버할 수 있다고 자신 있게(feel confident) 말하는 경우이다. 수학자들이 모여 한 방정식을 풀려고 하는데 한 수학자가 "I got this"하게 되면 자기가 이 방정식을 풀 수 있다고 말하는 것이고, 또한 식당에서 두 친구가 식사를 하고 나서 한 친구가 계산서를 달라고 하며, "I got this"하게 되면 이 때 역시 내가 맡아서 하다, 즉 내가 계산하겠다는 의미가 된다. 따라서 I got this의 기본적 의미인 "내가 알아서 할게," "내가 맡을게"라는 것을 이해하고 문맥에 따라 적절하게 응용해서 해석을 하면 된다.

Key Point

I got this 내가 처리할게, 내가 알아서 알게

▶ It's okay, I got this 괜찮아, 내가 처리할게

❶ All right, then **I got this.** There's nobody covering my service.

좋아, 그럼 이건 내가 처리할게. 내 업무를 대신해줄 사람은 아무도 없네.

❷ Don't worry about the bill. **I got this.**

계산서는 걱정 마. 내가 낼게.

A: The cops are at the door looking for you.
B: **I got this.** Let them in.

A: 문 앞에서 경찰들이 너를 찾고 있어.
B: 내가 알아서 할게. 들여보내.

A: We need to move him to the OR.
B: Sir, **I got this.**

A: 저 환자 수술실로 이동해야 돼.
B: 네, 선생님, 제가 알아서 할게요.

Q Here's the thing

여기에 그 물건[일]이 있다고??

크게 보면 Look, Listen, Get this, You know what처럼 자기가 뭔가 말하려고 할 때 상대방의 주의를 끄는 표현들 중의 하나로 볼 수 있다. 하지만 Here's the thing이 다른 표현들과 다른 점은 지금 상황에서 "가장 중요한 것을 말하려고 하니 상대방이 귀 기울여 들어라"하고 자기가 할 말의 중요성을 강조한다는 점에 있다. 즉 자기가 말하려는 특정 화제에 대한 주의를 강하게 끄는(draw attention to a specific subject) 표현이다. 우리말로는 "있잖아," "중요한 것은 말이야" 정도에 해당된다고 생각하면 된다. 경찰이 음주 운전으로 걸린 사람이 거짓말을 하고 있다고 생각된다면, 동료 경찰에게 "Here's the thing, I don't think she's being honest"라 말할 수 있고 또한 땡땡이나 치던 학생이 낙제할까봐 걱정돼서 "Here's the thing, I might fail some of my classes"라 하며 뒤늦게 후회할 때 사용할 수도 있다. 비슷하지만 Here's the deal은 뭔가 핵심적인 이야기를 하는 말로 "이렇게 된 거야"라는 의미이니 헷갈리지 않도록 하고, 또한 미드족이라면 이 정도는 다 구분하겠지만, Here are your things라고 하면 상대방에게 뭔가 선물을 줄 때 쓰는 표현이다.

Key Point

Here's the thing 실은 말이야, 문제는 말이야

- The thing is~ 중요한 것은 …야
- Here's the deal 자 이렇게 된 거야

❶ **Here's the thing.** I may need you to cosign the loan.
실은 말이야, 나 대출받는데 네가 보증을 서줘야 될지도 몰라.

❷ **Here's the thing.** My daughter has cancer.
문제는 말이야, 내 딸이 암에 걸렸다는 거야.

A: John says he's divorcing his wife.
B: **Here's the thing.** She wants to stay married.

A: 존이 아내와 이혼 중이라고 하네.
B: 문제는 말이야, 아내는 결혼을 깨고 싶어 하지 않아.

A: Can you help me study for the test.
B: **Here's the thing.** I don't think you can pass it.

A: 시험공부 하는 거 도와줄 테야?
B: 실은 말이야, 네가 합격할 것 같지 않아.

Q Don't get me started on that

 그것으로 나를 시작하게 하지 말라??

A 미드영어에 좀 약한 사람이라면 이게 무슨 말일까 또 어떤 상황에 쓰이는 표현일까 좀 고민이 될 만하다. 결론적으로 이 문장의 의미는 "말도 마," "말도 꺼내지마"라는 것으로 그 얘길 꺼내거나 시작하면 열 받고, 짜증나고, 감정적으로 격해지니 그 이야기는 시작하게 하지 말라는 뜻이다. get sb pp의 구문으로 싫어하는 내용은 on 이하에 써주면 된다. 일반적으로 자주 쓰이는 표현으로 논쟁의 여지가 많은 종교나 정치, 돈, 그리고 서로 이견이 있을 만한 이야기를 하다가 많이 쓰이게 된다. 어떤 사람이 세금인상 건에 대해 물어봤을 때 안 그래도 세금하면 짜증난다며 "Please don't get me started on the higher taxes(세금이 또 올라간다는 얘기는 꺼내지마)"라고 할 수 있으며, 악덕 사장인 줄 모르고 갓 입사한 신입사원이 사장에 대해 물어볼 때 "Don't get me started on my boss. I really hate that guy"라고 말해 줄 수 있다. 비슷하게 보이지만 Let's get started는 「일을 시작하자」고 할 때 쓰는 말이니 혼동하지 말 것.

Key Point

Don't get me started on that 그건 말도 꺼내지마

▶ Let's get started 일을 시작하자

❶ **Don't get me started on** those perverts! They think the nursing staff is their own personal dating service.
그 변태들 얘기 꺼내지도 마! 간호사들이 지네들만의 소개팅 상대로 생각하는 것 같아.

❷ **Don't get me started on** my home life. My wife and I haven't slept together for months.
내 가정사는 얘기하지 말자고. 아내와 나는 같이 안 잔지 수개월 됐어.

A: It takes hours to drive home.
B: **Don't get me started on** that crowded road.

A: 집에 차로 가는데 몇 시간은 걸릴 거야.
B: 혼잡한 도로 얘기는 꺼내지도 마.

A: Lenny told me that I'm stupid.
B: **Don't get me started on** him. He's a jerk.

A: 레니가 내가 멍청하다고 했어.
B: 그 놈 얘기는 하지도 마. 얼간이 자식이야.

I can live with that

 그거와 함께 살 수 있어??

직역하면 그렇게 되지만, 의역하면 「그 상황이나 제안(that)을 견딜 수 있다」, 즉, 「나는 괜찮다」라는 의미의 표현이다. 하지만 좋아서 그런 게 아니고, 불쾌하거나 만족하지 못해서 받아들이기 싫지만 어쩔 수가 없어 그냥 「참다」, 「견디다」라는 뉘앙스를 지닌다. 주로 뭔가 토론을 하다가 상대방의 제안을 수용할 때 많이 쓰인다. 구어적인 표현으로 남녀노소 불문하고 두루두루 자주 쓰인다. 중고 컴퓨터점에 온 손님이 300달러를 내겠다고 제안했을 때, 속이야 더 받고 싶지만 그 정도면 됐으니 받아들이겠다는 뉘앙스로 I can live with that이라고 할 수 있다. 또한 친구가 저녁 7시에 나가자고 제안했을 때 자기는 괜찮다고 말하면서 이 표현을 쓸 수 있다. 함께 알아두어야 할 표현으로 I could live without it이라는 표현이 있는데 이는 "그것 없이도 살 수 있을게다," 즉 필요 없다(I don't need it)고 뭔가 거절할 때 사용하는 문장이다. 한편 live with sb하게 되면 다양한 의미로 쓰이는데 결혼은 하지 않았지만 「부부처럼 살아가다」, 「친구들끼리 살다」, 혹은 「…을 참다」(tolerate sb)라는 의미로도 쓰이니 잘 기억해두어야 한다.

Key Point 

I can live with that 괜찮아, 참을 만해

- I think I can live with that 참을 수 있을 것 같아
- I could live without it 없어도 돼, 필요 없어

① If it helps her get through it, I can live with that.
걔가 그것을 극복하는데 도움이 된다면, 난 참을 수 있어.

② We persuade ourselves we can live with our sins.
우리는 우리가 죄를 짓고도 괜찮다고 믿고 있어.

A: How about I give you $230,000 for your house?
B: Alright, it's a deal. I can live with that.

A: 너희 집 23만 달러 주면 어때?
B: 좋아, 그렇게 하자. 그 정도면 괜찮아.

A: We plan to be at the museum at 8 am tomorrow.
B: I can live with that. I'll see you there.

A: 우리는 내일 오전 8시에 박물관에 갈 거야.
B: 그 정도면 괜찮아. 그때 보자.

Q Can't argue with that

✕ 그거와 다툴 수가 없다??

A

일단 맨 앞에 주어 "I"가 생략된 것으로, "I"를 넣어서 I can't argue with that이라고 써도 된다. 직역하면 난 그것과 다투거나 반대할 수 없다, 즉 상대방의 제안이나 의견에 동의하는 것으로 우리말로는 "물론이지," "당연하지," "두말하면 잔소리지"라는 문장이 된다. 형태적인 부정(can't)과 내용적인 부정(argue) 단어를 써서 「강한 긍정」, 「동의」를 뜻한다. 주로 친구 사이에 쓰이는 표현으로, 한 친구가 미식축구(football)가 최고의 스포츠라고 할 때, 듣는 친구는 "You're right. I can't argue with that"이라며 친구의 말에 전적으로 동의할 수 있다. 그리고 직장에서 한 친구가 잠깐 좀 쉬자고(take a break) 제안했을 때, "Sounds good. I can't argue with that!"라고 맞장구치며 같이 일에서 벗어나 쉴 수도 있다. 반대로 상대방의 말을 믿을 수 없다고 할 때는 I don't believe it이라고 하면 된다.

Key Point

I can't argue with that 물론이지, 당연하지, 두말하면 잔소리지

▶ I don't believe it 믿을 수 없어

❶ If you want to give me more money, **I can't argue with that.**
내게 돈을 더 주고 싶다면, 두말하면 잔소리지.

❷ You are right, **I can't argue with that.**
네 말이 맞아, 정말 그래.

A: I'd rather be out drinking a beer somewhere.
B: **I can't argue with that.** Let's go.

A: 어디 가서 맥주 한잔 좀 마시는게 나을 것 같아.
B: 물론 좋지. 나가자고.

A: That is the ugliest dress I've ever seen.
B: **I can't argue with that.** Wonder where she bought it.

A: 이런 보기 흉한 드레스는 처음 봐.
B: 정말 그래. 걔가 어디서 샀는지 궁금하네.

Q Be careful what you wish for

 네가 바라는 것을 조심하라고??

먼저 wish for는 「바라다」, 「원하다」라는 뜻으로 한 단어로 하자면 want, need 정도로 생각하면 된다. Be careful은 「조심해라」이니 이 두 개를 합치면 "네가 원하는 것을 조심해"라는 뜻이 된다. 상대방의 바람이 좀 지나치거나 과해서, 막상 그 바라는 것을 얻었을 때 그 실현된 꿈 때문에 부작용이나 더 큰 상처를 받을 수도 있으니 「뭔가 소원을 하기 전에 신중하게 생각하라」(think carefully about~)는 의미이다. 주로 연장자이거나 경험이 많은 사람이 상대적으로 어린 친구에게 할 수 있는 표현. 예를 들어, 자기의 라이벌이 죽었으면 좋겠다고 바랄 때, 그가 죽으면 네가 비난받을 수도 있다고 하면서 "Be careful what you wish for, you could be blamed for your enemy's death"라 충고해줄 수도 있고, 빨리 엄청 부자가 되고 싶다고 소망할 때 "Be careful what you wish for, because that would make all of your friends upset and jealous"라고 하며 상대방을 진정시키는데 사용되기도 한다. 우리말로 하자면 "신중하게 소원을 해라" 정도로 이해하면 된다. 특히 "Be careful what you wish for. You might get it"(조심해서 소원을 해라. 그렇게 될 수도 있으니 말이야) 라는 형태로 자주 쓰이기도 한다.

Key Point 

Be careful what you wish for 신중하게 소원을 빌어라

▶ Be careful what you wish for. You might get it 조심해서 소원 빌어 그렇게 될 수도 있으니

❶ I guess that falls under the category "Be careful what you wish for." 그건 "신중하게 소원을 빌어라"라는 카테고리에 들어가는 일이네.

❷ Be careful what you wish for, it could lead to trouble.
신중하게 소원을 빌어야지, 곤경에 처할 수도 있어.

A: I wish I was smarter than everyone else.
B: Be careful what you wish for. You could become very lonely.

A: 내가 세상에서 제일 똑똑했으면 좋겠어.
B: 소원을 빌 때는 신중해야 돼. 아주 외로워질 수도 있어.

A: I'd like to be the company's president.
B: Be careful what you wish for. That job is stressful.

A: 난 회사의 사장이 되고 싶어.
B: 소원을 빌 때는 조심해야지. 사장직은 엄청 스트레스를 많이 받아.

Consider it done

그게 되었다고 생각하라고??

참 우리말로 옮기기 까다로운 미드표현. "그게 된 걸로 생각해라"라는 의미로 상대방이 뭔가 부탁이나 지시를 내렸을 때, 「그렇게 하겠다」, 「그렇게 처리하겠다」라고 대답하는 것으로 바로 부탁이나 지시를 처리하겠다는 표현이다. 앞에 You can이 생략된 것이다. 주로 윗사람이 뭔가 시켰을 때 대답하는 문장으로 자주 사용되는 표현. 예로 선생님이 칠판을 치우라고 했을 때 그 지시를 받은 학생은 바로 하겠다(do it right away)는 의미로 "Consider it done"이라고 할 수 있고 또한 사장이 비서에게 점심주문해달라고 했을 때 비서는 "Sure. Consider it done"이라고 할 수 있다. 참고로 I want it done은 반대로 「그렇게 해달라고 부탁하는」(express a wish for something to be completed) 문장이 된다.

Key Point 

Consider it done 그렇게 처리할게

▶ I want it done 그걸 처리해줘

❶ **You don't have to explain. Consider it done.**
설명 안 해도 돼. 그렇게 처리할게.

❷ **I'll get started now. Consider it done.**
지금 시작할거야. 그렇게 처리할게.

A: Can you find someone to help with this work?
B: I sure can. Consider it done.

A: 이 일 도와줄 사람 찾을 수 있어?
B: 물론, 가능해. 그렇게 처리할게.

A: Andrew, you better call the cops.
B: Consider it done. They'll be here soon.

A: 앤드류, 경찰에 전화해.
B: 그렇게 처리할게. 곧 도착할거야.

Q Be my guest

 집에 손님으로 찾아오라고??

A 그런 의미는 아니지만 집에 초대되어 온 손님이 되라는 말에서 비유적으로 유추해보면 이 표현의 의미를 알 수 있다. 즉 이는 손님에게 편안하게 하라고 하는 것처럼 상대방에게 「편하게 알아서 해라」(Help yourself) 혹은 「뭔가 해도 된다고 허락」(permission to go ahead with~)하는 뜻이 된다. 매우 예의바른 표현으로 보통 뭔가 통제를 하고 있는 사람(a person who is in control of things)이 상대방이 편안하게 느끼게끔 할 때 사용된다. 직원이 회의 중에 화장실에 간다고 했을 때 사장이 "그렇게 해요"라는 말로 "Sure, be my guest"라고 할 수 있고 마찬가지로 파티에 온 손님이 맥주를 달라고 하며, 주인은 친절하게 "Be my guest, the beers are in the fridge. You can drink as many as you want"라고 말할 수 있다. 즉 상대방의 부탁에 "그렇게 해[하세요]"라고 흔쾌히 들어줄 때 하는 문장.

Key Point 

Be my guest 그렇게 해

- All right, be my guest 좋아, 그렇게 해
- Help yourself 알아서 해

❶ If you'd like to use the toilet, be my guest.
화장실 사용하고 싶으면 그렇게 해.

❷ You want to stay here? Be my guest.
여기 더 머물고 싶다고? 그럼 그렇게 해.

A: May I try a spoonful of your ice cream?
B: Be my guest. It's very good.

A: 네 아이스크림 한 숟가락 먹어도 돼?
B: 그렇게 해. 되게 맛있어.

A: I need to use your toilet.
B: Be my guest. It's down the hall.

A: 화장실 좀 써야 되겠는데.
B: 그렇게 해. 복도 끝에 있어.

Q Don't do anything I wouldn't do

내가 하지 않는 일은 아무 것도 하지마라??

A

wouldn't라는 가정법 단어가 쓰인 문장으로 직역을 해보자면, 내가 하지 않을 일은 너도 절대로 하지 마라라는 의미이다. 즉 상대방에게 조언이나 충고하는 표현으로 특히 뭔가 나쁜 일이거나 비윤리적인 일은 하지 말라고 할 때 자주 사용되는 문장이다. 특히 친구들 사이에서 많이 쓰이는데, 행동을 올바르게 하지 않으면 곤경에 처해질 수 있으니 조심하라고, 농담조로 쓰이는 경우도 있다. 예를 들어 친구가 소개팅(blind date)을 한다고 할 때, "That's great. Have fun but don't do anything I wouldn't do"라며 친구에게 나쁜 짓을 하지 말라고 장난삼아 말할 수 있고, 또한 동생이 멋진 파티에 초대받아 간다고 할 때 행동거지 바르게 하라는 말로 "Don't stay out too late and don't do anything I wouldn't do"라고 말할 수 있다.

Key Point

Don't do anything I wouldn't do 조신하게 행동해

▶ Have fun, boys, don't do anything I wouldn't do 얘들아 재밌게 놀지만 함부로 행동은 하지 마

❶ Don't do anything I wouldn't do in Thailand.
태국에서는 조신하게 행동을 해.

❷ Don't do anything I wouldn't do at the party.
파티 가서는 함부로 행동하지 마.

A: I'm going on a date with Rita Fazzio.
B: Oh my, don't do anything I wouldn't do.

A: 나 리타 파지오와 데이트하러 가.
B: 이런, 조신하게 행동하고.

A: My class is taking a weeklong trip to Paris.
B: Don't do anything I wouldn't do while you're there.

A: 우리 반이 일주일간 파리로 여행을 가.
B: 거기 가서는 함부로 행동하지 마.

You have a point there

 거기에 요점이 있다고??

여기서 there는 거기가 아니라 상대방의 의견이나 생각을 말하는 경우이다. 그래서 You have a point there하게 되면 상대방의 의견이나 생각이 일리(a point)가 있다고 맞장구치면서 동의할 때 사용하는 표현이다. 우리말로 하자면 "네 말이 일리가 있어," "네 말이 맞아"에 해당된다. 이 표현은 대화하는 둘의 관계가 부부처럼 동등하거나 직장처럼 상하관계로 구성되어 있을 때 윗사람이 쓰는 경우가 많다. 남편이 아내에게 우리 돈 좀 더 벌어야겠다고 말했을 때, 아내가 "Yes, you have a point there. We need money"라고 하며 남편의 생각에 동의할 수 있고, 또한 사장이 한 직원의 제안을 듣고 맘에 들어 "You have a point there. Tell me more"라고 말할 수도 있다. You've got a point 혹은 You got a point there이라고 써도 된다.

Key Point 

You have a point there 네 말이 맞아

- You have a point 네 말이 일리가 있어
- You('ve) got a point there 네 말이 맞아
- I think he's got a point 걔 말이 맞는 것 같아

❶ God, this sounds terrible. Maybe they have a point.
어휴, 이거 정말 끔찍한 얘기네. 걔네들이 맞을지도 몰라.

❷ She's got a point. There's a lot of smut out there.
걔 말에 일리가 있어. 외설물들이 정말 너무나 많아.

A: The boss has been treating everyone rudely.
B: You have a point there. We should talk to him.

A: 사장이 사람들 모두에게 너무 함부로 대해.
B: 네 말이 맞아. 사장한테 얘기하자.

A: Chris is much better looking than David.
B: You have a point there. I wonder why she dates him.

A: 크리스가 데이빗보다 훨씬 잘 생겼어.
B: 네 말이 맞아. 그녀는 왜 걔와 데이트를 하는 거야.

Q Duly noted

아, duly도 어렵고, noted도 해석이 안돼!!

A 정말 그렇다! 간단히 두 단어로 이루어진 표현이지만 틀린 직역도 하기가 어렵다. duly는 due의 부사형으로 「충분히」, 「적절하게」, 그리고 noted는 「메모했다」라는 뜻으로 합쳐서 해석해 보면 Duly noted는 「충분히 받아적었다」, 즉 "잘 알아들었다"라는 의미가 된다. 상대방 말을 귀기울여 이해하고 잘 알아들었다라는 말이 된다. formal한 표현으로 회의 같은데서 많이 쓰인다. 변호사가 자기 의뢰인이 무죄라고 말했을 때, 판사는 잘 알았으나 무죄를 증명해야 한다고 하려면 "Duly noted, but you need to prove his innocence"라고 하고, 또한 회의에서 어떤 룰을 바꾸자고 할 때, 회의를 이끄는 사람은 잘 알겠으나 이 문제는 나중에 토의하자고 하려면 "Duly noted. We'll discuss it later"라 한다. 하지만 미드는 우리 일상처럼 말장난하는 경우가 많기 때문에 Duly noted가 일상생활에서는 안 쓰인다고 단정하면 안 된다. 우리도 후배가 뭔가 부탁하거나 얘기했을 때 장난말투로 "넵~"이라고 말할 수도 있다는 점을 떠올려보면 된다. Duly를 빼고 Noted라고만 해도 된다. 참고로 I made notes하게 되면 「메모를 했다」, 「노트해 놨다」라는 뜻이 된다.

Key Point

Duly noted 잘 알아들었어

- Noted 잘 알아들었어
- make notes 메모를 하다

1. **Duly noted.** OK, is there anything else?
   잘 알아들었어. 그래, 다른 건 뭐 있어?
2. **Duly noted.** I'll see if I can change the schedule.
   잘 알아들었어. 일정을 바꿀 수 있는지 확인해볼게.

A: Most of the cops think Blair is guilty.
B: **Duly noted.** I think she's guilty too.

A: 대부분 경찰은 블레어가 유죄라고 생각해.
B: 잘 알겠어. 나도 걔가 유죄라고 생각해.

A: If you stop and think, you'll see it.
B: **Duly noted,** Supervisor Grissom.

A: 네가 가만히 생각해본다면, 그것을 알게 될 거야.
B: 잘 알겠어요, 그리섬 반장님.

Hit me

나를 때려달라고??

변태가 아니라 원래 블랙잭이란 카드게임에서 유래한 말이다. 카드 한 장을 딜러에게 달라고 할 때 쓰는 표현이다. 이런 어원에서 발전하여 일반적인 상황에서는 「뭔가 하나를 더 달라」(ask for one more of something)고 할 때 혹은 특히 안 좋은 소식 등을 돌리지 말고 직설적으로 말해달라고 할 때 주로 쓰이게 되었다. 슬랭에 가까운 표현으로 그렇게 일반적인 표현은 아니다. 미드의 바(bar) 장면에서 가끔 들을 수 있는데, 손님이 바텐더에게 "Hey bartender, hit me with another shot"하면 "한 잔 더 줘요"라는 말이 되고, 시험을 망쳤지만 낙제가 될지 아니면 턱걸이 할 지 모르는 학생이 간절한 맘으로 "Go ahead and hit me with it. Did I pass or fail?"라고 말할 수 있다. 당연한 말이지만 She hit me하게 되면 글자 그대로 "걔가 날 때렸어"라는 문장이 된다.

Key Point

Hit me 하나 더 줘, 한잔 더 줘, 어서 말해줘

- Hit me with another shot 한 잔 더 줘요
- Hit me with it 그거 줘 봐요

1. Hit me with another glass of rum.
   럼 한잔 더 줘.
2. Hit me with a copy of the report.
   그 보고서 사본 하나를 줘봐.

A: You want anything more to drink?
B: Hit me with another whiskey.

A: 뭐 좀 더 마실 테야?
B: 위스키 한 잔 더 줘.

A: Hit me with the news. Am I going to survive?
B: I'm sorry, but your disease is very serious.

A: 그 소식 말해봐. 내가 살 수 있대?
B: 미안하지만 네 병이 매우 심각하대.

I got your back

내가 네 등을 갖고 있었다고??

먼저 I got~은 과거형이 아니라 I have got~에서 have가 생략된 경우로 겉보기는 과거로 보이지만 실제 내용은 현재 의미를 갖는다. 「내가 너 등[뒤]을 갖고 있다」라는 것으로, 결국 「네 뒤를 내가 지켜주마」라는 뜻. 상대방에게 어려운 일이 닥치더라도 너를 지지하고 지켜주고 도와줄 테니 나를 믿으라는 의미로 쓰인다. "내가 도와줄게," "내가 도와줄 테니 날 믿어" 정도로 생각하면 된다. 서로 신경을 많이 써주는 친한 관계에 있는 사람들 사이에서 쓰이는 구어체 표현이다. 절친한 친구가 돈 문제로 맘고생을 하고 있을 때 "I got your back. You can borrow money from me"라고 하며 어려움에 처한 친구의 맘을 편하게 해줄 수도 있고, 불량배들이 친구를 괴롭힐 때 "I got your back. We'll fight the bullies together"라고 하면서 우정을 과시할 수 있다. "You got my back"이라고 해도 같은 맥락으로 비슷한 의미가 된다.

Key Point 

I got your back 내가 도와줄게, 내가 있잖아

▶ You got my back 내가 도와줄게

❶ **In there, you know a lot of people have got your back.**
그 안에, 너를 도와주는 많은 사람들이 있는거 알잖아.

❷ **I'm supposed to believe that you've got my back?**
네가 나를 도와준다고 믿어도 돼?

A: How do I know I can trust you?
B: Don't worry, I got your back.

A: 내가 어떻게 너를 믿을 수 있다는 거야?
B: 걱정 마, 내가 뒤를 받쳐줄게.

A: Now, I have to know that you got my back.
B: I got your back.

A: 이제, 네가 나를 도와준다는 것을 알아야겠어.
B: 내가 도와줄게.

I wouldn't say that

나는 그렇게 말하지 않았다고??

다시 한 번 가정법 wouldn't가 쓰였다. 학창시절 배웠던 가정법이 어려운 독해문제에서나 나오고 또한 반드시 if 조건절이나 조건구문이 나와야 된다고 생각하면 오산. 일상영어에서는 조건의 문구 없이 가정법이 쓰이는 경우가 엄청 많기 때문이다. 여기서도 나는 그렇게 말하지 않는다가 아니라, "(나라면) 나는 그렇게 말하지 않을 거다"라는 문장. 상대방이 앞서 말한 내용에 동의하지 않는다는 것으로 "그렇지는 않을 걸"이라고 조심스럽게 자기 생각은 다르다고 의사표시하는 것이다. 조심스럽게 말한다는 측면에서 formal하다고 볼 수 있지만 자주 쓰이는 문장이다. 한 친구가 자기보고 돈 많이 버냐고 물어볼 때, 많이 못번다고 말하기 위해 조심스럽게 "I wouldn't say that"이라고 할 수 있고, 또한 누가 LA가 살기에 비용이 많이 든다고 했을 때, 그렇게 생각하지 않는다면 점잖게 "I wouldn't say that"이라고 하면 된다. 가정법 과거형 동사(would)이지만, 가정법 과거는 현재의 반대되는 사실을 말한다는 것을 잊지 않았다면 이 문장을 과거형으로 해석하지는 않을 것이다. 그런 의미에서 I won't say that은 앞으로 "그렇게 말하지 않겠다"는 것으로 뭔가 거절할 때 사용하는 표현이다.

Key Point

I wouldn't say that 그렇지 않을 걸

- I won't say that 그렇게 말하지 않을거야
- I wouldn't say that to her 나라면 걔한테 그렇게 말하지 않을 거야

❶ You think she's evil, but I wouldn't say that.
넌 걔가 악랄하다고 생각하지만 난 그렇지 않을 거라 생각해.

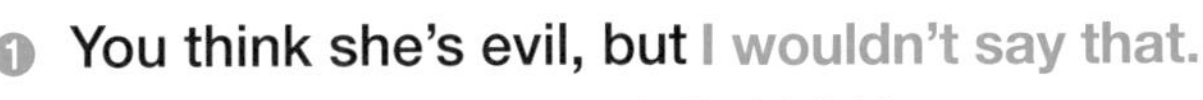

❷ Um, we were good friends. But I wouldn't say we dated.
음, 우리가 좋은 친구사이였지만 우리가 데이트했다고는 할 수 없지.

A: So you think Bert stole your gold ring?
B: I wouldn't say that, but he might have.

A: 그래 넌 버트가 네 금반지를 훔쳤다고 생각해?
B: 그렇지는 않겠지만 혹 그럴 수도 있지.

A: All rich men have cheated and lied.
B: I wouldn't say that. Some are honest.

A: 모든 부자들은 사기치고 거짓말을 해대.
B: 그렇지는 않을 걸. 정직한 부자들도 있잖아.

Q I couldn't ask you to do that

 나는 너에게 그렇게 해달라고 부탁할 수 없었다??

여기서 쓰인 couldn't는 가정법의 경우로 무늬만 과거지 현재의 뜻으로 봐야 한다. 직역해보자면 '난 너에게 그것을 해달라고 부탁할 수는 없다'는 뜻으로 상대방이 도와주겠다고 호의를 베풀지만 그렇게까지 도와준다면 경우가 아니라는 생각이 깔려있는 표현이다. 즉 「상대방의 호의를 거절하는」(turn down the offer) 것이지만 다른 뜻이 있어서가 아니라 그런 호의를 냉큼 받아들인다면 예의도 아닐 뿐더러 상대방에게 너무 폐를 끼친다고 생각해서 거절하는 것이다. 주로 친구 사이나 가족처럼 친한 사이에 쓰인다. 상대방한테 미안해, 거절할 정도로 호의를 베풀겠다고 말할 수 있는 사이는 당연히 친한 사이라는 것을 유추할 수 있기 때문이다. 돈은 없지만 착한 친구가 저녁 식사를 하고 자기가 내겠다고 하면, 그 사정을 아는 상대방은 "내가 그렇게 할 수는 없지"라는 의미로 "I couldn't ask you to do that"이라 하면 되고 또한 두 명이 야근을 하다가 한 친구가 자기가 밤새서 할 테니 나머지 친구에게 그만 집에 가라고 할 때 그 말을 들은 동료가 그럴 수 없다며 이 문장을 말하면 된다.

Key Point 

I couldn't ask you to do that 내가 그렇게까지 할 수는 없지

▶ I couldn't ask you to+V 내가 그렇게까지 …해달라고 할 수는 없지

❶ Thanks for offering to help, but **I couldn't ask you to do that.**
도와준다고 해서 고마워, 하지만 내가 그렇게까지 할 수는 없어.

❷ The money you offered was kind, but **I couldn't ask you to give me that.** 네가 주겠다고 한 돈은 정말 고맙지만 내가 그렇게 해달라고 할 수는 없지.

A: I'd be glad to lend you some money.
B: Thanks, but **I couldn't ask you to do that.**

A: 기쁜 마음으로 네게 돈을 빌려 줄게.
B: 고맙지만 그렇게까지 할 수는 없지.

A: Look, I'll let you live at my house till you find a job.
B: **I couldn't ask you to do that.**

A: 저기, 네가 직장을 구할 때까지 우리 집에서 지내.
B: 그렇게까지 할 수는 없지.

Q I'm all about her

✕ 나는 그 여자에 관해 전부라고??

A

단어 하나하나는 참 기본 중의 기본인데 요렇게 모이니 이게 무슨 뜻인가, 어떤 상황에 쓰이는지 이해하기가 쉽지 않다. be all about sb라는 이 표현은 일반적으로 쓰이는 표현은 아니다. 주로 나이든 사람보다는 젊은 사람들 사이에서 그리고 남녀관계의 로맨틱한 상황에서 많이 쓰이는 슬랭에 가까운 표현이다. sb가 주어한테 매우 중요한 사람이고 그래서 당연히 관심과 열정이 넘쳐난다고 말할 때 사용한다. 즉 자기가 좋아하는 사람에 대한 헌신(devotion)을 표현한다. 한 남자가 여친에 대한 지극한 사랑(deep love)을 표현하려면 "I'm all about her"이라고 말할 수 있고 또한 남편을 무척 사랑하는 한 아내가 "I'm all about him, so I treat him very well"이라고 말하며 자신의 사랑을 나타낼 수 있다. 참고로 It's all about~은 다른 의미로 주어가 자기 인생에서 가장 중요한 것(main priority in life)이기 때문에 그것을 얻기 위해 전념한다는 뜻이다.

Key Point

I'm all about her 나 걔뿐이야

▶ I'm all about ~ing 난 오직 …할 뿐이야

❶ **She's my girl, and I'm all about her.**
걘 내 여자야, 그리고 난 걔뿐이야.

❷ **I am all about relaxing and rejuvenating.**
난 쉬면서 회복하는데 전념하고 있어.

A: You seem to be very close with Angela.
B: Oh yeah, I'm all about her.

A: 너 안젤라와 매우 친한 것 같아.
B: 어 그래, 나 걔뿐이야.

A: I'm all about my new boyfriend.
B: I see you with him all of the time.

A: 난 새 남친이 너무 좋아.
B: 항상 붙어있더라.

Q I'll give you that

 너한테 그것을 줄 거라고??

A 그렇게 단순한 문장이라면 여기서 굳이 설명할 필요가 없을게다. I'll give you sth의 형태에서 sth 대신 that이 나온 경우로, 그냥 글자 그대로 "내가 너한테 그것을 줄게"라는 의미로도 많이 쓰이니 조심해야 한다. 표현에 대한 고정관념에 잡히면 언어가 더 어려워 질 수 있다. 다른 의미로 쓰이는 I'll give you that은 다소 점잖은 표현으로 상대방과 얘기나 토론을 하다가, 상대방에게 「방금 전에 네가 한 말이 맞다」(correct)고 동의할 때 사용한다. I admit it이라고 생각하면 된다. 시험이 어렵게 나와 고생한 학생들 중 한 명이 시험이 너무 어려웠다고 투덜댈 때 "Yeah, I'll give you that. They are hard"라고 맞장구를 칠 수 있고, 아내가 역시 차는 벤츠가 좋다고 말할 때, 그 말은 맞아라며 동의하면서 "I'll give you that, but they are too expensive"라 말할 수 있다. 조금 응용하여 제 3자가 한 말이 맞다며 동의할 때는 I'll give him[her] that(걔 말이 맞아)라고 하면 된다.

Key Point 

I'll give you that 네 말이 맞아, 그 말이 맞아

▶ I'll give him[her] that 걔 말이 맞아

❶ **Jane, on the other hand, she was headstrong, I'll give you that.**
다른 한편으로 제인은 고집불통이었어. 네 말이 맞아.

❷ **You got a good taste, I'll give you that.**
너 정말 취향이 고급이야. 내 인정할게.

A: You are kind of lazy.
B: I'll give you that. I should try harder.

A: 너 좀 게을러.
B: 네 말이 맞아. 내가 더 노력해야 돼.

A: We really should take a vacation.
B: I'll give you that. We haven't been on one in years.

A: 우린 정말 휴가를 가야 돼.
B: 그래그래. 몇 년간 휴가를 못 갔잖아.

I'm nowhere near it

그거 가까이 어디에도 없다고??

be nowhere near sth은 주어가 sth 근처에도 있지 않다라는 말로, 좀 우리말답게 말해본다면 「…와는 거리가 멀다」 혹은 「전혀 …하지 않다」라고 이해하면 된다. 좀 더 쉽게 설명하자면, 어디 있는지 모를 정도로 멀리 있다(be far away)거나, 혹은 뭔가를 끝마치는데 시간이 많이 걸린다(take a long time)는 의미이다. 매우 자주 쓰이는 빈도수가 아주 높은 구어체 표현이다. 친구 집에 초대받아 차로 가고 있는 사람이 친구에게 전화해서 "I have to drive another hour to get to your house. I'm nowhere near it"이라고 말하거나 혹은 어떤 일을 하고 있는데 아직 끝내려면 시간이 많이 남았다고 말할 때 "I'm sorry, but I'm nowhere near finishing this report"라고 말할 수 있다. 여기에서 보듯이 near 다음에는 sth이나 ~ing, ready 등 다양한 품사가 오는데, be nowhere near ready to[for]~는 거의 굳어진 표현으로 「…할 준비가 거의 안 되어 있다」라는 뜻이다.

Key Point 

I'm nowhere near it 아직 멀었다

- I'm nowhere near sth[~ing] …하려면 아직 멀었다
- I'm nowhere near ready to[for] …할 준비가 거의 안 되어 있다

1. **I'm nowhere near** the neighborhood but I'm working on a better excuse. 난 동네근처에 오지도 않았지만 더 나은 변명거리를 찾고 있어.
2. I was 19 when I got pregnant, **nowhere near ready to** be a mother. 내 나이 19세에 임신했지만 엄마가 될 준비가 전혀 안되어 있었어.

A: Have you reached New York City yet?
B: No, **I'm nowhere near it.**

A: 너 벌써 뉴욕에 도착했어?
B: 아니, 아직 멀었어.

A: I thought you were going to get rich by age 30.
B: I tried to, but **I'm nowhere near it.**

A: 난 네가 30세쯤에는 부자가 될 거라 생각했었어.
B: 노력을 했지만 아직 멀었어.

(It's) Never gonna happen

절대 그런 일이 일어나지 않는다고??

직역을 해도 의미가 거의 비슷하게 나오는 표현이다. 의미는 두 가지인데, 먼저 어떤 일이 일어나거나 행해질 것 같지 않을 때 쓰인다. 남녀 사이에 한쪽이 싫어서건 사내커플 금지때문이든 서로 맺어질 수 없다고 말할 때 It's never gonna happen이라고 하는데 미드에서 많이 들어봤을 것이다. 또 다른 의미는 역시 같은 맥락으로 상대방이 제안하는 거에 내키지 않거나 거절할 때(refuse) 쓰이는 것으로 이때는 단순히 "No"라고 생각하면 쉽다. 매우 구어적인 표현으로 가끔은 퉁명스럽게 "No"라고 말할 때 쓰이기도 한다. It's는 That's로 써도 되고 모두 다 생략해서 간단히 Never gonna happen이라고 쓰기도 한다. 철없는 남편이 잘 굴러다니는 차를 팔고 새로 나온 최고급 스포츠카를 산다고 했을 때, 현명한 아내는 "That's never going to happen"이라고 하면서 단호히 금지할 수 있고, 신뢰라고는 눈곱만큼도 없는 친구가 찾아와 돈을 빌려달라고 한다면, 거절의 의미로 "No way, that's never going to happen"이라고 할 수 있다. 우리말로는 "그렇게는 안 될거야," "그럴 일은 없을거야," 혹은 "안 돼" 정도로 생각하면 된다.

Key Point 

It's never gonna happen 그런 일 없을거야, 안돼

▶ That's never going to happen 그렇게는 안 될거야

❶ **You promise? Oh, no! That means it's never gonna happen now.**
네가 약속한다고? 이런! 그 얘기는 절대 그런 일이 없을 거라는 말이네.

❷ **All right. Well, suit yourself. Never gonna happen.**
좋아. 그래, 맘대로 해. 절대 그렇게는 안 될 거야.

A: Would you like to go on a date with me?
B: No, that's never going to happen.

A: 나랑 데이트할래?
B: 아니, 절대 그런 일 없을 거야.

A: How about lending me a few thousand dollars?
B: Are you kidding? Never going to happen.

A: 내게 몇 천 달러 좀 빌려줄래?
B: 말이라고 해? 절대 안 돼.

Right back at ya

너한테 바로 돌아간다고??

Right back at you를 발음 나는 대로 적은 표현으로 구어체 중에서도 슬랭에 가까운 표현이다. 당연히 가깝거나 허물없는 사람이나 파티나 나이트클럽 같은 가벼운 장소에서 쓰이게 된다. 이런 맥락에서 일반화된 표현이라고 하기에는 무리가 있다. 이 표현의 의미는 「너도 마찬가지이다」(The same to you)라는 말로, 상대방이 자기한테 한 내용을 받아서 "너도 마찬가지이다," "나도 그래(나도 너에 대해서 같은 생각이야)," "나도 네가 그렇다고 생각해"라고 말하는(say the same thing that was just said to him) 것이다. 동일한 내용의 문장을 반복하지 않기 위한 간결한 표현방식이다. 남자가 데이트 중인 상대 여친에게 옷 입는 스타일이 맘에 든다고 했을 때, 여친 또한 "나도 네 옷 입는 스타일이 맘에 든다"고 말하기 위해 간단히 "Right back at you. I like your clothes too"라고 받아칠 수 있다. 또한 나이트클럽에서 한 친구가 다른 친구가 춤추는 모습을 보고 "야, 너 춤 잘 춘다"라고 했을 때 상대는 "Right back at you. You're a great dancer too"라고 하면서 서로 상부상조하면 된다. 물론 상대방이 험담하는 등 안 좋은 이야기를 할 때도 자기도 상대가 그렇다고 생각하면 이 표현을 쓸 수 있다. 덕담하는 상황에서만 쓰이는 것은 아니다.

Key Point 

Right back at you 너도 마찬가지야, 나도 그래

▶ Hey, right back at ya 야, 나도 그래

❶ **Right back at ya.** So let me ask you something.
너도 마찬가지야. 그러니 내가 하나 물어볼게.

❷ **Right back at you.** You're looking stylish.
너도 그래. 너 스타일리쉬하게 보여.

A: I love the way the food you cook tastes.
B: **Right back at you.** Your cooking is excellent.

A: 네가 음식에 맛을 내는 게 맘에 들어.
B: 너도 마찬가지야. 네 요리는 정말 훌륭해.

A: I'm never, ever gonna get married. Girls are yucky!
B: **Right back at you.**

A: 난 죽어도 결혼하지 않을 거야. 여자들은 역겨워!
B: 나도 그래.

Q Say no more

더 말하지 말라고??

A

상대방이 더 말하려는 것을 차단한다는 점에서는 그렇게 생각할 수도 있지만, 이 표현이 쓰이는 상황은 상대방이 뭔가 한 마디를 했는데, 그 다음 얘기가 무언지 충분히 짐작되는 문맥에서, 더 이상 말이나 설명을 하지 않아도 「무슨 말인지 알아들었다고」(understand what a person is saying, and no further explanation is necessary)하면서 상대방의 말을 차단하고 자기가 말을 이어갈 때 사용하는 표현이다. 상대방을 면박하거나 기분 나빠서 말을 못하게 하는 것은 아니니 오해하면 안 된다. 우리말로는 "말 안 해도 알겠어", "알았어"(I've got it), 또는 상황에 따라 퉁명스럽게 "더 말 안 해도 돼" 정도로 이해하면 된다. 약간은 formal한 표현으로 미국보다는 영국에서 많이 쓰이는 표현 중의 하나이다. 쇼핑 중인 두 친구 중 한 명이 배고프다라고 했을 때 상대방은 "Say no more, I know a great restaurant"라고 할 수 있고, 또한 한 친구가 자기가 요즘 돈이 딸린다고 했을 때, 상대방 친구는 무슨 말인지 알아듣고서 "Say no more. How much do you need?"라고 할 수 있다. 반대로 더 말해 달라고 할 때는 "Tell me more"라고 하면 된다.

Key Point

Say no more 말 안 해도 알겠어, 알았어

- Got it. Say no more 알았어. 그만해
- Tell me more 더 말해줘

1. **Hey say no more, it'll be our little secret.**
   야, 그만 말해, 그건 우리끼리의 작은 비밀이야.
2. **Say no more. I'll talk with him about it.**
   알았어. 내가 걔와 그 얘기를 해볼게.

A: My mom is flying in at 10 pm.
B: Say no more. I'll be glad to pick her up.

A: 엄마가 오후 10시 비행기로 도착하셔.
B: 그래 알았다. 기꺼이 모셔올게.

A: Listen, I was just getting dinner ready.
B: Say no more. I'll get out of your hair.

A: 저기, 저녁 준비하고 있었는데요.
B: 알겠어. 더 이상 귀찮게 하지 않을게.

Show me what you got

네가 가진 것을 보여 달라고??

조금만 비유적으로 이해하면 무슨 표현인지 쉽게 이해되는 문장이다. 네가 가진 것을 보여 달라, 즉 「너의 능력이나 재주를 보여 달라」(want to see how talented or able you are)는 뜻이다. 아무 때나 말하는 것은 아니고, 상대방이 자기가 능력이 있고 잘 한다고 자화자찬할 때 이 문장을 쓰는데 이때는 상대방이 정말 능력이 있는 건지 혹은 과장 떨고 허풍치는지 알고 싶어 당돌하게 되받아치는 경우이다. "(그럼) 네 능력[실력]을 보여줘 봐"라는 말이다. 주로 상대방을 잘 알지 못하는 사이에 쓰일 수 있는 구어체 표현. 한 친구가 자기가 수학에 뛰어나다고 자랑할 때, 듣고 있는 친구가 "Okay, here is a difficult math problem. Show me what you got"이라며 정말 수학실력이 뛰어난지 확인해볼 수 있고, 또한 일대일로 싸우자고 도전을 받은 사람이 "I'll fight you. Show me what you got!"(너와 싸워주지. 어서 덤벼 봐)라고 말할 수 있다. 물론 글자 그대로 상대방이 뭘 가지고 있는지 물어볼 수도 있고, 상황에 따라 충고나 격려하는(Show her what you got) 표현으로 쓰이기도 한다.

Key Point

Show me what you got 네 능력을 보여줘

- All right, Chris, show me what you got 좋아, 크리스, 네 능력을 보여줘 봐
- Just show me what you got 내게 네 능력을 보여줘 봐

❶ Get on the basketball court and show me what you've got.
농구코트에 가서 네 능력을 보여줘 봐.

❷ I'll get on the dance floor and show them what I've got.
내가 댄스 플로어 위에서 그들에게 내 실력을 보여줄 거야.

A: I'm here to fix your broken computer.
B: Okay, go ahead and show me what you've got.

A: 네 컴퓨터 고쳐주러 왔어.
B: 그래, 어서 네 실력을 보여줘 봐.

A: The new basketball player is really talented.
B: He'll have to show me what he's got.

A: 새로 등장한 농구선수가 정말 능력 있어.
B: 갠 자기 능력을 보여줘야 될거야.

That rings a bell

그게 종소리를 울린다고??

ring a bell은 일차적으로 「종이 울리다」라는 말. 종이 울린다는 것은, 잊고 있던 뭔가를 생각나게 한다는 것으로 비유적으로 「뭔가 낯이 익다」, 「뭔지 확실히는 모르지만 들어본 적이 있는 것 같다」라는 의미. 상대방이 뭔가 얘기했을 때, 상대방이 한 말이 종처럼 울려서 자기 기억 저편에 있는 것들을 기억나게 하는 것 같다는 말이다. 우리말로 하자면, "그러니까 기억이 나네" 정도로 생각하면 된다. 매우 일반적으로 많이 쓰이는 표현. 한 친구가 Chris Suh라는 이름의 좋은 친구가 있다고 말했을 때, 잘은 몰라도 들어본 사람이라며 "That name rings a bell. I think I know him too"라고 말할 수 있으며 또한 흘러간 영화를 좋아하는 여친이 "*Body Heat*"란 영화를 좋아한다고 할 때, 남친은 "That movie title really rings a bell, but I can't remember which actors starred in it"이라 맞장구칠 수 있다. 반대로 That doesn't ring a bell은 "그걸 봐도[들어도] 전혀 기억이 나지 않는다," Does that ring a bell?하게 되면 뭔가 보여주거나 말해놓고 "뭐 기억나는 거 없어?"라고 묻는 문장.

Key Point 

That rings a bell 그러니까 기억이 나네

- That doesn't ring a bell 들어봐도 기억이 나지 않아
- It does not ring a bell with me 난 기억이 나지 않아
- Does that ring a bell? 뭐 기억나는 거 없어?

1. I'm engaged to Chris Suh. Ring a bell? The mayor? Your new boss?
   난 크리스 서와 약혼했어요. 뭐 기억나는 거 없어요? 시장말예요? 당신 새로운 보스말예요?
2. Does the name Georgina ring a bell?
   조지나라는 이름으로 뭐 기억나는 거 없어?

A: Have you ever heard of the North Star Cathedral?
B: That rings a bell, so maybe I have.

A: 노스스타 성당얘기 들어본 적 있어?
B: 그러니까 기억이 나는데 아마 들어본 적이 있을 거야.

A: My favorite movie is *The Pet Detective*.
B: That rings a bell. Is Jim Carrey in it?

A: 내가 좋아하는 영화는 에이스 벤츄라야.
B: 그러니까 기억이 나네. 그거 짐 캐리 나오는 거지?

Q I'm all over it

× 나는 그거 위에 잔뜩 있다고??

A 쉬운 단어로 구성된 표현들이 더 이해하기 어렵고 우리말로 옮기기도 난감할 때가 많다. 여기서 쓰인 be all over는 다양한 의미로 쓰이는데 be all over sth하면 기본적으로 「일을 하고 있다」(I'm working on it), 「서둘러 시작하다」(I'll hurry and start working on it)라는 뜻이지만, 자신이 sth에 대해 아주 잘 알고 있거나 혹은 sth에 관심이 무척 많다는 것을 말할 때도 사용된다. 친구가 뉴스에 난 한 사건에 대해 물어볼 때, 자기가 그 뉴스를 무척 많이 봐서 그것에 관해 잘 안다고 하려면 "Oh yeah, I'm all over it"이라고 하면 되고, 또한 아이폰을 무척 좋아하는 사람이라면 "Did you see the new iPhone? It looks awesome. I'm all over it"이라고 친구들에게 말할 수 있다. 한편 be all over sb하게 되면 「sb에게 홀딱 반하다」, 혹은 「육체적으로 구석구석 들이대다」라는 뜻으로 쓰인다. 한편 all을 빼고 I'm over it 이나 I'm over her하게 되면 「다 끝냈다」, 따라서 「중요하지 않다」, 그녀와 헤어진 후 다 「잊었다」, 「극복했다」라는 뜻이 된다. 마지막으로 미드빈출문장인 "It's all over the news"는 그것이 뉴스를 도배하고 있다, 즉 언론에서 집중적으로 보도하다는 뜻.

Key Point

I'm all over it 일을 하고 있다, 잘 알고 있다

- be all over sb 반하다, 성적으로 들이대다
- I'm over it[her] 끝냈어, 다 잊었어

1. Whatever you want me to do, **I'm all over it.**
   네가 내가 뭘 하기를 바라건 간에, 난 하고 있어.
2. As far as the report goes, **I'm all over it.**
   보고서에 관한 한, 난 열중하고 있어.

A: Did you see Apple introduced a new phone?
B: That's right, and **I'm all over it.**

A: 애플이 새로운 핸드폰을 출시한 거 알아?
B: 맞아, 나 잘 알고 있어.

A: The festival of animation is coming to town.
B: Is that right? **I'm all over it!**

A: 애니메이션 축제가 시내에서 열린대.
B: 정말야? 너무 좋다!

Q Tell me about it

 그거에 관해 내게 말해달라고??

A 그렇게 쉬운 표현이면 얼마나 좋을까. 이는 상대방 말에 「동의하거나」(agree with) 상대방의 「말이 맞다」고 맞장구치는 표현. 우리말로는 "그러게 말이야," "누가 아니래," "네 말이 맞아"에 해당된다. 물론 글자 그대로 상대방에게 "그것에 대해 더 말해줘"라는 의미로도 쓰이는데, 구분은 억양이나 강약으로 파악하면 된다. 상대방 말에 맞장구칠 때는 문장의 앞부분을 강하게 그리고 단순히 추가정보를 말해달라고 할 때는 특정부분을 강조하지 않고 말하면 된다. 한편 이와 반대되는 표현은 "You can't tell me that"(그렇지 않아, 네 말이 틀려)이라 할 수 있다. 부부가 TV를 보는데 아내가 드라마가 형편없다고 할 때, 동의한다면 "Tell me about it. That show really sucked"라 할 수 있다. 또한 영화보고 나온 형제 중 동생이 시간이 너무 늦었다라고 하면 형은 "Tell me about it. We need to go home"이라고 맞장구 칠 수 있다. 또한 글자 그대로의 의미로 쓰이는 문장 중 "You want to tell me about it?"을 미드에서 많이 볼 수 있는데 이는 상대방으로부터 정보를 구하거나 취조할 때 "내게 털어놓을 테야?," "말해볼테야?"라는 말로 CSI 반장들이 범인 취조할 때 많이 사용한다.

Key Point 

Tell me about it 그러게 말이야, 누가 아니래

- You can't tell me that 그렇지 않아, 네 말이 틀려
- You want to tell me about it? 내게 털어놓을 테야?

❶ **Tell me about it.** Not one person came up to me at Tony's funeral.
누가 아니래. 토니의 장례식에서 아무도 내게 다가오지 않았어.

❷ That's actually kind of nice. Yeah, **tell me about it.**
그거도 꽤 괜찮네. 그래, 그거에 대해 말해줘.

A: Traffic is always terrible at night.
B: **Tell me about it.** It took me an hour to get home.

A: 저녁에는 항상 교통이 끔찍해.
B: 정말 그래. 집에 가는데 한 시간이 걸렸어.

A: Women always want to date guys with money.
B: **Tell me about it.** No one is interested in a poor man like me.

A: 여자는 언제나 돈 많은 남자와 데이트하고 싶어 해.
B: 누가 아니래. 나 같이 돈 없는 사람에게는 아무도 관심이 없어.

That's a theory

하나의 이론이다??

theory를 너무 거창하게 생각하면 안 된다. 이론이라는 의미가 대표적이지만 theory는 일상생활에서는 「확실하지 않은, 근거가 빈약한 생각」이라고 이해하면 된다. 그래서 자기의 생각이나 말이 확실하지 않아(be not certain) 자신도 조금은 혼란스럽다는 것을 나타낼 때 이 표현을 쓰면 좋다. 주로 얘기를 나누는 쌍방이 결론을 확실히 모를 때 그래서 이걸 어떻게 이해하고 설명해야 되는지 조심스러울 때 많이 쓰인다. 우리말로는 "그럴 수도 있다," "그럴 지도 모르지" 정도로 이해하면 된다. a 대신 one을 써서 That's one theory라고 해도 된다. 모임에서 한 친구가 경기불황이 정부 때문에 야기 되었다고 반정부적인 발언을 했을 때, "That's one theory, but there may be other reasons for that"이라고 경기불황 원인의 다양성을 열어놓을 수도 있다. 또 절친의 파티에 초대받지 못한 한 여학생이 절친이 자기에게 화났나보다라고 씩씩거릴 때 다른 친구가 그럴 수도 있겠지만 자기가 보기에는 걔가 너한테 화나지는 않은 것 같다라고 말할 때 "That's one theory, but I don't think she is mad at you"라고 말할 수 있다.

Key Point

That's one theory 그럴 지도 모른다, 그럴 수도 있다

- That's a theory 그럴 지도 모른다
- have a theory 개인적인 생각이나 의견이 있다

❶ **Melvin could be the killer. That's a theory.**
멜빈이 살인범일 수도 있어. 그럴 지도 몰라.

❷ **That's a theory. Do you have any proof?**
그럴 수도 있지만 무슨 증거라도 있어?

A: If I was rich, I'd help a lot of people.
B: **That's a theory,** although many rich people are selfish.

A: 내가 부자라면, 많은 사람들을 도울 텐데.
B: 그럴 수도 있겠지, 비록 많은 부자들이 이기적이지만.

A: I think the victim was killed around midnight.
B: **That's a theory,** and we need to confirm it.

A: 피해자는 자정 경에 살해된 것 같아.
B: 그럴 수도, 우리는 그게 사실인지 확인해야 돼.

What do we have here?

우리가 여기서 뭘 갖고 있냐고??

비유적인 의미의 Where are we? 그리고 What you got?과 일맥상통하는 표현이다. 한마디로 해서 무슨 일이냐고 묻는(ask what's going on) 것. 어떤 상황에 이르렀는데 그 상황이 잘 이해가 안 되어서 다른 사람에게 설명을 요구하는 표현이다. 주로 이 문장을 사용하는 경우는 일반적인 상황보다는 윗사람이 아랫사람에게 정보를 보고하라고 할 때 사용된다. 동료들 사이에서도 쓰일 수 있는 것은 물론이다. 미드 수사물에서 자주 볼 수 있는 장면, 형사가 범죄현장(crime scene)에 와서 미리 와있는 사람들에게 "What do we have here? Tell me what happened"라 말할 수 있고, 또한 사장이 직원들이 일하는 현장에 와서 일의 진척도가 궁금해서 "What do we have here? Show me what you're working on"라고 물어볼 수 있다. 우리말로는 "무슨 상황이야?," "어떻게 돼가?" 정도로 생각하면 된다.

Key Point 

What do we have here? 무슨 상황이야?, 어떻게 돼가?

- Do you know what we have here? 어떻게 돌아가는지 알아?, 무슨 일인지 알아?
- That's what we have here 사건의 진상이 바로 그렇다

1. **What do we have here, stolen uniforms?**
   무슨 일이야, 유니폼을 도둑맞았다고?
2. **Let me see that. What do we have here?**
   어디 보자고. 어떻게 되어가는 거야?

A: This is a mess. What do we have here?
B: We're just cleaning up from last night's party.
A: 완전 엉망이네. 무슨 일이야?
B: 지난밤 파티한 거 치우고 있어.

A: I just arrived. What do we have here?
B: Two cars crashed into each other.
A: 방금 도착했는데, 무슨 일이야?
B: 자동차 두 대가 서로 들이받았어.

What's the worst that could happen?

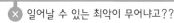

일어날 수 있는 최악이 무어냐고??

고지식하게 직역하면 일어날 수 있는 최악의 상황이 무엇이야?라고 묻는 문장이다. 하지만 이는 반어법이 사용된 표현으로 「무슨 나쁜 일이 생기겠냐」, 즉 「만사가 다 잘될 것이다」(everything will be okay)라고 상대방에게 충고하고 격려할 때 사용하는 문장이다. 즉 상대방이 뭔가 할까 말까 망설이고 고민 중일 때, 얼른하라고(go ahead and do it), 결과가 좋을 거라고(the result of doing something will probably be positive) 용기를 북돋아주는 표현이다. 역시 구어체 표현으로 친한 사이에서 쓸 수 있는 표현이다. 좀 소심한 친구가 한 달 동안 하이킹하면서 유럽일주를 할까 고민할 때, "Go ahead and go to Europe. What's the worst that could happen?"이라고 말할 수 있고, 또한 직장 동료가 집을 살까 생각중일 때 "What's the worst that could happen? I think it's a great idea to buy a house"라고 부추길 수 있다. could 대신 can을 써서 What's the worst that can happen?이라고 써도 된다.

Key Point

What's the worst that could happen? 무슨 나쁜 일이 있겠어?, 별일 없을거야

▶ What's the worst that can happen? 별일 없을거야

① So you go over there, you tell him you think he's cute, **what's the worst that could happen?**
그래 저기로 가서, 걔한테 귀엽다고 해. 무슨 나쁜 일이야 있겠어?

② **What's the worst that can happen?** We'll live happily ever after?
별일이야 있겠어? 우리는 그 뒤에 쭉 행복하게 살 것이다?

A: I set up Kevin and Tracey on a blind date.
B: Good idea. **What's the worst that could happen?**

A: 내가 케빈하고 트레이시를 서로 소개해줬어.
B: 좋은 생각이야. 별일이야 있겠어?

A: Did you let the students drink beer?
B: Sure. **What's the worst that could happen?**

A: 학생들이 맥주마시도록 했어?
B: 응. 무슨 나쁜 일이 있겠어?

Q What did I miss?

내가 뭐를 놓쳤냐고?

A miss는 그리워하다가 아니라, 모임 등에 늦은 사람 혹은 잠깐 다른 일 때문에 자리를 비운 사람이 「뭔가 듣거나 보지 못하다」, 즉 「뭔가를 놓치다」라는 의미. 따라서 What did I miss?는 "내가 뭘 놓쳤어?," 좀 더 의역을 하자면 "무슨 얘기였어?," "무슨 일이 있었던 거야?," "내가 모르는 게 뭐야?" 정도로 이해하면 된다. 다시 말하자면 무슨 일이 있었는지 알고 싶거나 (want to know what has happened), 어떤 상황에서 중요한 정보를 놓쳐서 그 정보를 알고 싶을 때 사용한다. 변형으로는 Am I missing something here?이 있고 또한 What을 빼고 Did I miss it?이나 Did I missing anything?이라 해도 같은 맥락의 표현이 된다. "내가 놓친 거야?," "뭐였는데?"라는 말. 주로 친구나 동료들처럼 친한 사이에 쓰이는 구어체 표현. 학교 수업에 30분 늦게 온 학생은 옆 짝꿍에게 "Hey, what did I miss?"라 할 수 있고, 또한 천생연분처럼 잘 지내던 커플이 헤어진 것을 뒤늦게 알고서는 "Why did they break up? What did I miss?(왜 헤어진 거야? 무슨 일이 있었던 거야?)"라 할 수 있다.

Key Point

What did I miss? 무슨 얘기였어?, 무슨 일이었어?

- Am I missing something here? 무슨 일이야?
- Did I miss it? 뭐였는데?
- Did I missing anything? 내가 뭐 놓친 거야?

❶ I heard a lot of noise in here. What did I miss?
여기서 소음이 엄청 나던데, 무슨 일이었어?

❷ Hey, sorry I'm late. Is it over? Did I miss anything?
야, 늦어서 미안해. 다 끝났어? 내가 뭘 놓친 거야?

A: I just got here. What did I miss?
B: The teacher was talking about Mexican history.

A: 나 방금 왔는데, 무슨 얘기였어?
B: 선생님이 멕시코 역사에 대해 말씀하고 계셨어.

A: Has the TV show started? What did I miss?
B: I'll tell you about it during the commercial break.

A: 그 프로그램 시작했어? 무슨 얘기였어?
B: 광고시간에 얘기해줄게.

Who would have thought?

 누가 생각을 할 수도 있었을 거라고??

글자 그대로 해석해서는 답이 나오지 않는다. could have thought는 could have pp의 형태로 단순히 옮기자면 「과거에 생각할 수도 있었을 것이다」가 되지만 여기서는 반어법적인 문장으로 형태는 의문문이지만 상대방의 대답을 기대하는 것은 아니다. 뭔가 놀랍고 전혀 예상 못한 일들이 벌어졌을 때 내뱉는 말로 "누가 생각이나 했겠어?," "정말 놀랬어"라는 뜻이 된다. could 대신에 would를 써도 되고, 또한 단독으로 Who would have thought?라 써도 되지만 뒤에 명사나 문장을 붙여 What would have thought+N[that S+V]?의 형태로 쓸 수도 있다. 많은 사람들이 즐겨 사용하는 일반적인 구어체 문장이다. 유흥가에 살다시피 하던 한 친구가 신부(priest)가 된다는 소식을 듣고서는 놀라, "I can't believe Chris is becoming a priest. Who would have thought that would happen?"라 말하거나, 한 노숙자가 로또에서 1등을 하고 나서 흥분해서 "Now I'm rich. Who would have thought it?"이라고 뇌까릴 수 있다.

Key Point 

Who would have thought? 누가 생각이나 했겠어?, 정말 놀랬어

- Who would have thought that would happen? 누가 그러리라고 생각이나 했겠어?
- Who would have thought+N[S+V]? 누가 …하리라고 생각이나 했겠어?

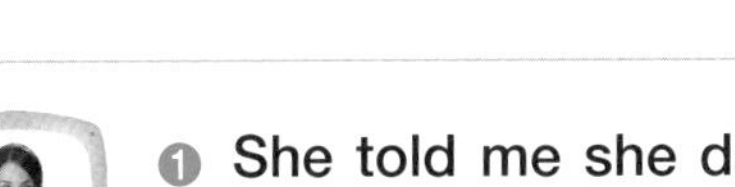

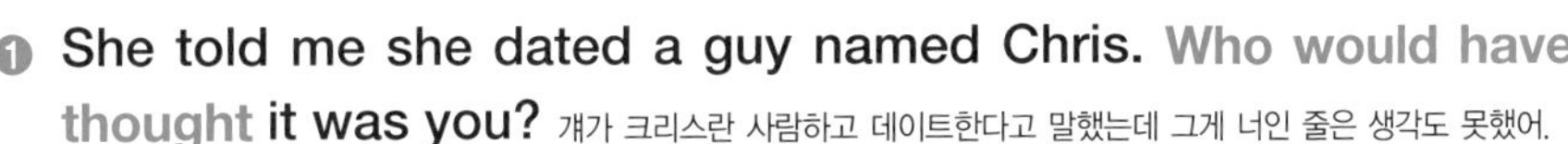

❶ She told me she dated a guy named Chris. **Who would have thought** it was you? 걔가 크리스란 사람하고 데이트한다고 말했는데 그게 너인 줄은 생각도 못했어.

❷ **Who would have thought that** the idea of dressing up like a fairy princess would be such a turn-on?
요정공주처럼 입는다는 생각에 그렇게 흥분될 줄은 누가 생각이나 했겠어?

A: Ronnie is now a powerful politician.
B: **Who would have thought** he'd become so successful?

A: 로니는 이제 영향력 있는 정치가야.
B: 걔가 그렇게 성공하리라 누가 생각이나 했겠어?

A: **Who would have thought** that Sara was a bank robber?
B: She had all of us fooled.

A: 새라가 은행 강도가 되리라고 누가 생각이나 했겠어?
B: 걘 우리 모두를 속였어.

with all due respect

 모든 due한 존경심으로??

항상 due가 문제다. 여기서 due는 예정, 지불이 아니라 「적절한」, 「마땅한」(suitable)이란 뜻. 그래서 due respect하면 「적절한 존중[정중]」이라는 것으로 여기에 with를 붙여 with due respect하면 '당연히 정중하게' 라는 뜻이 된다. 직역하면 말이다. 예의바른 표현인데 이왕이면 쓴 김에 한 단어 더 써서 상대방에 대한 존중하는 맘을 더 나타낼 수 있는데 이게 바로 with all due respect이다. 상대방 의견과 다른 의견을 제시할 때 꺼내는 서두로 의역하자면 "죄송합니다만," "그렇기는 하지만"에 해당하는 정중하고 formal한 표현이다. 주로 연장자이거나 계급이나 직책이 높은 사람의 의견에 반대의견을 꺼낼 때 사용한다고 보면 된다. 물론 장난삼아서는 누구한테도 쓸 수 있다. 사장이 사실과 다른 엉뚱한 말을 할 때 눈 부릅뜨고 직설적 말하는 것보다는 "With all due respect, Mr. Thomas, I think you are wrong about that"이라고 말하는 게 후환이 없을 것이고 또한 18세가 넘어도 여전히 딸바보 아버지가 저녁 9시까지 귀가하라고 하자, 정중하게 예를 갖추어서 "With all due respect, I'd like to stay out until 11pm"라고 시간 연장을 할 수 있다.

Key Point 

with all due respect 그렇기는 하지만

▶ with due respect 그렇기는 하지만

❶ **With all due respect, I don't think praying will help.**
죄송합니다만, 기도가 도움이 되리라고는 생각하지 않아요.

❷ **With all due respect, this lawyer never gave an opening statement.**
그렇기는 하지만, 이 변호사는 모두변론조차 하지 않았어요.

A: Why was Terry thrown out of the bar?
B: With all due respect, he was behaving like an idiot.

A: 왜 테리가 바에서 쫓겨난 거야?
B: 죄송합니다만, 걔가 한심하게 행동을 했어요.

A: With all due respect, you need to buy some nicer clothes.
B: Why? What is wrong with the clothes I have?

A: 외람되지만, 더 멋진 옷을 좀 사셔야 돼요.
B: 왜? 내 옷이 뭐가 문제인데?

It's a phase

 그것은 단계라고??

영한사전에 너무 의존한 나머지 그리고 각종 시험을 대비해 속전속결로 영단어의 대표적인 의미 하나만 달랑 외웠다면 이런 문장을 이해하는데 커다란 장애가 될 것이다. 다시 말해서 phase를 「단계」, 「시기」로만 외웠다면 It is a phase가 정확히 이해되지 않을 수도 있다는 것이다. phase는 어떤 발달과정에서의 여러 단계 중들 하나라는 의미로, It's a phase하게 되면 여러 단계 중에서 하나의 단계이다, 즉 「지나가는 임시적인(temporary) 것」이라는 뜻을 갖는다. 그래서 우리말로 하자면 "한 때 그러는 거야," "잠시 그러는 거야," "지나가는 과정이야" 라는 의미. 문제점을 내놓고 이야기한다는 점에서 서로 잘 아는 사람들 사이에 쓰이는 구어적 표현이다. 한 때 rap music에 빠졌던 친구에게 아직도 좋아하냐고 물었을 때 이제 끊었다고 (went through)할 때는 "No, not anymore. It was just a phase I went through"라고 하면 되고 또한 채식주의자로 알고 있는 친구와 오랜만에 만나 식당에서 음식을 주문할 때 채식으로 주문하려고 했을 때, 상대 친구가 "That was just a phase. I can eat meat now"라고 하면서 한 때 그랬지 지금은 고기도 먹는다고 말할 수 있다.

Key Point 

It's a phase 한때 그러는 거야, 지나가는 과정이야

- It was a phase 잠시 그랬던 거야
- This is probably just a phase 이것은 아마도 지나가는 걸 거야

① You look pretty gay to me. Come on, maybe it's just a phase.
너 참 게이같이 보여. 이봐, 아마 한때 그러는 걸지도 몰라.

② I bet we're worrying ourselves sick over nothing. This is probably just a phase.
단언컨대, 우리는 별일도 아닌 걸로 끙끙 앓고 있는 거야. 이건 잠시 그러는 것일 수도 있어.

A: Does John still drink a lot after he finishes work?
B: No, it was just a phase he was going through.
A: 존이 퇴근 후에 여전히 술을 많이 마셔? B: 아니, 잠시 그랬던 거구 지금은 안 그래.

A: My young daughter gets really mad sometimes.
B: Don't worry, it's just a phase she's going through.
A: 내 어린 딸이 가끔 엄청 화를 내.
B: 걱정 마, 그냥 지나가는 과정이야.

Q Tell me another (one)

 하나 더 얘기해달라고??

Tell me about it처럼 아주 쉬운 단어로 구성되어 있어 오역하기 쉬운 미드표현. Tell me another (one)는 물론 "하나 더 달라"라는 글자 그대로의 의미로도 쓰이지만, 상대방이 너무 뻔한 거짓말을 할 때 핀잔을 주는 표현으로도 사용된다. 우리말로는 "말 되는 얘기를 해라," "거짓말 마"라는 뜻. 즉 상대방이 너무 뻔한 거짓말을 하고 있어 전혀 믿어지지 않는다라고 일축하는 문장이다. 상대방보고 거짓말하고 있다고 비난하는(accuse sb of lying) 것으로 아주 친한 사이나 잘 아는 사이에 쓰이는 것으로 아주 예의 없는 표현. 미국에서는 상대방보고 거짓말쟁이(liar)라고 말하는 것은 우리의 그것과는 비교가 안 될 정도로 매우 심각한 비난이기 때문이다. 다시 말해서 이 표현은 잘 아는 사이에 상대방이 말도 안 되는 농담이나 사실이 아닌 것들을 말하거나 혹은 상황에 따라서는 상대방의 터무니없는 말에 화났을 때 사용하면 된다. 통근버스를 타고 다니는 다른 직원들 다 출근했는데 지각한 직원이, 통근버스가 늦게 와서 지각했다고 뻔한 거짓말할 때, "Tell me another one. The bus was on time"이라고 혼내고 또한 쫄딱 망한 것을 알고 있는데도 불구하고 친구가 자기가 부자라고 뻥칠 때, "Tell me another one. You don't have any money!"라 할 수 있다.

Key Point 

Tell me another 말 되는 얘기를 해라, 거짓말 마

▶ Tell me another one 말 되는 얘기를 해

❶ **Yeah, you're famous. Tell me another one.**
그래, 네가 유명하다고. 말 되는 얘기를 해라.

❷ **I enjoyed your story. Tell me another one.**
네 얘기 정말 재미있다. 하나 더 해줘.

A: I am sure your neighbor is a criminal.
B: Tell me another one. That guy is harmless.

A: 네 이웃이 범죄자인 게 틀림없어.
B: 말 되는 얘기를 해. 저 사람은 남에게 해를 끼칠 사람이 아냐.

A: Did you hear about the UFO that landed last night.
B: Come on, tell me another one. That can't be true.

A: 지난밤에 UFO가 착륙했다는 얘기 들었어?
B: 이봐, 말 같지 않은 얘기는 하지 마. 사실일 리가 없어.

It's now or never

 지금 아니면 절대 아니라고??

단어 하나하나를 뜯어보면 비교적 쉽게 이해할 수 있는 표현이다. 지금(now)이거나 아니면 절대로 없다(never)라는 의미로 주로 「기회」와 연관된 문맥에서 사용된다. 절호의 기회가 왔음에도 불구하고 상대방이 안절부절, 우유부단하고 있을 때 앞으로 이런 기회는 다시 안올 테니 지금 기회를 잡아야 된다고(must take a chance now) 강력하게 밀어붙이는 표현. 어떤 액션을 취하라고 강하게 밀어붙이는 것을 보면 당연히 이 표현은 서로 잘 아는 친구나 동료들 사이에서 많이 쓰인다. 40이 넘어도 여친이 없는 친구와 바에서 술을 마시다 혼자 술을 마시고 있는 아리따운 여성을 보고, 친구는 안타까운 맘에서 "You'd better go talk to her right now. It's now or never"라고 하며 대쉬해보라고 밀어붙일 수 있고 또한 말로만 부부 해외 여행하겠다고 하다가 나이가 60이 넘은 부부에게 절친이 "You're getting older. It's now or never if you want to take that vacation"이라고 하며 여행을 빨리 가라고 등을 떠밀 수 있다. 우리말로 하자면 "지금 아니면 안 돼," "지금 아니면 영영 기회가 없을 거야" (do this or you may never be able to do it again)라고 하면 된다.

Key Point 

It's now or never 지금 아니면 안 돼

- If it's now or never, 지금이 아니면 안 된다면,
- Come on, man. It's now or never 이봐, 지금 아니면 기회가 없어

❶ So what are you saying? **It's now or never?**
그래 무슨 말을 하는 거야? 지금 아니면 영영 기회가 없다고?

❷ No! I'm not waiting! **It's now or never!**
안 돼! 난 기다리지 않을 거야! 지금 아니면 기회가 없다고!

A: Should I travel to Alaska this summer?
B: **It's now or never.** You may not get another chance.

A: 이번 여름에 알라스카로 여행가야 될까?
B: 지금 아니면 언제 가겠어. 다시 기회가 오지 않을 수도 있어.

A: Come with me tonight. **It's now or never.**
B: But I'm not sure I really love you.

A: 오늘 밤에 나와 함께 가자. 이번 아니면 기회가 없을 거야.
B: 하지만 널 정말 사랑하는지 잘 모르겠어.

Q I'm all yours

나는 전적으로 너의 것이다??

A

직역하면 나는 전적으로 너의 것이다라는 말로 비유적으로 "나는 네가 원하는 대로 해라," 혹은 "나는 네 책임이다"라는 뜻. 포로로 잡혀서가 아니라 상대방이 뭔가 부탁을 하거나 시간을 내달라고 할 때, 기꺼이 도와주고(make myself available to help) 필요한 것이 뭐든지 하겠다(do whatever is needed)라고 할 때 사용하는 문장. 부탁하는 상대방의 마음을 편하게끔 해주려는 상당히 배려 깊은(make others feel relaxed and less stressed) 표현이다. 난 네 것이니 편하게 말해라, 뭐든지 말해라는 뉘앙스이다. 주로 친한 사이에서 많이 쓰인다. 예를 들어, 친구가 파티를 준비한다고 하자, "How can I help with the party? I'm all yours"라 할 수 있고 또한 한 커플이 데이트를 할 예정인데, 남자가 로맨틱하게 보이려고 "I'm all yours tonight, my dear"이라고 충성심을 보여줄 수가 있다. 주어를 바꿔 She's all yours하게 되면 역시 "마음대로 해라"(You can take care of her), "네 책임이다" 등 문맥에 따라 의미를 생각해보면 된다. 한편 It's all yours는 글자 그대로 물건의 소유관계를 말하거나 혹은 "그게 모두 네 책임이다"라고 말하는 문장이 된다.

Key Point 

I'm all yours 편하게 말해, 뭐든지 말해, 난 네 거야

- She's all yours 걘 네 책임이야
- It's all yours 그건 모두 네 책임이야

❶ **After work, I promise I'm all yours. Dinner?**
퇴근 후에는 정말이지 네 맘대로 해. 저녁 할까?

❷ **I moved out of my mother's house. Cord is cut. I'm all yours.**
난 엄마 집에서 이사 나왔어. 연결고리를 끊었어. 이제 난 네 거야.

A: Can you stick around to help out?
B: I'm all yours. What do you need me to do?

A: 여기 남아서 좀 도와줄 수 있어?
B: 뭐든지 말해. 내가 뭘 해주기를 바라?

A: I'm all yours until Sunday night.
B: Wonderful. I've planned a romantic weekend.

A: 일요일 저녁까지 당신 맘대로 해.
B: 멋져라. 낭만적인 주말을 계획해놨어.

Q Now there you have me

 이제 거기서 네가 날 갖고 있다고??

A 생기초단어들로 구성되어 있지만 의미는 최고급 수준이다. 가장 많이 쓰이는 의미로는 상대방이 던진 질문에 「답을 모른다」(say that I don't know the answer to a question)이고 또 다른 의미는 논쟁이나 이야기를 하다 상대방의 「주장이나 의견이 논리적으로 맞다」(be a way of admitting that another person argued something in a more reasonable way)고 인정할 때이다. 그래서 우리말로는 "모르겠어," "내가 졌어"라 생각하면 된다. 살짝 형태를 바꿔 You have me there 혹은 You've got me there이라고 써도 된다. 역시 구어체 표현으로 특성상 뭔가 토론이나 얘기를 하다 쓰게 되는 경우가 많다. 한 친구가 일본인의 일인 평균연봉이 얼만지 아냐고 난이도 높은 질문을 했을 때, "You have me there. I have no idea," 그리고 열띤 토론을 하다가 상대방의 논리에 도저히 감당할 수 없을 때 "You have me there. I can't argue with that"이라고 두 손을 들 수가 있다.

Key Point

Now there you have me 모르겠어, 내가 졌어

- You have me there 나도 모르겠어
- You've got me there 모르겠어

❶ Now there you have me. I don't know.
에고 모르겠는데. 몰라.

❷ I gotta hand it to him. He got me there!
난 걔한테 두 손 들었어. 내가 졌다고!

A: Mr. Shaw's pants have never been unzipped in public?
B: You got me there, counselor, 'cause he didn't flash me.

A: 쇼 씨의 바지 지퍼는 공공장소에서 절대로 내려진 적이 없죠?
B: 변호사님, 그건 모르겠는데요. 그 사람이 내게 노출을 하지 않아서요.

A: Do you have a good reason for being late?
B: Now there you have me. It's my own fault.

A: 늦은데 뭐 타당한 이유라도 있나?
B: 모르겠습니다. 제 잘못입니다.

Q That's what they all say

 그게 걔네들 모두가 말하는 거라고??

A

그냥 단순히 단어들을 나열한 간단한 문장이지만 우리에게는 직역을 하게 되면 바로 그 의미가 다가오지 않는 경우. 위 문장은 사람들이 다들 그렇게 말한다, 즉 "다들 그렇게 말해"라는 의미이다. 즉 이 문장을 말하는 사람은, 대다수 많은 사람들이 어떤 문제에 대해 비슷한 생각을 갖고 있다는 것을 나타내고 싶을(want to express that many people hold the same opinion about something) 때 사용한다. 또는 문맥상 개인적으로 그 생각이 맞다라고 말할(express the speaker personally thinks that opinion is correct) 때 쓰기도 한다. 부담 없는 사이인 친구나 동료들 사이에서 주로 쓰인다. 친구가 지금 같이 가고 있는 식당 음식이 맛있다고 하자, 그런 이야기를 익히 들어 알고 있을 때 "You're right. That's what they all say"라고 하고, 또한 건강에는 운동이 최고야라고 친구가 말할 때 동감하면서 "I'm sure it is. That's what they all say!"라고 할 수 있다. 조금 변형한 That's probably what they'll say는 앞으로 "모두들 그러겠지" 그리고 Just see what they all say는 "사람들이 다들 뭐라고 하는지 보라"라는 의미의 문장이 된다.

Key Point 

That's what they all say 다들 그렇게 말하지, 그 말이 맞아

- That's probably what they'll say 모두들 그러겠지
- Just see what they all say 사람들이 뭐라고 하는지 봐봐

❶ You're wealthy? Come on, **that's what they all say.**
너 돈이 많지? 그러지마, 사람들이 다들 그러던데.

❷ **That's what they all say** when they want to impress a girl.
여자에게 강한 인상을 남기고 싶을 때면 다들 그렇게 말해.

A: Ted did nothing but cause problems here.
B: **That's what they will say** when he is fired.

A: 테드는 여기서 오직 문제만 일으켰어.
B: 걔가 잘리면 다들 그렇게 말할거야.

A: So, the people here think Jason is innocent?
B: **That's what they'll all say** if you ask them.

A: 그래 여기 사람들은 제이슨이 무죄라고 생각하는 거야?
B: 물어보면 다들 그렇게 말할 거야.

Q I've been there

내가 거기 있어봤다고??

현재완료 중 경험을 나타내는 대표적인 표현. 글자 그대로 "거기에 가본 적이 있다"로 쓰이기도 하고, 비유적으로 나도 과거에 그런 경험을 해본 적이 있다(have had the same type of experience in the past)라는 뜻으로도 쓰인다. 상대방이 뭔가 안 좋은 경험을 과거에 하였거나 현재 하고 있을 때 상대방의 상황이나 맘을 이해한다는 맘씨 좋은 표현. 다시 말해서 상대방에게 연민의 마음을 나타내는 구어체 문장이다. 친구가 여친에게 모질게 차이고 그 아픔에 끼이끼이 하고 있을 때 "I know you're having a difficult time. I've been there too"라고 위로할 수 있고, 경제적으로 파산하고 세상을 원망하며 울고 있을 때 옆에서 "I'll help you out. I've been there"이라 하며 위로해 줄 수도 있다. "그 심정 이해해," "무슨 말인지 충분히 알겠어"라는 뜻. 조금씩 변형해 I have been there before하면 "나도 전에 그런 적이 있어," We have all been there하면 "우리도 모두 그런 적 있잖아," 그리고 유명한 관용표현인 Been there, done that하면 "잘 알고 있다," "뻔하지"라는 뜻.

Key Point

I've been there 그런 적 있어

- I've been there too 나 역시 그런 적 있어
- We have all been there 우리 모두 그런 적 있잖아
- Been there, done that 뻔하지

❶ **Yes, we know. We've been there.**
음, 우리가 알지. 우리도 그런 적이 있었어.

❷ **Breakups are really hard. We've all been there.**
헤어지는 건 정말이지 힘들어. 우리 모두 해봤잖아.

A: Right now, it seems like I have a lot of problems
B: **I've been there.** It will get better.

A: 지금, 내게 문제가 아주 많은 것 같아.
B: 나도 그런 적 있어. 좋아질 거야.

A: Have you ever loved someone who didn't love you?
B: Oh yeah, **I've been there.**

A: 널 사랑하지 않는 사람을 사랑해본 적이 있어?
B: 그럼, 나도 그런 적 있어.

Q That's about it

 저게 그것에 관한 것이라고??

A

간단하게 생겼지만 의미는 논리적으로 쉽게 이해되지 않는 표현 중의 하나. 말하는 사람이 상대방에게 자기는 모든 중요한 세부사항들을 다 말했다(let someone know that they have told all of the important details)는 것을 표현하는 문장이다. 달리 쉬운 문장으로 바꿔보면 I've given you all of the information I know. 즉, 난 내가 알고 있는 얘기를 네게 다 했다, 좀 더 매끄럽게 옮겨보자면 "그렇게 된 거야," "그게 다야(더 없어)," "진상이 그래"정도로 이해하면 된다. 회사에서 해고된 남편이 아내에게 침통하게 "My boss said I do poor work. He told me to get out and never come back, and that's about it"이라고 할 수 있고, 또한 마트에 가서 사야 할 품목들을 적으면서 "We need some milk, eggs, kim chi, and seafood. That's about it"이라고 말할 수 있다. 결국 할 얘기는 다했다라는 뉘앙스가 있는 표현으로 That's about it for the meeting(회의는 이것으로 끝이야)처럼 뒤에 문구를 붙일 수도 있고 아니면 뭔가 설명이나 말을 하고 나서 문장 끝에, that's about it이라고 해도 된다.

Key Point 

That's about it 그렇게 된 거야, 그런 것이야, 그게 다야, 더 이상 없어

▶ That's about the size of it 그런 거야

❶ **We checked it for a murder weapon, but that's about it.**
살인무기가 있는지 확인해봤는데, 더 이상 나온 게 없어.

❷ **We're thinking of going to the Vineyard in a few weeks, that's about it.** 우리는 몇 주 후에 포도원에 갈까 생각 중이야, 그게 다야.

A: How much longer will the meeting last?
B: That's about it. We're almost finished.

A: 회의가 얼마나 계속 될까?
B: 거의 다했어. 곧 끝나.

A: That's about it for our classes today.
B: I'm happy I can finally go home.

A: 오늘 수업은 이것으로 끝이야.
B: 이제 집에 갈 수 있어 좋다.

Spare me!

 나를 아끼라고??

spare는 시간이나 돈을 「할애하다」, 나아가 뭔가 「불쾌한 일을 겪지 않다」, 「면하다」라는 의미. 명령형으로 Spare me!하게 되면 상대방의 얘기가 너무 뻔하거나, 나를 짜증나게 하거나 혹은 시간낭비일 경우에, "그만둬!," "집어 치워!"라고 상대방의 말을 끊는 표현이다. 간단히 말해 "I don't want to hear any more"라는 뜻. 또한 말 뿐만이 아니라 상대방의 행동에 짜증나 그만하라(get upset with someone's behavior and want it to stop)고 할 때도 사용한다. Cut it out!과 유사한 퉁명스러운 구어체 표현이다. Spare me!라고 단독으로 말해도 되지만 Spare me sth의 형태로 상대방이 그만두었으면 하는 내용을 함께 말해도 된다. Spare me the details!는 "요점만 말해," Spare me the excuses!는 "구차한 변명은 집어치워!"라는 표현이 된다. 맨날 데이트 시간에 늦는 불량 남친이 또 늦고서 변명을 대려고 할 때, 지겨운 여친은 "Spare me the excuses. You are never on time"이라고 일침하고, 서 과장이 회의 때 중요계약건을 놓친 변명을 하려 할 때, 최 사장이 "Spare us the details. If you don't fix your mistake, you'll be fired"라고 경고할 수도 있다.

Key Point 

Spare me! 그만둬!, 집어 치워!

- Spare me the details! 요점만 말해!
- Spare me the excuses! 구차한 변명은 집어치워!

❶ **Spare me, you're not trying to protect Chris, you're trying to protect yourself.** 그만해, 넌 크리스를 보호하려는 게 아니라 너 자신을 보호하려고 했어.

❷ **Spare me the sarcasm, Jane. I'm totally lonely and I'm really hurting here.** 제인, 비꼬는 말은 집어치워. 난 정말이지 외롭고 아파하고 있다고.

A: My back is hurting and I have a headache.
B: Spare me. You're always complaining about health problems.

A: 허리가 아프고 두통이 있어.
B: 그만해라. 넌 늘 건강문제로 투덜거려.

A: They say that Linda is sleeping with Andy.
B: Spare me the gossip. I don't want to hear it.

A: 린다가 앤디와 잔다던데.
B: 소문은 그만둬. 듣고 싶지 않아.

You do the math

 너는 수학을 하라고??

do the math는 글자 그대로 수학하다, 계산하다라는 뜻인데, 미드에서 자주 나오는 You do the math는 무슨 뜻일까…. 먼저 형태를 보면 명령문 Do the math를 강조하기 위해 You를 붙인 것으로, "네가 계산을 해봐라"라는 의미. 물론 실제적으로 계산을 해보라는 뜻도 되지만, 미드에서는 상대방에게 스스로 알아서 어떻게 해야 되는지 생각해보라고(tell someone to figure out the answer to something by themselves) 할 때, 그리고 좀 더 강한 의미로 "뻔한 거 아냐"(the answer to something should be obvious)라고 할 때 사용한다. 합리적으로 셈을 해보면 뻔하게 답이 나온다는 말씀. 확실한 용의자를 체포한 후 "He was found with a bloody knife near the body. Is he guilty? You do the math"(그 사람은 손에 피 묻은 칼을 들고 시체 옆에서 발견됐어. 유죄냐고? 뻔한 거 아냐)라 할 수 있고, 또한 남편이 좀 의심스럽다고 하자, 아내의 친구가 "He always hides his phone calls, he had lipstick on his cheek, and he won't tell you where he goes. Come on girlfriend, you do the math"라고 하며 정신 차리게 할 수도 있다.

Key Point 

You do the math 생각해봐, 뻔한 거 아냐

- Do the math 생각해봐
- Let me do the math for you 널 위해 계산을 해줄게

❶ You do the math if you want to solve this problem.
이 문제를 풀고 싶으면 생각을 해봐.

❷ You have the evidence. Now you do the math.
네가 증거를 갖고 있으니 네가 생각을 해봐.

A: So you say the robbers stole the money last night?
B: You do the math. They had to have some in the evening.

A: 그래 그 도둑들이 어젯밤에 돈을 훔쳤다는 거야?
B: 생각을 해봐. 걔네들이 저녁에 돈을 좀 갖고 있어야 했잖아.

A: Is Tina really an alcoholic?
B: You do the math. She's always drinking.

A: 티나가 정말 알코올중독이야?
B: 생각해봐. 걔 늘 술 마시고 있잖아.

It's your call

그건 네 전화라고??

call이 명사로 「전화[통화]」, 「요청」, 「방문」 등 다양한 의미로 쓰이는데 여기서는 「결정」(a decision that you have to make), 특히 이거냐 저거냐 양단간에 선택해야 되는 결정을 말한다. 그래서 It's your call하게 되면 "그건 네가 해야 되는 결정이야," "네가 결정해"라는 말로 상대방에게 선택을 하라고 하는(tell sb that they will have to make a choice) 문장이 된다. 중요한 결정을 내려야 할 때, 혹은 그 결정이 다른 사람들에게까지 영향을 미칠 때 보통 사용된다. 상대방이 결정하면 나는 싫어도 하겠다는 뉘앙스도 있어 그런 면에서는 You're the boss와 같은 의미로 볼 수도 있다. 구어체 표현으로 상대방보고 결정을 빨리 내리라고 촉구할 때 긴요하게 쓰인다. 차로 가야 되는데 폭설이 내릴 경우, "I don't know if we should drive in this storm. It's your call"이라고 결정을 친구에게 미룰 수 있고 또한 딸이 여러 파티에 동시에 초대되었을 경우 엄마는 "It's your call, but you must decide which party you want to attend most"라고 조언해줄 수 있다.

Key Point 

It's your call 네가 결정해

- You're the boss 네 맘대로 해
- make the call 결정을 내리다

❶ **You know the geography. It's your call.**
네가 여기 지형을 알잖아. 네가 결정해.

❷ **I'm here to do my job. It's your daughter, it's your call.**
난 단지 내 일을 하러 온 거야. 네 딸이니 네가 결정해.

A: Maybe I should break up with Jackie.
B: It's your call, but she's been very good to you.
A: 나 잭키와 헤어져야 될 것 같아.
B: 네가 결정할 문제지만, 걔 너한테 무척 잘하던데.

A: Should we call the police about my damaged car?
B: It's your call, although they might not be helpful.
A: 차 파손 됐다고 경찰에 전화해야 할까?
B: 네가 결정해야지, 별로 도움될 것 같지는 않지만.

What do you want from me?

나한테서 무엇을 원하냐고?

직역 그대로 "나한테서 무엇을 원하느냐?"가 맞기는 하지만 실제 상대방이 자기한테서 원하는 것이 무엇인지 궁금해서 물어보는 의문문은 아니다. 짜증내고 신경질부리면서 하는 말로, 널 어떻게 만족시켜줘야 될지 모르겠다, 내가 할 만큼 했는데 더 이상 어떻게 해야 널 기쁘게 해줄 수 있냐라고 토로하는 표현. 우리말로 매끈하게 옮겨보자면, "내가 뭘 더 어떻게 해야 되는데?," "더 뭘 원하는데?." "나더러 어쩌라는 거야?" 정도가 된다. 이 정도의 문장을 할 정도면 당연히 둘 사이는 아주 친한 사이라는 것은 능히 짐작하고도 남는다. 아내가 남편의 급여가 박봉이라고 투덜거릴 때, 참다 참다 못한 남편은 "What do you want from me? I haven't been able to find a better job!(나보고 어쩌라고? 더 나은 직장을 구할 수가 없었잖아!)"라고 아내의 투덜거림에 신경질 한번 날릴 수 있다. 또한 세상 높은 줄은 모르고 계속 옆으로만 평수가 늘어나 다이어트도 하고 운동도 하고 노력을 하는데도 살이 안빠지는 여친에게 남친이 "똥돼지"라고 놀려먹자, "What do you want from me? I've tried many diets and I'm still fat! It's not my fault!"라고 소리칠 수도 있다.

Key Point

What do you want from me? 나더러 어쩌라고?

- Hey, look, what do you want from me? 야, 이봐, 나보고 어쩌라는 거야?
- I mean, what do you want from me? 내 말은, 나한테 원하는 게 뭐냐는 거야?

1. **What do you want from me?** This relationship is over!
   나보고 어떻게 하라고? 이 관계는 끝났어!
2. Why are you doing this to me? **What do you want from me?**
   왜 나한테 이러는 거야? 나보고 어쩌라고?

A: **What do you want from me?**
B: I really need you to help me out.

A: 나보고 어쩌라고?
B: 정말이지 네가 나를 도와줘야 돼.

A: **What do you want from me?**
B: I want to know why you're so angry.

A: 나한테 바라는 게 뭔데?
B: 네가 왜 그렇게 화가 났는지 알고 싶어.

You wouldn't dare!

 네가 감히 그러지 못하지!

dare라는 동사 역시 참 쓰기 불편한 단어. 「감히 …하다」라는 의미인 dare를 이용한 표현으로는 I dare you to do~(과감하게 …해봐라), Don't you dare~(멋대로 하지마라), How dare you~?(네가 감히 어떻게…?) 등이 있다. 여기서 말하는 You wouldn't dare!는 상대방이 문제를 유발할 뭔가 말이나 행동을 하겠다는 협박을 할 때 받아치면서 하는 말로 설마 네가 그것을 하리라고는 믿지 않는다라는 뉘앙스. 우리말로 하자면, "감히 그렇게는 못하겠지"(I don't think you will), "감히 어떻게 그런 말을," "넌 그렇게 못할 거야," "네가 설마 그렇게 하겠냐"정도에 해당한다. 상대가 하지 못할 일까지 함께 말하려면, You wouldn't dare (to)+V의 형태로 쓰면 된다. 한 기자가 연예인 J가 게이라는 폭로기사를 쓴다고 할 때, J는 "You wouldn't dare! I'll have my lawyers sue you!"라 할 수 있고, 또한 남편폭력에 지쳐 남편이 갑도 아닌 주제에 갑질한다며 이혼하자고 할 때, 남편은 "You wouldn't dare to divorce me! You'd never make it alone!"라고 빈정될 수 있다.

Key Point 

You wouldn't dare! 감히 어떻게 그런 말을!, 감히 그렇게는 못하겠지!

- You wouldn't dare to~ 감히 어떻게 … 하겠다는 거야
- Don't you dare~ 멋대로 …하지 마라
- How dare you~? 네가 감히 어떻게…?

1. It's a lie! You wouldn't dare!
   그건 거짓말이야! 감히 어떻게 그런 말을!
2. Don't you dare try to patch this up!
   멋대로 이걸 수습하려고 들지 마!

A: Lady, don't think I won't go in there.
B: You wouldn't dare.

A: 아가씨, 내가 거기에 들어가지 않을 거라 생각하지 마요.
B: 감히 그렇게는 못하겠지.

A: You wouldn't dare to insult our boss.
B: Yes I would. Just watch me do it.

A: 어떻게 감히 우리 사장을 모욕하겠다는 거야.
B: 할 수 있지. 내가 하는 것을 지켜보고 있어.

Q I need to hook up with some guy

어떤 놈과 엮겨야겠다고??

A 「갈고리」라는 뜻에서 유추할 수 있듯이 던져지는 hook과 hook에 걸린 것이 하나가 되는 속성이 있다. 따라서 기본적으로 「전화나 인터넷에 연결하다」는 뜻으로 쓰이며, 사람들끼리 hook up을 하게 되면 「그냥 친구가 되거나」(make friends) 「뭔가 함께 하다」, 「연락을 하다」(contact)라는 뜻으로도 쓰인다. 하지만 미드에서 가장 많이 쓰이는 hook up with에는 sex가 깔려 있다. 특이한 점은 연인들뿐만 아니라, 그냥 평소 아는 사람 혹은 모르는 사람과도 하는 섹스를 말한다. 또한 hook up하면 명사로 가볍게 만나는 것을 말하며 hook sb up with sth하게 되면 「…에게 필요한 것을 구해주다」라는 말이 된다. 친구가 사귀는 사람 있냐고 물어볼 때, 연인관계는 아니지만 가끔 만나 섹스하는 사람이 있다고 할 때는 "No, but Serena and I have hooked up a few times"라고 하면 된다. 또한 호기심많은 친구가 "Have you hooked up with anyone on campus?"라고 물어볼 수도 있다. 참고로 get one's hooks in sb하게 되면 sb에게는 안 좋은 상태로 통제하다라는 뜻이 된다.

Key Point

I need to hook up with some guy 남자하고 섹스 좀 해야겠어

- hook up sb with sb …을 …에게 소개시켜주다
- hook up 가볍게 만나는 거
- get one's hooks in sb …을 통제하다

1. Tell him who you originally wanted to **hook up with** that night.
   그날 밤에 원래 누구와 섹스하고 싶었는지 걔한테 말해.
2. All he has to do now is **hook up with** one of them.
   걔가 지금 해야 되는 거라고는 걔네들 중 한 명과 섹스를 하는 거야.

A: I still need to find tickets for the concert.
B: Talk to Larry. He can **hook you up.**

A: 나 아직도 콘서트 표를 구해야 돼.
B: 래리에게 말해. 걔가 구해줄 수 있을 거야.

A: Every time I go out drinking, I try to **hook up with** some girl.
B: Maybe you should try to settle down.

A: 나가서 술을 마실 때마다, 여자와 관계를 맺으려고 해.
B: 너 이제 정착하려고 해야 되겠네.

We got a situation

 상황이 있다고??

situation은 일반적으로 어떤 상황이나, 처지를 말하는 것으로 앞에 형용사를 모셔와 crisis situation, difficult situation 등 다양한 표현들을 만드는 단어이다. 하지만 We have a situation, 또는 We got a situation하게 되면 어떤 문제가 발생하고 이 문제가 점점 악화되는 상황에 처해 있다는 것을 나타내고(express that a problem is occurring which could get worse), 그래서 이 문제를 바로 잡기 위한 어떤 조치가 빨리 취해져야 한다는 의미가 함축되어 있다. 따라서 "문제가 발생했다"라는 의미로 생각하면 된다. 주로 뭔가 사태를 모니터링을 하면서 상황을 지켜보는 사람들이 쓰게 된다. 한 경찰이 사람들이 시위하는 것을 지켜보다가 시위가 폭력화되자, 상관에 연락해서 "We have a situation. I need some help"라고 지원을 요청할 수도 있고 아니면 회사의 컴퓨터 시스템을 관리하는 책임자가 시스템에 이상이 생겼을 때 빨리 사장에게 연락해서 "We have a situation. The computers have stopped working"이라고 사태보고를 할 수 있다. 뒤에 here를 붙여서 We have a situation here라고 할 수도 있다.

Key Point 

We got a situation 문제가 발생했어

▶ We have a situation here 여기 문제가 발생했어

❶ So, as I've said, **we've got a situation.**
그래, 내가 말한 것처럼, 문제가 발생했어.

❷ **We got a situation.** You know that weird guy?
문제가 생겼어. 너 저 이상한 놈 알아?

A: **We've got a situation on** the 7th floor.
B: Okay, tell me what's going on.

A: 7층에 문제가 발생했어.
B: 그래, 무슨 일인지 말해봐.

A: I see a lot of cop cars outside my window.
B: It looks like the police **have a situation with** a crazy guy.

A: 창문 밖에 경찰차들이 많이 있네.
B: 경찰이 한 미친놈하고 문제가 생긴 것 같아.

Q I wouldn't miss it

 난 그것을 놓치지 않을 텐데??

여자라면 사족을 못 쓰는 사람이 bachelor party에 초대받았을 때를 생각해보라. 어떤 일이 있어도 반드시 참석할 것이다. 이런 늑대처럼 어떤 모임에 참석하는(attend some event)데 열정적인(be very eager to) 것을 말하는 표현이 바로 I wouldn't miss it이다. "꼭 갈게," "어떤 일이 있어도 반드시 참석할게"가 그 의미이다. 쉽게 얘기하면 아주 강도 높은 I'll be there나 Of course I'll come이라고 생각하면 된다. 어떤 행사에 초대받았을 때 꼭 참석하겠다는 불타는 의지를 나타낼 때 쓰면 딱인 구어체 문장이다. 또한 강조하려면 I wouldn't miss it 다음에 for the world를 붙이면 되고, 또한 it 대신에 실제 참석할 event 명을 직접 말해도 된다. 결혼식에 초대받은 친구가 꼭 가겠다는 맘을 담아, "Absolutely. You know I wouldn't miss it for the world"라 해도 되고, 식당 개업식 초대장을 받은 사람이 "That sounds exciting. I wouldn't miss the opening of your restaurant for the world!"라고 입맛을 다실 수 있다. 간단히 Never miss it이라고 해도 된다.

Key Point 

I wouldn't miss it 꼭 갈게

- I wouldn't miss it for the world 반드시 갈게
- I wouldn't miss sb ~ing …가 …하는 것을 놓치지 않을 거야
- Never miss it 꼭 갈게

❶ Of course I came! I wouldn't miss your twenty-first birthday!
당연히 왔지! 네 스물 한 살 생일을 놓칠 수가 있겠어!

❷ Absolutely. I'm coming tonight. I wouldn't miss it.
당연하지. 저녁에 갈게. 꼭 갈게.

A: Will you be at my graduation party?
B: Yes. I wouldn't miss it for the world.

A: 내 졸업파티에 올 거야?
B: 어. 절대로 놓칠 수 없지.

A: This trip to Africa is really exciting.
B: I wouldn't have missed it for the world.

A: 이번 아프리카 여행은 정말 흥미진진해.
B: 어떤 일이 있어도 절대 놓치지 않았을 거야.

Q It's all for the best

그것은 모두 다 최선을 위한 것이다??

A 먼저 우리말로 옮겨보자면 "(모두) 다 잘 될 거다"라는 말. 어떤 안 좋은 일이 일어났지만 겉으로 보이는 것보다는 더 낫다(be really better than it seems), 그래서 결국에는 "(오히려) 잘된 일이다." "잘되려고 그러는 거야"라는 표현. 고통을 겪고 있는 사람을 격려하고 기운 나게(cheer sb up) 할 때 사용하는 다소 formal한 표현. 암으로 수년간 고생하다 아버님을 잃은 사람에게 한 절친이 "I'm sorry, but it's all for the best. He isn't suffering anymore"라고 위로할 수 있고 또한 다니기 싫었지만 그래도 다녀야만 했던 직장을 잃은 아내에게 "It's all for the best. You hated that job anyhow"라고 힘을 북돋아줄 수도 있다. 참고로 한끝 차이지만 'for'를 빼고 It's all the best하게 되면 어떤 물건이 「최고의 품질」이라는 말이 된다. 참고로 for the best를 이용한 표현으로 hope for the best는 「잘 되기를 바라다」, work out for the best는 「다 잘 될 거다」라는 뜻이다.

Key Point

It's all for the best 다 잘 될 거야, 잘 되려고 그러는 거야

- Maybe it's just all for the best 아마 잘되려고 그러는 건지도 몰라
- It's all the best 최고의 품질이야

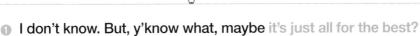

❶ **I don't know. But, y'know what, maybe it's just all for the best?**
몰라. 하지만, 저 말이야, 그게 다 잘되려고 그러는 건지도 몰라.

❷ **It's all for the best. You know I always say, when one door closes, another one opens.**
잘 되려고 그러는 거야. 내가 항상 말하는 거 알지, 한 쪽문이 닫히면, 다른 문이 열린다고.

A: I was sorry to see Mary move to Los Angeles.
B: I know, but it's all for the best.

A: 메리가 LA로 이사 가는 걸 보니 속상했어.
B: 알아, 하지만 더 잘되려고 그러는 건데.

A: You know, I'll really miss going to college.
B: It's all for the best. Now you need to find a job.

A: 저기, 대학 다니는 게 정말 그리울 거야.
B: 더 잘 될 거야. 이제 너 직장을 구해야 돼.

Don't blow me off

날 불어 끄지 말라고??

blow sth off는 뭔가 예정되어 있거나 약속되어 있는 것을 하지 않다 그리고 blow sb off는 「무시하다」, 「바람맞히다」라는 의미의 동사구이다. 그래서 Don't blow me off하게 되면 무슨 일을 하는데 있어 자기를 빼지 말라는 말로 자기를 무시하고 따돌리는 거에 대해 화가 난 상태에서 말하는 문장이다. "나 무시하지마"가 가장 적합한 의미이다. 구어체 표현으로 자기가 무시당한다는 분위기일 때 과감하게 쏘아붙이면 된다. 당연히 초대될 줄 알았던 친구의 파티에 초대받지 못한 여학생은 씩씩거리며 "Look, don't blow me off. I should have been invited"라고 경고를 할 수 있으며 또한 회의에서 뭔가 중요한 것을 말하려고 하는데 경쟁관계에 있는 목소리 큰 동료가 말을 가로막자 "The information I have is very important. Don't blow me off"라고 소리칠 수 있다. 참고로 Don't blow it하게 되면 찾아온 기회를 망치거나 날리지 말라고 할 때 쓰는 표현이다.

Key Point

Don't blow me off 나 무시하지 마

▶ Don't blow it 기회를 날리지 마

❶ Yeah, I kinda figured you'd try to blow me off.
그래, 네가 나를 무시하려고 한다는 것을 조금은 알아챘어.

❷ No, she didn't blow me off. I didn't ask her out.
아니, 걔는 나를 바람맞히지 않았어. 내가 데이트 신청도 하지 않았어.

A: I'm sorry I never returned your calls.
B: Don't blow me off. It's impolite.

A: 네가 전화했는데 내가 전화를 못해서 미안해.
B: 날 무시하지 마. 아주 예의가 없구먼.

A: I don't think what you said is important.
B: Alright, but don't just blow me off.

A: 네가 한 말은 중요하지 않은 것 같아.
B: 그래, 하지만 날 무시하지는 마.

Q Who put you up to it?

 누가 너를 그거에 달아놨냐고??

핵심은 put sb up to sth. 「sb가 sth를 하게끔 하다」라는 뜻인데, 문제는 sth이 좋고 바른 일이 아니라 좀 한심하거나 잘못된 일을 말한다는 데에 이 표현의 묘미가 있다. 다시 정리해보자면, 앞서 뭔가 좋지 않거나 혹은 놀라운 일이 벌어진 후에 이 표현을 쓰게 되는데, 그 행동이 누구의 생각이었는지, 누가 그 상황을 초래했는지 등을 알아내기 위해서 다그칠 때 사용한다. 결국 누가 못된 짓을 하도록 부추겼는지 배후의 진범(?)을 찾기 위해 사용되는 문장이다. 안 좋은 일이 일어난 다음에 이 표현을 쓰기 때문에 put sb up to it[this]의 형태로 즐겨 사용된다. 우리말로는 "그렇게 하도록 누가 부추겼어?," "이거 누가 꼬드겨서 이렇게 된 거야?" 정도로 이해하면 된다. 성실하게 생긴 어여쁜 한 소녀가 지나가면서 다른 집 유리창을 깨고 들어가는 것을 본 경찰은 "Who put you up to this? Did someone tell you to break the window?"라고 말할 수 있고 또한 생일이라고 아무한테도 말하지 않았는데, 한 친구가 깜놀파티(surprise party)를 열어주자, 어떻게 내 생일인지 알았냐고 다음과 같이 물으며 "I didn't tell anyone that today is my birthday. Who put you up to this party?"라고 하면서 궁금해 할 수 있다.

Key Point

Who put you up to this? 누가 부추긴 거야?

▶ put sb up to ~ …을 꼬드겨 …하게 하다

❶ **Who put you up to this?** Did your wife tell you to do this?
이거 누가 부추긴 거야? 네 아내가 이렇게 하라고 한 거야?

❷ Do you think David **put him up to this?**
데이빗이 걔를 꼬드겨 이걸 하게 했다고 생각해?

A: I was the one who played the trick on you.
B: I know, but **who put you up to it?**

A: 너를 골탕 먹인 사람은 바로 나였어.
B: 알아, 하지만 누가 부추긴 거야?

A: Sorry that I damaged your car's paint.
B: **Who put you up to it?** Did someone tell you to damage my car?

A: 미안하지만, 네 차의 도색을 훼손했어.
B: 누가 시킨 거야? 누가 내 차를 훼손하라고 한 거야?

Q Let's move on

계속 움직이자고??

미드에 자주 나오는 빈출도를 기준으로 순위를 매긴다면 move on이란 표현은 거의 탑텐에 속할 것이다. 기본적으로는 다른 곳으로 「이동하다」이지만 비유적으로는 뭔가 하고 있던 일을 그만두고 다른 일을 하자(be time to go on and do another thing)고 할 때 혹은 지금까지 나누고 있는 화제(topic)를 마무리하고 다른 화제거리로 바꾸자는 말이다. 그래서 회의 등 비즈니스 상황에서 한 주제토론이 끝났으니 다음 agenda로 넘어가자고 할 때 많이 쓰인다. 또한 move on에는 나쁜 경험을 이겨내고 삶을 계속 살아가기 시작하다라는 뜻이 있어, 힘든 상황을 겪은 상대방에게 이제 그만 극복하고, 그만 잊어버리고 계속 기운을 내서 살아가라고 할 때 많이 들을 수 있다. 학교에서 과학 선생님이 실험에 대해 충분한 설명을 한 뒤에 다 이해했으면 다음으로 넘어가자고 하면서 "Unless you have questions, let's move on to another topic"이라고 할 수 있다. 또한 회의를 주재하는 사람이 다른 주제로 토론하자고 "Okay, we've discussed our business strategy. Let's move on to some other topics" 라고 할 수 있다. 참고로 Let's get a move on it하게 되면 상대방에게 뭔가 빨리 서두르고 여기를 떠나자고 할 때 사용하는 표현이다.

Key Point 

Let's move on 다음으로 넘어가자

▶ Let's get a move on it 빨리 서두르자

❶ **Look, it's done. Let's move on.**
자, 다 끝났네. 다음으로 넘어가자.

❷ **You're the one who's been telling me to get over Chris and move on.** 크리스를 극복하고 잊으라고 한 사람이 바로 너야.

A: I understand everything you've said.
B: That's great. Let's move on now.

A: 네가 한 말 모두를 이해하겠어.
B: 잘됐네. 그럼 다음으로 넘어가자.

A: If we are finished, let's move on now.
B: That sounds like a good idea to me.

A: 끝났으면 이제 다음으로 넘어가자.
B: 좋은 생각인 것 같아.

I wouldn't know

 내가 알 리가 없다고??

상대방의 질문에 "나는 모른다"라고 할 때 쓰는 표현. 주로 상대방이 물어보는 질문에 답할 충분한 정보도 없지만 별로 언급하고 싶지 않을(be very reluctant to talk about something) 때 쓰는 표현으로 퉁명스럽고 무례하게 들리는 문장. 모르기도 하지만 그 문제에 대해서는 얘기하고 싶지 않다(don't want to talk about the subject at all)는 뉘앙스가 강하게 배어 있다. 이에 해당하는 우리말은 "내가 그걸 어떻게 알아," "내가 알 도리가 없지" 정도로 생각하면 된다. 좀 더 명확히 I wouldn't know about that!, I wouldn't know anything about that!이라고 써도 되고 I wouldn't know wh~ S+V이라고 모르는 내용을 함께 써 줄 수도 있다. 예를 들어 뇌물을 받았다는 소문이 도는 정치인에게 가서 소문의 진위를 말해달라고 할 때, 정치가는 발끈하며 "I wouldn't know about bribes. Next question"이라고 할 수 있다. 또한 경찰이 용의자를 심문하는데, 용의자는 더 이상 자기는 아는 게 없으니 얘기를 그만두겠다고 하면서 "I wouldn't know about that"이라고 할 수 있다.

Key Point 

I wouldn't know 내가 알 도리가 없지, 내가 그걸 어떻게 알아

- I wouldn't know about that! 내가 그거에 대해 알 리가 없지!
- I wouldn't know wh~ S+V 내가 …을 알 도리가 없지
- I wouldn't do that 나라면 하지 않겠어

1. Wouldn't know. Never married.
   내가 알 도리가 없지. 결혼한 적이 없는데.
2. I'm afraid I wouldn't know what motivates a murderer.
   살인자들의 동기가 무엇인지 알 도리가 없어.

A: Tell me if my husband is cheating on me!
B: I'm really sorry, but I wouldn't know.

A: 내 남편이 불륜을 저지르고 있는지 말해줘!
B: 미안하지만 내가 알 리가 없지.

A: I wouldn't know the answer to that question.
B: Well, tell me who does know the answer to it.

A: 내가 그 질문의 답을 알 도리가 없어.
B: 그럼, 답을 알고 있는 사람을 말해줘.

Q You tell me!

 네가 나한테 말한다고??

A

You tell me!는 "네가 말해봐"라는 단순한 의미. 이 표현을 쓰는 상황은 특이하다. 상대방이 이미 알고 있는 내용을 질문할(a person who has asked them a question already knows the answer to it) 때 사용하는 것으로, 내가 어떻게 알아, 네가 더 잘 알잖아라는 의미가 함축되어 있다. "네가 말해봐"라고 생각하면 된다. 또한 이 표현은 개인적으로 더 많은 정보를 달라고 할 때도 사용된다. 거의 명령조로 주로 친구들 사이나 혹은 자기보다 어리거나 직위가 낮은 사람에 쓸 수 있다. 은행을 턴 도둑놈들이 얼마 후 돈이 일부 없어졌고, 그런데 돈을 훔쳤다고 가장 의심되는 놈이 적반하장격으로 돈이 왜 모자르냐고 하자, 이 말을 듣던 놈이 "You tell me. I heard you stole it"라고 반격할 수 있다. 식스팩에다 건강의 화신인 사람이 얄밉게도 친구들 모임에 나와 건강유지법을 묻자, 친구들 중 한 명이 "You tell me. You are the healthiest person I know!"이라고 쏘아 붙일 수 있다. 참고로 여기에 Now가 붙으면 "자 이제 내게 말해줘," "왜 진작 말해주지 않았어"라는 의미로 달라진다.

Key Point 

You tell me 네가 말해봐, 네가 더 잘 알잖아

- Now you tell me 왜 진작 말해주지 않았어
- You're telling me 네 말이 맞아, 누가 아니래
- (Now) You tell me what~ …를 말해줘

1. **You tell me.** You studied economics in school.
   네가 말해봐. 학교에서 경제학 공부했잖아.
2. **You tell me.** You brought him here.
   네가 말해봐. 네가 걔를 이리로 데려왔잖아.

A: Do you think it's going to rain today?
B: **You tell me.** You just came in from outside.

A: 오늘 비가 올 것 같아?
B: 네가 말해봐. 네가 밖에서 방금 들어왔잖아.

A: Why is he doing this ?
B: **You tell me!** You've known him the longest!

A: 걔가 왜 이러는 거야?
B: 네가 더 잘 알잖아! 네가 제일 오랫동안 걔를 알아왔잖아!

It's just the two of us

 우리들 중 두 명만이야??

직역하기도 힘들다. 여기서 핵심은 'the two of us'로 "우리 둘이서," "우리 둘이만"이란 뜻이다. 둘만이라는 점을 강조하기 위해 just를 써서 Just the two of us의 형태로 많이 쓰이며, 주어까지 쓰자면 It's just the two of us가 된다. 다른 사람들 없이 우리 둘만이 홀로 있게 된다는 의미로 종종 남녀 간에 둘이 있게 되었다고 할 때 쓰기도 한다. 따라서 연인들의 설렘일 수도 있고 혹은 두 명만 남아서 야근을 하는 짜증나는 상황일 수도 있다. 구어체 표현으로 둘만 남아서 다른 사람들의 방해를 받지 않는다에 초점이 있다. 결혼을 앞둔 여친이 신혼여행가서 둘만 신나게 놀 생각을 하면서 "It will be just the two of us on our honeymoon. Won't that be romantic?"이라고 할 수도 있고, 또한 두 명으로는 안 될 것 같은 짐을 날라야 되는 상황에서 혹 더 오는 친구가 있는지 물어보는데, 비실비실한 친구가 "No, it's just the two of us. But don't worry, we'll do fine"라고 하는데…, 참. 참고로 비슷한 모습의 표현인 That make two of us는 "동감이야," "나도 같은 생각이야"라는 의미로 two 앞에 'the'가 없다는 점에 주목한다.

Key Point 

It's just the two of us 우리 둘만이네

▶ That make two of us 동감이야

❶ **Well, looks like it's just the two of us tonight, huh old buddy?**
어, 오늘밤은 딱 우리 둘만이네 그랴, 옛 친구야?

❷ **Oh, my god, that is so sweet. The two of us having a kid.**
맙소사, 너무 좋아. 우리 둘이 아이를 갖다니.

A: Are your friends coming to the movies with us?
B: No. It's just the two of us tonight.

A: 네 친구들 영화 보러 우리와 함께 간대?
B: 아니. 오늘밤에는 우리 둘만 가는 거야.

A: It's just the two of us tonight.
B: Maybe we should do something romantic together.

A: 오늘밤은 우리 둘만이네.
B: 우리 함께 낭만적인 뭔가를 해야 되겠다.

Q Bite me

✕ 날 물어줘??

A

"나를 물어뜯어라"라는 명령형 문장으로 이는 주로 어린이들 사이에서 사용되는 슬랭이다. 놀림을 받는 아이가 놀리지 말라고 상대방 아이에게 받아치는 말이다. 네가 무슨 말을 하던 난 상관없고(It doesn't matter what you think), 네가 어떻게 생각하든 난 상관하지 않는다(I don't care about your opinion)라는 의미이다. "그래 어쩔래," "맘대로 생각해," "배째라" 정도로 생각하면 되고 영어로는 "Get lost," "Leave me alone" 등을 떠올리면 된다. 미드 보면 자주 듣게 되는데 어른들이 쓸 때는 짜증내거나 혹은 농담조로 말하는 경우일 때가 많다. 한 아이가 자기 옷에 대해 놀리자, "Bite me! My clothes are better than yours"라고 되받아칠 수 있다. 참고로 I'll bite하면 "모르겠어," "어디 들어보자," "좋아 말해봐" 라는 표현.

Key Point

Bite me! 그래 어쩔래!, 맘대로 생각해!

▶ I'll bite 모르겠어, 어디 들어보자

❶ **Bite me.** Sheldon, how could you just sit there and let them spy on me? 그래 어쩔래. 쉘든, 넌 어떻게 거기 앉아서 걔네들이 날 훔쳐보도록 가만 놔둔 거야?

❷ **Bite me.** You never pay back the money you borrow.
맘대로 혀. 넌 돈 빌려 가면 절대로 갚지 않잖아.

A: Why don't you do my homework for me?
B: **Bite me!** Do your own homework.

A: 내 대신 내 숙제 좀 해주라.
B: 관둬라! 네 숙제는 네가 해.

A: Well, you're awake now. Can I ask you a question?
B: **Bite me.**

A: 저기, 이제 일어났구나. 하나 물어봐도 돼?
B: 가만 놔둬.

Q He has it in for me

개는 나를 위해 그것을 안에 갖고 있다고??

A

이 문장의 뼈대는 have it in for sb이다. 주어가 「sb에 대한 it을 맘속에 품고 있다」는 말로, 우리말로는 "앙심을 품다"라고 생각하면 된다. 즉 주어는 sb를 무척 싫어하고 sb의 삶이 고통스럽기를 바란다는 뜻이다. 여기서는 for 다음 'me'가 나왔으니 'He'가 내게 앙심을 품고 나를 힘들게 하고 있다고 짜증내면서 하는 말이다. "걘 나를 못살게 굴어," "걘 내게 앙심을 품고 있어"라는 말이다. 아무 이유 없이 그러는 게 아니라, "He"는 일종의 복수로(as a type of revenge) "me"를 괴롭히는 것이고, "me"는 또 그 괴롭힘 때문에 자기는 부당한 대접을 받고 있다(think I'm being treated unfairly)며 이 표현을 내뱉는 것이다. 먼저 어떤 잘못을 했는지는 모르겠지만 지금 현재는 괴롭히는 "He" 때문에 삶이 힘들다고 투덜대며 말하는 셈이다. 뭘 잘못했는지 모르지만 사장이 자기를 싫어하기 때문에 자기는 결코 승진할 수 없다고 짜증내며 "My boss has it in for me. I'll never get promoted"라고 탄식할 수 있고 또한 자기는 속도위반 안했다고 생각하는데 경찰이 티켓을 끊어줬을 때 씩씩거리며, "The cop had it in for me. He didn't treat me fairly"라고 말할 수 있다.

Key Point

He has it in for me 걘 내게 앙심을 품고 있어

▶ That guy's had it in for me my entire life 걘 내 평생 동안 내게 앙심을 품고 있어

❶ **Any of them have it in for a guy named Aurelio Moreno?**
걔네들 중 누구 오렐리오 모레노라는 사람에게 앙심을 품은 사람 있어?

❷ **I'm starting to think someone really has it in for me.**
누군가 정말 내게 앙심을 품고 있다는 생각을 하기 시작했어.

A: Why is Derek so mean to you?
B: He has it in for me since I stole his girlfriend.

A: 데릭이 왜 네게 못되게 구는 거야?
B: 걔 여친을 뺏은 후부터 앙심을 품고 있어.

A: Are you going to Jerry's house after work?
B: He didn't invite me. He has it in for me.

A: 퇴근 후에 제리네 집에 갈 거야?
B: 날 초대하지 않았어. 내게 감정이 안 좋아.

Q (It's) Every man for himself

모든 사람들은 자기 자신을 위하라고??

A 그렇다. 어설픈 직역이지만 실제 이 표현의 의미를 담고 있다. 다들 각자 자신을 위해야 한다는 말로 "스스로 알아서 하다," "각자 알아서 하다"라는 문장이다. 그럼 이 표현은 언제 쓰이는 걸까? 어떤 상황이 안 좋게 되자(a situation becomes very bad) 사람들은 다른 사람들 신경 쓰지 말고 각자 스스로 챙겨서 생존해야 된다(people must concentrate on helping themselves so that they can survive)고 말하는 문맥에서 쓰인다. 상황이 너무 안 좋기 때문에 자기만 챙기라는 말씀. 위급한 상황이거나 힘들고 위험한 상황에서 자주 쓰이는 구어체 표현이다. 바다 한 가운데서 여객선이 가라앉고 있을 때 선장은 승객과 선원들에게 구명보트를 타고 각자 알아서 행동하라고 할 때 "All passengers go to the lifeboats. It's every man for himself now!" 그리고 회사가 어려워져 떠나야 되는 상황에서, 회사를 떠나기는 싫지만 그렇다고 급여를 안 받을 수도 없으니 각자 알아서 판단해야 될 거라며 "I don't want to quit working here, but we aren't getting paid, so it's every man for himself"라 말할 수 있다.

Key Point

It's every man for himself! 각자 알아서 해야 돼!

▶ Damn it, Chris, go. Every man for himself 젠장, 크리스, 가. 각자 알아서 해

❶ We've got to take care of us. **It's every man for himself,** Ryan.
우린 스스로 챙겨야 돼. 라이언, 각자 알아서 해야 돼.

❷ In case you haven't noticed **it's every man for himself,** Mike.
아직 모를 수도 있어서 그러는데, 마이크, 각자 알아서 해야 돼.

A: What happens if our plane goes down?
B: Well, then **it's every man for himself.**

A: 우리 비행기가 추락하면 어떻게 돼?
B: 음, 그럼 각자 알아서 생존하도록 해야지.

A: The economy is so bad these days.
B: I know. **It's every man for himself.**

A: 요즘 경기가 너무 안 좋아.
B: 알아. 다들 알아서 살아야지.

He's picking up the pieces

걔는 조각조각들을 주워 모으고 있다고??

piece는 전체를 구성하는 부분이나 조각, pick up은 piece들을 주워 모은다라고 생각하면 된다. 원래 전체에서 떨어져 나간 조각조각들을 주워 모아 다시 하나로 만든다는 것으로, 비유적으로 뭔가 안 좋거나 충격적인 일(disastrous or traumatic event)을 겪고 나서 흩어졌던 정신들을 하나하나 모아서 다시 온전하게 만드는(be trying to return things to normal again) 모습을 추상적으로 생각해보면 답이 나온다. 우리말로는 「회복하다」, 「추스르다」, 「재기하다」 등으로 생각하면 된다. 그만큼 받은 충격은 예상치 못한 것으로 인생에 부정적으로 커다란 변화를 가져왔다고 봐야 한다. 잉꼬부부였는데 남편이 갑자기 사망한 후 어느 정도 시간이 지나자, 아내의 주위사람들은 "It's been very difficult for her, and she's still picking up the pieces of her life"라고 얘기할 수 있고 또한 토네이도가 마을을 휩쓸고 가버렸을 때 "It will take months before the people here are able to pick up the pieces and return to a normal lifestyle"라고 하면서 받은 충격을 토로할 수 있다. piece와 관련된 표현으로 be still in one piece라는 게 있는데 이는 비록 안 좋은 일이 있었지만 별 피해 없이 모든 게 다 무사하다라는 의미이다. in one piece는 완전히, 무사히라는 문구.

Key Point

He's picking up the pieces 걘 재기하고 있어, 다시 일어서고 있어

▶ be still in one piece 모든 게 다 무사하다

❶ Don't expect me to pick up the pieces.
내가 다시 일어설 거라 기대하지 마.

❷ You better pray that Serena gets out of there in one piece.
세레나가 무사히 거기서 빠져 나오기를 기도나 해.

A: It's terrible that Fred's wife divorced him.
B: He's picking up the pieces and trying to get on with things.

A: 프레드의 아내가 걔와 이혼했다니 끔찍하네.
B: 걔는 다시 일어서서 계속 잘 살아가려고 노력하고 있어.

A: Did you hear about the flood up north?
B: Yeah, those people are still picking up the pieces.

A: 북쪽지역이 침수됐다는 얘기 들었어?
B: 음, 그 사람들 아직도 다시 일어서려고 하고 있대.

Q That's more like it

저게 그것과 더 비슷하다고??

A

이 표현은 그나마 단어 하나하나 따져보면 이해가 되는 문장에 속한다. That은 앞서 언급된 어떤 상황 등을 말하는 것으로 That's more like it하게 되면 "이게 더 낫군," "더 좋은데," "그래 그거야" 정도로 이해하면 된다. 이는 상대방이나 제 3자가 지금까지 보다 제대로 된 방향으로 가고 있다고 생각하거나(agree or thinks someone is doing something in the right way), 혹은 뭔가가 잘 되고 있어서 만족하고 있다는 것을 나타내는 문장이다. 다시 말해 일이 잘 돌아가니(things are going well) 전보다 더 만족스럽다는 말이다. 아들이 학교에서 상위 1%의 성적을 받아오자 엄마는 입이 귀에 걸리며 "That's more like it. You're doing great"이라고 칭찬해줄 수 있고, 또한 영업사원들이 그 어느 때보다 열심히 뛰어서 회사에 많은 수익을 가져오자 "That's more like it. You have all earned a bonus"라고 영업사원들을 격려할 수도 있다.

Key Point 

That's more like it 이게 더 낫군, 그래 그거야

- Now that's more like it 이제 더 낫군
- Okay that's more like it 좋아, 이게 더 나아

❶ Get me a beer. That's more like it.
맥주 좀 줘. 이제 좀 더 낫네.

❷ That's more like it. This bed is comfortable.
이게 더 좋은데. 이 침대는 편안해.

A: Here is a hamburger and some French fries.
B: That's more like it. I love this food.

A: 햄버거와 프렌치 프라이 나왔습니다.
B: 그래 이거야. 난 이 음식이 너무 좋아.

A: Did you see the beautiful women at this beach?
B: I sure did. That's more like it!

A: 이 해변에서 아름다운 여자들을 봤어?
B: 물론 봤지. 이제 좀 더 낫군!

I'm just flirting

난 그냥 flirt하고 있다고??

먼저 flirt라는 단어에 대해서 알아야 한다. flirt는 이성에 관심이 있어 유혹하는 것은 맞지만 진지한 연인관계를 시작할 목적은 아니고(be not really serious about starting a relationship) 또한 가끔은 그렇게 되지만 꼭 합체(sex)로 이르지 않는 그런 유혹을 말하는 단어이다. 다시 말해서 연인관계로 발전할 생각은 없으면서도 관심 있는 척하며 접근하는 것을 뜻한다. 따라서 flirting의 특징은 재미(fun)와 해가 되지 않는(harmless)다는 데에 있다. 바에서 한 남자와 오랫동안 수다를 떨고 돌아와서는 "It was nothing, I was just flirting"(별일 아냐, 그냥 시시닥거린거야)라고 할 수 있고 또한 바람둥이 친구가 절친의 여친에게 이야기를 나누다 들키자, 여친을 어떻게 해보려는 게 아니라 그냥 시시닥거려본 거라고 변명을 할 때 "I was just flirting"이라고 말할 수가 있다. 우리말로는 "추근거리다," "집적대다," "장난삼아 시시닥거리다" 정도로 생각하면 된다.

Key Point

I'm just flirting 그냥 관심 있는 척했어, 시시닥거렸어

▶ Stop flirting with me 그만 집적대

❶ You're flirting with that nurse.
너 저 간호사에게 집적대고 있지.

❷ You think everybody is straight. He's gay, so you can just stop flirting. 넌 모든 사람이 이성애자라 생각해. 걘 게이야, 그러니 그만 집적대.

A: Are you interested in dating Richard?
B: No, I'm just flirting with him.

A: 너 리차드와 데이트하는 거에 관심 있어?
B: 아니, 그냥 관심 있는 척 해보는 거야.

A: You seem popular with the girls here.
B: Thanks, I'm just flirting with them.

A: 너 여기 여자들에게 인기 있는 것 같아.
B: 고마워, 난 그냥 그들에게 관심 있는 척 한 건데.

Q I got to put my foot down

✕ 내 두 발을 내려놔야 한다고?

A

my foot은 복수 형태로 '내 두 발'을 말한다. 이 두 발을 바닥에 꽉 디디고(put down) 있는 모습을 연상해보면 쉽게 이해할 수 있을 것이다. 폭풍이 불어도 눈보라가 쳐도 두 다리를 바닥에 디디고 있는 수퍼히어로들을 생각해보라. 그런 것처럼 상대방이 뭔가 하려는 것을 못하게 하거나(be going to stop someone from doing something) 혹은 상황을 장악하고 있기 때문에 자신 있게 「반대」할 수 있는 선택권이 있다는 이야기이다. 이 표현은 따라서 당연히 선생님, 직장 상사, 부모님등 위계질서상 위에 있는 사람들이 쓰게 되는 표현이다. 어린 딸이 밤늦게까지 클럽에서 놀겠다고 하자, 아버지는 아내에게 단호하게 안 된다고 금지하면서 "I've got to put my foot down, she needs to come home earlier"라고 말할 수 있고 또한 시험시간에 학생들이 컨닝을 하자, 선생님이 "I've got to put my foot down and stop this cheating!"라고 하면서 컨닝금지를 명할 수 있다. 우리말로는 "금지하다," "반대하다" 정도로 생각하면 된다.

Key Point

I got to put my foot down 난 반대야, 절대 안 돼

- I had to put my foot down 금지해야만 했었어
- You're gonna have to put your foot down? 넌 반대할거야?

❶ **Man, you have got to put your foot down.**
이런, 너는 단연코 반대해야 돼.

❷ **I understand, but I have to put my foot down. Okay? The answer is no.** 알겠어, 하지만 난 반대해야 돼. 알았어? 대답은 '노'야.

A: Your son broke my window.
B: Sorry. I've got to put my foot down with him.

A: 네 아들이 내 창문을 깼어.
B: 미안. 내가 그 자식을 엄히 다스릴게.

A: You've got to put your foot down about Sandy's behavior.
B: I know. I'll go and talk to her.

A: 넌 샌디의 행동에 대해 단호하게 조치를 취해야 돼.
B: 알아. 가서 걔와 얘기해볼게.

I see where this is going

이게 어디로 가는지 안다고??

'this'는 상대방이 이야기하는 것이나 아니면 돌아가는 상황을 말하는 것으로 전체적으로 "무슨 말을 하려는지 알겠어," "어떻게 돌아가는지 알겠어"라는 의미. 충분히 그리고 명확하게 이해를 해서 그 요지(main point)를 이해했기 때문에 더 이상의 정보는 필요 없다는 뉘앙스가 배어 있다. 특히 상대방이 뭔가 요구를 에둘러서 할 때, 무슨 뜻인지 알겠다고 대화 도중에 말할 때 많이 쓰인다. 예의바른 표현은 아니지만 그렇다고 또 무례한 표현도 아니다. 생일을 앞둔 겜돌 아들이 갑자기 애교를 피면서 원격조종되는 헬리콥터가 좋다고 할 때, 엄마가 눈치 채고 "I see where this is going. You want that toy as a birthday gift"라고 할 수 있고 또한 한 직원이 면담요청을 하더니 사장에게 자기가 요즘 사는 게 궁핍하다고 주절주절 얘기할 때, 사장이 "I see where this is going. You'd like me to give you a raise"라고 할 수 있다. 상대방이 너무 꼬거나 혹은 듣는 사람이 형광등이거나 할 때는 "I don't see where this is going"이라는 표현이 필요하고, 또 답답하게 못 알아들을 때는 "Let me tell you where this going"이라고 돌리지 말고 직설적으로 말하면 된다.

Key Point 

I see where this is going 무슨 말하려는지 알겠어, 어떻게 돌아가는지 알겠어

- I don't see where this is going 어떻게 돌아가는지 모르겠어, 무슨 말인지 모르겠어
- I see where you are going 네가 어디 가는지 알겠어

❶ You are a control freak! All I asked for was one month, one month to see where this is going.
넌 통제광야! 내가 요구한 것은 단지 한달, 이게 어떻게 돌아가는지 지켜볼 한 달이었어.

❷ I see where this is going. I'm not one of your guys. I'm not a scientist. 무슨 말하려는 건지 알겠어. 난 너희들과 달라. 난 과학자가 아냐.

A: Do you have a boyfriend right now?
B: I see where this is going. I don't want to date you.
A: 지금 사귀는 남친 있어? B: 무슨 말인지 알겠어. 너랑은 데이트 안 해.

A: You know, many people like to exercise.
B: I see where this is going. You want me to join a health club.
A: 저기, 많은 사람들이 운동하는 걸 좋아해.
B: 무슨 말인지 알겠어. 헬스클럽에 가입하라는 거지.

Q I won't hear of it

나는 그것에 대해 듣지 않을 거라고??

A

이 표현의 기본은 not hear of it으로 이는 뭔가 「제안이나 제의를 받아들이지 않다」(be a way to refuse to allow or tolerate something)라는 의미이다. 따라서 I won't hear of it은 뭔가 강하게 거부하거나 반대하거나 혹은 「…하지 말 것을 금지한다」는 뉘앙스를 내포하고 있다. 우리말로 하자면 못 들은 걸로 하겠다, 즉 "그렇게는 안 돼"로 이해하면 된다. 다소 formal한 표현으로 현재 미국일상영어에서는 그리 많이 쓰이는 편은 아니다. won't 대신에 wouldn't를 쓰기도 하며 특히 He[She] won't[wouldn't] hear of it의 형태로 많이 쓰인다. 평소 근무성적이 좋지 않은 직원이 사장에게 일주일 휴가를 달라고 하자, 사장 왈, "No, a week is too long. I won't hear of it"이라고 단호하게 거절할 수 있고 또한 형 따라 파티에 온 어린 동생이 파티에서 맥주를 먹고 싶다고 할 때, 형이 "No beer for you, I won't hear of it. Have a Coke instead"라고 하며 단칼에 거절할 수 있다.

Key Point 

I won't hear of it 그렇게는 안 돼

▶ He wouldn't hear of it 걔는 들으려 하지 않아

❶ I wanted to call the police, but Susan **wouldn't hear of it.**
난 경찰을 부르고 싶었지만 수잔이 막무가내였어.

❷ Mother **wouldn't hear of it.** Divorce is a sin.
엄마는 들으려고 하지 않아. 이혼은 죄악인데.

A: The workmen will be here at 6 am.
B: That's too early. **I won't hear of it!**

A: 일꾼들이 오전 6시에 여기에 올 거야.
B: 너무 일러. 그렇게는 안 돼!

A: Please, let me buy lunch for you.
B: Oh no, **I wouldn't hear of it.**

A: 내가 점심 사줄게.
B: 아냐, 그건 안 되지.

Q I'll take you up on that

나는 그거에 대해 너를 받아들인다고??

A take sb up on sth을 토대로 하는 이 표현은 상대방이 한 초대나 제안을 받아들일 때 사용하면 된다. 다시 말해서, 상대방이 뭔가 하자고 제안을 했을 때, 자기는 그게 좋은 생각이라고 생각한다는 것을 보여주는(say this as a way of expressing that he thinks it is a good idea) 표현이다. 서로 잘 아는 친한 사이에 쓰이는 표현으로 "그 제안을 받아들일게," "그렇게 하자," "그럴게" 등으로 이해하면 된다. 친구가 함께 같이 골프치러 가자고 했을 때, 골프치는 것을 좋아하는 나는 "I'll take you up on that. I love golfing"이라고 말할 수 있다. 그리고 한 친구가 자기 옷과 구두가 너무 많다고 하면서 친한 친구에게 가져 갈 것 있으면 가져가라고 할 때, 역시 옷이라면 사족을 못 쓰는 친구 왈, 얼른 옷과 구두를 기꺼이 가져가겠다고 "I always love the clothes you wear. Sure, I'll take you up on that"이라고 하면 된다.

Key Point

I'll take you up on that 좋아, 그렇게 하자

- Take her up on that 걔 말을 들어
- I didn't take her up on it but it was nice 난 걔 말을 듣지 않았지만 괜찮았어.

❶ **I'm so broke, I might take you up on that just to save in rent.**
나 거덜 났어. 임대료 아끼기 위해 네 제안을 받아들여야 할 것 같아.

❷ **You offered me a loan, and I'd like to take you up on that.**
네가 돈을 빌려준다고 제의했잖아, 그렇게 하자.

A: I'd like to take you to my golf course.
B: Great! I'll take you up on that.

A: 너를 골프장에 데려가고 싶어.
B: 좋지! 그렇게 하자.

A: Are you interested in buying some chocolate bars?
B: Sure, I'll take you up on that.

A: 초콜릿바 사고 싶어?
B: 그럼, 그렇게 하자.

It's not all it's cracked up to be

깨져서 되는 게 그게 아니라고??

crack the code하면 「암호를 해독하다」, crack a joke는 「농담하다」, get cracking은 뭔가 「빨리 시작하다」라는 뜻. 이 문장의 핵심은 not all it's cracked up to be로 그게 깨져서 되는 결과가 예상보다 전혀 다르다라는 의미로, 뭔가 사람들이 생각하는 것만큼 좋지 않다는 것을 말하는(indicate he thinks a thing is not as good as other people think it is) 표현. 따라서 실망하는 문장으로, 좀 좋을 거라고 생각했지만 실제로는 그렇지 않은 일이나 경험을 한 사람이 쓰면 된다. "사람들이 생각하는 것만큼 좋지 않아," "생각보다 그리 좋지 않아"라는 의미. 요가학원 다니는 아내에게 어떠냐고 물어보자, "It's not all that it's cracked up to be. The instructor was very unkind"라고 아내는 실망감을 표현할 수 있다. 또한 지친 사장이 술자리에서 직원들에게 "Being the boss is not all that it's cracked up to be. It's very stressful"이라 솔직한 맘을 토로할 수도 있다. 좀 오래된 표현으로 쉽게 말하자면 "It's not as special[important] as most people think it is"라고 할 수 있다.

Key Point 

It's not all that it's cracked up to be 생각보다 그리 좋지 않아

- crack a joke 농담하다
- get cracking 빨리 시작하다
- be on crack 마약하다

❶ Divorce **isn't all it's cracked up to be,** is it?
이혼은 생각보다 그리 좋은 게 아니야, 그지?

❷ Well, trust me. **It's not all it's cracked up to be.**
저기, 날 믿어. 그게 생각보다 그렇게 좋은 게 아니야.

A: I wish I lived in the center of Chicago.
B: **It's not all that it's cracked up to be.**

A: 난 시카고 중심지에서 살았으면 해.
B: 그게 생각만큼 그리 좋은 게 아냐.

A: How do you like working for a newspaper?
B: **It's not all that it's cracked up to be.**

A: 신문사에서 일하는 게 어때?
B: 생각만큼 그리 좋지는 않아.

I've got to hand it to you!

 나는 그것을 너에게 줘야만 한다고??

hand it to sb는 sb가 너무 잘하고 뛰어나서 「sb에게 두 손 들다」, 「sb가 이겼다」라고 sb가 잘했음을 축하해주고 인정(approval)해주는 표현이다. 쓰이는 뉘앙스는 상대방이 하는 일의 결과가 좋을지 나쁠지 아무도 확신할 수 없었는데, 그 결과가 아주 바람직하게 나왔을 때 놀라면서 하는 말이다. 놀란 "You did a good job"이라고 생각하면 된다. "너 정말 대단해," "야, 나 너한테 두 손 다 들었다" 정도로 이해하면 된다. 주로 have (got) to hand it to sb의 형태로 쓰인다. 살고 있는 주택이 낡아서 아는 사람 통해서 리모델링을 좀 싸게 했는데, 예상보다 훨씬 예쁘고 깔끔하게 됐을 때 "I've got to hand it to you, it looks great"라고 칭찬할 수 있고 또한 회의시간에 동료가 깜놀할 정도의 멋진 보고서를 발표했을 때 "I've got to hand it to you, that's the best report you've written"라고 할 수도 있다. 참고로 hand sth to sb는 「…에게 …를 건네주다」라는 단순한 표현이다.

Key Point 

I've got to hand it to you 너한테 두 손 들었어, 너 정말 대단해

▶ You did a good job 잘했어

❶ **I've got to hand it to you,** stealing a baby, trying to drown it.
너한테 두 손 들었다, 아이를 납치해서 익사시키려고 하다니.

❷ **You gotta hand it to him,** the guy is good.
너 두 손 들어야 돼, 그 친구 대단해.

A: **I've got to hand it to you,** your apartment is beautiful.
B: Thanks, I decorated it myself.

A: 너 정말 대단하다, 네 아파트 멋져.
B: 고마워, 내가 장식한 거야.

A: Did you enjoy your tour of the museum?
B: **I've got to hand it to you,** it was very impressive.

A: 박물관 구경 재미있었어?
B: 정말 멋졌어, 아주 인상적이었어.

Who are you to judge?

 판단하는 당신은 누구세요??

Who are you to+V?는 상대방의 말이나 행동에 화가 날 때 쓰는 구문으로 "네가 뭔데 …라고 하는 거야?"라는 표현이다. 여기서는 비난하다라는 뜻의 judge가 이어져 Who are you to judge?하게 되면 "네가 뭔데 비난하는 거야?"라는 문장이 된다. 비난하는 대상까지 함께 말하려면 Who are you to judge sb?라고 하면 된다. 주로 상대방이 비난하거나 평가할 자격이 없다는 것을 나타내는(express that someone does not have the right to think badly of others), 즉 자격도 없는 사람이 다른 사람을 비난하거나 평가할 때 화가 나서 내뱉는 표현이다. 학교도 자주 빼먹고, 클럽 가서 놀기나 하는 한량이 누나에 대해 뒷담화를 늘어놓을 때, "Hey, who are you to judge your sister?"라고 정신 차리게 할 수 있고 또한 전교에서 거꾸로 일등을 치열하게 다투는 한 학생이 자기네 학교 애들 중 일부는 바보라고 하자, 옆에서 이를 듣던 친구 왈, "Maybe they didn't have good parents. Who are you to judge?"라고 할 수 있다. 물론 judge 대신 다양한 동사가 올 수 있는데, 특히 Who are you to tell me that S+V?(네가 뭔데 내게 …하고 말하는 거야?)라는 표현이 미드에서 많이 눈에 띈다.

Key Point 

Who are you to judge? 네가 뭔데 비난해?

▶ Who are you to tell me that S+V? 네가 뭔데 내게 …라고 말하는 거야?

❶ **Who are you to say what does or doesn't humiliate me?**
네가 뭔데, 내가 굴욕을 느끼는 것과 느끼지 않는 것에 대해 말하는 거야?

❷ **Who are you to tell me I haven't been happy, you miserable son of a bitch!** 네가 뭔데 내가 행복하지 않다고 말하는 거야, 이 한심한 자식아!

A: I think Patty has slept with a lot of guys.
B: Maybe she has, but who are you to judge?

A: 패티가 여러 명의 남자와 자본 것 같아.
B: 걔가 그럴 수도 있지만 네가 뭔데 비난하는 거야?

A: This painting is really ugly.
B: Who are you to judge? Are you an artist?

A: 이 그림은 정말 아니다.
B: 네가 뭔데 비난해? 미술가라도 돼?

Q We got off easy

 우리는 쉽게 내려왔다고??

A

먼저 get off의 의미는 가장 쉬운 것으로 「버스나 기차 등에서 내리다」, take~ off처럼 「휴가를 내다」, 「퇴근하다」, 성적으로는 「절정에 이르다」 등 다양한 뜻이 있다. get off는 또한 받아야 될 처벌을 「가볍게 받거나」 「전혀 받지 않다」라는 의미로도 많이 쓰인다. 이때는 get off with의 형태를 주로 취하는데 여기서 파생한 get off easy는 「가볍게 처벌받다」라는 뜻으로, 뭔가 잘못을 저질렀는데 그에 대가를 별로 치르지 않았다라는 의미로 사용된다. 즉, 자신들이 한 짓에 비해 처벌을 아주 가볍게 받아 운이 좋다고 생각할 때 이 표현을 쓰면 딱이다. 고가의 카메라를 바닥에 떨어트려 망가트렸는데, 카메라 주인이 그냥 됐다고, 물어주지 않아도 된다고 했을 때 "Whew, I got off easy"라 쓸 수 있고 또한 사람을 식물인간으로 만든 중범죄자가 말발이 센 변호사의 덕택으로 1년 징역을 받았을 때, 사람들은 "He got off too easy"라 할 수 있다. 비슷하게 생긴 We've got it easy는 전혀 다른 뜻으로 "아주 편안한 삶을 즐기고 있다"(have a very comfortable lifestyle)라는 표현이다.

Key Point 

We got off easy 별로 처벌받지 않았어

- I got off easy 가볍게 끝났어
- We've got it easy 편안한 삶을 즐기고 있어

❶ He got off easy. I almost gave him a colonoscopy.
걘 가볍게 끝났어. 대장경 검사를 거의 할 뻔했어.

❷ That wasn't bad. We got off easy.
그것은 그리 나쁘지 않았어. 우리 가볍게 끝났어.

A: What did the cops do when they arrested you?
B: We spent a few hours in jail. We go off easy.

A: 경찰이 너 체포한 후 어떻게 했어?
B: 몇 시간 구치소에 있었어. 가볍게 끝났어.

A: Did you get a ticket for parking illegally?
B: Yes, but it was only $5. I got off easy.

A: 불법주차로 위반딱지 받았어?
B: 어, 하지만 5달러짜리였어. 가볍게 받았어.

Q There you have it

 거기서 네가 그걸 갖고 있다고??

왜 이리 쉬운 단어들로 이루어진 표현이 해석이 되지 않을까…. 이 문장은 말하는 사람이 상대에게 자기는 일이 돌아가는 상황을 있는 그대로 최선을 다해 설명했다(tell someone that the speaker has tried to describe the way things are as honestly as possible)는 점을 전달하기 위해 쓰이는 표현이다. 달리 표현하자면 That's the way it is라는 말로, 상대방에게 앞서 자신이 설명한 것이 맞다라고 할 때 주로 쓰인다. 우리말로 하자면 "바로 그렇게 된 것이다," "바로 그렇다," "다 들은 것이다," "여기 있어"에 해당된다. 물론 뭔가에 대한 설명(explanation) 뿐만 아니라 어떤 일(project)이 만족스럽게 마무리되었다고 말할 때도 사용된다. 예를 들어서 한 직원이 어떤 문제에 대해 사장에게 설명을 하고 나서 "I've told you all of the details, so there you have it"(모든 세부 사항을 다 말씀드렸습니다. 다 들으셨습니다)라고 말할 수 있고 또한 자신에게 할당된 업무를 다 마치고 나서 동료들에게 이렇게 말할 수 있다. "I'm finished preparing the report, so there you have it"(난 보고서 준비 다 끝냈으니, 그런 줄 알아).

Key Point 

There you have it 바로 그렇다, 그런 줄 알아

▶ That's the way it is 바로 그렇게 된 거야

❶ I can't fucking stop thinking about you. There you have it.
난 젠장 네 생각을 그만 둘 수가 없어. 이제 내 마음이 어떤 줄 알겠지.

❷ There you have it, all the files on the case.
여기 있어, 사건에 관한 모든 파일들이야.

A: So you think I need a lawyer?
B: There you have it. You need legal advice.

A: 그럼 내가 변호사가 필요하다고 생각해?
B: 바로 그래. 넌 법적인 조언이 필요해.

A: That is my opinion. There you have it.
B: I still have some questions for you.

A: 그게 내 의견이야. 그런 줄 알아.
B: 아직 네게 물어볼게 좀 있어.

Q What's it gonna take to make you happy?

 너를 행복하게 하기 위해서 뭐가 필요할까??

직역해도 얼추 답이 나온다. 핵심은 What's it gonna take to~?로 「to 이하를 하기 위해서는 무엇이 필요하냐」고 물어보는 표현이다. 뒤에 make you happy가 붙은 이 문장은, 물론 상대방을 기쁘게 하기 위해서 무엇을 해야 하는지 물어보는 것이지만(ask someone what he should do to satisfy him), 상대방을 기쁘게 하기 위해 이것저것 다 해봤는데도 아무것도 성공하지 못해 좌절해 있을 때 주로 많이 쓴다. 남편의 노력에도 불구하고 아내가 늘 울적해 있을 때, 남편은 "Sweetheart, you seem so stressed. What's it going to take to make you happy?"(여보, 스트레스를 많이 받은 것 같아. 어떻게 해야 기분이 풀리겠어?)라 할 수 있고, 한 비즈니스맨이 상대 회사의 담당자와 협상을 하면서 "What's it going to take to make you happy with this contract?"(어떻게 해야 이 계약건에 만족할 수 있겠습니까?)라 하며 줄다리기를 할 수 있다. 좌절과 실망감에서가 아니라 단순한 호기심에서(out of curiosity) 물으려면 "What makes you happy?"라고 하면 된다.

Key Point 

What's it going to take to~? 어떻게 해야 …하겠어?

▶ What makes you happy? 뭘 해야 행복해?

❶ What's it going to take to make you change your mind?
어떻게 해야 네 마음을 바꿀 수 있겠어?

❷ What's it gonna take for you to forgive me? I'll do anything you want. 어떻게 해야 네가 나를 용서할 수 있겠어? 네가 원하는 건 뭐든지 할게.

A: I really don't like what I see here.
B: Okay, what's it going to take to make you happy?

A: 여기 돌아가는 게 정말 맘에 안 들어.
B: 그래, 어떻게 해야 네가 만족할 수 있겠어?

A: What's it going to take to make you happy?
B: I want a large raise in salary.

A: 어떻게 해야 너를 기쁘게 할 수 있겠니?
B: 급여인상을 많이 해주면요.

Says who?

 누구라고 말했다고??

원래는 Who says?(누가 그래?) 혹은 Who says S+V?(누가 …라고 그래?)의 형태인데, 강조하기 위해서 Says who?라고 한 표현. 상대방의 의견에 반박하기 위해(argue against a certain opinion) 혹은 상대방이 한 얘기는 사실이 아닐 수도 있다고 생각한다고 말할 때(express that they think a statement that was made might be untrue) 사용할 수 있다. 다시 말해 상대방의 말에 동의할 수 없다거나, 사실이 아니라고 반박하면서, "누가 그래?," "그걸 말이라고 해?" 정도에 해당되는 문장이다. 여친이 야구가 최고의 스포츠라고 하자, 축구광 남친이 발끈하며 "Says who? Soccer is much more popular worldwide"라고 열변을 토할 수도 있고 또한 정치 얘기하다, 자기가 지지하는 정치인들이 제일 똑똑하다고 말할 때, 듣던 친구는 "Says who? I think they're pretty dumb!"라고 상대방의 말에 동의하지 않음을 밝힐 수 있다. 참고로 Says me!는 "내 얘기야!," Says you!는 "바로 네 얘기야!"란 뜻으로 시트콤 등에서 사람들을 웃기려고 쓰는 억지로 만든 표현들이다.

Key Point 

Says who? 누가 그래?, 그걸 말이라고 해?

- Who says S+V? 누가 …라고 그래?
- Says me! 내 얘기야!
- Says you! 바로 네 얘기야!

❶ **Says who?** Your father?
누가 그래? 네 아빠가?

❷ **Says who?** Him? How can you even trust him?
누가 그래? 걔가? 너 어떻게 걔를 신뢰할 수 있는 거야?

A: I heard you got beat in a fight last night.
B: **Says who?** Nobody beat me.

A: 지난 밤 싸움에서 너 졌다며.
B: 누가 그래? 날 이긴 사람이 없는데.

A: This is the biggest diamond ring available.
B: **Says who?** It doesn't look very big.

A: 이게 구할 수 있는 가장 큰 다이아 반지야.
B: 누가 그래? 그리 크게 보이지도 않는데.

Q This can't be happening

이건 일어날 수가 없는 거라고??

A

happen을 그냥 단순히 일어나는 일이라고 생각하면 이해하기 쉽다. 여기서 This는 눈앞에 벌어지는 일이든지 혹은 다른 사람으로부터 전해들은 소식을 말한다. 그 소식으로 모두 다 놀랄 정도로 안 좋은 일이 벌어져 충격을 받았거나 기대 이하의 상황이 발생하여 실망과 당황하고 있다는 문장. 우리말로 "이럴 수가 없어," "믿을 수가 없어," 즉 I can't believe this is happening과 유사하다. 벌어지는 일에 대해 불만족한 상태에서 그 나쁜 상황이 좋아지기를 바라는 맘으로 말하는 표현이다. 20년 넘게 다닌 직장에서 하루아침에 해고된 날 저녁 무거운 발걸음에 다가오는 차를 못 봐 사고를 당하고서는 "Oh my God, this can't be happening!"라고 탄식할 수 있으며 또한 외국여행이 처음이고 말도 잘 통하지 않는데, 그만 비행기편을 놓치고 공항에서 오도 가도 못하게 되었을 때 "This can't be happening! I have to get back to my country"라고 혼자 중얼거릴 수 있다. 참고로 I don't see that happening은 "그런 일은 없을 거"라고 부정적으로 말하는(doubt that something will occur) 것으로 의미가 전혀 다르다.

Key Point

This can't be happening 이럴 수가 없어, 믿을 수가 없어

- I can't believe this is happening 믿기지 않아
- I don't see that happening 그런 일은 없을 거야, 안돼

❶ **This isn't happening. This can't be happening.**
이건 말도 안 돼. 믿을 수가 없어.

❷ **Didn't want to be known as a jock. This can't be happening.**
운동이나 하는 놈으로 알려지기 싫었는데. 이럴 수가 없어.

A: I'm sorry, your credit card was rejected.
B: No! This can't be happening.

A: 죄송하지만 신용카드 결제가 안 되는데요.
B: 이런! 이럴 리가 없는데.

A: The manager says you'll have to leave.
B: It's not fair! This can't be happening!

A: 매니저가 너 그만둬야 될 거라고 해.
B: 이건 부당해! 이럴 수가 없어!

Nice try!

 잘 시도했다고??

미드보다 보면 참 많이 듣게 되는 표현. 하지만 Nice try!라는 단어들만 보고 이를 Good job!(잘했어!)과 같은 표현으로 생각하면 오산이다. nice하기는 하지만 try란 단어에 이 표현의 핵심이 숨겨져 있다. "시도는 좋았다" 하지만 "결과는 실패다"라는 의미를 내포하고 있는 표현이다. 문맥에 따라 비아냥 거릴 수도 있는 등 뉘앙스가 조금씩 다르지만, 일반적으로 목표 달성에는 실패했지만 노력은 아주 잘했다(make a good effort to do something), 그러니 성공하려는 노력을 포기하면 안 된다고 격려(an encouragement not to give up trying to succeed)하는 문장으로 생각하면 된다. 근사한 목표이든 간계한 술수이든 원래의 목적을 달성하지 못했지만 그래도 노력이 가상하다고 격려(cheer up)하는 것이다. 친구가 취업면접에 갔다 왔는데 결국 채용되지 못했을 때 "Sure, you didn't get hired, but it was a nice try"라고 격려할 수 있고, 또한 아들놈이 야구를 하는데 타자로 나와서 헛스윙으로 삼진아웃 당하자 기운을 북돋아주려고 "Nice try, you'll do better next time"라고 위로할 수도 있다.

Key Point

Nice try! 시도는 좋았어!, 시도는 좋았지만 안됐네(비아냥)

- Nice going! 잘했어!, 잘한다!(비꼼)
- Good job! 잘했어!

❶ **Nice try.** But Judge Tatum saw right through your little charade.
시도는 좋았는데 테이텀 판사가 네 가식을 바로 꿰뚫어보셨어.

❷ **Nice try.** You have a history of breaking and entering.
시도는 좋았어. 넌 가택 무단 침입한 적이 있더구만.

A: We weren't able to win the game.
B: I know, but it was a **nice try**.

A: 우리는 그 게임에서 이길 수가 없었어.
B: 알아, 하지만 시도는 좋았어.

A: I got a B+ on my history exam.
B: **Nice try.** You'll get an A next time.

A: 역사시험에서 B+를 받았어.
B: 잘했지만 다음번에는 A를 받도록 해.

Q Put yourself out there

자신을 바깥으로 꺼내놓으라고??

직역하면 맞다. 먼저 out there를 보자. 유명한 미드인 X-File에서 멀더가 시종일관 되뇌이는 The truth is out there, 그리고 포기하지 말고 나가서 계속 일을 하라는 의미의 You go back out there에서 보듯, out there는 여기, 내부가 아닌 세상 사람들이 부딪히며 살고 있는 현실의 세계를 말한다고 볼 수 있다. 그래서 Put yourself out there하게 되면 집에만 박혀있지 말고 나가서 사람들도 만나라고 충고하는(tell someone to make an effort to go out and meet more people, to be more social) 문장이 된다. 그러면 삶이 더 즐거워지고 더 성공적으로 될 것이라는 뉘앙스를 담고 있다. "당당하게 나서봐," "자신 있게 시도해봐" 정도의 느낌. 답답하게 사는 사람에게 삶의 질을 개선하도록 충고할 때 사용하면 된다. 방콕하면서 여자를 만날 수 없다고 투덜거리는 친구에게 "Look, put yourself out there. That way you'll meet some nice women"이라고 해줘도 되고 역시 연락도 안해보고 좋은 직장을 찾을 수가 없다고 하는 아들에게 아버지가 "You've got to put yourself out there, try and meet people who might want to hire you"라고 조언할 수 있다.

Key Point

Put yourself out there 당당하게 나서봐, 자신 있게 시도해봐

- You've got to put yourself out there 넌 자신 있게 나서야 돼
- I really put myself out there 정말 자신 있게 나섰어

❶ If I knew he loved me, I'd be happy to put myself out there.
걔가 날 사랑하는 것을 안다면, 난 기쁜 마음으로 당당히 나설텐데.

❷ You don't want to put yourself out there for someone who maybe is just being nice to you. 단지 너한테 잘해준다고 해서 걔한데 네 자신을 드러내서는 안돼.

A: What is the secret to dating?
B: It's important to put yourself out there.

A: 데이트하는 비결이 뭐야?
B: 네 자신을 당당히 내세우는 게 중요해.

A: If you put yourself out there, you'll succeed.
B: I think I need more confidence.

A: 네가 당당히 나선다면 넌 성공할거야.
B: 내가 좀 더 자신감을 가져야 될 것 같아.

That's all there is to it

거기에 있는 것은 그게 다라고??

하나하나 뜯어서 보자면 That's all이 문장의 뼈대이며 다음에 나오는 there is to it은 all을 수식하는 형용사절이다. 즉 That's all that there is to it에서 관계대명사 that이 생략된 것으로 all 이하를 먼저 해석하자면 그거에 있는 것은 그게 전부다이다가 된다. 여기서 it은 앞서 자기가 설명한 것을 말하는 것으로 조금 의역을 하자면 그것에는 그게 다야, 좀 더 발전시키자면 "그게 다야." "그렇게만 하면 되는 거야"라는 문장이 되는 것이다. 뭔가에 대한 설명을 다하고 나서 말하는 표현으로 내가 갖고 있는 정보는 이제 다 줬다(all of the information has now been given)라고 말하는 셈이다. 자기 말을 마무리 지으면서 하는 구어적인 문장이다. 〈위주〉의 요리전문가인 브리가 자기만의 머핀 만드는 법을 친구들에게 짧게 설명해주고 나서 "That's all there is to it. See how easy it is?"라고 듣는 친구들 열 받게 할 수도 있고, 또한 〈빅뱅이론〉의 쉘든이 간단하지만 페니에게는 어려운 수학문제를 멋지게 풀어 보이면서 얄밉게 "Alright class, that's all there is to it"라고 말할 수도 있다. 참고로 That's all there is to say하면 '더 이상 할 말이 없다' 라는 뜻

Key Point 

That's all there is to it 그게 다야, 그렇게만 하면 되는 거야

▶ That's all there is to say 더 이상 할 말이 없다

❶ **I'm meeting my secret admirer, and that's all there is to it.**
난 나를 은밀히 존경하는 사람을 만나는 거야, 그게 다야.

❷ **Press the red button. That's all there is to it.**
붉은 버튼을 눌러. 그렇게만 하면 되는 거야.

A: So I press these keys on the computer?
B: Yes, and that's all there is to it.

A: 그럼 컴퓨터에서 이 키들을 누르면 돼?
B: 어, 그렇게만 하면 돼.

A: We can't cancel now. It's two days away.
B: Rex, I'm not going. That's all there is to it.

A: 이제 취소는 안 돼. 이틀 전이야.
B: 렉스, 나 안 가. 그게 다야.

I got an old score to settle

 나에게는 해결할 오래된 score가 있다고??

이 표현의 원래 핵심은 settle a score. score의 의미는 스포츠 경기에서의 「득점」, 음악에서의 「악보」, 「성공을 거두다」, 「섹스하다」 등 다양하다. 여기서처럼 settle a score하면 과거에 자기에게 상처나 피해를 본 사람에게 아직도 분이 풀리지 않아 피해를 되갚아줘서 청산하고(clear it up) 복수를 하는(get revenge) 것을 말한다. 「보복하다」, 「앙갚음을 하다」라는 뜻. 과거에 당한 것을 되갚아주는 것(payback)이기 때문에 get an old score to settle이라고도 쓰며, 또한 복수하는 대상을 말할 때는 get an old score to settle with sb라고 하면 된다. 그래서 이 문장의 우리말은 "난 보복[앙갚음]을 할 게 있어"라는 뜻이 된다. 또한 even을 동사로 써서 even the score해도 「복수하다」라는 의미가 된다. 폭행죄로 현장에서 잡힌 사람에게 경찰이 왜 다른 사람을 때렸냐고 물어볼 때, "He stole my wallet, and I had a score to settle with him"라고 때린 사연을 말할 수 있고 또한 평소에 감정이 안 좋던 이웃집 사람이 술취해 차로 담벼락을 박자, "I'm taking this person to court because I have a score to settle with him"라고 씩씩거리면서 고소하겠다고 의지를 밝힐 수도 있다.

Key Point 

I got an old score to settle 난 되갚아줘야 할 게 있어

- settle a score 보복하다
- even the score 복수하다

❶ Why'd you use her to settle an old score?
왜 복수를 하기 위해 걔를 이용했어?

❷ I came here because I've got an old score to settle.
난 되갚아줘야 할 게 있어서 여기 온 거야.

A: Why are you looking for Bill Williams?
B: I've got an old score to settle with him.

A: 너는 왜 빌 윌리엄스를 찾는 거야?
B: 걔한테 되갚아줘야 될 게 있어서.

A: What made Melinda shoot Gino?
B: She said she had an old score to settle with him.

A: 뭐 때문에 멜린다가 지노를 쐈어?
B: 걔는 지노에게 보복해야 할 게 있다고 했어.

I'm good to go

난 가기에 좋다고??

크게 두 가지 의미로 쓰인다. 첫째는 모든 일이 순조롭다(everything is fine)라고 말하는 것이고 둘째는 글자 그대로 준비가 다 되었다(express that things are ready)라는 뜻이다. 또한 인칭을 바꿔서 You're good to go라는 표현도 많이 쓰이는데, 이는 「…할 준비가 충분히 되었다」라는 말로 "해도 된다"라는 허가 및 격려의 표현이 된다. 이 표현의 유래는 군인이 싸울 만반의 준비가 되었다라는데서 파생된 슬랭이다. 완벽주의자인 친구가 캠핑을 간다고 만반의 준비를 다해놓고서, 친구에게 자기가 빠트린 장비가 있냐고 물어볼 때, 옆친구 왈 "No, you're good to go"라고 할 수 있다. 또한 여행준비를 하면서 가방과 여권 및 기타 물품 등을 다 챙겼다는 생각이 들 때, "I'm good to go, let's get started on our trip"이라고 하며 즐겁게 여행을 시작할 수도 있다. 주의할 점은 여기서 go를 '가다'로 해석하려고 하는 습관을 버려야 한다는 것이다. 예로 성적인 상황에서 "Is she good to go?"하게 되면 "(섹스)할 준비가 되었냐?"고 물어보는 문장이 되기 때문이다. 참고로 Good to know는 알게 되어서 다행이다, be too good to be true는 믿기지 않을 정도로 너무 좋다라는 말이다.

Key Point 

I'm good to go 만반의 준비가 됐어

- Good to know 알게 되어 다행이야
- be too good to be true 믿기지 않을 정도로 좋다

❶ I have another scene. **Are you good to go** on this?
범죄현장이 하나 더 있는데. 여기 현장 맡을 준비가 됐어?

❷ All right, you're all set up. **You're good to go.**
좋아, 너 모든 게 준비됐어. 만반의 준비가 됐어.

A: Do you need anything from the store?
B: Nope, **I'm good to go.**

A: 이 가게에서 뭐 필요한 거 없어?
B: 아니. 다 준비했어.

A: Can you check the supplies in my backpack?
B: Yeah, it looks like **you're good to go.**

A: 내 배낭에서 물품들 확인해볼 테야?
B: 어, 만반의 준비를 다 한 것 같은데.

Q You freak me out!

네가 나를 freak하게 한다고??

A 미드를 보기 전까지는 이 freak이란 단어를 네이티브가 이렇게 많이 쓸 줄은 아마 몰랐을 것이다. 동사 freak은 여러 형태로 쓰이지만 그 기본에 흐르는 개념은 몇 가지로 집약되며, 쓰이는 구문에 따라 그리고 그 문맥에 따라 잘 우리말을 찾아야 한다. 여기 You freak me out에서 freak의 개념은 사람이 평소와 다르게 이상하거나 혹은 무서울 정도로 행동을 해서 'me'가 맘이 불편하다(feel uncomfortable)라는 뜻이다. 그냥 S+freak out하게 되면 짧은 순간 매우 당혹하거나 엄청 스트레스를 받는다는 것을 의미한다. 슬랭에 가까운 구어체 표현으로 서로 잘 아는 사람들 사이에 쓰인다. 약속한 친구가 저 앞에서 걸어오는데 검은 모자에, 검은 롱코트, 그리고 검은 선글라스를 쓰고 올 때, "You really freak me out with your strange clothes"라고 말할 수 있고, 또한 집에 올라가려고 엘리베이터 앞에 서있는데 갑자기 일층 계단 쪽에서 아내가 뛰어나오면 놀래킬 때, "You really freaked me out!"라고 할 수 있다.

Key Point

You freak me out 너 때문에 놀랬어, 당황했어

▶ S+freak out 당혹하다, 놀라다

❶ This is going to be fun. Watch me freak out Chris.
이거 재미있겠다. 내가 크리스를 놀래키는 거 봐봐.

❷ Olivia's freaking out about meeting your parents.
올리비아는 네 부모님을 만나는 걸로 긴장하고 있어.

A: Did you ever see a dead person?
B: No. You know, you really freak me out.

A: 너 죽은 사람 본 적 있어?
B: 아니. 저기 말이야, 너 정말 겁나게 그러네.

A: Why do you dress like that? You freak me out.
B: This is a punk style of dressing.

A: 왜 그렇게 옷을 입은 거야? 놀랬다 야.
B: 이게 펑크식 스타일의 옷이야.

I couldn't have said it better

 나는 그것을 더 잘 말할 수 없을 수 없었을거야??

먼저 이 문장을 제대로 이해하려면 could have pp를 정확히 알고 있어야 한다. 이는 실제로는 그렇게 되지 않았지만 「과거에 그럴 수도 있었다」라는 뜻이다. 따라서 couldn't have said it better는 could have said에 부정(couldn't)과 비교(better)가 가미된 최상급 어구. 차례대로 이해해보자. could have said it은 그것을 말할 수도 있었다, couldn't have said it better는 그것을 더 이상 잘 말할 수 없었을 것이다, 즉 우리말이 되도록 바꾸면 "그 이상 더 좋게 말할 수가 없을거야," "더 이상 어떻게 말을 하겠어," "바로 그 말이야"가 된다. 상대방이 한 말에 전적으로 동의(absolute agreement)한다고 하거나, 자기도 상대방과 비슷한 생각이다(have similar ideas to oneself)라고 맞장구 칠 때 쓰는 표현이다. 예를 들어 한 직원이 아주 창의적인 제안을 했는데, 사장도 그 제안에 맘이 들었을 때 "I couldn't have said it better. That's a great idea"이라고 할 수 있다.

Key Point 

I couldn't have said it better 더 이상 어떻게 말을 하겠어, 바로 그 말이야

▶ Couldn't have said it better myself 내가 더 이상 어떻게 말을 할 수 없을 정도였어

❶ Exactly right. I couldn't have said it better.
바로 그거지. 내가 더 이상 어떻게 말을 하겠어.

❷ I couldn't have said it better. That speech is perfect.
더 이상 어떻게 말을 하겠어. 이 연설은 완벽해.

A: We're all going to miss Mr. Danvers when he retires.
B: That's right. I couldn't have said it better myself.

A: 댄버 씨가 퇴직하면 모두들 그리워할 거야.
B: 맞아. 내가 더 이상 어떻게 말을 할 수 있겠어.

A: Did Julian give a good speech at the meeting?
B: It was excellent. I couldn't have said it better.

A: 줄리안이 회의에서 연설을 잘했어?
B: 훌륭했어. 더 이상 내가 말을 할 수 없을 정도였어.

We're back to square one

우리는 square one으로 돌아왔다??

square는 정사각형을, one은 첫 번째라는 말로 square one하면 장기나 바둑 같은 정사각형이 그려진 board game에서 첫 번째 정사각형을 말한다. 게임하다 함정에 걸리면 처음 시작점인 square one으로 가서 다시 시작해야 하는데, 여기서 생긴 표현이 바로 be back to square one이다. 「출발점으로 다시가다」, 「원점으로 돌아가다」라는 뜻이 된다. 특히 범죄수사물에서 수사가 진척이 될 거라 생각했는데, 용의자의 알리바이가 입증되거나, DNA가 불일치하던가해서 다시 원점에서 수사를 시작해야 한다고 할 때 많이 들린다. 뭔가 실패한 후에 하는 말이기 때문에 이 문장에는 좌절감이 내포되어 있다. 확실하다고 해서 그 동안 모은 돈을 다 엔젤투자했다가 다 날리고서는 한숨 푹 쉬며 "I'm totally broke, so I'm back to square one"이라고 탄식할 수 있다. go back to square one은 '원점으로 다시 돌아가다,' from square one은 '다시 처음부터'라는 뜻이다. 참고로 I want to square up with you 하게 되면 빗진 돈을 갚겠다는 말로 여기서 square는 「편평한」, 그래서 서로 빚이 없는 상태를 말한다.

Key Point

We're back to square one 우린 다시 원점이야

- go back to square one 원점으로 다시 돌아가다
- from square one 다시 처음부터

1. **But without the confession we're back to square one.**
   하지만 자백 없이는 우린 다시 원점이야.
2. **His alibi sets us back to square one.**
   걔 알리바이 때문에 우린 원점으로 돌아왔어.

A: I'm afraid we couldn't save the info on your computer.
B: Really? So I'm back to square one?

A: 우린 네 컴퓨터에 그 정보내용을 저장할 수가 없었어.
B: 정말? 그럼 다시 원점이야?

A: The boss rejected our proposals.
B: I see. We're back to square one.

A: 사장은 우리의 제안을 거절했어.
B: 알겠어. 우린 다시 원점이네.

I could use a little more help

 좀 더 많은 도움을 이용할 수도 있었다??

could use가 이 문장의 핵심부분이다. 단어 하나하나 해석하여 접근하면 답이 나오질 않는다. could use 혹은 can use로 쓰이는 이 표현은 「…가 필요하다」, 「…가 있으면 좋겠다」, 「…을 얻을 수 있으면 좋겠다」라는 의미이다. 한 단어로 하자면 need라고 할 수도 있는 이 표현은, use 이하에 나오는 '명사'가 필요하다라는 뜻이다. 특히 다른 사람이 도와주기를 바랄 때 사용한다. '명사'가 있기만 한다면 자기 삶이 더 좋아질 거(that thing will make his life easier or better)라고 믿을 때 쓰는 표현이기에 친구들 사이에서 주로 사용된다. 단순히 뭔가 좀 달라고 할 때 혹은 부탁을 할 때 사용하면 된다. I could use a break하면 "좀 쉬었으면 좋겠다," I could use a hand하면 "누가 도와줬으면 좋겠다"라는 문장이다. 예를 들어, 이삿짐 옮기는데 친구가 도와줬으면 좋겠다는 의미로 "I could use a little help moving to my new place"라 말할 수 있고 또한 다른 것은 다 좋은데 돈이 항상 조금씩 모자라는 친구가 답답했던지 얘기 도중에 "My life is pretty good, but I could use a little more money"라 아쉬움을 토로할 수도 있다.

Key Point 

I could use a little more help 좀 도움을 받았으면 좋겠어

- I could use a break 좀 쉬었으면 좋겠어
- I could use a hand 누가 도와줬으면 좋겠어

❶ **Listen, do you have a second? I could use a little help here.**
들어봐, 시간 있어? 여기 도움 좀 받았으면 해서.

❷ **Diane, as a woman of taste, I could use your recommendation of restaurants in the area.** 다이앤, 한 여성의 감각으로, 이 지역 식당 추천을 받았으면 해서.

A: Are you all right in here?
B: I could use a little more help cleaning up.

A: 너 여기서 괜찮아?
B: 청소하는데 좀 도움을 받았으면 좋겠어.

A: It's hard to pay for everything these days.
B: I could use a little more help with my expenses.

A: 요즘에는 내는 거 다 내려니까 힘드네.
B: 경비 내는데 좀 도움 받았으면 좋겠어.

Don't go there

거기 가지 말라고?

그렇다. 당연히 거기 가지 말라고 상대방에게 말하는 문장이다. 이런 의미로 미드에서도 많이 나오지만, 그 의미만으로 쓰인다면 여기에 출연할 수 없었을 것이다. 이 go라는 단어는 물리적으로 '가다' 외에 추상적으로 '가다' 라는 의미로도 많이 쓰여, 「선택하다」 등 다양하게 쓰이는 동사이다. 여기서 말하는 Don't go there는 사람들과 대화를 하다가 혹은 토론을 하다가 대화나 토론의 내용이 자기가 말하고 싶지 않은 방향으로 갈 때 사용하는 문장이다. 쉽게 말하면 I don't want to talk about it이다. privacy의 문제여서 대답하기 싫을 때 혹은 대화주제를 바꾸고(change the subject) 싶을 때 사용한다. 우리말로 하자면, "그 얘기 하지마," "그 얘긴 꺼내지마" 등에 해당된다. 남편이 도박을 하다 많은 돈을 잃자, 열 받은 아내는 두고두고 그 얘기를 꺼내는데, 이에 짜증난 남편이 "Don't go there, I just want to forget about it"라고 말할 수 있다. 또한 엄친아하고 헤어진 이유를 계속 물어대는 여동생에게 "Don't go there. It's a private matter!"라고 쏘아 붙일 수 있다.

Key Point

Don't go there 그 얘기 하지 마, 그 얘긴 꺼내지마

▶ Okay, let's not go there 알았어, 그 얘기는 하지말자고

❶ I know you want to talk about yesterday, but don't go there.
어제 네가 얘기하고 싶었던 거 알아, 하지만 그 얘기 하지 마.

❷ Don't go there. Just don't talk about it.
그 얘긴 꺼내지마. 그냥 얘기하지 마.

A: You're using too many drugs.
B: Don't go there. It's really none of your business.

A: 넌 약물을 너무 많이 복용하고 있어.
B: 그 얘긴 꺼내지마. 네가 상관할 일이 아냐.

A: I spoke to Tom about his cheating wife.
B: I told you not to go there. Now he's mad.

A: 탐에게 아내가 바람피우고 있다고 말했어.
B: 그 얘기 하지 말라고 했잖아. 이제 걔 엄청 화났잖아.

Q I messed up

ⓧ 내가 망쳤다고??

A 전형적인 미드단어라 볼 수 있는 mess를 이용한 표현. mess up은 쉽게 표현한다면 make a mistake라 할 수 있다. 다시 말해, mess up은 뭔가 잘못된 일을 했고 그 결과 안 좋은 일들이 일어날 지도 모른다라는 뉘앙스의 표현이다. 이미 이 표현을 쓸 때면 자기가 잘못한 일에 대해 후회하고 있다고 보면 된다. 우리말로는 「잘못하다」, 「실수하다」, 「일을 망치다」 등으로 이해하면 된다. 그래서 I messed up하게 되면 "내가 일을 그르쳤어," You messed up하게 되면 "네가 잘못했어"라는 뜻이 된다. 친구한테 겨우 떼써서 빌려온 목걸이를 잃어버리고 나서 애교를 짝짝 피면서 "I'm so sorry, I messed up and lost your necklace. I will buy another for you"라고 하면서 용서를 빌거나, 도둑질을 하다 걸려 수감된 사람이 가족들에게 "I messed up and that's why I'm in jail"이라고 할 수 있다. 수동태형으로 I'm really messed up하게 되면 뭔가 일이 꼬여서 혼란스럽다고 말하는 문장. 참고로 mess with는 「관여하다」, 「속이다」, mess around는 「빈둥거리다」, 「섹스하다」 등의 의미이다.

Key Point

I messed up 일을 그르치다, 일을 망치다

- You messed up 네가 잘못했어
- mess with 관여하다, 속이다
- mess around 빈둥거리다, 섹스하다

❶ **I messed up. I got ahead of the evidence.**
내가 일을 망쳤어. 증거를 앞질러갔어.

❷ **I messed up. But I'm just trying to do the best that I can.**
내가 일을 그르쳤지만 최선을 다해 노력할거야.

A: All right, it's good for me to know that you know you made a mistake.
B: I made a mistake. I messed up. I really messed up.

A: 좋아, 네가 실수했다는 것을 네가 알고 있다는 사실을 알게 되어 좋다.
B: 내가 실수했어. 일을 그르쳤어, 정말 망쳤어.

A: Your leg's all messed up. Does it hurt?
B: It's okay. It's not as bad as it looks.

A: 네 다리가 온통 엉망이네. 아파?
B: 괜찮아. 보기만큼 그렇게 나쁘지 않아.

That's what you always do

 그게 네가 항상 하는 거라고??

「그게 바로 …이다」라는 That's what~에 you always do가 붙어, 그게 바로 네가 항상 그러는 것이다, 좀 부드럽게 해보자면, "네가 하는 일을 늘 그런 식이다," "넌 맨날 그런 식이야"라는 의미가 된다. 말투에서 느끼듯이 상대방이 기대에 못 미치는 실망스런 행동을 했을 때 불쾌감을 표시하면서 비아냥거릴 때 사용된다. 따라서 말하는 사람은 화가 나 있는 상태이고 예의라고는 조금도 없는 비난성 표현이지만, 문맥에 따라 단순히 상대방의 전형적인 행동을 언급할 때도 있다. 간만에 남편이 정시에 퇴근하여 기뻐했던 아내가, 친구의 전화를 받고 술 마시러 나간다고 하자 "That's what you always do. Can't you stay home with me?"라고 푸념할 수 있고 또한 직장에서 허구한 날 실수투성이인 직원이 또 한 건 했을 때, 참다못한 사장은 "See these mistakes? That's what you always do. You'd better improve your work or you'll be fired!"라고 경고할 수도 있다. 참고로 이 문장에서 what you always do만 떼어낸 후 앞에 do를 붙어 do what you always do하게 되면 "늘 그런 식으로 하다"라는 의미가 된다.

Key Point 

That's what you always do 넌 맨날 그런 식이야, 네가 하는 일은 늘 그래, 너 맨날 그러잖아

- do what you always do 늘 그런 식으로 하다
- do this all the time 항상 그렇게 하다

1. Just go home. That's what you always do.
그냥 집에 가라. 너 맨날 그러잖아.

2. Take some time to think it over. That's what you always do.
시간을 갖고 그걸 심사숙고해봐. 너 맨날 그러잖아.

A: I don't know if I can go out with you tonight.
B: Have a few beers. That's what you always do.

A: 오늘밤에 너와 나갈 수 있을지 모르겠어.
B: 맥주 몇 잔 마시자. 너 맨날 그러잖아.

A: I'm really scared of getting in a fight.
B: You run away. That's what you always do.

A: 싸움에 휘말리는 게 정말 무서워.
B: 도망쳐. 너 맨날 그러잖아.

Q It will grow on you

그게 너한테서 자랄 거라고??

A 그게(It) 너에게서 자랄 것이다라는 말은 바꿔 말해보면, 네가 그것(It)을 좋아하게 될 것이다라는 뜻이 된다. 지금 당장은 싫어할 수도 있지만 앞으로 점점 좋아지게 될 것이다(he may not like something now, but he will enjoy it more in the future)라는 의미가 내포되어 있다. 결국 말하는 사람은 상대방이 시간을 두면서 천천히 그것이 좋아지기를 바라는 맘에서 하는 말이다. 결국 상대방에게 뭔가 권유할 때 사용되는 표현으로 볼 수 있다. 쇼핑간 모녀, 백화점에서 어머니가 딸에게 옷을 추천하면서, "Maybe you don't like this style now, but it will grow on you"라고 권유할 수도 있고, 정크 푸드에 빠진 아들이 건강식을 먹기 바라는 맘에서 엄마가 "Try eating these vegetables, they'll grow on you"라고 달래볼 수도 있다. ~grow on sb의 구문이며 주어자리에는 사람이 올 수도 있다. 비슷한 형태로 ~grow out of~가 있는데 이는 「…을 하지 않을 정도로 자랐다」라는 뜻으로 몸이 성장에서 「옷 등이 안 맞다」, 혹은 「…을 하지 않다」라는 비유적 의미로도 쓰인다.

Key Point

It will grow on you 네가 그걸 좋아하게 될 거야, 맘에 들어 할 거야

- sb will grow on you 네가 sb를 좋아하게 될 거야
- grow out of 자라서 …하지 않다, 몸이 커서 옷이 안 맞다

❶ **I'm growing on you.** Aren't I?
너 내가 좋아지고 있지. 그지 않아?

❷ **You will grow out of** comic books at some stage.
어떤 단계에서 넌 이제 만화책을 보지 않게 될 거야.

A: I'm not coming over to your home.
B: **I'll grow on you.**

A: 난 네 집에게 가지 않을 거야.
B: 네가 나를 좋아하게 될 건데.

A: It's now our place.
B: It's not what I would've chosen but **it's growing on me.**

A: 이거 이제 우리 집이야.
B: 나라면 고르지는 않았겠지만 점점 내 맘에 들 거야.

I'm so busted

 난 정말 bust하게 되었다고??

bust는 범죄 수사물에 자주 나오는 단어로 「고장내다」, 「급습하다」, 「체포하다」 등의 의미로 쓰인다. 그래서 be busted for는 「…로 체포되다」, gun bust하면 「총기사건」을 뜻한다. 하지만 여기서 설명하는 I'm so busted는 일상생활에서 "잘못을 저지르다 딱 걸렸다"(be getting caught doing something bad or wrong)라는 의미로, 경찰에 체포되는 "The criminal was busted"와는 다르다. "딱 걸렸다"라는 말이 범죄자에게 쓰일 수도 있지만 일상에서 공부한다고 해놓고서 야동보다 엄마한테 걸리는 것처럼 그런 의미로 생각하면 된다. 이 말을 하는 사람은 따라서 자기가 잘못하고 있다는 것을 알고 있다가 들켜서, 놀라고 앞으로 문제가 생길 수도 있다는 점을 알고 있다고 봐야 한다. 예를 들어, 아프다고 결석을 해놓고서 오후에 번화가에서 놀다가 담임 선생님과 딱 마주쳤을 때 "Oh no, I am so busted. The teacher is going to punish me!"라고 탄식할 수도 있고, 여친이 아닌 다른 여자하고 다정하게 있다가 여친에게 들킨 짐승남이 "I'm so busted. My girlfriend will never forgive me"라고 말할 수 있다.

Key Point 

I'm so busted 딱 걸렸네

- be busted for …로 체포되다
- gun bust 총기사건

1. James **got busted for** dealing drugs at school.
   제임스는 학교에서 마약을 거래하다 체포됐어.
2. I got an informant, a drug dealer I **busted** a few years ago.
   내게 정보원이 하나 있는데 몇 년 전에 내가 체포했던 마약상이야.

A: I think Wilma saw you with another girl.
B: Wilma saw me? **I am so busted.**

A: 윌마가 네가 다른 여자와 있는 걸 본 것 같아.
B: 윌마가 날 봤다고? 딱 걸렸네.

A: Everyone knows who cheated on the exam.
B: Those students **are so busted.**

A: 누가 시험에서 커닝했는지 다 알고 있어.
B: 걔네들 딱 걸렸구먼.

Q Deal with it!

 그것을 다루라고??

deal with sth은 「조치를 취하다」, 즉 「처리하다」로 잘 알려진 표현. 하지만 미드를 보려면 deal with sth의 다른 의미도 잘 알아두어야 한다. 어떤 상황을 피할 길이 없으니(there is no way to escape the situation) 힘들더라도 그 상황을 받아들이고(must accept a situation, even if it is difficult) 감정을 잘 다스려서 다시 정상적인 삶을 살라는 것으로 주로 Deal with it!처럼 명령조로 쓰인다. 우리말로는 "정신 차려!," "받아들여!" 정도로 생각하면 된다. 언니의 결혼상대가 맘에 안 든다고 투덜투덜 대는 여동생에게 내 결혼상대는 바뀌지 않을 테니 네가 정신차리고 받아들이라고 할 때, "Hey, I'm getting married, so deal with it"이라고 할 수 있고 또한 자식은 디자이너가 되고 싶은데 부모는 자신들처럼 자식에게 의사가 되어야 한다고 강요할 때 "You're going to med school, so deal with it"라고 말할 수 있다. 참고로 I can deal with it하면 「가능하다」 그리고 I can't deal with~하게 되면 「난 …은 못해」, 「난 …을 못 먹어」라는 뜻이 된다.

Key Point

Deal with it! 정신 차려!, 받아들여!

- I can deal with it 가능해
- I can't deal with~ 난 …은 못해, 난 …을 못 먹어

❶ **Just deal with it.** I wouldn't expect you to understand.
그냥 받아 들여. 네가 이해하리라 기대하지도 않았어.

❷ Well, we're having a kid, **so deal with it!**
저, 우리에게 애기가 생겨, 그러니 정신 차려!

A: Could you please not say that?
B: It's true! **Deal with it.** Doesn't it make you angry?
A: 그 얘기 좀 안할 수 없어?
B: 사실이잖아! 받아들이라고, 화나지도 않아?

A: She's making me horny.
B: **Deal with it.**
A: 걔 때문에 내가 흥분돼.
B: 정신 차려라.

He will get a kick out of it

 걔는 그것으로 kick을 갖게 될 거라고??

좀 낯설어 보이는 get a kick out of~는 of 이하의 것으로 「즐거워하다」, 「재미있어하다」라는 표현이다. do sth for kicks(재미로 …를 하다)에서 보듯 kick은 신나고 즐거워하는 감정을 뜻하기 때문이다. 그래서 위 문장 He will get a kick out of it은 He will enjoy it이라고 생각하면 된다. 보통 활동이나 물건, 일 등 뭔가 새로운 것을 말할 때 그게 재미있을 것이라고 말하는 경우에 이 표현을 쓰면 된다. 매우 일상적으로 많이 쓰이는 표현이다. 예를 들어 친구가 막 방영하기 시작한 〈빅뱅이론〉의 새로운 시즌이 어떠냐고 물어보면, "It's so funny. You'll get a kick out of it"(엄청 웃겨. 재미있게 볼 수 있을거야)라 말하면 되고 또한 하나밖에 없는 아들에게 줄 생일선물을 고르면서 "Let's get this toy for him, he'll get a kick out of it"(이 장난감 사주자. 걔가 즐거워할거야)이라고 말할 수 있을 것이다.

Key Point 

He will get a kick out of it 걔는 재미있어 할 거야

- You'll get a kick out of it 넌 재미있어 할 거야
- do sth for kicks 재미로 …를 하다

❶ I called him on my way home, you know, thought he'd get a kick out of it. 집에 오는 길에 걔한테 전화했는데, 저기, 걔가 그것으로 재미있어 할 거라 생각했어.

❷ Give it to your dad, he'll get a kick out of it.
네 아버지에게 그걸 드려, 재미있어 하실 거야.

A: Thanks for taking me to see that movie.
B: Yeah, I knew you'd get a kick out of it.

A: 저 영화 보여줘서 고마워.
B: 그래, 네가 재미있어 할 줄 알았어.

A: It was a great trip to the mountains.
B: I think everyone got a kick out of it.

A: 아주 멋진 산행이었어.
B: 다들 즐거웠을 거라고 생각해.

Q There goes my weekend!

 내 주말이 저기 간다고??

There goes sb하면 「저기 …가 가네」라는 단순한 표현이지만 There goes sth하게 되면 전혀 의미가 달라진다. 그래서 There goes my weekend!하게 되면 뭔가 안 좋은 일이 생겨서, 그 때문에 자기가 즐겨야 할 주말이 망칠 거라는 이야기이다. 주말을 신나게 보내려고 기대했었던 만큼 그러지 못하게 된 이상 이 문장 속에는 좌절감이 잔뜩 들어있게 된다. 사실 이렇게 주말이 망치는 일이 많이 없다면 이 문장을 사용할 기회가 없겠지만 현실이 어디 그런가. 꼭 얄밉게도 금요일 퇴근하면서 일을 잔뜩 주고 가는 사장의 뒷모습을 보고 "This sucks! There goes my weekend!"라고 투덜거릴 수 있고 또한 주말에 야동을 막 보려고 한 야인이 컴퓨터 작동이 안돼 AS기사를 불렀는데 부품도 새로 구해야 되고 시간이 걸린다고 하자, "This will take forever. There goes my weekend!"라고 탄식할 수 있다. There goes my marriage 하면 "내 결혼은 틀렸어"가 되며 There goes that하게 되면 실패해서 "어쩔 수가 없다" 그리고 There goes my[that] theory하게 되면 "내 생각이 틀렸네"라는 뜻.

 Key Point

There goes my weekend! 내 주말이 날라갔네!

- There goes my marriage 내 결혼은 틀렸어
- There goes that 어쩔 수가 없네
- There goes sb 저기 …가 가네

❶ **Man, my girlfriend dumped me. There goes my weekend.**
에고, 여친한테 차였어. 내 주말이 망쳐버렸어.

❷ **There goes our weekend. It's going to be miserable.**
우리 주말이 날아가네. 끔찍할 거야.

A: You can't leave until you're completely finished.
B: Really? Well, there goes my weekend.
A: 네가 완전히 끝낼 때까지 퇴근 못해.
B: 정말요? 이런, 내 주말이 날아갔네.

A: You've been summoned to a meeting in Miami.
B: Damn it! There goes the weekend!
A: 넌 마이아미 회의에 참석하라고 호출됐어.
B: 젠장할! 주말 망쳐버렸네!

What do you make of this?

 이걸 가지고 뭘 만드냐고??

Law & Order의 스핀오프인 Criminal Intent에서 날카로운 직관력을 가진 고렌 형사가 범죄현장에 와서 무슨 상황인지 파악을 하면서 먼저 온 파트너에게 What do you make of this?라고 하는 장면을 떠올리면 좀 더 이해하기가 쉽다. "이거 어떻게 생각해?," "뭐 알아낸 거 있어?"라고 상대방의 의견을 묻는 문장이다. 자기는 이 상황에 대해 아직 확신이 없어서 다른 사람의 의견을 알고 싶을(want to know someone else's opinion on it) 때 사용하는 표현으로 자신의 생각과 상대방의 생각과 비교해보려고 할 때 주로 쓰인다. 예를 들어 형사가 범죄현장에 왔는데 논리적으로 이해되지 않는 부분이 있어 "It doesn't make sense to me. What do you make of this?"라고 할 수 있으며 또한 자기 방을 새롭게 단장하고 나서 절친을 불러놓고 그 친구의 의견을 "What do you make of this? Does it look good to you?"라 하면서 물어볼 수 있다. 이처럼 What do you make of this?는 범죄현장 등 수사물에서만 쓰이는 표현은 아니며 또한 of 다음에 this만 오는 것이 아니라 that 혹은 일반명사도 올 수 있다.

Key Point 

What do you make of this? 이거 어떻게 생각해?, 뭐 알아낸 거 있어?

- Hang on. What do you make of that? 잠깐, 이거 어떻게 생각해?
- What do you make of the smears? 이 얼룩 어떻게 생각해?

❶ **What do you make of** this evidence?
이 증거 어떻게 생각해?

❷ This is something new. **What do you make of this?**
이거 새로운 것이네. 이거 어떻게 생각해?

A: **What do you make of** this piece of bamboo? I found it on the roof.
B: Bag it.

A: 이 대나무 조각 어떻게 생각해? 지붕에서 발견했어.
B: 봉지에 담아.

A: **What do you make of this,** McGee?
B: Well, obviously signs of a struggle.

A: 맥기, 이거 어떻게 생각해?
B: 저기, 몸싸움이 있었다는 확실한 증거입니다.

What's gotten into you?

 너 안에 무엇이 들어있냐고??

풀어 쓰면 What has gotten into you?로 현재완료형 문장. 평소와 달리 이상하게 행동하는 사람에게 왜 그러는지 이유를 묻는(ask why a person is acting differently or strangely) 표현으로 "도대체 왜 이러는 거야?" 혹은 단순히 상대방에게 기분이 괜찮은지 물어볼(ask a person if they are feeling okay) 때도 사용된다. 그런 만큼 서로 잘 아는 사이에서 주로 쓰이는 구어적인 표현이다. What's got into you?라고도 하며 has를 풀어서 What has got(ten) into you?라고도 쓰인다. 파티에 같이 온 평소 사교적인 친구가 갑자기 사람들에게 무례하게 행동을 할 때, 친구는 놀라고 궁금해서 "What's got into you? You are usually so polite"(너 왜 그러는 거야? 보통 친절하게 사람들 대하잖아)라 하며 무슨 일인지 물어볼 수 있고 또한 평소에 친했는데, 갑자기 한 친구가 말다툼을 시작하면서 시비를 걸자, 친구가 말리면서 "What's got into you? Why are you trying to pick a fight?"(왜 그래? 왜 싸움을 걸려는 거야?)라 할 수 있다.

Key Point 

What's got into you? 도대체 왜 이러는 거야?, 무슨 일이야?

- What's gotten into you? 도대체 왜 그래? 무슨 일이야?
- What's going down? 무슨 일이야?
- What's got you down? 무슨 고민 있어?

❶ Why are you acting so weird? **What's got into you?**
너 참 이상하게 행동하네? 도대체 무슨 일이야?

❷ **What has gotten into you?** Skipping school, showing no respect for your mother! 도대체 왜 그래? 학교도 빼먹고, 엄마한테 버릇없게 행동하고 말이야!

A: We should steal some of this money.
B: **What's got into you?** That would be wrong.

A: 이 돈 조금 훔치자.
B: 도대체 왜 그래? 그럼 안 되지.

A: I'm just going to skip work today.
B: **What's got into you?** Do you want to get fired?

A: 오늘 그냥 결근할래.
B: 도대체 왜 그래? 잘리고 싶어?

They're bonding

 걔네들이 묶여있다고??

bond란 단어도 낯선 편에 속하는 단어이다. 명사로는 「유대」, 「채권」, 「보석금」(bail bond), 동사로는 「결합시키다」, 「유대감을 형성하다」 등으로 설명되어 있다. 동사로 쓰인 They're bonding은 서로 친해졌다(form a close personal relationship), "서로 친한 친구가 되다," "잘 어울리다" 정도로 생각하면 된다. 서로 좋아하고 감정적으로 교류가 흐른다는 말씀. 그래서 bond with sb하게 되면 start a friendship으로 이해하면 된다. 우리에게는 좀 낯설지만 현지에서는 많이 쓰는 구어적인 표현. 예를 들어, 아빠와 어린 아들이 재미있게 노는 것을 보고 이웃집 아주머니가 "I see he's bonding with his kid"라 말할 수 있고 또한 새로 입학한 신입생들이 큰 방에서 함께 즐겁게 떠드는 것을 보고 한 선생님이 "They're bonding, and I'm sure they will soon become good friends"라고 말할 수 있다. 참고로 It was bonded together하면 두 개의 사물이 하나로 합쳐졌다는 말이니 열린 마음으로 영어표현들을 이해하고 받아들여야 한다.

Key Point 

They're bonding 걔네들 친해졌어, 걔네들 잘 어울려

- bond with sb 친구가 되다
- It was bonded together 두개가 합쳐졌어

❶ I'm glad you're bonding with your grandparents.
네가 할아버지와 친하게 지내니 기쁘다.

❷ We were bonding. He even said I could call him dad.
우리 친했지. 나보고 아버지라고 불러도 된다고까지 했었어.

A: Where are the kids at?
B: They're bonding in the playroom.

A: 아이들 어디에 있는 거야?
B: 놀이방에서 어울리고 있어.

A: Has your son been getting along with his cousins?
B: Yes, I think they're bonding.

A: 네 아들 사촌들하고 잘 지내?
B: 어, 친하게 지내는 것 같아.

Q Allow me

나를 허락해달라고??

뒤가 잘린 문장이 아니다. 미드에서 가끔씩 들리는 이 쓰다 만듯한 표현은 상대방에게 도움 등을 제공하겠다고 하는 정중한 표현이다. "내가 할게요" 정도로 생각하면 된다. 물론 하려는 행동을 말하려면 Allow me to+V~로 말할 수 있지만 앞뒤 문맥이나 정황상 뻔한 경우에 생략된 것으로 formal하고 아주 예의바른 문장. 데이트 중인 남녀가 레스토랑으로 들어가려는 순간, 매너남인 남자는 재빨리 데이트 상대가 손도 안대고 식당으로 들어갈 수 있도록 문을 열어주면서 할 수 있는 말이 바로 이 "Allow me"이다. 또한 한 친구가 컴퓨터 때문에 고생하는 것을 보고서 자기가 도와주겠다고 할 때 "Allow me to help you with that"이라고 할 수도 있다. 좀 더 캐주얼하게 말하려면 Let me라고 해도 되지만, 캐주얼한 만큼, 자기가 하겠다는 의지가 허락을 구하는 Allow me보다는 강하다고(more forceful and insistent) 생각하면 된다. 역시 Let me+V에서 V가 빠진 표현이다.

Key Point

Allow me 내가 할게요

- Allow me to~ 내가 …할게요
- Let me 내가 할게
- Let me+V 내가 …할게

❶ **Allow me to** carry your grocery bags.
네 식료품 봉투 내가 날라줄게요.

❷ **Allow me to** take a look at your e-mail.
네 이메일 내가 한번 볼게요.

A: These suitcases are really heavy.
B: **Allow me to** help you with them.

A: 이 가방들은 정말 무거워.
B: 나르는 거 내가 도와줄게요.

A: Carrie just doesn't understand her homework.
B: **Allow me to** give her a hand with it.

A: 캐리는 자기 숙제를 이해 못하고 있어.
B: 내가 숙제하는 거 도와줄게요.

Q I got that part

 내가 그 부분을 갖고 있다고?

A part는 참 쉬운 단어지만 미드를 보다 보면 best part, hard part 등 참 많이 다양하게 사용되는 단어 중 하나이다. 여기서 쓰인 I got that part의 의미는 대화 중 방금 얘기 나온 것은 정확히 알고 있다, 그러니 더 이상의 설명은 필요하지 않다(I have clearly understood something that has been said and don't need any more explanation)고 말하는 표현이다. 우리말로는 "그건 알아," "그 부분은 나도 이해했어" 정도로 생각하면 된다. 쉽게 말하면 I understand it과 같다고 이해하면 된다. 보통 대화의 주제나 다른 이야기로 넘어가고자 할 때 사용되는 구어적인 표현이다. 문맥에 따라 가끔은 초조함을 나타내기도 한다. 신형 스마트폰을 샀는데 옆 친구가 다가오더니 잘난 척하며 사용법을 알려주겠다고 했을 때, "I got that part. You don't need to explain it"이라 말하고, 또한 한 직원이 어떤 문제점에 대해서 말하는 것을 경청하던 사장이 그건 알고 있으니 다른 건 없냐고 "I got that part of the problem. Is there anything else you need to tell me?"라고 물어볼 수 있다.

Key Point 

I got that part 그건 알아, 그 부분은 나도 이해했어(I understand it)

- I think I got that part 이해한 거 같아
- I've got that part for the sink 싱크대에 들어갈 부품을 가져왔어

❶ Don't repeat it. I got that part.
또 말하지 마. 이해했으니.

❷ I got that part. Let's move on.
알아들었으니, 다음으로 넘어가자고.

A: Let me tell you what happened at lunch.
B: There's no need. I got that part.

A: 점심때 무슨 일이 있었는지 말해줄게.
B: 그럴 필요 없어. 알고 있어.

A: I think he was looking for someone.
B: Yeah, I got that part.

A: 걔가 누군가를 찾고 있는 것 같아.
B: 그래, 그건 나도 알고 있어.

They have trust issues

갸네들이 믿음문제를 갖고 있다고?

여기서 issue는 「어떤 걱정되는 문제」라는 뜻으로, have issues하게 되면 더 악화될 수도 있는 어떤 문제가 발생하고 있다는 것을 나타내는(express that a problem is occurring which could get worse) 표현이다. 보통 과거에 일어난 일들로 해서 문제가 발생한다는 것을 뜻한다. 그래서 have trust issues하게 되면 과거에 배신 등을 당했거나 혹은 의심이 너무 많아 사람들을 쉽게 믿는데 어려움을 겪고 있다는 말이다. 형태는 have~ issues처럼 해도 되지만 have issues with sth[~ing]의 형태로 쓸 수도 있다. 한 소비자가 자신이 구매한 물건을 환불(refund) 받는데 어려움을 겪었다고 말할 때는 "I had an issue getting a refund"라고 하면 되고, 또한 천생연분이라 믿었던 남편이 부정을 저질러서 이혼한 여자는 그 남편놈 때문에 남자들을 잘 믿지 못하게 되었다고 하려면 "She has trust issues with men because of her ex"라 하면 된다. 반대로 "전혀 문제가 없다," 즉 "다 잘 되고 있다"고 할 때는 "There are no issues here"이라고 한다.

Key Point

They have trust issues 걔네들은 사람들 믿는데 문제가 있어

- have an issue with sth[~ing] …하는데 어려움을 겪다
- There are no issues here 전혀 문제가 없다

❶ **Wow, you guys have some real trust issues, don't you?**
야, 너희들 정말 사람 믿는데 어려움이 있구나, 그렇지 않아? (or 너희들끼리 믿지 못하는구나)

❷ **I realize that you have issues with Carol and Susan.**
네가 캐럴과 수잔에 문제가 있다는 것을 깨달았어.

A: The boyfriend's got some serious issues with the relationship.
B: Why do you say that?

A: 남친은 관계를 맺는데 심각한 문제가 좀 있어.
B: 왜 그러는데?

A: If I were straight, would this even be an issue?
B: This is not about who you are.

A: 내가 게이가 아니었다면, 이게 문젯거리가 되기나 했을까?
B: 이건 네 정체성하고는 상관없는 거야.

Let's have it

 우리 그것을 갖자고??

상대방에게 사건의 전모를 전부 얘기하라는 표현. "어서 말해봐," "어서 얘기해줘"라는 의미이다. 달리 표현하자면 Just tell me the facts, Tell me about it now라고 할 수 있다. 이 문장을 말하는 사람은 비록 듣기 싫은 것일지라도 진실을 듣고(hear the truth) 싶은 심정에서 말한다. 다시 말해 나쁜 소식을 예상하고 있고 그리고 또한 바로 직설적으로 그 소식을 듣고 싶을(expect bad news and wants to hear it directly, without any extra politeness) 때 주로 사용한다. 위암으로 치료받고 있는 환자에게 의사가 안 좋은 소식이 있다고 하면, 환자는 "OK doctor, let's have it"이라고 하며 빨리 얘기를 해달라고 할 수 있으며, 또한 구조조정한다는 소문이 무성한 가운데 사장실로 불려간 한 직원이 불안한 맘에서 "Let's have it. Am I getting fired?"라고 하며 빨리 얘기해달라고 독촉할 수도 있다. 물론 Let's have it은 글자 그대로 "I'd like to have it"(나 그거 갖고 싶어)이라는 의미로도 쓰인다는 점에 주의하자. 비슷한 표현으로 Let me have it이 있는데 Let's have it처럼 "어서 얘기해봐"라고도 쓰이기는 하지만 그보다는 글자 그대로의 의미인 "Give me that item"(그거 줘봐)이란 의미로 더 많이 쓰인다.

Key Point 

Let's have it 어서 말해봐, 어서 얘기해줘, 그거 줘봐

▶ Let me have it 그거 줘봐, 어서 얘기해봐

❶ I know you have something to say. Let's have it.
내가 알기로 너 뭐 좀 얘기할게 있다며. 어서 얘기해봐.

❷ Let's have it. Tell me all about it.
어서 말해봐. 그것에 대해 말해봐.

A: I think I know something about the murder.
B: You do? Let's have it.

A: 그 살인사건에 대해 내가 좀 알고 있는 것 같아.
B: 네가? 어서 말해봐.

A: If you're ready to apologize, let's have it.
B: I'm really sorry for breaking your phone.

A: 사과할 준비됐으면, 어서 말해봐.
B: 네 전화기 망가트려서 정말 미안해.

I screwed up

내가 뭘 망쳤다고??

screw 또한 미드단어로 다양한 의미로 사용된다. 여기처럼 screw up하게 되면 mess up하고 같은 의미로 「실수하다(make a mistake), 「잘못하다」, 「일을 그르치다」라는 뜻이 된다. 그래서 I screwed up하게 되면 내가 뭔가 잘못했고 그 때문에 문제가 발생하게 되고 그래서 나는 후회하고 있다는 감정까지 이 표현에 들어있다고 보면 된다. 반대로 You screwed up하게 되면 "네가 일을 망쳤어"라고 비난할 때 사용하면 된다. 중요한 시험에서 떨어진 딸이 엄마한테 안기면서 "I screwed up. I should have studied harder"이라고 후회할 수도 있고, 도박하다 전 재산을 날린 아내가 남편에게 속죄하면서 "I screwed up and lost all of our money"라고 할 수도 있다. 참고로 screw sb는 「속이다」라는 뜻으로 수동태로 I'm really screwed하게 되면 「곤경에 처하다」, 「속았다」라는 뜻이 되고, screw around는 mess around처럼 「문제를 일으키다」, 「섹스하다」라는 의미로 쓰인다.

Key Point

I screwed up 내가 일을 망쳤네

- You screwed up 네가 일을 망쳤어
- I'm really screwed 곤경에 처했어, 속았어
- screw around 문제를 일으키다, 섹스하다

1. You're the one who screwed up a major deal.
   중요한 거래를 망친건 바로 너야.
2. I already told the other agent that I was nervous. I screwed up.
   다른 요원에게 내가 긴장된다고 이미 말했는데. 내가 일을 그르쳤어.

A: I'm sorry. I screwed up.
B: It's too late, Chuck.

A: 미안해. 내가 일을 망쳐버렸어.
B: 너무 늦었어, 척.

A: You really screwed up things between me and Kevin.
B: Good. I don't want you to see him again.

A: 넌 나와 케빈 사이의 일을 완전히 망쳐버렸어.
B: 잘됐네. 난 네가 걔를 다시 보지 않기를 바래.

I made a commitment

 내가 헌신을 했다고??

commitment는 우리말로 옮기기가 어려운 단어. commit의 명사형인 이 단어는 어떤 일에 헌신적으로 전념하기, 몰두하는 것을 말하는 것으로 make a commitment (to)하면 「(…에) 헌신하다」, 「전념하다」라는 뜻이 된다. 동사형을 써서 be committed to+N[~ing], commit oneself to라고 해도 된다. 〈프렌즈〉에서 챈들러가 모니카와의 결혼을 두려워하는 것은 결혼을 전제로 하는 상대방에 대한 commitment에 자신이 없다고 말하는데, 이 부분에서 이 단어의 감을 잡아볼 수 있다. 그리고 I made a commitment는 자기가 뭔가 하겠다고 약속을 했기 때문에 이를 지키지 않으면 문제가 발생할 수도 있다는 것을 암시하는 것으로 뭔가 진지하게 해야 할 의무(serious obligation)가 있을 때 이 표현을 쓰면 된다. 남자가 결혼하겠다고 해놓고 나서 자신이 없을 때 "I'm nervous about getting married, but I must because I made a commitment to my girlfriend"라고 하면서 맘을 다잡을 수 있고, 중요한 보고서 작성을 마쳐야 하는 남편은 아내에게 "I made a commitment to get this report done, so I might have to work all night"이라고 말할 수 있다.

Key Point 

I made a commitment 난 헌신했어, 전념했어

- I made a commitment to sb …에게 헌신하다
- I made a commitment to+V …에 전념하기로 하다, …하기로 약속하다

❶ I made a commitment to travel to Florida.
난 플로리다에 여행가기로 약속했어.

❷ I made a commitment to see Olivia tonight.
난 오늘밤 올리비아를 만나기로 약속했어.

A: Do you want to come over Saturday?
B: I can't. I made a commitment to attend a party.

A: 토요일에 오고 싶어?
B: 안 돼. 한 파티에 가기로 약속했어.

A: I made a commitment to marry Jim.
B: Do you regret that now?

A: 난 짐과 결혼하기로 약속했어.
B: 이제는 후회하는 거야?

I could do with a cold beer

 내가 시원한 맥주로 할 수 있을 수 있다고??

could do with sth은 뭔가를 정말 필요로 하고 그게 있으면 정말 기분 좋겠다라는 뉘앙스를 갖는 표현이다. 주로 배가 고프거나 목이 마를 때 이 허기와 갈증이 해결되면 정말 좋겠다(be commonly used when a person is hungry or thirsty and wants to fill that basic need to make himself feel better)라고 하고 싶을 때 사용하면 된다. 간단히 말해서 뭔가 필요하거나 달라고 할 때 쓰는 구어체 표현이다. 그래서 위 문장은 "시원한 맥주 마시고 싶어"로 이해하면 된다. 초대받아 왔는데 주인이 뭐 마실 것 줄까라고 물어보면 "Sure, I could do with a cold beer"라고 말하고, 배가 고픈 한 비행기 탑승객이 지나가는 스튜어디스에게 "Stewardess, I could really do with something to eat right now"라고 말할 수 있다. 뭔가 있었으면 좋겠다라는 의미의 I could use sth과 의미가 유사하다고 생각하면 된다. 사실 이렇게 어려운 표현 쓰기 싫으면 의미가 동일하고 더 대중적이고 일반적인 I'd like~을 쓰면 된다.

Key Point 

I could do with a cold beer 시원한 맥주 마시고 싶어

- I could use a hand 누가 도와줬으면 좋겠어
- I could do with~ = I'd like ···을 원해
- What I could do with sth~ ···가 있으면 정말 좋겠다

❶ **Boy, what I could do with a car like this.**
야, 이런 차가 있다면 정말 좋겠다. (*What I could do with~ = I wish I had)

❷ **I could do with some food and a nap.**
먹을 음식 조금과 낮잠을 잘 수 있으면 좋겠어.

A: Are you hurt? You look terrible.
B: I could do with a ride to the hospital.

A: 아파? 너 아주 안 좋아 보여.
B: 병원에 차타고 가고 싶어.

A: How are you doing these days?
B: I could do with a little more money.

A: 요즘 어떻게 지내?
B: 돈이 조금 더 있으면 좋겠어.

Don't hold your breath

숨을 참지 말라고??

hold your breath는 「숨을 참다」라는 말로 비유적으로는 「뭔가 기대하다」, 「애를 태우다」라는 뜻으로 쓰인다. 반대로 Don't hold your breath라고 하면 「숨을 참지마라」, 「숨죽이지 마」라는 의미이다. 왜일까? 기대하던 일이든 예상했던 일이든 바로 일어날 가능성이 없으니(something is very unlikely to happen) 숨죽이고 있지 말라라는 의미이다. 나중에 일어나거나 혹은 일어나지 않을 수도 있는 일을 기다리며 어리석게 그때까지 숨을 참을 수는 없지 않은가 말이다.(It will take a very long time for something to happen, and possibly never, so it would be foolish to hold your breath waiting for it) 그래서 우리말로 하자면 "기대하지 마," 혹은 문맥에 따라 "미리 겁먹지 마"라는 뜻이 된다. 예를 들어 공부도 지지리도 안하는 학생이 선생님을 쫓아가서 자기 학점이 A나올 수 있냐고 물어볼 때, 선생님은 "Don't hold your breath. Your grades are poor in this class"라 현실을 깨우쳐 줄 수도 있고, 일은 하지 않으면서 돈은 많이 벌기를 바라는 몽상 전문 친구에게 "Don't hold your breath. It's very hard to make a lot of money"라고 깨몽시킬 수도 있다.

Key Point 

Don't hold your breath 숨죽이지 마, 기대하지 마, 미리 겁먹지 마

▸ hold your breath 숨을 참다

❶ **Don't hold your breath.** He's not coming.
기대하지 마. 걔는 오지 않아.

❷ If you're expecting a diamond ring, **don't hold your breath.**
다이아 반지를 예상하고 있다면, 기대하지 마.

A: I expect to be promoted at work soon.
B: You? No way. **Don't hold your breath.**

A: 곧 직장에서 승진할거라 예상하고 있어.
B: 네가? 말도 안 돼. 기대하지 마.

A: Hopefully the economy will improve soon.
B: **Don't hold your breath.** It's doubtful.

A: 곧 경기가 좋아지면 좋겠어.
B: 기대하지 마. 그럴 것 같지가 않아.

I will take you down

 너를 아래로 잡아끌 거라고??

take down하면 뭔가 잡아서 밑으로 내린다라는 기본적 의미에서 「받아 적다」(write down), 「옷을 내리다」, 「사람을 쓰러뜨리다」라는 의미. take sb down하면 이렇게 사람을 잡아 바닥으로 내팽개치다에서 연상되듯 「sb를 때려잡다」, 「혼내주다」라는 뜻으로 쓰이는 표현이다. 주로 화가 나있는 상태에서 말하는 문장으로, 일종의 복수심이 깔려 있다. 그래서 상대방을 곤란하고 힘들게 그리고 해코지를 하겠다(be angry and want to do something bad or damaging)는 다짐으로, 경우에 따라서는 협박으로 들릴 수도 있는 구어체 표현이다. 직원들이 많이 모인 자리에서 승진 경쟁자가 자기를 험담하여 바보로 만들었을 때, 이를 악물고 경쟁자에게 "I will take you down if you ever do something like that again"이라고 할 수 있으며 또한 사사건건 시비가 붙는 옆집 아줌마가 자기가 불륜을 저지르고 있다는 헛소문을 내고 다닌다는 이야기가 들려오자 "I hate that bitch. I'm going to take her down!"라고 복수의 칼을 갈 수 있다.

Key Point 

I will take you down 널 혼내줄 거야

- I'm going to take her down 걜 가만두지 않을 거야
- take sb down to~ sb를 …로 데려가다

❶ My only fear is that somebody is gonna stab you before I get a chance to **take you down.**
내 유일한 두려움은 내가 널 때려잡을 기회를 잡기 전에 다른 누군가가 널 칼로 찌르는 거야.

❷ Put your hands up, Dunn, or **I will take you down.**
두 손 들어, 던, 아니면 때려잡을 거야.

A: I don't need a gun to **take you down.**
B: You wouldn't hurt an innocent man.
A: 널 때려잡기 위해 총이 필요하지 않아. B: 죄 없는 사람은 다치게 하지 않겠지.

A: If you try to come between me and my husband, **I will take you down.**
B: If you wanna threaten me, you're gonna have to do a lot better than that.
A: 나와 내 남편사이에 간섭하려고 하면 가만두지 않을 거야. B: 날 협박하려면, 그 정도 갖고는 턱도 없지.

We have a dinner thing tonight

오늘밤에 저녁 일을 먹는다고??

친구부부를 초대하여 바베큐 파티를 할 예정인 부부. 남편이 준비상황을 체크할 때 고기 샀냐, 상추와 깻잎 샀냐 등 일일이 물어볼 수도 있지만 대부분은 "오늘 저녁 바베큐 하는 거 잘 돼가" 정도로 물어본다. 여기서 중요한 것은 「바베큐 하는 거」이다. 부부는 서로 이게 무슨 내용인지 알기 때문에 하나하나 다 말할 필요 없이 간단하게 「바베큐 하는 거」라고 하면 모든 상황이 포함되는 것이다. 영어도 마찬가지이다, 서로 대강이라도 알고 있는 경우 혹은 자세히 말하고 싶지 않을 때면 (use the word "thing" to simplify his speaking, so he doesn't have to give a long explanation of something) 「명사+thing」이란 표현을 즐겨 쓴다. 위 문장은 그래서 오늘밤에 누구와 어디서 식사하는지 서로 알고 있는 상황 하에서 "우리 오늘밤에 저녁 먹는 거 있어"라고 말하는 것이다. 마찬가지로 친구 생일파티에 참석한다고 말하지 않고, 서로 다 알고 있는 상황이면 "I have a party thing to go to"라고 간단히 말할 수 있다. 또한 아침에 직장에서 뭐하는지 구체적으로 말하고 싶지 않을 때 "I have a work thing to attend this morning"이라고 말할 수 있으며 또한 여학생이 여자 친구들과 외출하기로 했다면 "I'm just going out for a girlfriend thing"이라고 말할 수 있다.

Key Point

We have a dinner thing tonight 우리 오늘밤에 저녁 먹는 거 있어

▶ I have a party thing to go to 가야 될 파티건이 있어

❶ **Sorry, I can't come because I have a dinner thing.**
미안, 저녁 식사건이 있어서 갈 수가 없어.

❷ **Can you tell me about the situation, or is it a private thing?**
그 상황에 대해 말해줄 테야, 아니면 사적인 것이야?

A: Why are you going to Vegas with your friends?
B: Oh, no reason. It's just a guy thing.

A: 왜 친구들과 베거스에 가?
B: 별 이유 없어. 그냥 남자들끼리 노는 거야.

A: We've got a party thing to attend tonight.
B: Do I need to wear a suit?

A: 오늘밤에 참석해야 할 파티건이 있어.
B: 정장을 입어야 돼?

Q You lost me

 네가 나를 잃어버렸다고??

직역하면 좀 우스워진다. 네가 나를 잃어버렸다가 되는데 물리적으로 잃은 것이 아니라 추상적으로 잃어버렸다는 말이다. 주로 대화를 하는 도중, 한 명이 설명을 하는데 듣는 사람이 이해 못했으니 다시 분명히 얘기해 달라(want more of an explanation to make things clear to him)고 할 때 사용되는 표현. 즉 대화에서 네가 나를 놓쳤다, 즉 네가 하는 말을 내가 이해하지 못했다라는 의미이다. 상당히 영어식인 표현이다. 그냥 You lost me라고 해도 되고, 대화 중 이해하지 못한 부분을 꼭 집어서 말할 때는 You lost me at~이라고 하면 된다. 사장이 열심히 지시사항을 설명하고 있는데 조는 바람에 이해가 안 될 때 쫓겨날 각오로 "I'm sorry boss, you lost me at the beginning of your explanation"이라고 할 수 있으며 또한 컴맹을 막 벗어난 사람이 컴퓨터 사용법을 배우고 있는데, 도중에 이해가 안 되면 "You lost me at the mid-point of those details. Please repeat them"이라고 하며 다시 설명해달라고 할 수 있다.

Key Point 

You lost me 이해 못했어, 다시 분명히 말해줘

- You lost me at~ …부분부터 이해 못했어
- You lost me there 그 부분 못 알아들었어

❶ **You lost me when** you were talking about physics.
네가 물리학에 관해 얘기할 때 못 알아들었어.

❷ **He lost me after** he started speaking too fast.
걔가 너무 빨리 얘기하고서부터 걔 말을 알아듣지 못했어.

A: Did you understand what the professor was saying?
B: No, **she lost me** during her lecture.

A: 교수님이 뭐라고 했는지 이해했어?
B: 아니, 강의시간에 내가 이해를 못했어.

A: I think, subconsciously...
B: Wait-whoa-whoa, **you lost me.**

A: 내 생각에, 잠재의식적으로…
B: 잠깐, 어휴, 무슨 말인지 모르겠어.

You've got another thing coming

 너는 다른 것을 오게 한다고??

get sth ~ing의 구문이 사용된 문장으로 직역하면 "너는 뭔가 다른 것을 오게 하였다"라는 말이 된다. 즉 "제대로 올 것이 안 오고 다른 것(another thing)이 왔다"라는 의미가 된다. 좀 상상력을 힘껏 발휘해본다면 "상대방의 생각이 틀렸다"(someone's way of thinking is mistaken)라고 말하는 셈이다. 우리말로 하자면 "다시 생각해보는 게 좋을 게야," "큰 코 다칠 수 있어"라는 말로 상대방이 실수를 해서 나쁜 결과가 초래될 수도 있으니 조심해라라고 조언, 충고 내지는 경고를 하는 구어체 문장으로 다소 무례한 표현이다. 아들의 시험성적이 예상보다 낮게 나오자 부모님 왈, "If you think you'll be rewarded for these grades, you've got another thing coming. You're going to be punished"(이 성적으로 보상받을 생각했다면 잘못 생각한거야. 넌 벌을 받을거야) 라고 하면서 애를 잡을 수도 있고, 한량으로 소문난 친구가 와서 돈을 빌려달라고 하자, 친구는 "If you think you can borrow money from me, you've got another thing coming. No way!"(나한테서 돈을 빌릴 수 있다고 생각했다면 다시 생각해봐. 절대 안돼!)라고 단호하게 거절할 수도 있다.

Key Point 

You've got another thing coming 다시 생각해보는 게 좋을 게야, 큰 코 다칠 수 있어

▶ He's got another thing coming 걔 다시 생각해보는 게 좋을 거야

❶ **If you think you're going out, you've got another thing coming.**
외출할 생각이라면, 다시 한 번 생각해보는 게 좋을 거야.

❷ **He wants to date me, but he's got another thing coming.**
걘 나와 데이트하고 싶어 하지만, 다시 생각하는 게 좋을 거야.

A: Brian says he's smarter than you.
B: If he believes that, he's got another thing coming.

A: 브라이언이 자기가 너보다 똑똑하대.
B: 그렇게 생각한다면, 큰 코 다칠 거야.

A: Susan plans to borrow your car.
B: No way, she's got another thing coming.

A: 수잔은 네 차를 빌릴 계획이야.
B: 턱도 없어. 다시 생각해야 될 거야.

What was that for?

그건 뭐 때문이었냐고??

"그것은 뭐 때문이었냐?"라고 물어보는 것으로 어떤 사람이 한 행동이 이해가 되지 않아서 물어볼(ask why someone did something) 때 사용하는 표현이다. 그 행동이 좀 예상 못한 것으로 좀 놀랍고 또 왜 그런 일이 생겼는지 궁금해서 물어보기는 하지만 그 이면에는 그 행동에 대한 부정적인 생각을 갖고 있는(might have a negative feeling about it) 경우가 많다. 서로 잘 아는 사람들끼리 사용하는 표현으로 매우 구어적인 문장이다. "왜 그런 거야?," "뭐 때문에 그런 거야?" 정도로 이해하면 된다. 여자 권투선수출신 애인과 강가에 앉아 남자가 우스운 이야기를 해주는데, 여자는 웃다가 애교라 생각하면서 남친 팔뚝을 툭 쳤는데, 통증이 장난이 아닌 남자는 애교라는 생각은 꿈에도 하지도 못하고 "Ow! What was that for?"라고 물어볼 수 있고, 〈NCIS〉에서 토니에게 깁스가 온다는 신호를 준 지바가 토니처럼 깁스에게 뒤통수를 맞자, 그 이유를 모르는 지바가 "What was that for?"라고 물어보는 장면이 있다. 현재형인 What's that for?(그건 뭐 때문이야?) 또한 많이 쓰인다.

Key Point

What was that for? 왜 그런 거야?, 뭐 때문에 그런 거야?, 이건 뭐야?

▶ What's that for? 그건 뭐 때문이야?

❶ **Hey, you hit me. What was that for?**
야, 너 나 쳤지. 뭐 때문에 그런 거야?

❷ **What was that for? I want an explanation.**
왜 그런 거야? 설명을 해봐.

A: *(B kissed A)* What was that for?
B: Thought you needed a kiss.
A: 뭐 때문에 그런 거야?
B: 네게 키스가 필요한 것 같아서.

A: *(B pinches A)* Ow! What was that for?
B: 'Cause you told my father about her.
A: 악, 이건 뭐야?
B: 내 아버지에게 걔에 대해 말했잖아.

Is that what I think it is?

 그게 내가 생각하는 그거냐고??

알쏭달쏭한 문장. 뭔가 예상 못하고 놀랄만한 일이 벌어지는 장면에서 지금 상황에 대해서 자기가 생각하는 게 맞는지 물어보거나(ask if he is interpreting something correctly), 지금 상황이 보이는 것처럼 진짜 그런 상황인지를 물어볼 때 사용한다. 너무 놀라서 말하는 상황이라면 꼭 대답을 필요로 하지 않을 때도 있다. 무슨 상황인지 말하는 본인도 알고는 있기 때문이다. 우리말로는 "이게 내가 생각하는 그거 맞아?"이다. "Did you just say what I think you said"(네가 말했다고 내가 생각하는 그말 한거지?), Are you doing what I think you're doing?(네가 하고 있다고 내가 생각하는 그걸 하고 있는거지?) 등도 같은 맥락의 문장. 다 자기의 생각이 맞는지 확인하는 경우이다. 길가다가 남자가 돈뭉치가 있는 것을 발견하고는 놀란 마음에 친구에게 "Is that what I think it is? It looks like money," 또한 백화점에서 세일한다는 문구를 보고 백화점에 들어와서 세일하는 게 맞는지 물어볼 때 "Is that what I think it is? Is that store having a sale?"이라고 할 수 있다.

Key Point 

Is that what I think it is? 이게 내가 생각하는 그거 맞아?

- Did you just say what I think you said 네가 말했다고 내가 생각하는 그 말한거지?
- Are you doing what I think you're doing? 네가 하고 있다고 내가 생각하는 그걸 하고 있는거지?
- Are you saying what I think you're saying? 네가 말하고 있다고 내가 생각하는 그 말을 하고 있는거지?

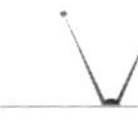

❶ Please tell me that's not what I think it is.
제발 그게 내가 생각하는 그것이 아니라고 말해줘.

❷ Is she suggesting what I think she's suggesting?
걔가 제안하고 있다고 내가 생각하는 것을 걔가 제안하는 거지?

A: Is this package what I think it is?
B: That's right, it's full of cash.

A: 이 소포는 내가 생각하는 그 소포인거야?
B: 맞아, 현금이 가득하던데.

A: Is that what I think it is?
B: Urine, maybe.

A: 그게 내가 생각하고 있는 그거야?
B: 소변, 아마도.

Q You got me thinking

네가 나를 생각하게 했다고??

A

이 문장의 핵심은 get me thinking으로 내가 생각을 하게 만들었다, 즉 주어가 You이니까 (너와 얘기하고 나니) 너 때문에 내가 생각을 다시 해봐야겠다(talking with a person has made the speaker consider or think about something differently)라는 의미이다. 다시 말해 기존의 생각을 제껴두고 상대방과 얘기한 것을 토대로 해서 뭔가 생각을 다시 한다는 뜻이다. 우리말로는 "너 때문에 다시 생각하게 됐어"가 된다. 단순히 You got me thinking이라고 써도 되며, 다시 생각하게 되는 내용까지 말하려면 You got me thinking about~이라고 하면 된다. 두 사람이 차량사고에 대해서 얘기를 나누다가 한 명이 안정의 중요성을 강조하자 다른 사람이 "You've got me thinking about buying a safer car"(너 때문에 더 안전한 차를 살 생각을 하게 됐어)라고 할 수도 있고, 또한 뭘 전공할까 친구들과 얘기를 나누다가, 조언을 받고서는 "You got me thinking about my future. I may study medicine"이라고 말할 수 있다. 주어자리에 꼭 You만 오는 것은 아니고, 앞의 상황을 말하는 It이 와서 It got me thinking~이라고도 많이 쓰인다.

Key Point

You got me thinking 너 때문에 다시 생각하게 됐어

- You got me thinking about~ 너 때문에 …에 대해 다시 생각하게 됐어
- It got me thinking~ 그 때문에 다시 생각하게 됐어

❶ **It just got me thinking** though, why would anybody ever want to get married huh? 그래도 그 때문에 다시 생각하게 됐어, 왜 다들 결혼하기를 원하는 걸까, 어?

❷ **It just got me thinking.** Life is so short, you know?
그 때문에 다시 생각하게 됐어. 인생은 너무 짧아, 그지?

A: You are acting very sad today.
B: Well, the funeral **got me thinking about** death.

A: 너 오늘 무척 우울하게 행동한다.
B: 어, 장례식 때문에 죽음에 대해 다시 생각하게 됐어.

A: That case **got me thinking about** Riley Jenkins.
B: You remember Riley Jenkins?

A: 그 사건 때문에 라일리 젠킨스에 대해 다시 생각하게 됐어.
B: 너 라일리 젠킨스를 기억해?

I hate to break it to you

 네게 그걸 깨기 싫지만??

break가 망가트리다, 쉬다 등의 다양한 의미로 쓰이지만 그 밑바탕에는 뭔가 지속되던 것을 「멈추게 하다」라는 개념을 갖고 있다. 그래서 뉴스관련에서 속보(breaking news)라고 쓰면 평온한 상태를 깨는 따라서 나쁜 소식(bad news)을 전하다라는 뜻으로도 쓰인다. 정리하자면 break sth to sb하게 되면 sth에 대한 자세한 얘기를 말하다(tell them the details about it)이고 앞서 얘기했듯 주로 예상치 못한 나쁜 소식을 전달하다라는 의미를 품고 있다. 뭔가 안 좋은 소식을 전하기에 앞서 I hate to break it to you(네게 이런 소식 전하기 싫지만), 혹은 자세히 설명해달라고 할 때의 Break it down for me 등을 기억해두자. 친구가 차사고로 다쳤다는 것을 전해들은 절친이 친구의 부모님에게 소식을 전해야겠다고 할 때 "I'll have to break the news to his parents"라고 할 수 있고, 오랫동안 사귀었지만 헤어지기로 작심한 여자가 남친에게 우리는 어울리지 않는다며 "I hate to break it to you, but I don't think we belong together"라 이별선언을 할 수도 있다.

Key Point 

I hate to break it to you 네게 이런 소식 전하기 싫지만

- Break it down for me 자세히 설명해줘
- break the news to~ …에게 소식을 전하다

❶ **Who's gonna break it to them that their real daughter's still missing?**
그들의 친딸이 아직 실종상태라고 누가 그들에게 소식을 전할 테야?

❷ **If it's okay, I should break the news to him in person.**
괜찮다면, 내가 걔한테 개인적으로 소식을 전해야겠어.

A: Lenny was rejected by the top university.
B: Oh no. Who's going to break it to him?

A: 레니는 상위권 대학으로부터 입학을 거절당했어.
B: 이런. 누가 걔한테 그 얘기를 전해줄 거야?

A: The investments lost all their value.
B: I'd better break the news to the investors.

A: 투자금이 모두 가치를 잃었어.
B: 투자자들에게 그 소식을 전해야 되겠어.

Q So be it

그게 그렇게 되도록 해??

A

영화나 미드에서 가끔씩 들어보는 표현. 일단 형태는 So가 보어지만 강조하기 위해서 도치된 문장이고 다분히 formal한 표현에 속한다. 의미는 「어떤 상황이나 결정 등을 받아들이다」(accept) 혹은 「…하는데 동의하다」(give consents to do something)라는 것으로 우리말로는 "해보라고 해," "그렇게 해보라고 해," "그렇게 해야지"에 해당된다. 체념에서, 어쩔 수 없는 상황에서, 혹은 결의를 다지는 상황에서 쓰이는 표현으로 앞뒤 문맥에 따라 뉘앙스를 잘 살려줘야 한다. 〈오페라의 유령〉에서 크리스틴이 라울 쪽으로 기울어져 자신의 말이 예전처럼 먹히지 않자 하는 말이 "So be it"이다. 이때는 결의를 다지면서 힘을 주어 하는 말이다. 인사부장이 구조조정으로 30명을 감원해야 한다는 보고를 받고서, 사장 왈, 안됐지만 그렇게 하라고 할 때 "That's too bad, but so be it"이라고 말할 수 있다. 특히 if S+V, so be it(…한다면, 그렇게 해보라고 해)의 형태가 많이 보인다.

Key Point

So be it 해보라고 해, 그렇게 해보라고 해, 그렇게 해야지

▶ If S+V, so be it …한다면 해보라고 해

▶ If that gets me sued. So be it 그 때문에 내가 고소를 당한다면 그렇게 해보라고 해

▶ If I have to go to jail, so be it 내가 감방에 가야 된다면, 그렇게 하라고 해

① If that is what she wants, **so be it.**
그게 걔가 원하는 거라면, 그렇게 해보라고 해.

② If you'd like to go to Boston, **so be it.**
네가 보스턴에 가고 싶으면, 그렇게 해야지.

A: The cops say they want to come in.
B: **So be it.** Open the door.
A: 경찰이 들어오고 싶대.
B: 그렇게 하라고 해. 문열어줘.

A: What did you say when he wanted a divorce?
B: I said I didn't agree, but **so be it.**
A: 걔가 이혼을 원한다고 했을 때 넌 뭐라고 했어?
B: 난 동의 못한다고 했지만, 그렇게 해보라고 하지 뭐.

Just go with it

 그거와 함께 가라고??

go with sth은 「선택하거나」(choose), 「받아들이다」(accept)라는 의미. 위 문장은 명령형으로, 상대방에게 현재의 상황에 거부감을 느끼지 말고 그냥 받아들이라는 말이다. 물론 아무한테나 이런 말을 하는 것은 아니고 이사했거나, 다른 지역으로 전출갔거나 등의 이유로 새롭고 낯설어 스트레스가 발생하는 상황에 처해진 사람에게 쓴다. 우리말로는 "참고 지내"에 해당한다. 새로 들어간 직장이 정말 어렵다고 푸념하는 철없는 남편에게, 아내는 "It will get better soon. Just go with it for now"라고 달랠 수도 있고, 또한 자기 반에 새론 전학 온 친구에게 "Just go with it until you get familiar with your new school"이라고 위로할 수도 있다. I'm going with~의 형태로 많이 쓰이는데 I'm going with it(그걸로 할게), 좀 더 응용한 Do you really not know where I'm going with this?(내가 말하는 것을 정말 이해못한거야?), Do you see where I'm going with this, kids?(내가 말하는 것을 이해했어?) 등의 문장들도 알아두는데 특히 where과 go with의 의미를 잘 새겨본다.

Key Point 

Just go with it 참고 지내

- Just go with it for now 지금 당장은 참고 지내
- Just go with it until~ …할 때까지 그냥 지내
- I'm going with~ 난 …로 할래

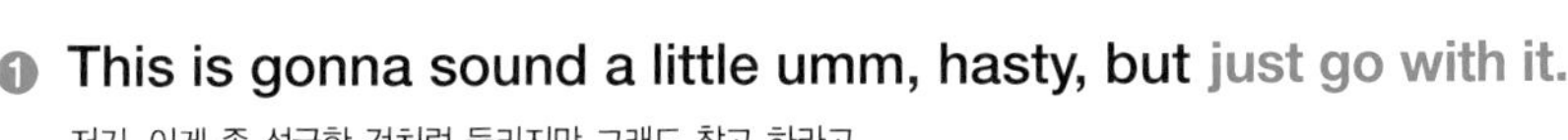

❶ This is gonna sound a little umm, hasty, but **just go with it.**
저기, 이게 좀 성급한 것처럼 들리지만 그래도 참고 하라고.

❷ Would you like to **go with** the first or second choice?
첫 번째 안으로 할래요. 아니면 두 번째 안으로 할래요?

A: Did you understand a word that was said in there?
B: **Just go with it.**

A: 너 거기서 한 말 이해했어?
B: 너무 깊이 생각하지 말자고.

A: Your accent is terrible, by the way.
B: **Just go with it,** you geezer.

A: 그런데 말이야, 네 액센트 정말 못 들어주겠다.
B: 그냥 참고 지내, 이 영감탱이야.

We're in the middle of nowhere

우리는 어딘지 모르는 곳의 가운데에 있어??

인적이 많은 도시나 주거지역인 교외지역에서 아주 멀리 떨어진 어딘가(somewhere far away from) 외진 곳에 있다는 의미일 수도 있고 또는 운전하다가 길을 잃어서 자기가 있는 위치가 어딘지 모르겠다(be lost or don't have a clear idea of their location)는 뜻을 갖기도 한다. 하여간 두 경우 모두 다 자기가 친숙한 공간과는 멀리 떨어져 있음을 알 수 있다. 두 친구가 바람을 쐬겠다며 시골로 드라이브 갔다가 어딘지 모르는 곳에 있음을 알게 되자, "Oh my God, we're in the middle of nowhere!"라고 말하며 길을 잃었다고 말할 수 있다. 또한 동호회에서 단체로 하이킹한다며 산속에 캐빈을 빌렸는데, 가보니 어디가 어딘지도 모르는 산중이면 "Our cabin was in the middle of nowhere"이라고 말하며 아주 멀리 깊숙히 왔음을 말할 수 있다. 많이 보이는 We're in the middle of sth은 「한창 바쁘게 …하는 중」이라는 전혀 다른 의미가 되니 주의한다.

Key Point 

We're in the middle of nowhere 외진 곳이야, 어딘지 모르겠어

▶ We're in the middle of sth 한창 바쁘게 …하는 중이야

❶ They found themselves **in the middle of nowhere.**
걔네들은 알고 보니 외딴 곳에 있었다.

❷ Jill wants to take her kid, and live in a cabin **in the middle of nowhere.** 질은 아이들을 데리고 외진 곳의 오두막에서 살고 싶어 해.

A: Well, why haven't you told anyone?
B: I'm pregnant, single, and on an island **in the middle of nowhere.**
A: 저기, 왜 아무한테도 얘기하지 않은 거야?
B: 난 임신했고, 미혼이고, 외진 곳의 한 섬에 있잖아.

A: You're gonna leave me out here **in the middle of nowhere?**
B: You can go anywhere you want.
A: 나를 어딘지도 모르는 이 먼 곳에 놔둘 거야?
B: 가고 싶으면 어디든 가.

Wow, talk about handsome!

 와, 잘생긴 것에 대해 얘기하라고??

정말 오역하기 쉬운 표현이다. Talk about~!의 형태로 쓰이면 about 이하의 것이 중요하고 주목할 만하다고 강조하는(a way of emphasizing something) 표현으로 달리 쓰면 That's really~!에 해당한다. Talk about 다음에는 형용사, 명사나 ~ing가 올 수 있다. 우리말로는 "정말 …하네!," "…에는 따라올 사람이 없어!"에 해당되어, Talk about selfish!하면 "야, 정말 이기적이네!," Talk about snow!는 "눈 정말 되게 많이 내리네!"라고 이해하면 된다. 주로 뭔가 구체적인 대화를 나누고 나서 결론적으로 comment처럼 말할 때 아주 많이 쓰이는 표현이다. 한 여자가 유명영화배우 Chris가 지나가는 걸을 봤다고 친구들에게 자랑하면서 "I saw a famous actor on the street today. Wow, talk about handsome!"이라고 했는데, 이때 Talk about handsome!이란 문장은, 그 친구가 Chris가 정말 잘 생겼고 그 부분에 감동을 받았다는 것을 알 수 있다. 또한 교외에서 살다가 도심으로 이사 가려고 했는데 가격이 너무 비싸다고 포기할 때 "I talked to the apartment salesmen about buying an apartment. Talk about expensive! I can't afford one"이라 할 수 있다.

Key Point 

Wow, talk about handsome! 야, 정말 잘생겼네!

- Talk about selfish! 정말 이기적이네!
- Talk about snow! 정말 눈 많이 내리네!

❶ **Wow, talk about handsome. He should be an actor.**
야, 정말 잘 생겼네. 배우일거야.

❷ **Is that your dad? Wow, talk about handsome.**
네 아빠셔? 야, 정말 멋지게 생기셨다.

A: This is a picture of me when I was 20.
B: Wow, talk about handsome.

A: 내가 20세 때의 사진이야.
B: 와, 정말 잘 생겼다.

A: Wow, talk about handsome.
B: I know. All the girls love him.

A: 야, 정말 잘 생겼다.
B: 알아. 여자들이 다들 걜 좋아해.

Q That fits the bill

그게 영수증에 적합하다고??

A

fit the bill은 자기가 찾는 거에 100% 완벽하지는 않지만 자기가 필요로 하는 기준에는 「충분하다」(something may not be perfect, but it is good enough for what is needed)는 말이다. 그래서 선택해서 사용하기에 부족함이 없다고 말할 때 쓰는 표현이다. 많은 사람들이 사용하는 구어체 표현으로 우리말로는 "딱 맞네," "이 정도면 충분해"라고 생각하면 된다. 집을 임대하려는 중년부부가 아파트를 둘러본 다음 "This place is kind of old, but it fits the bill for us"라고 만족감을 표할 수 있고, 또한 오래된 핸드폰을 갖고 다니는 사람이 "My cell phone is not new, and it's ugly, but it's also cheap and it fits the bill for me"라고 자족할 수 있다. 비슷하게 생겼지만 fill[foot] the bill은 식당 등에서 「계산하다」라는 표현이다.

Key Point

That[It] fits the bill 딱 맞네, 이 정도면 충분해

- That[It] fits the bill for sb …에게 딱 맞다
- fill[foot] the bill 계산하다

❶ This tuxedo should **fit the bill** for you.
이 턱시도는 네게 딱 맞을 거야.

❷ I need a cheap car to **fit the bill.**
딱 맞는 저렴한 자동차가 필요해.

A: What do you think of this apartment?
B: I don't think it's going to **fit the bill.**
A: 이 아파트 어떻게 생각해?
B: 알맞을 것 같지 않을 것 같아.

A: I need a special present for my friend.
B: I'll help you find something that **fits the bill.**
A: 난 친구에게 줄 특별한 선물이 필요해.
B: 딱 맞는 선물을 찾는 거 도와줄게.

He engaged in risky behavior

 걔는 위험한 행위에 종사하다??

이 문장의 핵심은 engage이다. 「약혼하다」, 「교전하다」, 「종사하다」 등으로 익숙하지만 위 문장처럼 쓰일 때는 턱하고 막히는 경우가 많다. 너무 우리말 의미에 고착화되어 단어가 본래 갖는 기본적 의미를 놓치기 때문이다. engage in은 「…행위에 참여하다」(be involved in), 「관여하다」 혹은 「…을 하다」 정도로 해석해도 될 때가 있다. 따라서 위 문장은 He가 해를 가져올 수도 있던 위험한 행동을 했다(was doing things that could have been harmful)는 뜻이다. 다소 formal한 냄새가 나는 표현이지만 일반적으로 많이 쓰인다. 한 유명한 인기가수가 약물과용(drug overdose)으로 죽었다면, 언론은 "He engaged in risky behavior and that is why he died"라고 보도할 것이며, 또한 어떤 사람이 매우 바빠서 연락도 못했다고 할 때는 "I'm sorry I didn't call you, but I was engaged in very important business"라고 말할 수 있다.

Key Point

He engaged in risky behavior 위험한 행위를 했어

- engage in …행위에 참여하다(be involved in), 관여하다, …을 하다
- be engaged to …와 약혼하다

1. It's not a crime if she willingly **engaged in those activities** while in his house. 걔가 그의 집에 있는 동안에 자발적으로 그런 행위를 했다면 범죄가 아냐.
2. Tonya and I **are engaged!** We're getting married!
   토냐와 난 약혼했어! 우리 결혼해!

A: There was a man on top of me. He pushed up my dress.
B: He **engaged in sexual intercourse?** Can you describe him?

A: 내 위에 한 남자가 올라가 있었어요. 그는 내 드레스를 들어 올렸어요.
B: 그가 성행위를 했나요? 생김새를 묘사해줄래요?

A: **Have you ever engaged in sexual intercourse with** him?
B: No, of course not.

A: 넌 걔와 성행위를 한 적이 있어?
B: 아뇨, 당연히 아니지.

Stick with it

그거에 스틱하라고??

stick 또한 기본단어이지만 미드에서 보면 짜증나는 단어 중의 하나. 나뭇가지, 지팡이, 막대기 등의 명사로 쓰이지만 동사로는 여러 의미가 있다. 여기서 우리가 알아두어야 할 것은 「뭔가 끝까지 계속하다」라는 의미이다. 특히 stick with sb하게 되면 「계속 붙어 다니다」, 「뭔가 분명히 기억나다」, 그리고 stick with it하게 되면 「역시 계속하다」라는 의미로 상대방이 뭔가 성공하기까지 계속 노력하도록 격려하는(encourage people to continue trying to do something, or to continue trying to succeed) 문장이 된다. 다른 쉬운 영어문장으로 바꿔보면 "You can do it,"이나 "Keep trying"이라고 할 수 있다. 매우 구어적인 표현으로 상대방이 하는 것을 지원하고 격려할 때 사용하면 된다. 영어공부 해도 해도 안 된다고 하는 푸념하는 사람에게 "Learning English is difficult, but stick with it"라고 격려를 해 줄 수 있다.

Key Point

Stick with it 계속해, 계속 노력해

- sb stick with sb 계속 붙어 다니다
- sth stick with sb 기억이 또렷이 나다

❶ **Just stick with it and you'll do fine.**
계속 열심히 하면 넌 잘 될 거야.

❷ **Many students enter medical school but can't stick with it.**
많은 학생들이 의대에 입학하지만 계속 버티지 못해.

A: Is Terry still trying to become a lawyer?
B: No, I don't think he stuck with it.

A: 테리가 아직도 변호사 되려고 하고 있어?
B: 아니, 계속하고 있는 것 같지 않아.

A: Dieting to lose weight is really tough.
B: Stick with it if you want to be thin.

A: 살빼기 위한 식이요법은 정말 힘들어.
B: 날씬해지고 싶으면 계속 노력해야지.

I've got better things to do

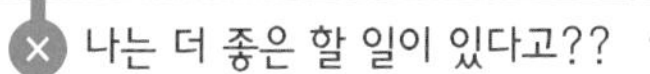

나는 더 좋은 할 일이 있다고??

원래는 have got better things to do의 형태이며, 직역하면 '해야 할 더 좋은 일들이 있다,"라는 뜻. 바꿔 말하면 대화 중 언급된 일을 할 시간이 없다라고 거절하거나 반대하는 표현이다. 좀 더 직설적으로 말하자면 "나 그럴 시간 없어," "…하는데 시간 낭비하지마"라는 뜻으로 짜증내면서 말할 수 있다. 위 문장처럼 단독으로 써도 되고 아니면 '할 시간이 없는 그런 것'을 함께 한 문장에 쓸 수도 있는데 이때는 have got better things to do than to+동사의 형태로 이어 써주면 된다. 앞서 언급되었지만 have got은 그냥 have로 써서 have better things to do (than~)라고 써도 된다. 또한 than 다음에는 to를 써주거나 아니면 to를 빼고 바로 동사원형이 와도 된다. 예를 들어 한참 연애중인 딸보고 남동생을 돌보라고 할 때 "I have better things to do than babysit my brother"라고 짜증을 낼 수 있다. 특히 많이 나오는 형태는 I have better thing to do with my time이라는 문장인데 이는 내 시간으로 더 좋은 일을 할 것이 있다, 즉 "내 시간 낭비하지마"라는 의미가 된다.

Key Point 

I have got better things to do 나 그럴 시간 없어

▶ have got better things to do than (to)+동사 …하는데 시간 낭비하지 않다

❶ **I'd really love to, but I have better things to do.**
나도 정말 그러고 싶지만, 그럴 시간이 없어.

❷ **I got better things to do than listen to you talk about it.**
네가 그 얘기하는 것을 들을 시간이 없어.

A: What are you doing here?
B: I have better things to do than babysit Dad.

A: 너 여기서 뭐해?
B: 아버지를 보살피는데 낭비할 시간이 없어서.

A: One might think you're following us.
B: Trust me, one has better things to do than follow you around.

A: 네가 우리를 따라오는 것처럼 생각할 수도 있겠다.
B: 내말 믿어, 널 따라다니면서 시간을 낭비할 사람은 없을 거야.

What are you doing with it?

그거로 무엇을 하는 거야??

What are you doing?은 단독으로 "뭐하고 있어?"라는 문장으로 문맥에 따라 상대방이 뭐하고 있는지 궁금해서 물어볼 수도 있고 아니면 그냥 지나가는 안부성 인사문장으로도 쓰일 수 있다. 물론 뒤에 시간을 나타내는 표현이 오면 약속 등을 잡기 위해서 "…에 뭐할 거야?"라는 뜻이 된다. 그런데 What are you doing 다음에 with sb[sth]가 이어 오게 되면 "…로 뭐하는 거야?," 혹은 놀래서 "…로 뭘 어쩌자는 거야?"라고 화를 내는 문장이 된다. 아들 방에 불시에 들어갔는데 진짜 총을 손질하는 것을 보고 놀란 아버지는 "What the hell are you doing with a gun?"(너 총 갖고 무슨 짓 하는 거야?)라고 말할 수 있다. 또한 What을 How로 바꾸면 How are you doing?이란 대표적인 인사표현이 된다. 물론 인사할 상황이 아닌 데서 쓰일 수도 있는데 이때는 "어때?," "괜찮아?" 정도의 문장으로 보면 된다. 마찬가지로 with~가 붙어서 How are you doing with~?하게 되면 인사가 아니라, "…을 어떻게 처리하고 있냐?"라고 물어보는 표현이 된다.

Key Point

What are you doing with sb[sth]? …로 뭐하는 거야?, …로 뭘 어쩌자는 거야?

- How are you doing with~? …을 어떻게 처리하고 있어?
- What do you do (for a living)? 직업이 뭐예요?

❶ What are you doing? What are you doing with my clothes, Chris?
뭐하는 거야? 크리스, 내 옷을 갖고 뭐하는 거야?

❷ How you doing with our DNA?
DNA는 어떻게 되어가고 있어?

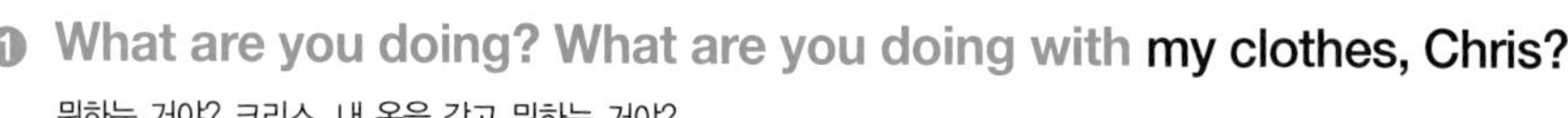

A: Those are the guns, aren't they? What are you doing with them?
B: What do you think we're doing? It's time to finish this.

A: 저것들 총 아냐? 총 갖고 뭘 어쩌자는 거야?
B: 우리가 뭐할 것 같아? 이것을 마무리할 때야.

A: What are you doing with potassium nitrate?
B: I'm making a bomb. Two bombs actually.

A: 질산칼륨으로 뭐하는 거야?
B: 폭탄을 만들고 있어. 실은 폭탄 두개를 만들고 있어.

Q She's head over heels for Chris

✕ 걔는 크리스에게 헤드오버힐스라고??

시각적인 상상력이 요구되는 표현이다. head over heels는 원래는 heels over head로 물구나무서기 즉 거꾸로 된 상태를 말한다. 그 상태에서 보통 정신을 차리기가 어려운 것은 당연하다. 그래서 뭔가에 푹 빠져있는 상태를 말하는데 주로 이성에 홀딱 반한 것을 표현할 때 이 표현을 애용한다. 현재는 head over heels를 기본으로 be[fall] head over heels about[for] sb 혹은 be[fall] head over heels in love (with sb)의 형태로 정신없이, 즉 이성을 잃고 이성에 푹 빠져 있다라는 의미로 쓰인다. 매우 구어적이면서 비유적인 표현. 이웃집 친한 친구의 남편이 한 중국매춘부에 홀딱 빠져 있다는 소문을 들은 친구가 조심스럽게 가정법을 사용하여 그 아내에게 "How would you feel if your husband fell head over heels in love with a Chinese whore?"라고 말해볼 수도 있다. 비슷한 표현으로는 flip for sb, hit it off, have a crush 등이 있지만 이 모든 표현보다 사랑에 빠진 강도는 be head over heels about이 가장 강하다.

Key Point

be[fall] head over heels about[for] sb …에게 푹 빠져있다

▶ fall be head over heels in love with sb …에게 홀딱 빠져있다

❶ We're not head over heels in love. We like each other, right?
우린 서로 푹 빠져 있는 게 아니라 좋아하는 사이야, 그렇지?

❷ She said she was head over heels in love with Chris.
걔는 크리스에 정신없이 빠졌었다고 말했어.

A: Where is your sister tonight?
B: She's with a guy that she's head over heels in love with.

A: 오늘밤 네 누나는 어디 있어?
B: 홀딱 빠진 남자하고 있을 거야.

A: He seems to be head over heels about her.
B: What if he's gay and he doesn't know it yet?

A: 걔는 그녀에게 홀딱 빠진 것 같아.
B: 걔가 게이이고 자신도 아직 모르는 경우라면 어째?

Q You can't go wrong with a garden

 넌 정원과 함께 잘못될 수가 없다고??

A 먼저 go wrong with는 「…가 잘못되다」, 「그릇되다」라는 뜻으로 You can't go wrong with~하게 되면 「…가 잘못될 수가 없다」, 「잘못되는 법이 없다」, 확 바꿔서 의역해보면 「…는 항상 괜찮다」, 「만족스럽다」, 「…는 전혀 문제가 없다」라는 뜻으로 이해할 수 있다. 즉 can't의 형식적 부정과, wrong의 내용적 부정이 결합된 이중부정문으로 강한 긍정을 나타내는 문장이다. 따라서 with 이하의 문제발생률이 0%인 경우 자신있게 이 표현을 사용하면 된다. 일상생활에서 무척 많이 쓰이는 표현으로 뭔가 좋은 생각이어서 그것이 행해지면 좋은 결과가 나올 거라는 뉘앙스를 나타내고자(indicate that something is a good idea, and that a good result will occur if something is done) 할 때 이 표현을 즐겨 쓴다. 반드시 can't와 wrong이 있어야 하며 그렇지 않은 경우에는 go wrong(잘못되다)이라는 의미로 이해해야 한다. 그래서 "닉의 수술이 뭐 잘못된 거 있어?"라고 할 때는 "Did something go wrong with Nick's surgery?"라고 하면 된다.

Key Point

You can't go wrong with[if]~ …는 항상 괜찮다, 만족스럽다, …는 전혀 문제가 없다

▶ go wrong with 고장 나다, 잘못되다

❶ **You can't go wrong** buying a computer at this price.
이 가격에 컴퓨터를 사는 건 정말 잘하는 겁니다.

❷ **You can't go wrong if** you eat a healthy diet.
건강식을 먹으면 절대 잘못되는 법이 없어.

A: What do you think of Kelly?
B: She's great. **You can't go wrong if** you date her.
A: 켈리를 어떻게 생각해?
B: 대단해. 걔랑 데이트한다면 아주 좋을 거야.

A: I have a lot of vegetables planted this year.
B: **You can't go wrong with** a vegetable garden.
A: 금년에 많은 채소를 심었어.
B: 채소밭이 있으면 정말 좋은 거지.

Don't go overboard with it

 그것과 함께 배 밖으로 가지 말라고??

overboard는 「배 밖으로」라는 의미. 배를 타는데(board) 너무 오버하다보니 배 밖으로 튀어나가는 모습을 연상해보면 쉽게 이해될 것이다. 그래서 throw~overboard하게 되면 배 밖으로 집어던지다, 즉 「없애다」라는 표현이 되고, 여기서 말하는 go overboard하면 「지나치다」(go too far), 즉 화가 나서건 들떠서건 그만둘 때를 모르고 어떤 행동이나 말을 필요이상으로 지나치게 하다라는 뜻이 된다. 그래서 Don't go overboard라고 하면 「진정해라」, 「오버하지마」(don't get carried away or do too much)라는 말이고 진정할 내용까지도 함께 말하려면 Don't go over with sth이라고 하면 된다. 예를 들어 다가오는 휴일을 차분하게 보낼 생각인데, 가족들이 김칫국부터 마시고 이런저런 계획세우고 들떠 있다면 지긋이 "Is someone going overboard with this holiday?"(휴일에 뭐 놀 준비를 지나치게 하는 사람이 있나?)라고 분위기를 가라앉힐 수 있다.

Key Point 

Don't go overboard (with/~ing) 진정해라, 오버하지마

- go overboard 지나치다
- throw ~ overboard 없애다

❶ Penny tried to kill me! She threw me overboard.

페니가 날 죽이려고 했어! 날 배 밖으로 던졌다고.

❷ I know, I know sometimes I can go a little overboard.

알아, 가끔, 내가 좀 지나칠 때가 있는 거 알아.

A: I'm going to have 3 birthday cakes for the party.
B: Look, don't go overboard with your party plans.

A: 파티에 생일케이크 3개를 준비할거야.
B: 이봐, 파티계획을 너무 지나치게 짜지마.

A: I'm going to Las Vegas next week.
B: I hope you won't go overboard gambling.

A: 다음 주에 라스베거스에 갈 거야.
B: 도박하는데 너무 도를 넘지 않기를 바래.

Q Come on, spill it

그것을 흘리라고??

spill은 「흘리다」라는 단어로 우리에게는 두 가지 표현으로 친숙하다. Don't cry over split milk라는 속담에서 split는 spill의 과거분사형이고, 또한 spill the beans라는 표현은 비유적으로 「비밀을 폭로하다」라는 의미이다. 이 두 가지 경우에서 알 수 있듯이 spill은 안에 있는 것을 흘리다, 비밀 등을 말하다라는 뜻으로 Spill it하게 되면 대화 도중에 상대방이 비밀인 듯 말을 하지 않을 때 다그치면서, 혹은 비법 같은 것을 말해주지 않으려 할 때 말해달라고 떼를 쓰면서 쓸 수 있는 표현이 Spill it이다. 우리말로는 "어서 말해봐," "말해줘"에 해당된다고 보면 된다. 낙제를 받은 아들이 시무룩한 표정을 계속 짓고 있자, 아버지가 무슨 일인지 궁금해서 아들에게 엄마는 산책 나갔다고 안심시키고 "Don't worry, mommy's off for a walk, so it's just you, me and the baby. Spill it"이라고 하며 아들의 속앓이가 뭔지 물어볼 수 있다. 비슷한 표현으로 Spit it out이 있는데 이는 어서 빨리 얘기 달라고(hurry up and tell me everything) 재촉하는 문장이다.

Key Point

Come on, spill it 이봐, 어서 털어놔, 어서 말해봐

▶ spit it out 어서 빨리 얘기해

❶ Something's bothering you. Come on, spill it.
마음이 심란하구만. 자, 어서 말해봐.

❷ Come on, spill it! Who stole the gold coins?
자, 어서 말해봐! 누가 금화를 훔쳤어?

A: I don't know who broke the window.
B: Yes you do. Come on, spill it!

A: 누가 창문을 깼는지 모르겠어.
B: 아냐, 알고 있잖아. 어서, 말해봐!

A: Come on, spill it! Why did you rob the store?
B: I swear that I didn't do anything wrong.

A: 자, 어서 말해봐! 왜 가게를 턴 거야?
B: 정말이지 전 나쁜 짓을 하지 않았어요.

What do you want with me?

내게서 뭘 원하느냐고??

What do you want with sth?하게 되면 상대방이 with 이하의 것을 왜 필요로 하지는 이해를 할 수 없다는 뉘앙스로, "너 그걸로 뭘 하려는 거야?"라는 문장이 되고, What do you want with sb?하게 되면 상대방에게 sb에게서 원하는 게 뭐냐, 즉 "sb를 어떻게 하려고 하는 거야?"라고 물어보는 표현이다. 그 중 많이 쓰이는 What do you want with me?는 "나한테 무슨 볼 일이 있어?," "날 어떻게 하려고 하는 거야?"라는 문장으로 반드시 암기해두어야 한다. 이 표현은 What do you want from me?와 100% 동일하지는 않지만 같은 의미로 쓰일 수도 있다. 또한 What do you~형태로만 쓰이는 것은 아니다. What does (s)he want with~로도 쓰이는데, 예를 들어, 자기 여동생 주변에 깔짝거리는 놈을 보고서 친구에게 "What does he want with my sister?"(저 자식 내 동생을 어떻게 하겠다는거야?)라고 짜증을 낼 수 있다.

Key Point

What do you want with sth? 너 그걸로 뭘 하려는 거야?

- What do you want with sb? sb를 어떻게 하려고 하는 거야?
- What do you want with me? 날 어떻게 하려고 하는 거야?

❶ **What do you want with me? Go away!**
날 어떻게 하려는 거야? 꺼져버려!

❷ **Are you following me? What do you want with me?**
지금 날 따라오고 있는 거야? 날 어떻게 하려는 거야?

A: What do you want with Chris?
B: We need to have a little chat with him.

A: 크리스에게 무슨 볼 일 있어?
B: 우리는 그와 잠깐 얘기 좀 나누어야 돼.

A: I served my time. What do you want with me now?
B: "Attempted rape." What exactly happened?

A: 형기를 다 마쳤는데 이제 와서 날 어쩌자는 거요?
B: "강간미수." 정확히 무슨 일이 일어난 거야?

Somebody's out to get you

누가 나가서 너를 잡는다고??

모르는 단어가 하나도 없는 아주 쉬운 단어들로 구성되어 있지만, 이해가 잘 되질 않는다. 인터넷에도 나오지 않고 영영사전을 뒤져도 찾을 수가 없다. 핵심은 be out to get sb이고 여기서 get sb는 물리적으로 잡는다라는 뜻이라기보다는 「sb를 곤경에 처하게 하다」, 「괴롭히다」, 「못살게 굴다」 정도로 이해하면 된다. 그리고 be out은 물리적으로 밖으로 나와서 쫓는 게 아니라 그냥 숨김없이 대놓고 괴롭힌다는 의미에서 out을 썼다고 봐야 한다. 쉬운 영어, 아니 우리가 쉽게 이해하도록 더 어려운 단어들로 rephrase해보자면 be out to get sb는 want to cause trouble for sb가 된다. 따라서 위 문장은 "누군가 널 곤경에 빠트리려고 해"라는 뜻이다. 고시공부만 하다 포기하고 무역상사의 수출부에 입사한 신입직원이 험악한 회사 분위기를 보고 퇴근 후 친구에게 "Everything around me seems threatening, scary, out to get me"라고 자신의 심리상태를 토로할 수 있다. 참고로 여기서는 동사가 be임을 명심해야 한다. run, go의 다른 동사가 오면 "I went out to get groceries"(식료품 사러 외출했어) 처럼 전혀 다른 의미가 되니 말이다.

Key Point 

Somebody's out to get you 누군가 너를 괴롭히려고 해

- be out to get sb …을 괴롭히려고 하다, 곤경에 빠트리려고 하다
- go out to get sth …을 사러 나가다

❶ Have you ever felt someone was out to get you?
누군가 너를 괴롭히려고 한다고 느낀 적이 있어?

❷ Why is everyone out to get me?
왜 다들 나를 못살게 굴려는 거야?

A: Why are you hiding in this old house?
B: Some gang members are out to get me.

A: 너는 왜 이렇게 오래된 집에 숨어 있어?
B: 일부 갱단들이 나를 해코지 하려고 해.

A: I'm sure Frank is out to get me.
B: Why? Did you make him angry?

A: 프랭크가 나를 괴롭히려는 게 확실해.
B: 왜? 걔를 화나게 했어?

We got a hit!

 우리는 히트를 잡았다고??

유전자 정보은행인 CODIS(Combined DNA Index System)나, 지문자동식별시스템인 AFIS(Automated Fingerprint Identification System) 그리고 DMV 등에 검색어를 넣고 엔터를 쳤을 때 일치하는 결과(a result of a search)를 a hit이라고 한다. 그래서 get a hit하게 되면 「일치하는 지문, 정보를 얻다」라는 뜻으로 get a hit on the thumbprint(엄지손가락지문과 일치하는 사람이 나오다), get a hit on the DNA(DNA가 일치하는 사람이 나오다) 등으로 써주면 된다. 또한 지문이나 DNA를 구한 대상을 쓰려면 get a hit off the steering wheel처럼 쓴다. 호반장이 피해자의 차에서 나온 지문조회 결과를 묻자, 결과가 안 나왔으면 에릭은 "I ran the vic's prints. Didn't get a hit"이라고 말하면 된다. 또한 감식반이 질의 감춰놓은 열쇠에서 일치하는 것을 찾았다고 할 때는 "CSU had a hit on Jill's hidden key"라고 하면 되고, 지문프로그램을 돌렸는데 한 경관과 일치한다고 할 때는 I ran it through AFIS. Got a hit on a cop이라고 하면 된다.

Key Point

We get a hit 일치하는 게 나왔어

- get a hit on[off] (…에서) 일치하는 지문이나, 정보 등을 얻다
- get a hit on the DNA DNA에 일치하는 사람이 나오다
- ran it through AFIS 지문프로그램에 돌리다

❶ I managed to get a hit off of that sniper's cartridge case.
그 저격범의 탄피에서 일치하는 것을 겨우 찾아냈어.

❷ I got a hit on your partial print from the hotel employee database.
호텔 직원 DB에서 너의 부분 지문과 일치하는 것을 찾아냈어.

A: The computer got a hit on the stolen gun.
B: Where is it? Is it in a pawn shop?

A: 도난당한 총기에서 일치하는 것이 나왔어.
B: 그거 어디 있어? 전당포에 있어?

A: What are you waiting for?
B: We are waiting for a hit on the criminal's fingerprints.

A: 뭘 기다리는 거야?
B: 범죄자의 지문과 일치하는 것이 나오기를 기다리고 있어.

You'll make it happen

너는 그것이 일어나도록 할 거라고??

make의 사역동사 구문으로, make it happen은 그것이 일어나도록 하다. 의역을 해보자면, 「그렇게 하다」, 「이루다」, 「성공하다」라는 의미로까지 의미영역을 넓혀가며 아주 많이 쓰이는 표현이다. 그래서 You'll make it happen은 너는 그렇게 되도록 하게 될 거야, 즉 "너는 해낼 거야"(You'll be successful)라는 의미이다. 많이 쓰이는 형태의 문장은, 내가 의지를 갖고 노력하여 "그렇게 되도록 하겠다"라는 의미의 I'll make it happen, 그리고 명령문 형태로, 명령이나 조언을 하면서 "그렇게 되도록 해라"는 의미의 Make it happen 등이 많이 쓰인다. You'll make it happen은 일종의 격려성 발언으로 볼 수가 있으며 계속 노력하면 결국 성공할 것이라(tell someone to continue making an effort because eventually he will be successful)고 말해주는 표현이다. 아주 많이 쓰이는 표현으로 구어적인 표현이다.

Key Point 

You'll make it happen 너는 해낼 거야, 너는 성공할거야

- I'll make it happen 그렇게 하도록 할게
- Make it happen 그렇게 하도록 해

❶ **Keep studying hard and you'll make it happen.**
열심히 공부하면 너는 성공할거야.

❷ **If you want to go with her, just make it happen. Put yourself out there.** 걔랑 같이 가고 싶으면 그렇게 해. 당당히 나서서 말해.

A: How did you get to be so rich?
B: I worked real hard and made it happen.

A: 너는 어떻게 그렇게 부자가 된 거야?
B: 난 정말 열심히 일해서 해낸 거야.

A: Then let me work it here.
B: Fine. Then make it happen. Fast.

A: 그럼 내가 여기서 그 작업을 할게.
B: 좋아. 그럼 해내도록 해. 빨리.

Q You had it coming

✕ 네가 그것을 오게 했다고??

뮤지컬 영화 <Chicago>에서 남편을 살해한 그래서 감옥에 갇힌 6명의 여자가 자기가 그럴 수밖에 없는 사정을 격정적으로 부르는 유명한 노래 〈Cell Block Tango〉에 반복적으로 나오는 가사가 바로 "He had it coming"이다. 즉 "걔가 자초한 것이다"라는 뜻이 된다. 주로 못된 짓을 한 다음에 그 결과로 불행한 일이 발생했다(something bad happened to the person after he acted badly)라는 뉘앙스가 담겨져 있다. 내 잘못이 아니라 네 잘못이라는 말. You had it coming하면 상대방을 비난하는 것으로 "네가 초래한 것이다," "자업자득"이다라는 문장이다. 강조하기 위해서 coming 다음에 to sb를 써서, They had it coming to them이라고 할 수 있다. 또한 Who had it coming?하면 누가 그랬냐고, 안 좋은 결과를 가져온 게 누구냐고 묻는 문장. 남편이 모텔에서 바람피우다 화재로 사망했을 때 친구들은 "It's not your fault. He had it coming"이라고 할 수 있다. 비슷한 표현으로는 You asked for it, 비아냥거리는 You deserve it 등이 있다.

Key Point

You had it coming 네가 초래한 것이다

- He had it coming 걔가 자초한 것이다
- You asked for it 네가 자초했어
- You deserve it 자업자득이야

❶ **He ruined my life. And he ruined yours. And he had it coming.**
걔가 내 인생을 망쳤고, 네 인생도 망쳤어. 걔가 초래한 거야.

❷ **Well, you've got to admit, Aunt Molly had it coming.**
저기, 인정해야지, 몰리 숙모가 자초한 거야.

A: Brett got his ass kicked in a fight.
B: What an idiot. He had it coming.

A: 브렛은 싸움에서 완패했어.
B: 바보 같으니. 걔가 자초한 거야.

A: I'm not sad that Sandra failed.
B: Me either. She had it coming.

A: 샌드라가 실패해서 슬프지 않아.
B: 나도 그래. 걔가 자초한 건데.

I'm flattered

 칭찬을 너무 받았다고??

뭔지 느낌은 오는데 우리말로 딱 옮기기는 좀 지저분한 표현. flatter sb하게 되면 sb를 실제 이상으로 과찬하다라는 좀 못된 뜻이 된다. 하지만 이를 수동태로 하여 be flattered가 되면, 그렇지 않은데 실제 이상으로 칭찬을 받았다라는 말로 조금 부끄러워하면서 그리고 조금 기뻐하면서 "그렇지도 않아요," "과찬예요"라고 하는 겸손의 표현이 된다. flatter의 이런 뜻 때문에 flatter oneself하면 「잘난 척하다」, Don't flatter yourself하면 「잘난 척 좀 그만해」라는 의미의 표현이 된다. 목걸이 하나 샀을 뿐인데, 데이트 상대가 오늘 정말 예뻐 보인다고 했을 때, 여자는 "I'm flattered. I just bought this necklace"라고 겸손을 보여줄 수 있다. 고등학교 은사께서 갓 변호사가 된 제자에게 전화해서 능력 있는 변호사가 필요한데 맡아 줄 수 있냐고 물어봤을 때, 그 변호사는 "I'm so flattered. What's up?"이라고 겸손을 떨고 바로 본론으로 들어갈 수 있다. 기분 좋은 내용까지 같이 말하려면 I'm flattered that S+V의 형태로 말하면 되고, 또한 많이 들리는 You should be flattered는 "자랑스러워 해" 정도의 느낌이다.

Key Point 

I'm flattered 그렇지도 않아, 과찬예요

- Don't flatter yourself 잘난 척 좀 그만해
- You should be flattered 자랑스러워 해

❶ **I'm flattered** you thought of me.
네가 날 생각해주니 기분 좋아.

❷ **I'm flattered that** so many of you showed up to hear me talk.
많은 여러분들이 내 얘기를 들으러 오셔서 너무 기분이 좋아요.

A: Are you her mother?
B: **I'm flattered,** but I'm a grandmother.

A: 걔 어머니 되세요?
B: 기분이 좋기는 하지만 할머니 됩니다.

A: You're my best friend. We'll have so much fun together.
B: Oh, honey, **I'm flattered,** but no. No.

A: 넌 내 절친이야. 함께 신나게 놀아보자.
B: 자기야, 그렇게 얘기해줘서 기분 좋지만 안 돼. 안 돼.

You wouldn't want to live with a liar

넌 거짓말쟁이와 살고 싶지 않을 거라고??

wouldn't want to~는 to 이하를 하게 되는 건 별로 좋은 생각이 아니다, 바람직하지 않다라고 말하는(indicate that something would be bad or undesirable) 표현. 즉 상대방에게 조언을 할 때(when giving advice) 일상적으로 쓰이는 문장으로, 그렇지 않을 경우 부정적인 결과(have a negative effect)를 낳을 수도 있기 때문에 하지 않는 게 좋다(don't do that)라는 의미를 내포하고 있다. 그래서 You wouldn't want to live with a liar하게 되면 "거짓말쟁이와 사는 건 바람직하지 않아"라고 생각하면 된다. 같은 맥락인 You don't want to~(…하지 마)와 거의 의미가 같다고 생각해도 무방하다. 오랜만에 찾아온 자식이 당일 떠난다고 할 때 엄마는 "You wouldn't want to leave tonight, would you?"라고 하면서 하루라도 더 데리고 있고 싶은 맘을 나타낼 수가 있다. 데이트만 할 때는 좋았는데 동거만 하면 싸우는 커플이 "I wouldn't want to be with you 24/7"(종일 같이 있는 건 안 되겠어) 라고 말하면서 현실을 인정할 수도 있다.

You wouldn't want to live with a liar 거짓말쟁이와 사는 것은 아냐

▶ I wouldn't want to be with you 24/7 너랑 하루 종일 붙어있는 것은 안 되겠어

❶ You wouldn't want to **have a large credit card debt.**
신용카드 빚이 너무 많은 것은 바람직하지 않아.

❷ You wouldn't want to **see him naked.**
걔 나체를 보지 않도록 해.

A: I think children are very noisy.
B: You wouldn't want to live in a house full of kids.

A: 아이들은 너무 시끄러운 것 같아.
B: 넌 아이들로 가득한 집에서 살지 않는 게 낫겠어.

A: My girlfriend may think I'm cheating on her.
B: You wouldn't want her to believe that.

A: 여친은 내가 바람피우고 있다고 생각할지도 모르겠어.
B: 여친이 그렇게 믿지 않도록 해.

That's not how it works

 그것은 그게 돌아가는 것이 아니라고??

이 문장의 핵심은 how it works로 That's not how it works, That's how it works, Is that how it works? 등 다양하게 그리고 아주 뻔질나게 자주 쓰이는 표현들이다. how it works는 어떤 일이나 상황이 「돌아가는 방식」이란 의미여서 That's how it works는 "일이 그렇게 돌아가는 거야." That's not how it works는 "일이 그렇게 돌아가지 않아." Is that how it works?는 "그렇게 일이 돌아가는거야?"라는 의미이다. 또한 동사+how it works의 형태로 know how it works, show how it works의 형태로도 자주 쓰인다. 예를 들어 입사한 지 얼마 안 되는 신입사원이 부서회식에 안가겠다고 하자 옆의 대리가 아직 무조건 전원참석이라는 부서의 철칙을 모르는 그 사원에게 "You're new here, so you don't how it works"라고 한 마디 충고할 수 있다. how it works 대신에 how things work나 the way things work라 해도 된다.

Key Point 

That's not how it works 일이 그렇게 돌아가지 않아

- ▶ That's how it works 일이 그렇게 돌아가는 거야
- ▶ Is that how it works? 그렇게 일이 돌아가는 거야?

❶ **He's got no idea how it works in here. I'm not sure you do, either.**
걔는 여기 일이 어떻게 돌아가는지 모르고 있어. 너도 아는지 잘 모르겠어.

❷ **It's kinda how it works in this family.**
이 집안에서는 일이 그렇게 돌아가는 거야.

A: That's not really how it works.
B: Oh, how does it work?

A: 일이 정말 그렇게 돌아가는 것은 아냐.
B: 어, 어떻게 돌아가는데?

A: Are you going to put me in jail?
B: That's how it works.

A: 날 감방에 처넣을 거야?
B: 일이 그렇게 되겠지.

That would be telling

 그것은 말하고 있는 걸 거라고??

That은 뭔가 설명해줄 단서나 비밀인 뭔가를 밝혀주는 단서를 지니고 있을 것이다라는 문장이다. 그래서 "그러면 비밀을 말하는 셈이 될텐데," "그건 좀 말하기 곤란한데" 정도로 이해하면 된다. 그렇게 많이 쓰이는 편은 아니다. 그런데 주어자리에 사물이 아닌 사람이 와서 Sb would be telling (sb) S+V로 쓰이면 이디엄이라고는 할 수는 없지만 일상생활에서 무척 많이 쓰이는 기본표현이 된다. 뭔가를 설명하거나(be going to explain something) 다른 사람에게 이야기나 사건을 말해주다(tell others about a story or event)라는 뜻이 된다. would 대신에 could, should를 쓸 수도 있다. 우리말로는 「…라고 말하겠어」, 「말할 수 있다」, 「말해야 한다」 정도로 생각하면 된다. 마지막으로 Sth is telling이라고 하면 「…가 이해할 수 있도록 단서를 제공하다」(it offers a clue to help understand something)라는 뜻이 된다.

Key Point 

That would be telling 말하기 좀 곤란한데, 그건 비밀인데

- Sb would be telling~ …라고 말하겠어
- Sth is telling~ …가 …를 말해주고 있어

① **If I told you about my private life, that would be telling.**
내가 내 사생활에 대해서 말한다면, 비밀이 드러나서 안될거야.

② **I understand that. But the evidence is telling us something different.** 이해가 돼. 하지만 증거가 뭔가 다른 것을 말해주고 있잖아.

A: What's wrong with her?
B: That would be telling.

A: 저 사람 어디가 안 좋아?
B: 말하기 곤란한데.

A: What is Linda telling her parents?
B: She could be telling them about her boyfriend.

A: 린다가 부모님께 뭐라고 하는 거야?
B: 걔 남친에 대해 말할 지도 몰라.

Q I've had my share of threats

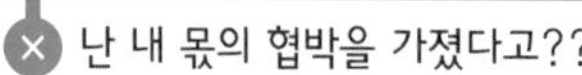

✕ 난 내 몫의 협박을 가졌다고??

A share는 인터넷의 발전과 더불어 거의 우리말화된 단어이다. 원래 몫, 부담, 지분, 주식 등 다양한 의미로 쓰이는데, 숙어로 have (got) one's share of~하게 되면 「합당한 만큼 …을 해보다」, 「받아야 할 만큼의 …을 겪다」라는 뜻이 된다. 이 공식을 적용하면 위 문장은 내 몫의 협박을 받아왔다, 즉 "나도 받을 만큼의 협박들을 받아봤다"라는 표현이 된다. 〈프렌즈〉의 조이가 하는 말로 "나도 여자 사귈 만큼 사귀어봤다"라고 할 때는 I've been with my share of women, 영화감독이 언론으로부터 비평을 받을 만큼 받았다라고 할 때는 I've seen my share of bad reviews, 형사가 유괴사건을 자기도 볼 만큼 봐왔다라고 할 때는 I've seen my share of abductions라고 한다. share of 다음에는 복수명사가 온다는 사실을 눈치 채야 한다. 참고로 단순한 몫이란 뜻으로 for my share하면 「내 몫으로」, What's my share?하면 「내 몫은 얼마야?」라는 뜻이 된다.

Key Point

I've had my share of threats 나도 협박 받을 만큼 받아봤어

- I've been with my share of women 여자 사귈 만큼 사귀어봤어
- I've seen my share of abductions 유괴사건을 겪어볼 만큼 겪어봤어

❶ **I've had my share of pretty girls.**
나도 예쁜 여자애들하고 사귈 만큼 사귀어봤어.

❷ **I've had my share of strange situations.**
나도 이상한 상황을 겪을 만큼 겪어봤어.

A: I'll bet you've never investigated a murder.
B: Wrong. I've had my share of homicide cases.

A: 장담하는데 너 살인사건을 수사해본 적이 전혀 없지.
B: 아냐. 나도 강력사건을 다루어볼 만큼 다뤄봤어.

A: Is it hard to travel so much?
B: I've had my share of lonely nights.

A: 출장 많이 가는 게 그렇게 힘들어?
B: 외로운 밤들을 겪을 만큼 겪어봤거든.

I'll have you know,

 내가 네가 알도록 해줄게??

have you know는 「네가 알도록 하겠다」라는 것으로 I'll have you know는 "너한테 분명히 말해두는데" 정도에 해당하는 표현. 자기 말에 강한 확신을 주거나, 상대방이 자기 말을 확실하게 알아듣기(emphasize something)를 바라는 맘에서 혹은 상대방의 잘못된 인식을 바로 잡아줄 때 사용하는 문구. 따라서 문맥에 따라서는 상대방을 나무라는 상황에서 쓰이기도 하는 표현으로 다소 formal하다고 할 수 있다. 예를 들어, Amy와 사귀는 좀 고지식한 남친, 친구들이 놀릴 목적으로, 맨날 모텔이나 전전한다는 소문을 내니, 정색을 하고, "I'll have you know that my relationship with Amy is very healthy"(내 장담하는데, 에이미와 나의 관계는 아주 건전해)라고 소문을 강하게 부인할 수 있다. 또한 불가피한 상황에서 같은 공간에서 밤을 새게 된 베켓이 자기 전에 캐슬에게 허튼 짓 하지 말라고 경고를 한다면, "I will have you know, Mr. Castle, that I sleep with a gun"라고 캐슬의 꿈을 단호하게 깰 수도 있다. 끊임없이 편리함과 informal을 추구하는 영어에서 자연 그 쓰임새가 점점 줄어들고 있다.

Key Point 

I'll have you know, 분명히 말해두는데

- I'll have you know, S+V 분명히 말해두는데 …이야
- I'll have you know (that) S+V 분명히 말해두는데 …이야

❶ **I'll have you know that I'm still a virgin.**
내 분명히 말하는데 나 아직 처녀야.

❷ **I'll have you know we have a very healthy sex life.**
분명히 말하지만 우리는 아주 건강한 성생활을 누리고 있어.

A: Look at Larry. He's such a loser.
B: I'll have you know he has a really kind heart.

A: 래리 봐봐. 걔 정말 머저리야.
B: 분명히 말해두지만, 걔는 정말 맘씨가 좋아.

A: I bought a hamburger and hot dog for you.
B: I'll have you know that I don't eat meat.

A: 너 줄려고 햄버거와 핫도그 샀어.
B: 분명히 말하지만 난 고기 안 먹어.

You can say that again

 너는 그것을 다시 말할 수 있어??

상대방이 딱 맞는 말을 했을 때, 내가 하고 싶은 말을 골라 했을 때, 정말 그렇다고 좀 강하게 그리고 입체적으로 동의하고 싶은데 그런 표현들을 모르면 허구한 날, Yes, You're right만 되새김질 할 수밖에 없을 것이다. You can say that again이 바로 이럴 때 쓰는 대표적인 문장이다. "정말 그렇다니까," "딱 맞는 말이야"라는 뜻으로 그냥 교과서처럼 읽으면 안 되고 that을 강하게 발음해주어야 한다. You said it 또한 같은 맥락의 표현인데, You said it+V~(네가 그게 …라고 말했잖아)라는 표현과는 구분해야 한다. 그밖에 "바로 그거야," "말 한 번 잘했어"라는 의미의 Well said, "누가 아니래," "진짜 그래"라는 의미의 You're telling me 등이 있다. 참고로 Don't tell me나 You don't say는 상대방의 말에 놀라면서 하는 말로 "설마," "정말," 혹은 다 아는 얘기면 "뻔한 거 아냐"라는 의미의 표현들이다.

Key Point 

You can say that again 정말 그래, 딱 맞는 말이야

- You said it 바로 그거야
- Well said 말 한 번 잘했어
- You're telling me 정말 그래

❶ **I totally agree. You can say that again.**
전적으로 동의해. 딱 맞는 말이야.

❷ **Quite right. You can say that again.**
정말 맞아. 그렇고말고.

A: Bertha must be the most beautiful girl at our school.
B: Yeah, you can say that again.
A: 버싸가 우리 학교에서 가장 예쁠 거야.
B: 응, 그렇고말고.

A: Thank God we're on summer vacation.
B: Amen! You can say that again.
A: 야, 여름방학이다.
B: 아멘! 정말 그래.

What have you done?

 너는 무슨 짓을 한 거야??

무슨 일을 했냐고 단순히 물어보는 문장이 아니라 상대방이 무슨 사고를 친 것인지 몰라 짜증내면서 물어보거나, 아니면 다 아는 상태에서 충격 받고 "(도대체) 무슨 짓을 한 거냐?"라고 탄식을 지르는 표현이다. 좀 더 구체적으로 "…에게 혹은 …을 어떻게 한 거냐?," "…을 어떻게 이럴 수 있냐?"라고 할 때는 What have you done with[to]~?라고 하면 된다. 자신들이 한 일에 스스로 놀랐을 때는 What have we done?이라고 하면 되는데, 〈빅뱅이론〉에서 쉘든에게 에이미를 소개시켜주고 나서 하워드가 하는 말이 바로 "Good god, what have we done?"이다. 관련 표현으로는 무슨 짓을 저지른 건지 추궁하는 What is it you've done?, 너 사고쳤구나 그래서 나중에 벌 받겠구나라는 의미의 Now you've done it, 그리고 상대방이 한 일에 놀라 불쾌하고 기분 나빠서 말하는 Look what you've done(너 무슨 짓을 한 거야) 등이 있다.

Key Point 

What have you done? 도대체 무슨 짓을 한 거야?

- What have you done with[to]~? …을 어떻게 한 거야?
- What have we done? 우리가 무슨 짓을 한 거야?
- Now you've done it 너 사고쳤구나
- Look what you've done 너 무슨 짓을 한 거야

❶ What have you done to my daughter?
너 내 딸에게 무슨 짓을 한 거야?

❷ My God, what have I done to you, huh?
맙소사, 내가 너한테 무슨 짓을 한 거야, 응?

A: I'm in trouble here. We need to call someone.
B: Not until you admit what you've done.

A: 내가 곤경에 처해서, 누구에게 전화해야 돼.
B: 네가 저지른 짓을 인정할 때까지는 안 돼.

A: What have you done to the TV? It doesn't work anymore!
B: I didn't do anything. I swear I didn't break it.

A: 너 TV 어떻게 한거야? 더 이상 안나오잖아!
B: 나 아무짓도 안했어. 정말이지 내가 망가트리지 않았다고.

Q It's not what you think

 그것은 네가 생각하는 게 아니야??

직역해도 어느 정도 정답에 근접할 수 있는 표현이다. 그것은 네가 생각하는 것이 아니다, 즉 "그런 게 아니야," "네가 생각하는 것과 달라"라는 의미. 상대방이 오해할 만한 상황에서, 말하는 사람은 변명이든 사실이든 상대방이 오해하는 것을 풀고 싶은 맘에서 하는 문장이다. 즉 상대방이 보고 판단하는 것은 틀렸으니 속단하지 마라(don't jump to conclusions about this situation) 그리고 실제 무슨 일인지 내가 설명할게(want a chance to explain what is happening)라고 황급히 사태수습을 하려고 서두에 꺼내는 말이다. 하루 월차낸 남편, 이웃집 젊은 아줌마가 소금을 빌리러 왔다가 그만 거실 카펫에 걸려 쫙 넘어져 묘한 자세로 속옷이 드러난 순간 마침 퇴근해 집에 들어온 아내가 이 광경에 놀랐을 때, 남편이 할 수 있는 첫마디는 "Oh, no. It's not what you think"일게다. 그리고 의문형으로 Is that what you think?하면 상대방의 의견에 놀라서, 못 믿겨서 하는 말로, "너 정말 그렇게 생각하는 거야?"라는 표현이다. Is that what you think ~?의 형태로 쓰기도 한다.

Key Point 

It's not what you think 그런 게 아니야, 네가 생각하는 것과 달라

▶ Is that what you think? 너 정말 그렇게 생각하는 거야?

❶ We get together when my wife's out of town. **It's not what you think.** 내 아내가 멀리 출타 중일 때 우리는 만나는데 네가 생각하는 그런 게 아냐.

❷ **Is that what you think** is going on here?
여기서 벌어지는 일이 정말 그거라고 생각해?

A: You have bad news?
B: Oh, no, **it's not what you think.**

A: 안 좋은 소식이 있어?
B: 오, 아냐, 그런 게 아냐.

A: DNA proves that the semen came from you.
B: **It's not what you think.**

A: DNA에 의하면 그 정액은 당신 꺼야.
B: 그런 게 아녜요.

Wanna make out?

 우리 키스할까??

make out은 「이해하다」 (understand), 「알아듣다」 등의 의미로 친숙한 표현이지만, 미드의 세계에서는 이성간의 육체적 접촉을 의미할 때 많이 쓰인다. 그럼 make out의 범위는 어떻게 될까? 가벼운 키스에서부터 서로의 혀가 씨름하는 프렌치 키스, 나아가 서로의 몸을 더듬는 groping, 그리고 나아가서는 최종 목표인 have sex를 뜻하기도 한다. 말하는 두 사람의 관계의 진척 정도, 상황에 따라서 맞춰 이해해야 한다. 이런 행위를 같이 한 사람을 말하려면 make out with sb라고 하면 된다. 그래서 이웃집 친구의 아들이 나이가 두 배나 많은 엄마 친구와 성관계를 맺고 있다는 충격적인 사실을 전달하려면 "Your 16-year-old son made out with a woman twice his age"라고 말할 수 있으며, 여자 친구들끼리 모인 자리에서 지난번 갔던 바의 바텐더와 즐겼다고 자랑하려면 "I made out with the bartender last time"이라고 하면 된다. 참고로 make out은 수표나 문서 등을 작성하다는 뜻으로도 미드에 많이 나오는데 An invoice made out to him하게 되면 "걔 앞으로 발행된 송장"이라는 뜻이 된다.

Key Point 

Wanna make out? 애무하고 싶어?

- make out with sb …와 애무하다
- make out (to) 수표나 문서를 작성하다

1. **I made out with him. It was so hot!**
   난 걔와 애무를 나누었어. 너무 좋았어!
2. **Just because I make out with boys on TV doesn't make me a whore.** 내가 TV에서 남자들과 애무를 했다고 해서 내가 창녀가 되는 것은 아냐.

A: Where were Susan and Jerry last night?
B: I found them making out in his car.

A: 수잔과 제리가 어젯밤에 어디 있었대?
B: 걔 차에서 애무하고 있는 걸 봤어.

A: She thinks that I made out with him and I did it to get her job.
B: But why didn't you just tell her the truth?

A: 걔는 내가 걔와 섹스를 했고 자기 일자리를 얻기 위해 그랬다고 생각해.
B: 왜 걔한테 진실을 말하지 않았어?

It's just one of those things

 그런 일들 중의 하나일 뿐이야??

one of them으로 유명한 one of+복수명사의 형태를 사용한 표현. 여기서 쓰인 one of those things에서 those things는 어떤 특정한 것들을 뜻하는 것이 아니라 「그런 일들 중의 하나」라는 말로 전혀 특별하지 않은 흔한 일(something is very common and not special)이라는 의미로 쓰였다. 그래서 미리 예방이나 피할 수도 없는 그런 성질의 일이라는 말이다. 이를 우리말로 하자면 "흔히 있는 일이야," "이런 일 다반사야" 정도에 해당한다. 무뚝뚝한 아버지가 어린 딸이 남친하고 break up했다고 울먹이자, 무뚝뚝한 말투로 "It's just one of those things. Just forget about it"이라고 할 수 있다. 또한 아내가 두통이 있다고 하자, 걱정이 되는 남편이 계속 그러면 큰 병원에 가봐야 되지 않냐고 호들갑을 떨자, 아내 왈 "I just had a headache. Still do. Just one of those things"라고 말할 수 있다.

Key Point 

It's just one of those things 흔히 있는 일이야, 이런 일 다반사야

- It is one of those things (that)~ …하는 것은 흔한 일이야
- It is one of those things where ~ 그게 …하는 예야, …하는 곳이야, …하는 때야

❶ **It's just one of those things.** It wasn't important.
이런 일 흔히 있는 일이야. 중요하지 않은 거였어.

❷ **It's one of those things** where people bring their kids to play together. 사람들이 애들을 데려와 함께 놀게 하는 그런 곳이야.

A: Are you in a serious relationship with Diane?
B: Oh no. **It's just one of those things.**

A: 너 다이앤과 진지한 관계야?
B: 아니. 그저 그런 사이야.

A: I think you did something bad.
B: **It's just one of those things.** Forget about it.

A: 너 뭐 못된 짓 한 것 같아.
B: 흔히 있는 일이야. 잊어버려.

Don't let them bother you

걔네들이 너를 괴롭히도록 놔두지 마??

좀 낯선 표현 형태이지만 네이티브들이 아주 즐겨 사용하는 표현이다. Don't let sb[sth] + V~로 이루어진 이 표현은 직역하면 "sb[sth]가 V하지 못하도록 해라"가 된다. 그래서 Don't let them bother you하게 되면 상대방이 다른 사람들로부터 모욕을 당하고도 가만히 화도 내지 않고 있을(keep calm and not get angry, especially if that person is being insulted or upset by others or by a situation) 때 강한 충고를 하는 것으로 "걔네들이 널 못살게 굴지 못하게 해," "너한테 그렇게 못하게 해"라는 뜻이 된다. 이를 활용한 유명한 문장으로는 Don't let it bother you(그 때문에 신경 쓰지마), Don't let it bug you(무시해버려), Don't let it get to you(신경 쓰지마), Don't let it happen again(다시는 그러지마) 등이 있다.

Key Point

Don't let them bother you 걔네들이 너한테 그렇게 못하게 해

- Don't let it bother you 그거 신경 쓰지 마
- Don't let it happen again 다시는 그러지마

❶ **Don't let them** kill me like they killed Jessica!
걔네들이 제시카를 죽인 것처럼 나를 죽이지 않도록 해줘요!

❷ **Don't let it bug you.** I'm sure there's plenty of things you're better at. 스트레스 받지 마. 네가 더 잘하는 일이 많이 있을 거야.

A: I was kept awake by the noise last night.
B: Oh, **don't let it bother you.**

A: 지난밤에 소음 때문에 한숨도 못 잤어.
B: 어, 신경 쓰지 마.

A: You can't take it back. You already said it, and it's out there, and it's never gonna go away.
B: Well, **don't let it go to your head.**

A: 취소 못해. 이미 말해버렸고 절대 없어지지 않아.
B: 그럼, 너나 안들은 걸로 해.

What's in it for me?

 나를 위해 그 안에 무엇이 있냐고??

크게 보면 주어 What, 동사구 be in it 그리고 for me로 생각해볼 수 있다. What과 for me는 다들 알테니, be in it을 분석해보면 'it 안에 있다' 라는 뜻이 된다. 그리고 이 'it'은 앞서 나온 대화의 내용을 말하는 것이다. 따라서 이 문장은 "무엇이 나를 위해 그거 안에 있느냐?" 라는 말이 된다. 의역하면 "그래서 내가 얻는 게 뭔데?," "내게 무슨 이득이 있어?"(What benefit do I get?), 혹은 문맥에 따라 "그게 나랑 무슨 상관이 있냐?"라는 뜻으로도 쓰인다. 반대로 "네가 얻는 게 뭔데?"는 What's in it for you? 컴도사 친구에게 컴퓨터수리 부탁했더니 쌀쌀맞게 "What's in it for me? I don't work for free"라는 무서운 문장이 날아올 수 있다. be를 have로 바꾸면 have in it for sb(앙심을 품다)가 되니 잘 구분해야 한다. 또한 Sb be in it for sth하게 되면 「…때문에 …을 하다」(be involved in)라는 뜻이 되고 마지막으로 What are you in for?(it이 없다)하면 "너는 뭐 때문에 여기 있게 된거야?(What crime did you commit?, Why are you here?)라는 의미가 된다.

Key Point 

What's in it for me? 내가 얻는 게 뭔데?, 내게 무슨 이득이 있어?

- have in it for sb 앙심을 품다
- Sth be in it for sb …에게 …이득이 되다
- Sb be in it for sth …때문에 …을 하다

❶ You've never done anything when something **wasn't in it for** you.
넌 네가 얻는 게 없으면 절대로 뭔가 한 적이 없잖아.

❷ Did you ever think maybe she **was in it for** the sex?
걔가 섹스 때문에 그걸 했을 수도 있을 거라는 생각해봤어?

A: So you'll be working on Saturday and Sunday.
B: Okay, but **what's in it for me?**
A: 그럼 토요일과 일요일에 일하는 거야?
B: 그래, 하지만 내가 얻는 게 뭐 있나?

A: **What's in it for me** if I succeed?
B: First prize is $1000.
A: 내가 성공하면 얻는 게 뭔데?
B: 1등은 천 달러를 받아.

Q Don't fall for it

그것에 떨어지지 말라고??

A

fall은 「넘어지다」, 「떨어지다」라는 의미로 fall for하게 되면 「for를 향해서 떨어지다」, 「빠지다」라는 말. for 다음에는 sb 혹은 sth이 올 수 있는데, 먼저 fall for sth하게 되면 상대방이 속이려고 하는 말이나 행동에 넘어가는 것을 말한다. 그리고 fall for sb하게 되면 이때는 sb에게 끌려서 사랑에 폭 빠지다라는 뜻이 된다. 위 문장처럼 Don't fall for it하게 되면 상대방에게 "사기와 거짓에 속지 말라"(Don't believe something that is a lie)고 충고할 때 쓰는 표현이다. 예를 들어 새로 한국에 배치 받은 미국 신병이 이태원가서 쇼핑을 하겠다고 할 때, 고참이 "When the man in Itaewon tries to sell you a Rolex watch, don't fall for it. They are fake"라고 팁을 줄 수가 있다. 착하고 고지식해서 맨날 거짓말을 해도 넘어가는 친구가 있다면 한번쯤 "You fall for it every time"이라고 해줄 수도 있다. 참고로 take the fall for하게 되면 for 이하를 책임진다는 말이다.

Key Point 

Don't fall for it 속지마라

- fall for sth …에 속다
- fall for sb 사랑에 빠지다

❶ **There are two types of guys that fall for beautiful women.**
아름다운 여인에게 빠지는 두 가지 유형의 남자가 있어.

❷ **It looked so fake. How could anyone fall for that?**
뻔히 가짜처럼 보였는데. 어떻게 저기에 넘어갈 수가 있어?

A: I would never cheat on you. You know that.
B: That's not what I asked. Did you fall for him?

A: 난 절대로 바람피우지 않을 거야. 알잖아.
B: 내 질문은 그게 아니잖아. 걔한테 빠졌어?

A: That tape is a fake. I guess he's not gonna fall for it.
B: I told you he was sharp.

A: 저 테이프는 가짜야. 걔가 넘어가지 않을 거야.
B: 걔 날카롭다고 말했잖아.

What can I say?

내가 무슨 말을 할 수 있을까??

What can I say?는 말 그대로 뭐라고 말을 할 지 떠오르지 않을 때 사용하는 표현이다. 즉 I'm not sure what to say란 문장과 같은 의미. 하지만 이 표현이 쓰이는 상황은 그리 단순하지 않다. 말 그대로 "뭐랄까?"라는 의미로 말이 안 떠오를 때, 그리고 잘못에 대한 변명의 여지가 없을 때 "할 말이 없네," 마지막으로 약간 저항하는 분위기 속에서 나도 어쩔 수 없었다라는 뉘앙스를 갖고서 "나더러 어쩌라는 거야?" "낸들 어쩌겠어?" 등의 세 가지 의미로 쓰이니 문맥에 맞춰 선택을 해야 한다. 비슷한 표현으로 What can I tell you?가 있는데 이 또한 자기 행동에 어떤 설명이나 변명을 댈 게 없다(I don't have an excuse)라는 의미이다. 절친이 좋아하고 곧 고백한다는 것을 알면서도 병원의 훈남 인턴에게 집적대다 절친에게 들켰을 때 자신도 어쩔 수 없다고 하면서 하는 말이 "I'm sorry I've kept this from you. But what can I say? I like him. A lot"이다. 또한 퇴근 후 리모컨과 벗삼아 사는 남편, 어느 날 리모컨이 망가진 걸 보고 짜증을 내는데, 아내 왈, "What can I tell you? I accidentally broke it"(뭐라 할 말이 없어. 어쩌다 내가 망가트렸어)이라고 할 수 있다.

Key Point

What can I say? 뭐랄까?, 할 말이 없네, 낸들 어쩌겠어?

▶ What can I tell you? 뭐라 할 말이 없어

❶ **What can I say?** I know what women want.
뭐랄까? 난 여자들이 원하는 것을 알아.

❷ **What can I say?** She trusts me more than you.
낸들 어쩌겠어? 걔는 너보다 나를 더 신뢰해.

A: You're watching me sleep again?
B: You're cute when you sleep, **what can I say?**

A: 내가 자는 걸 또 쳐다봤어?
B: 너 잘 때 귀여워, 낸들 어쩌겠어?

A: **What can I say?** You were right, I was wrong.
B: You can say that.

A: 할 말이 없네. 네가 맞았고 난 틀렸어.
B: 당연하지.

I'm probably way out of line

 내가 아마도 라인을 많이 벗어났나봐??

이 표현의 핵심은 out of line이다. 세상은 보이지는 않지만 다들 지켜야 될 선이 있고, 이 선을 넘으면 온갖 갈등과 싸움과 불만이 생겨나는데 이때에 적합한 표현이 out of line이다. 이해할 수 없는 행동이나 말을 했다는 뜻이다. 강조하기 위해서 way out of line이라고도 한다. 자기가 지나치게 행동을 하고서 미안한 목소리로, I was out of line이라고 해도 되고, 또 도 넘은 상대방에게 화를 내며 "You are way out of line"이라고 질책이나 비난을 할 수도 있다. 또 다른 용법은 뭔가 얘기를 하긴 해야겠는데 이게 주제넘을 것 같고 혹은 상대방을 화나게 할 수도 있다고 생각이 들 때, 상대방을 기분 나쁘게 할 의도가 아니라는 양해를 미리 구하는 차원에서 하는 경우가 있는데, 이게 바로 I'm probably way out of line, but(내가 할 얘기는 아닐 수도 있지만), I hope I'm not out of line, but~(주제 넘는다고 생각하지 않았으면 하지만) 등이다. 또한 It's totally out of line 역시 뭔가 하지 말았어야 하는 일을 했다는 뉘앙스의 표현이다.

Key Point

I'm probably way out of line, 내가 할 얘기는 아닐 수도 있지만,

- I hope I'm not out of line, but~ 주제 넘는다고 생각하지 않았으면 하지만~
- You are way out of line 네가 너무 지나쳤어
- It's totally out of line 그건 정말 도가 지나쳤어

❶ After thinking it over, I realized that maybe **I was out of line.**
곰곰이 생각을 해본 후에, 난 내가 지나쳤을 수도 있다는 것을 깨달았어.

❷ **I'm probably way out of line,** but your breasts are huge!
내가 할 얘기는 아닐 수도 있겠지만, 네 가슴은 정말 엄청 커!

A: You wanted to talk about something important?
B: **I'm probably way out of line,** but I need a raise in pay.

A: 뭐 중요한 것에 대해 얘기하고 싶었어?
B: 주제넘을지 모르겠지만 급여인상 좀 해주세요.

A: Why do you keep staring at me?
B: **I'm probably way out of line,** but I'm going to marry you someday.

A: 왜 계속 나를 쳐다보고 있는 거야?
B: 좀 지나친 얘기일 수도 있겠지만, 언젠가 너와 결혼할거야.

I know what you're doing

 네가 뭘 하는지 안다고??

글자 그대로 옮기면 나는 네가 무엇을 하고 있는지 알고 있다이다. 문맥에 따라 이렇게 쓰일 수도 있고 아니면 비유적으로는 보통 상대방의 비겁하고 거짓된 행동을 간파했을 때 하는 말로 "네 속셈이 뭔지 알고 있어서 속지 않을 것이다"(be aware of something that is going on and that they are not going to be tricked or fooled)라는 의미로 쓰인다. 반면 I know what you're saying하면 상대방 말에 동의하는 것으로 "무슨 말인지 알겠어"라는 표현. 이와 비슷한 형태들인 I know what I'm doing은 걱정하는 상대방에게 "내가 알아서 할게" 그리고 I know what I'm saying은 "내가 알아서 말할 테니 걱정 마"라고 하는 문장. 또한 I don't know what I'm doing은 "어떻게 해야 할지 모르겠어," I don't know what I'm doing here는 "내가 여기서 뭘 어떻게 해야 할지 모르겠어"라는 의미가 된다. 그리고 You don't know what you're doing은 상대방이 일을 형편없이 할 때 짜증내면서 "넌 지금 네가 무슨 짓을 하는 줄 몰라"라고 하는 말.

Key Point 

I know what you're doing 네 속셈이 뭔지 다 알아

- I know what you're saying 무슨 말인지 알겠어
- I know what I'm doing 내가 알아서 할게
- I know what I'm saying 내가 알아서 말할 테니 걱정 마

❶ **I know what you're doing,** Michael! Now tell them the truth.
마이클, 네 속셈이 뭔지 다 알아! 걔네들한테 진실을 말해.

❷ **I know what you're doing.** You can't fool me.
네 속셈이 뭔지 알아. 날 속일 수는 없지.

A: You must have been a model.
B: **I know what you're doing.** You're trying to seduce me.

A: 예전에 모델을 했음에 틀림없어.
B: 네 속셈 모를까봐. 날 꼬시려는 거잖아.

A: I'm having difficulty paying bills this month.
B: **I know what you're doing,** and you can't borrow money.

A: 이번 달에 납부할 요금을 내는 게 어려워.
B: 무슨 말인지 알겠는데 돈을 빌려줄 수가 없어.

Q I just wanted you to know I'm sorry

✕ 난 단지 내가 미안하다는 것을 네가 알아주기를 원했어??

A

그렇게 난이도가 높지는 않지만 무지무지 많이 쓰이는 표현. I just wanted you to know~ 하게 되면 내가 know 이하의 사실을 네게 알려주고 싶었어, 다시 말하자면, "네가 …한 사실을 알아줬으면 했었다"라는 의미이다. 미처 상대방에게 얘기하지 못한 사실이나, 상대방이 꼭 알아주었으면 하는 사실을 전달할 때 유용한 문장이다. 현재형을 써서 I want you know that~ 하게 되면 마찬가지로 "네가 …을 알기를 바란다"라는 말로 상대방에게 새로운 사실이나 몰랐던 사실을 전달하는 방법이다. 상황에 따라 "…을 알립니다," "…을 알아둬" 등 문맥에 맞게 이해하면 된다. 지극한 사랑을 표현할 때, 사랑하기 때문에 난 항상 네 곁에 있을 거야라는 사실을 전달할 때 "I want you to know I am there for you because I love you" 그리고 성격차이로 헤어지게 된 부부, 남편이 마지막으로 헤어지면서 자기가 정말 사랑했던 사실만은 알아달라고 할 때 "I just wanted you to know how much I loved you"라고 하면 감동적인 헤어짐이 될 것이다.

Key Point

I just wanted you to know I'm sorry 내가 미안하다는 것을 알아주길 바랬어

▶ I want you to know (that)~ 내가 …하다는 것을 알아줘

❶ **I want you to know that** I will wait with you for as long as it takes.
시간이 얼마나 걸리든 난 너와 함께 기다릴 거라는 것을 알아줘.

❷ **I just wanted you to know** how much I loved your book.
난 단지 내가 네 책들을 얼마나 좋아했는지를 알아주기를 바랬어.

A: You shouldn't have started the argument.
B: **I wanted you to know that** I'm sorry.

A: 네가 논쟁을 시작하지 말았어야 했는데.
B: 내가 미안해한다는 것을 알아주기를 바랬어.

A: Why did Mr. Perlman call?
B: **He wanted you to know** he's not guilty of the crime.

A: 펄먼 씨가 왜 전화한 거야?
B: 그는 자기가 무죄라는 것을 네가 알아주길 원했어.

I wouldn't be caught dead at that show

 난 그 쇼에서 죽은 모습으로 발견되지는 않을 것이다??

가정법 단어가 들어간 표현은 그 맛을 잘 살려 이해해야 한다. 먼저 I wouldn't~은 절대로 내가 그럴 일은 없을 거라고 주어의 강한 의지를 표현하는 것이고, 다음에 이어지는 be caught dead는 '죽은 채로 사람들에게 보이다' 라는 의미로 이 두 개를 합해 I wouldn't be caught dead는 "죽어도 …을 하지 않겠다," "절대로 …하지 않겠다"라는 강한 거부를 나타내는 표현이 된다. 보통 뒤에는 장소명사나, 옷에 관한 문구 혹은 ~ing가 이어져 온다. 지독한 짠돌이 남편이 결혼기념일이라고 중고 옷가게에서 제일 싼 드레스를 사오자, 화가 치밀어 오른 아내는 "I wouldn't be caught dead wearing this!"라고 외치면서 남편 얼굴을 향해 옷을 집어던질 것이다. 위 문장의 의미는 "난 절대로 그 전시회에 가지 않을 거야"이다.

Key Point 

I wouldn't be caught dead 죽어도 하지 않아, 절대로 하지 않아

▶ I wouldn't be caught dead ~ing[in, with~] 절대로 …하지 않을 거야

❶ She always said she'd never be caught dead in black.
걔는 늘 절대로 검은 옷을 입지 않을 거라고 했어.

❷ I wouldn't be caught dead watching a reality TV show.
난 절대로 리얼리티 쇼를 보지 않아.

A: I think Carl is going to ask you out.
B: I wouldn't be caught dead on a date with him.

A: 칼이 너한테 데이트 신청할 것 같아.
B: 나 걔하고는 죽어도 데이트하지 않을 거야.

A: Why do you spend so much money at boutiques?
B: I wouldn't be caught dead with a fake handbag.

A: 왜 그렇게 부티끄에서 돈을 많이 쓰는 거야?
B: 난 죽어도 짝퉁 가방을 들고 다니지 않을 거여서.

It's just a fling

 그건 단지 던지는 거였어??

fling이란 단어를 모르면 알 수 없는 표현. 동사로는 「내던지다」, 「몸을 던지다」이지만 명사로는 그냥 아무 생각 없이 즐기는 것을 말하거나, 나아가 애당초 사귈 생각 없이, 즉 진지하지 않게 짧은 기간 이성을 만나서 섹스하고 즐기는 것을 말한다. 짧은 기간이지만 one night stand보다는 길다고 보면 된다. 몇 달 동안 섹스도 못해 근질근질하고 그렇다고 진지하게 누굴 만날 생각이 없다면, 방법은 가볍게 만나서 생리적인 것을 푸는 것밖에 없다. 이럴 때 I want to have a fling이라고 하면 된다. 대상까지 말하려면 have a fling with sb라고 하면 되고, It's just a fling이라고 하면 연인관계가 아니고 가볍게 만나서 즐기는 거라고 말하는 문장이다. 예를 들어, 오랜 기간 연인 사이였지만 크게 다툰 후 서로 합의한 몇 달 휴지기에(on a break) 남자가 다른 여자와 놀아난 것을 안 여자가 헤어지자고 할 때 남자는 "It's just a fling. That's all"이라고 항변할 수 있다.

Key Point 

It's just a fling 그냥 가볍게 즐긴 거였어

- I want to have a fling 가볍게 즐기고 싶어
- have a fling with sb …와 가볍게 즐기다

❶ It was a stupid fling. I pretended it never happened.
그건 아무 의미 없는 섹스였어. 없었던 일처럼 행동했는데.

❷ I thought you were looking for some kind of a fling.
난 네가 좀 그냥 즐기는 섹스를 하려 한다고 생각했어.

A: I mean, it doesn't even have to be a big relationship, y'know, just like a fling would be great.
B: Really? I didn't think girls ever just wanted a fling.

A: 내말은, 거창한 관계일 필요는 없고, 저기, 잠깐 동안의 섹스도 괜찮을 거야.
B: 정말? 여자들은 잠깐 동안의 섹스관계는 원치 않을 거라 생각했었는데.

A: You were just having a fling with a student.
B: Christina and I were together for three years.

A: 넌 한 학생과 가볍게 즐기고 있었어.
B: 크리스티나와 나는 3년 동안 사귀었어.

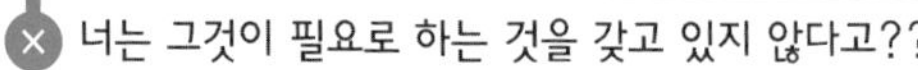

You don't have what it takes

너는 그것이 필요로 하는 것을 갖고 있지 않다고??

A

이 문장의 핵심은 what it takes이다. '그것이 필요로 하는 것' 이라는 이 문구는 have 동사의 목적어로 쓰여서 have what it takes하면 「…가 되기에 필요한 타고난 재능(natural talent), 소질, 자질이 있다」라는 뜻이 된다. 더 노력을 해야 한다는 점이 내포되어 있고 반대로 타고난 소질이 없다고 할 때는 don't have what it takes라 하면 된다. 무엇이 되기 위한 재능인지 함께 말하려면 have what it take to+V의 형태로 써주면 된다. 그래서 갓 결혼한 신혼부부에게 부모들이 너희는 정말 훌륭한 부모가 될 재능을 타고났다며 '손자생산' 을 부추기려면 "You have what it takes to be really great parents"라 하면 된다. 한편 if that's what it takes (to~)의 형태가 많이 나오는데 이때는 (…하는데) 그것이 필요한 것이라면이라는 뜻으로 "그게 내가 치러야 할 대가라면"이라는 뜻으로 이해하면 된다.

Key Point 

You don't have what it takes (to~) 넌 (…할) 자질이 없어

- have what it takes 재능, 소질, 자질
- if that's what it takes (to~) (…하는데) 그게 내가 치러야 할 대가라면
- do what it takes to~ …하는데 필요한 것을 하다

❶ Jack wasn't willing to **do what it takes to** become a great actor.
잭은 훌륭한 배우가 되기 위해서 필요한 것을 기꺼이 할 의향이 없었어.

❷ You have no idea **what it takes to** make a marriage work!
넌 결혼이 유지되기 위해서 뭐가 필요한지 조금도 몰라!

A: Anita decided to quit music lessons.
B: She **didn't have what it takes to** become a pianist.

A: 애니타는 음악수강을 그만두기로 했어.
B: 걘 피아니스트가 되는데 필요한 소질이 없었어.

A: Gee, Jack, you look kind of sad.
B: **I don't have what it takes to** get into med school.

A: 아이고, 잭, 너 좀 슬퍼 보인다.
B: 난 의대 갈 재능이 없어.

Q Cover your ass!

 네 엉덩이를 가리라고??

A

만연하는 성추행을 대비해서 엉덩이를 가리라고 충고하는 문장이 아니다. 앞으로 다가올 조사, 비난, 문제 등에 대비하여 자기 자신을 보호하라는 의미의 표현이다. 즉, 책임을 피할 변명이나 구실을 확보하여 뒷일을 대비하고 스스로를 보호하라(protect oneself)는 말. 많이 쓰이는 슬랭으로 cover one's ass에서 ass 대신에 butt나 back을 써도 된다. 혹은 강조하기 위하여 own을 넣어 cover one's own ass라고도 한다. 사고를 쳐서 문제가 생길 수도 있는 동료에게 "Cover your ass and hide"라고 말할 수 있고, 진통제에 중독된 House가 부하 의사들이 보호해주려고 하니까, 신경질 내면서 하는 말이 "I don't need you to cover my ass! What I need is my Vicondin!"이라고 외친다. 참고로 「공격하다」, 「혼내다」는 kick one's ass, move your ass는 「서두르다」(hurry) 그리고 My ass!하면 방금 상대방이 한 말을 못 믿겠다는 핀잔성 표현이다. 마지막으로 하나 더, cover for하면 잠깐 자리를 비우면서 혹은 휴가를 가면서 자기 일을 대신 좀 처리해달라는 표현이다.

Key Point 

Cover your ass! 너 몸조심해!, 너를 보호하라고!, 네 앞가림해!

- kick one's ass 혼내다
- move your ass 서두르다
- My ass! 웃기는 소리 마!

1. He **has been kicking my ass** all day.
   걔가 하루 종일 나를 괴롭히고 있어.
2. I was facing criminal charges. And lied to **cover my ass.**
   난 형사기소에 직면하고 있었는데, 면피하기 위해 거짓말을 했어.

A: Politicians rarely get sent to jail.
B: They are very good at **covering their asses.**

A: 정치가들은 감방에 가는 경우가 거의 없어.
B: 자기네들 보호하는 데는 아주 탁월하잖아.

A: Why can't I get permission to search the building?
B: Look, I'**m just covering my ass** here.

A: 그 빌딩 수색허가를 왜 받을 수 없다는 거죠?
B: 이봐, 나 내 앞가림하는 중이야.

This is where I draw the line

 이게 내가 선을 긋는 곳이라고??

draw the line은 글자 그대로 선을 긋다라는 의미. 여기서 발전하여 비유적으로 「구분 짓다」, 「한계를 설정하다」라는 뜻으로 쓰여서 This is where I draw the line하게 되면 "여기까지 내가 할 수 있어," "여기까지가 내 한계야," 즉 "여기까지야," "더는 나 못하겠어"라는 뜻으로 쓰이는 문장. 뭔가 못하겠다고 손들 때, 더 이상 도와줄 수 없다고 할 때, 더 이상 받아들이거나 허용할 수 없다고 할 때 써먹을 수 있는 표현이다. 한 아주머니가 식당을 개업했는데 남편이 다쳐서 집에 있을 때 아이들을 좀 봐달라고 옆집 아주머니에게 부탁을 했는데, 식당에 찾아와 두손 들고는 "Five kids are tough enough, but your husband makes six, And that's where I draw the line."(아이 다섯도 힘든데 남편까지 돌봐줄 수 없어. 나 여기까지야)라고 두 손을 들 수 있다. 참고로 Where do we draw the line?이라는 문장이 많이 등장하는데 이는 어디서 우리가 멈출까, 혹은 어느 상황에서 우리가 안하겠다고 해야 될까(where do we stop, or at what point do we decide to resist or not do something)라고 묻는 질문이다.

Key Point 

This is where I draw the line 여기까지가 내 한계야, 여기까지야 나 못하겠어

▶ draw the line 선을 긋다, 한계를 설정하다, 거부하다

1. She thinks that we should **draw the line** somewhere.
   걔는 우리가 어딘가 한계를 설정해야 한다고 생각하고 있어.
2. The actress **draws the line at** appearing nude.
   그 여배우는 누드출연을 거부하고 있어.

A: So you won't work until midnight?
B: No! **This is where I draw the line!**

A: 그래, 너는 자정까지 일하지 않을 거지?
B: 어! 여기까지야, 더는 못하겠어!

A: Come on, just tell your boyfriend you're sick.
B: I can't. **I draw the line at** lying to him.

A: 이것 봐, 네 남친에게 아프다고 그냥 말해.
B: 안 돼. 남친에게 거짓말하는 거 그만할래.

I'm gonna hold you to that

 난 그것으로 너를 잡을 거야??

이 문장의 핵심은 「자기가 한 약속을 지키다」라는 뜻의 hold to에서 응용된 hold sb to~이다. 이는 sb가 약속하였거나 하기로 결정한 to 이하의 것을 지키게 만들다, 즉 지키도록 하다라는 의미를 갖는다. 그래서 I'll hold you to that, 혹은 I'm gonna hold you to that의 형태로 자주 쓰이는 이 문장은, 상대방에게 "그거(그 약속) 꼭 지켜야 돼"라고 다짐을 확인받는 표현이 된다. 쉬운 영어로 하면 You must do what you said라는 말. 또한 비슷한 맥락으로 hold sb to (standard)가 나오면 sb가 to 이하의 기준에 따라 행동하게 한다는 의미이다. 예를 들어, 상대방보고 더 높은 기준에 따라 행동하게 하겠다고 할 때는 I hold you to a higher standard라고 하면 된다. 이런 기대에 반하여 약속한 것을 지키지 않겠다고 결심한다고 할 때는 back out이라고 한다. 또한 hold it[that] against sb라는 형태가 있는데 이는 「sb에게 원한을 갖다」, 「맘속에 담아두다」라는 뜻. 그래서 "널 원망하지는 않겠어"라고 하려면 "I won't hold it against you"라 하면 된다.

Key Point 

I'm gonna hold you that 그거(그 약속) 꼭 지켜야 돼

- hold sb to (standard) sb가 to 이하의 기준에 따라 행동하게 하다
- back out 약속한 것을 지키지 않다
- hold it[that] against sb sb에게 원한을 갖다, 맘속에 담아두다

❶ I'm going to **hold you to your promise** about that tennis racquet.
넌 네가 테니스 라켓에 대해서 한 약속을 지켜야 돼.

❷ Why **are you backing out?** This isn't like you.
왜 약속을 어기는 거야? 이건 너답지 않잖아.

A: I'll have to reschedule our date for next week.
B: Fine, **I'm going to hold you to that.**

A: 다음 주 우리 데이트 일정을 다시 잡아야 될 것 같아.
B: 좋아, 너 그 약속 지켜야 돼.

A: Look, I will be out soon, okay?
B: Okay. **I am going to hold you to that.**

A: 이봐, 곧 나갈 거야, 알았어?
B: 알았어. 그 약속 지켜야 돼.

Q We don't have a case

우리는 케이스가 없다고??

A

법정소송이 성립되기 위해서는 충분한 증거(evidence)와 논거(arguments)들이 있어야 하는데 그럴 만한 증거나 논거들이 부족해 기소를 하지 못할 때 검사가 쓰는 말이 We don't have a case이다. "기소를 할 수가 없다"라는 말이며 반대로 충분히 기소할 정도의 증거들이 있을 때는 I have a case라 한다. 즉, 여기서 case는 피고측 변호인이나 원고측 검사가 상대편을 향해 불리하게 사용할 수 있는 증거나 논거를 뜻한다고 생각하면 된다. 그래서 make a case하면 "형사사건이 성립되다"라는 뜻으로 You think you can make a case?하게 되면 형사나 변호사가 하는 말로 범죄자를 체포할 만큼 충분한 증거가 있는지 물어보는 문장이 된다. make a case하기 위해서는 강력한 주장이나 증거가 있어야 하기 때문이다.('make a case', there must be a strong argument for it, or strong evidence for it) 그래서 make a case to[for]는 「기소할 수 있다」가 되고 비유적으로 make a case for[against]하게 되면 이는 「자기주장의 논리의 정당함을 입증하다」, 「…을 옹호[반대]하는 진술을 하다」라는 뜻이 된다.

Key Point

We don't have a case 우린 기소할 수가 없어

- You think you can make a case? 충분한 증거가 있어 기소할 수 있겠어요?
- We can't make case for~ …로 기소할 수가 없어, 옹호하는 진술을 하다

❶ **Without you, we don't have a case.**
네가 없으면 기소할 수가 없어.

❷ **I can make a case to any jury against Tony for the murder of his wife.** 아내 살인범으로 배심원에게 토니에게 반대진술을 할 수 있어.

A: Why has Rizzo been in the main office for an hour?
B: He's making a case for a second look at the evidence.

A: 왜 리조가 한 시간 동안 본청에 있는 거야?
B: 증거를 재검토하자고 설득을 하고 있어.

A: She is a clear threat to society.
B: I know, but we don't have a case!

A: 걘 명백히 사회에 위협적인 존재야.
B: 알아, 하지만 기소할 충분한 증거가 없잖아!

I can't get enough of her

 나는 걔를 충분히 가질 수 없다고??

부정어인 can't와 「충분한」, 「질린」이라는 내용의 부정어가 결합한 문장으로, 부정+부정=강한 긍정이라는 공식에 넣으면 답이 나오는 쉬운 표현. get enough of는 「충분하다」, 「질리다」, 「싫증나다」인데, 여기에 I can't가 붙어서 I can't get enough of her하면 「질리지 않다」, 「싫증나지 않다」, 「무척 좋아하다」라는 뜻이 된다. 결국 위 문장은 "난 걔를 너무 좋아해"라는 문장이 된다. of 뒤에는 위 문장처럼 사람이 오거나 사물이 올 수 있다. 참고로 don't get enough of하게 되면 「…가 충분하지 않다」라는 표현이 된다. 예를 들어 직장 동료인 훈남 Chris를 무척 사랑한다고 친구에게 말한다면 "I can't believe how much I love Chris. I can't get enough of him"이라고 하면 되고, 또한 버스기사가 그녀를 강간했다는 것을 증명할 것이 충분하지 않았다고(We didn't have a case) 하려면 "We didn't get enough to prove the bus driver raped her"라고 하면 된다.

Key Point 

I can't get enough of her 난 걔를 무척 좋아해

▶ don't get enough of …가 충분하지 않다

❶ One minute **you couldn't get enough of me,** and the next you lose interest. 네가 나를 무척 좋아하자마자 다음 순간 넌 흥미를 잃을 거야.

❷ My wife loves my body. **She can't get enough of it.**
내 아내는 내 몸을 좋아해. 아무리해도 질리지 않는대.

A: You've been spending all your time with your new girlfriend.
B: You're right. **I just can't get enough of her.**

A: 넌 새로운 여친하고 온종일 붙어 다니네.
B: 맞아. 그래도 지겹지가 않아.

A: **He just can't get enough of** that computer game.
B: I wish he wouldn't play it all night.

A: 걘 컴퓨터 게임을 아무리해도 질리지 않나봐.
B: 밤새면서 하지 않았으면 좋겠어.

Q That settles it

저것이 그것을 세틀시켰다고??

A

settle은 여기서 논쟁 등을 끝내고 뭔가 「결정되다」, 「합의를 보다」(We have agreed to it)라는 뜻. 그래서 That settles it하게 되면 That(앞서 말한 내용)이 it을 결정했다라는 말로, 충분한 정보가 있어서 그만 논쟁하고 결정이 되다, 혹은 더 이상 짜증나고 불쾌한 상황이 계속되는 것을 원치 않아서 결정을 하다라는 뉘앙스가 깔려있다. 어떤 경우든 확고한 결정이 이루어졌다(a definite decision has been made about something)는 말로, 동의하여 결정된 것이기 때문에 더 이상의 혼란이나 우왕좌왕은 없다(something has been agreed to or clearly decided, so there is no more confusion or indecision)는 의미를 품고 있다. 우리말로 하자면, "그것으로 결정된거야," "그럼 됐네" 정도로 이해하면 된다. That settles that이라고 해도 된다. 예산부족상태에서 축제를 열 것인가를 놓고 설전을 벌이다, 끝내 안하는 것으로 결정이 되었을 때, 회의를 주재하는 사람은 "That settles it. The festival will be cancelled"라고 최종적으로 말할 수 있다.

Key Point

That settles it 그것으로 결정된 거야, 그럼 됐네

▶ That settles that 그것으로 결정된 거야, 그럼 됐네

❶ **That settles it.** I'm getting a new roommate.
그럼 결정된 거야. 난 룸메이트가 새로 생겨.

❷ No more junk food for you. **That settles it.**
넌 더 이상 정크 푸드는 안 돼. 결정된 거야.

A: Brooke has been gossiping about you again.
B: **That settles it.** I'm never speaking to her again.

A: 브룩이 다시 너에 대한 소문을 퍼트리고 다녀.
B: 그럼 됐네. 난 다시는 걔하고 말 섞지 않을 거야.

A: You're looking kind of fat these days.
B: **That settles it.** I'm joining a gym.

A: 너 요즘 좀 쪄 보여.
B: 그럼 됐네. 나 헬스클럽에 등록할거야.

What are the odds?

 odds가 뭐야?

odd하면 「이상한」, 「홀수의」라는 뜻이지만 odds가 되면 복수명사로 무엇이 일어날 「가능성」을 말한다. 그래서 The odds are (that)~하게 되면 …할 것 같다(It's likely to~)라는 의미가 되고, 위 문장인 What are the odds?하게 되면 "가능성[확률]이 얼마나 돼?"라고 묻는 표현이 된다. 또 그것의 가능성은 어떠냐?고 물어볼 때는 What are the odds of that?이라고 한다. 또한 어떤 가능성인지 물어보려면 What are the odds of ~ ing?라고 써주면 된다. 그러나 문맥에 따라서는 "그럴 가능성이 있겠냐?," "내 알 바 아니다"라는 비아냥거리는 문장이 될 수도 있으니 문맥을 잘 살펴봐야 한다. odds of는 「…의 가능성」, 「확률」을 뜻하는 말. 〈빅뱅이론〉에서 쉘든은 빈번한 성교는 수정의 가능성을 급격히 증가시킨다는 말을 하는데 이때 odds of를 써서 "Frequent coitus dramatically increased the odds of fertilization"이라고 한다. 참고로 be at odds with~하면 「…와 사이가 안 좋다」, 「뜻이 안 맞다」라는 의미.

Key Point 

What are the odds? 가능성[확률]이 얼마나 돼?

- What are the odds of that? 그것의 가능성이 얼마나 돼?
- What are the odds of ~ ing? …할 가능성이 어떻게 돼?
- be at odds with~ …와 사이가 안 좋다, 뜻이 안 맞다

1. What are the odds of that happening?
   그 일이 일어날 확률이 어떻게 돼?
2. What're the odds of you two making up before the wedding?
   너희 둘, 결혼 전에 화해할 가능성이 얼마나 돼?

A: He might never wake up.
B: What are the odds?

A: 걔는 영영 못 일어날 수도 있어.
B: 가능성은?

A: I knew it couldn't be a coincidence.
B: I mean, really, what are the odds?

A: 그게 우연일 리는 없을 거라는 건 나도 알고 있었어.
B: 내 말은, 실제로, 확률이 얼마나 되냐 이거지.

You nailed me

 네가 나에게 못을 박았다고??

nail은 미드에서 다양하게 쓰이는데 nail의 기능과 용도를 머릿 속에 그려보면 윤곽이 잡힌다. 먼저 You nailed it, She nailed it의 형태로는 뭔가 일을 성공적으로 했을 때 사용되며, nail sb하면 못으로 꼼짝 못하게 하듯 범죄자를 「체포하는」 것을 말한다. 「체포되다」라는 뜻의 be[get] nailed for 형태가 많이 쓰인다.(be taken to jail for the crime) 마지막으로 알아두어야 할 뜻이 바로 위 문장 You nailed me이다. 나사못(screw)이 그러하듯 nail 또한 나무에 들어가는 모습이 마치 남녀의 섹스하는 행위가 연상되기에, 「섹스하다」라는 동사로 쓰인다. 물론 점잖지 못한 슬랭으로 친한 사이에서나 혹은 험한 분위기 속에서 쓸 수 있다. 간밤에 데이트하고 온 룸메이트에게 어땠냐고 물어볼 때, 첫 데이트에 갈 때까지 다 가서(go all the way), 싱글벙글한 친구, "Long story short, I nailed her"라고 간결하게 간밤의 데이트를 요약할 수 있다.

Key Point 

You nailed me 걔하고 섹스했어

- You nailed it 네가 해냈구나
- be[get] nailed for …로 체포되다, 잡히다

1. I don't have the evidence to nail this guy. We need the proof.
   이 자식을 잡을 증거가 없어. 우리는 증거가 필요해.
2. You said I couldn't, but I nailed Heather last night.
   넌 내가 할 수 없을 거라 했지만, 난 어젯밤에 헤더와 섹스 했어.

A: What is Billy in jail for?
B: The cops nailed him for having illegal drugs.

A: 왜 빌리가 감방에 들어갔어?
B: 불법약물 소지죄로 경찰이 체포했어.

A: I see you hanging around Bonnie a lot.
B: I'm going to nail her this summer.

A: 너 보니와 많이 어울리더라.
B: 이번 여름에 걔와 섹스하려고.

How did it come to this?

 그게 어떻게 이렇게 되었어??

go가 다양한 의미로 쓰이듯 come의 경우도 마찬가지. 꼭 이런 기본 동사들이 우리를 괴롭힌다. 위 문장의 come to sth은 어떤 상황에 이르렀는데, 아주 나쁜 상황이어서 아주 놀랍고 충격적이라는 뜻이다. 그래서 How did it come to this?는 "어쩌다 이 지경에까지 왔나?"는 의미가 된다. Why does it come to this?도 같은 맥락의 표현. 주로 쓰이는 형태로는 Sth has come to this로 쓰인다. 또한 If it comes to that이란 문구도 많이 쓰이는데, 이는 상황이 "그렇게 되면," "그 지경이 되면"이라는 뜻이다. 조심해야 할 것은 Sb come to+장소명사(…로 오다)라는 표현이 훨씬 더 많이 쓰이니 고정관념에서 벗어나 자연스럽게 먼저 이해할 것은 이해해야 한다. 참고로 "어떻게 이런 결과가 나왔니?"라고 물어볼 때는 Where does it come out?, "너 뭐 때문에 이러는 거야?"는 What has come over you?라고 한다는 것을 알아둔다.

Key Point 

How did it come to this? 어쩌다 이 지경에까지 왔어?

- If it comes to that, 상황이 그렇게 되면, 상황이 그 지경이 되면
- Where does it come out? 어떻게 이런 결과가 나왔니?
- What has come over you? 너 뭐 때문에 이러는 거야?

❶ Things have gotten so bad. How did it come to this?
상황이 정말 안 좋아졌어. 어쩌다 이 지경까지 왔을까?

❷ Why do you hate me? How did it come to this?
왜 나를 미워하는 거야? 어쩌다 이렇게 됐어?

A: Mel's Diner is going out of business.
B: How did it come to this? I thought they were doing fine.

A: 멜스 다이너가 파산한대.
B: 어쩌다 이렇게 됐데? 잘 되는 줄 알았는데.

A: I heard war could break out any minute.
B: Is that right? How did it come to this?

A: 전쟁이 언제라도 일어날 수 있을 거라고 해.
B: 정말야? 어쩌다 이 지경까지 왔데?

Q Don't get so worked up!

너무 일을 많이 하지 말라고??

A

work도 좀 짜증나는 단어. 일하다로만 쓰이면 얼마나 좋을까? work for, work out, work on 등 다양하게 여러 의미로 쓰이는 미드의 세계에서 work는 결코 반가운 단어가 아니다. get worked up은 수동형으로 원래는 work sb up이란 표현이다. 의미는 「sb의 감정을 고조시키다」(excite sb's feelings), 「열받게하다」라는 것으로, 위에서처럼 get (oneself) worked up(=work oneself up)이 되면 「흥분하다」(get excited), 「푹 빠지다」, 「열받다」라는 뜻으로 쓰인다. 그래서 Don't get so worked up!하게 되면 씩씩거리는 상대방에게 "너무 열받지마!"라는 문장. 그리고 흥분하게 하는 대상은 get worked up over~라고 해주면 된다. 본인이 아니라 상대방을 화나게 하거나 들뜨게 하려면 get sb worked up이라고 하면 된다. 딸이 좋아하는 걸 그룹의 콘서트에 같이 간 아빠, 어느 순간 딸보다 아빠가 더 환호하는 모습을 보고 집에 와서 엄마한테 이르기를, "Dad really got worked up when he went to the concert of a girl group"이라고 할 수 있다.

Key Point

Don't get so worked up! 너무 열 받지 마!

- get (oneself) worked up(=work oneself up) 흥분하다(get excited), 푹 빠지다, 열 받다
- get sb worked up sb를 화나게 하다(work sb up)

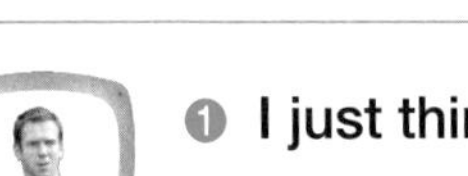

❶ I just think **you're getting worked up over** nothing.
난 네가 아무 일도 아닌 것 갖고 열을 내는 것 같아.

❷ **Don't get so worked up** or you'll have a heart attack.
너무 화를 내지마, 그렇지 않으면 심장마비 올지 몰라.

A: Why are you keeping these bills secret from Dad?
B: You know how **worked up he gets about** money.

A: 왜 이 청구서들을 아빠에게 숨기고 있는 거야?
B: 아빠가 돈에 대해서는 얼마나 화내는지 알잖아.

A: Bubba found out his girl was seeing another man.
B: I'll bet he **got worked up about** that.

A: 버바는 자기 여친이 다른 남자와 만나는 것을 알아냈어.
B: 틀림없이 걔 그 때문에 엄청 열 받았겠어.

Now you're talking

 너 이제야 말을 하는구나??

앞서 한번 이야기했지만 한참 얘기하고 있었는데 상대방이 Now you're talking하면 조금 기분이 나빠지려고 할 수도 있다. 왜냐면 자기도 지금까지 입으로 talking을 하고 있었기 때문이다. 이 표현은 "이제 말이 통하네," "이제 서로 생각이 통하는구나," 즉 상대방이 앞서 한 말에 동의를 하는 표현(express approval)이다. 이 의미를 모르는 상태에서 네이티브가 갑자기 이 표현을 쓰면 매우 당황할 수도 있다. 간단히 말하면 "That's right"이라고 말하는 것과 같다고 생각하면 된다. 또한 이 표현은 한 세대 위의 사람들이 즐겨 썼던 표현으로 현재는 그때보다는 덜 많이 쓴다. 한 가지 주의할 점은 Now you're talking about that처럼 talking 이후에 말이 이어지면 원래 의미는 상실한 채 일반적으로 얘기주제에 대한 것으로(be specifically mentioning a subject to talk about) "이제야 네가 …얘기를 하는구나"라는 의미가 된다.

Key Point 

Now you're talking 이제 말이 통하네, 이제 서로 생각이 통하는구나

▶ Now you're talking about ~ 이제야 네가 …얘기를 하는구나

❶ **Now you're talking.** Let's go to a ball game!
이제야 말이 통하네. 야구경기 보러 가자!

❷ **Now you're talking.** I completely agree.
이제야 말이 통하네. 나도 전적으로 동의해.

A: I thought we should order a few pizzas.
B: **Now you're talking.** Get one with pepperoni.

A: 우리가 피자 몇 개 주문해야 된다고 생각했어.
B: 이제야 말이 통하네. 페페로니 피자로 해.

A: I say we fly there for the weekend.
B: **Now you're talking!**

A: 저기, 주말에 거기 갈 때 비행기 타고 가자.
B: 이제야 말이 통하는군!

Q You dig?

 네가 땅을 파고 있다고??

A 미드의 세계에 발을 담근 이상 dig을 재조명해야 한다. dig에는 구멍을 파헤치듯, 뭔가 정보나 사실관계를 「캐내다」, 그리고 「이해하다」(understand), 그리고 「먹다」라는 의미도 있다는 것을 기억해둔다. dig sb하면 용의자에 대한 정보를 캐내다, dig up하면 샅샅이 뒤져서 원하는 정보를 얻다라고 범죄수사물에서 자주 쓰이며, dig in은 열심히 뭔가 먹기 시작하다(start eating)라는 뜻으로 쓰인다. 마지막으로 알아두어야 할 dig은 You dig?(알겠어?)으로 이는 Can you dig it?을 줄여서 쓴 것으로 상대방이 이해했는지 물어보는 문장이다. 하지만 이는 다소 오래되었고 구식의 슬랭으로 정상적인 일상생활에서는 잘 쓰이지 않는 표현이다. 레슬링 쇼나 진지하지 않는 상황에서나 쓰일 수 있는 문장. 그래도 알아두어야 하는 것은 미드에 나오는 상황들이 하도 비정상적인 부분들도 엄청나기 때문이다.

Key Point 

You dig? 알겠어?

- dig in 열심히 뭔가 먹기 시작하다
- dig sb 용의자에 대한 정보를 캐내다
- dig up 샅샅이 뒤져서 원하는 정보를 얻다

❶ You'll have to **dig hard for** some evidence.
증거를 좀 찾기 위해 열심히 파헤쳐야 돼.

❷ Leave or you'll get a beating, **you dig?**
가라, 그렇지 않으면 얻어터질 테니, 알겠냐?

A: Has anyone investigated the woman's apartment?
B: We have detectives **digging through** it right now.
A: 누가 그 여자의 아파트를 조사했어?
B: 형사들이 지금 샅샅이 뒤지고 있어.

A: Oh, thank God, I'm starving!
B: Well, **dig in**. I am way too tired to eat.
A: 오, 맙소사, 나 배고파!
B: 그래, 먹어라. 난 너무 피곤해서 먹지도 못하겠다.

Show me how it's done

그게 어떻게 되었는지 내게 보여줘??

how it's done이 핵심인 표현. 앞서 나온 how it works, the way it works는 일이 돌아가는 방법이나 방식을 말하는 것이라면, how it's done은 「그것이 어떻게 된 것인지」, 「어떻게 그것을 한 것인지」를 뜻하는 것으로 의미가 다르다. 그래서 show me how it works하면 일이 어떻게 돌아가는지 내게 알려주다가 되지만 show me how it's done은 "어떻게 그걸 처리했는지 내게 보여주다"가 된다. 또한 see how it's done은 "어떻게 그걸 처리하는 것인지 알다"로, 이처럼 how it's done 앞에는 주로 show, see 등의 동사가 오게 된다. 또한 많이 쓰이는 문장인 This is how it's done하게 되면 "이렇게 하는 거야"라고 뭔가 방법이나 요령을 상대방에게 알려줄 때 사용하는 표현이다.

Key Point 

Show me how it's done 어떻게 (처리)하는지 내게 보여줘

- Show me how it works 어떻게 일이 돌아가는지 알려줘
- This is how it's done 이렇게 하면 되는 거야

❶ What do you say, kiddo? Wanna show him how it's done?
야, 어때? 걔한테 어떻게 하는 건지 보여줄래?

❷ This is not how it's done. This is not how proper charities work.
이렇게 하면 안 되는 거야. 제대로 된 자선단체는 이렇게 돌아가지 않아.

A: He's not gonna show you how it's done.
B: A magician doesn't reveal his secrets.

A: 걔는 어떻게 하는 건지 네게 보여주지 않을 거야.
B: 마술가는 자신의 비밀을 밝히지 않아.

A: I can't get this machine to work properly.
B: Step back and I'll show you how it's done.

A: 이 기계를 제대로 돌아가게 못하겠어.
B: 물러서봐, 어떻게 하면 되는 건지 내가 알려줄게.

Q Things will work out all right

✕ 상황이 괜찮게 work out할거라고??

A

work out의 다양한 쓰임새를 살펴보자. 위 문장은 상황(things)이 다 잘 될 거라는 말로 이때는 사물주어(Things, It, This) work out+well[badly, all right]에 속하는 것으로, 여기서 work out은 「상황이 …하게 되다」(happen, turn out)이다. 또한 Does it work out for you?(네 생각은 어때?, 너도 좋아?)라는 문장으로 대표되는 사물주어(Things, It, This) work out for sb는 「상황이 나아지거나 해결되는」 것을 뜻한다. 그밖에 work out의 의미로는 「계획을 세우다」, 「어떤 문제를 해결하다」, 「운동하다」 등 다양하게 활약하고 있는 비중있는 동사구이다. 또 하나 work out for the best도 눈에 잘 띄는데 이는 「결국에는 잘되다」라는 의미의 표현이다. 뭔가 상황개선을 위해 노력했으나 잘 안 풀려서 다들 고생하게 되었을 때 "I'm sorry things didn't work out better for all of us"라고 미안함을 표시할 수도 있고, 상대방이 클럽에서 테니스를 친다고 하니까, 어느 클럽에서 치는지 궁금해서 물어볼 때는 "What club do you work out of?"라고 할 수 있다.

Key Point

Things (It, This) work out +well[badly, all right] 상황이 …되다

- Does it work out for you? 너도 좋아?
- Things (It, This) work out for sb 상황이 나아지다, 해결되다

❶ Sometimes, things don't work out the way you'd thought they would. 때로는 네가 생각했던 것처럼 상황이 그렇게 돌아가지 않아.

❷ Eventually, the two of you are gonna have to work out your issues.
결국 너희 둘이 니네들 사이의 문제를 해결해야 할 거야.

A: I've been so stressed I can't sleep.
B: Come on, I'm sure things will work out all right.

A: 너무 스트레스를 받아서 잠이 오질 않아.
B: 그러지마, 난 다 잘 될 거라 확신하고 있어.

A: Mr. Smith, do you go to a gym, work out on a regular basis?
B: Objection, irrelevance.

A: 스미스 씨, 헬스클럽에 가서 규칙적으로 운동하십니까?
B: 이의 있습니다. 관련 없는 내용입니다.

You don't want to be late

너는 늦고 싶어 하지 않아??

I don't want to~나 (S)He wants to~면 얼마나 좋을까…. want는 「…하고 싶다」라는 주어의 의지가 담긴 동사로 1인칭이나 3인칭에서 사용하는데 무리가 없으나, 2인칭 그것도 부정문으로 You don't want to~하면 "너는 …하는 것을 원치 않는다"라는 괴상한 문장이 된다. 물론 의문문이라면 혹은 단순히 상대방의 의지를 확인하는 경우라면 아무 문제가 없다. You don't want to date me, right?하게 되면 "너 나랑 데이트하기 싫은 거지?"라는 뜻이 되기 때문이다. 그럼 위 문장, You don't want to~는 너는 …하기를 바라지 않잖아라는 뜻으로 의역하자면 "너 …하면 안 돼"라는 표현이 된다. 상대방에 충고나 주의를 줄 때 사용하는 구문이다. 비슷한 표현으로 You may[might] not want to~ 등이 있다. 남편이 아내가 사랑하는 값비싼 꽃병을 깨고 나서, 아내가 황급히 와서 What's going on?하니까, 재빨리 깨진 꽃병을 침대 밑으로 밀어 넣은 남편 왈 "You don't want to know!"(모르는 게 나아!) 라고 하며 살 길을 찾을 수 있다.

Key Point

You don't want to be late 너 늦지 마라

▸ You may[might] not want to~ …하지 마라

❶ **You don't want to** work for a guy like that.
그런 사람 밑에서 일하지 마라.

❷ **You don't want to** be in there for this.
이 일로 해서 그곳에 가지 않도록 해라.

A: How'd you manage that?
B: **You don't want to know.**

A: 어떻게 그것을 한 거야?
B: 모르는 게 나아.

A: Well, I'll take my chances.
B: **You don't want to** go with me, Jim. Bad things happen to people who hang around with me.

A: 저기, 운에 맡기고 해볼게.
B: 짐, 나 따라오지 마. 내 주변에 있는 사람들에게 안 좋은 일이 생긴단 말이야.

My marriage was on the line

 내 결혼은 선위에 있었다고??

on the line하게 되면 「통화중인」, 「위험한」이라는 뜻으로 쓰이는 표현. 가느다란 선위에 있는 모습을 보면 쉽게 의미가 연상될 것이다. be on the line은 「위태롭다」, put sth on the line하면 「…을 위태롭게 하다」, put myself on the line하면 「위험을 무릅쓰다」 등 다양한 형태로 사용된다. 이번에는 좀 더 구체적으로 put one's life on the line하면 「죽음을 무릅쓰다」, be one's life on the line하면 「목숨이 걸려있다」라는 뜻이 된다. life 대신 속어로 ass를 넣어도 된다. 특히 위험을 무릅 쓰게 된 사람을 표현하려면 ~for sb라고 이어서 말하면 된다. 예를 들어 아내가 스토킹당하고 있다고 남편에게 말하는데, 남편이 푹 퍼진 아줌마를 누가 스토킹하냐고 하자, "My life is on the line. Do you know how scared I am?"이라고 분노를 터트릴 수 있다. 또한 on the line은 「통화중」이라는 뜻도 있어 get on the line하면 「전화하다」, get off the line하면 「전화 끊다」, 그리고 be on the line하면 「통화 중이다」라는 뜻이 된다.

Key Point 

My marriage is on the line 내 결혼이 위태로워

- be on the line 위태롭다
- put sth on the line …을 위태롭게 하다,
- put myself on the line 위험해 빠지다, 위험을 무릅쓰다

❶ I don't need to remind you that your reputation's on the line here.
난 이제 네 명성이 위태롭다는 것을 네게 상기시켜줄 필요는 없어.

❷ What you did was put your jobs and pensions on the line.
네가 한 짓으로 네 일들과 연금이 다 위태롭게 됐어.

A: Thanks for putting yourself on the line for me.
B: Anytime.

A: 나를 위해 위험을 무릅써줘서 고마워.
B: 언제라도.

A: If you think I'm wrong, tell me I'm wrong. Don't talk about protocol.
B: My job's on the line. Your job is on the line.

A: 내가 틀렸다고 생각하면 내가 틀렸다고 말해줘. 프로토콜에 대해 말하지 말고.
B: 내 일자리와 네 일자리가 위태해졌어.

Q I don't know where we stand right now

✕ 우리가 지금 어디에 서있는지 모르겠다고??

A

how it works, how it's done 등이 명사구로 쓰이는 것처럼 where sb stand는 sb가 서 있는 곳, 다시 말해 sb가 처해있는 「특정한 상황」이나 「입장」, 「의견」을 말한다. 어떤 상황인지 말하려면 where sb stand on~, 누구와의 입장인지를 말하려면 where sb stand with sb라 쓰면 된다. 상대방이나 제 3자의 의견을 물어보려면 Where do you[does he] stand on~? 이라 하면 된다. stand가 이런 맥락으로 쓰이는 경우의 또 다른 표현으로는 as it stands(현재 상태 그대로), from what I stand (내가 보기로는) 등이 있다. 위 문장을 해석해보자면, "우리가 지금 어떤 입장[상황]에 있는지 모르겠어"라는 말이 된다. 결국 where sb stand는 두 가지 용법만 익히면 되는데 하나는 (don't) know where sb stand (on~), 그리고 Where do you[does he] stand on~?이다. 경기가 안 좋아 회사 하나를 매각하려고 협상중인데 상대방이 매수대금을 자꾸만 낮추자 답답한 나머지 걔네들 무슨 생각인지 알고 싶다고 말하려면 I want to know where they stand on this deal?이라고 하면 된다.

Key Point

I don't know where sb stand right now …가 지금 어떤 상황인지 모르겠어

- where sb stand on~, sb가 처한 입장[상황]
- Where do you[does he] stand on~? …에 대해서 무슨 입장이야?

❶ **Believe me, my father knows where I stand on the death penalty.**
내 말 믿어, 아버지는 내가 사형제도에 어떤 입장인지 알고 계셔.

❷ **You need to tell people where you stand on the issue.**
그 문제에 네가 어떤 입장인지 사람들에게 말할 필요가 있어.

A: The trial jury just returned to the courtroom.
B: Do you know where they stand on things?

A: 배심원단이 법정으로 방금 돌아왔어.
B: 그들의 입장이 뭔지 알아?

A: I'm planning to live with my boyfriend.
B: You know where I stand on that.

A: 내 남친하고 함께 살 계획이야.
B: 거기에 대해 내 입장은 어떤지 알지.

This is getting out of hand

이것은 손밖으로 가고 있다고??

out of hand는 「손밖에 벗어난」, 「손을 쓸 수 없는」이라는 의미로 비유적으로 「통제하기 힘든 상황이 된」(out of control)이라는 뜻이 된다. 여기에 만능동사 get을 붙여서 get out of hand하게 되면 뭔가 지나쳐서 「통제할 수 없게 되다」, 「걷잡을 수 없게 되다」라는 의미로 쓰인다. 주로 This나 It, 혹은 Things 등을 주어로 해서 This is getting out of hand, 혹은 It got out of hand란 형태로 자주 쓰인다. 이혼했다고 거짓말한 사장의 술수에 속아 잠자리를 한 비서, 아직 어엿이 부인하고 살고 있다는 것을 알았을 때 양심에 찔려, "Things got out of hand, because I thought your marriage was over"라고 울먹이며 용서를 구할 수 있다. 흥에 겨워 파티에서 고성을 지르다, 옆집 사람들이 항의할 때 할 수 있는 말이 "I'm sorry, the party got a little out of hand"이다. 이처럼 조금 걷잡을 수 없게 되었다고 할 때는 get과 out of hand 사이에 a little을, 완전히 걷잡을 수 없게 되었다고 할 때는 get totally out of hand라고 강조할 수 있다.

Key Point

This is getting out of hand 이게 걷잡을 수 없게 되었어

- It got out of hand 통제할 수 없게 되었어
- get totally out of hand 완전히 걷잡을 수 없게 되다

❶ So, then what happened? **Things got out of hand?** He changed his mind? 그래, 그럼 무슨 일이야? 걷잡을 없게 되었다고? 걔가 변심했어?

❷ **This is totally getting out of hand!** Okay? She wants me to put lotion on her! 이건 정말이지 걷잡을 수 없게 되었어! 알아? 걔가 자기 몸에 로션을 발라달래!

A: My God, there are cops all over the place.
B: I guess my party **got out of hand.**

A: 맙소사, 경찰이 쫙 깔렸네.
B: 내 파티가 걷잡을 수 없게 되었나보죠.

A: Jeremy got into my bed, and he touched me.
B: **Things got out of hand.** I didn't know what to do.

A: 제레미가 내 침대로 들어와 날 만졌어.
B: 상황이 어떻게 할 수 없게 되었어. 어떻게 해야 될 줄 몰랐어.

I just came to hang out

난 단지 hang out하기 위해서 왔다고??

미드의 세계를 접하다보면 진짜 많이 듣는 표현 중 하나가 hang out과 hang around일 것이다. 원래 매달다라는 모습에서 보듯 별 특별한 목적 없이 매달려서 빈둥빈둥거리는 것을 말하는데서 출발한 표현인 hang out은 친구와 함께 영화를 보든, 공놀이 하든 별로 serious하지 않게 노는 것을 말한다. 함께 노는 친구를 말하려면 hang out with sb, 노는 장소를 말하려면 hang out here, hang out at your place라 하고, 함께 논다고 할 때는 hang out together라 한다. get togcther보다 덜 진지한 단어이다. 또한 hang around 역시 어떤 장소에서 만날 사람을 기다리거나 아무것도 하지 않거나 시간을 보내는 것, 혹은 hang around with sb의 형태로 「…와 함께 시간을 보내다」라는 의미로 쓰인다. 쉽게 정리하자면 hang out과 hang around는 거의 같은 의미로 생각하면 된다.

Key Point 

I just came to hang out 그냥 놀러왔어

- hang out with sb …와 함께 놀다
- hang around with sb …와 함께 시간을 보내다

❶ Chris didn't hang out with people like that.
크리스는 저런 사람들과는 어울리지 않았어.

❷ Do you mind if I just hang around and watch you work?
여기 남아서 네가 일하는 거 좀 봐도 괜찮을까?

A: Where is your younger brother?
B: I think he's hanging out with his friends.

A: 네 남동생 어디 있어?
B: 친구들하고 노는 것 같은데.

A: You are welcome to hang out with us.
B: Thanks, but I need to get home.

A: 우리가 함께 놀아도 돼.
B: 고맙지만 난 집에 가야 돼.

Q That'll teach him

 그게 개를 교육시킬 거라고??

A

I'll teach you to~라면 얼마나 좋을까…. 아쉽게도 여기서는 앞선 내용을 말하는 That이 주어로 teach 다음에 나오는 사람이 저지른 나쁜 결과를 가져온 행위(actions that caused bad thing)를 말한다. 이제 직역을 해보면, 그것(나쁜 행위나 그로 인해 받은 벌)이 걔를 가르칠거다, 그걸로 인해 걔가 깨달았을 것이다, 마지막으로 우리말이 되게 하면, "당연한 대가야," "다시는 안 그러겠지"(teach sb not to do bad things again) 정도로 이해하면 된다. That'll teach you하게 되면 That will change your behavior라는 뜻으로 "다시는 그러지 않겠지"라는 표현이 된다. him이 나오건 you가 나오건 That'll teach sb to+동사 형태의 문장들이 있는데 이는 그로 인해 to 이하를 하게 되면 어떻게 되는지 알거야라는 말로 "to 이하를 하게 되면 어떻게 되는지 알겠군"이라는 뜻이 된다. 허구한 날 친구들 뒷담화에 정신없던 친구가 파티에서 왕따를 당하는 걸 보고 다른 친구들이 "That'll teach her not to talk badly about her friends"(이제 친구들 험담하면 어떻게 되는지 알겠구만)라고 말할 수 있다.

Key Point 

That'll teach him 당연한 대가야, 다시는 안 그러겠지

▶ That'll teach sb to+동사 …을 하면 어떻게 되는지 알겠군, 다시는 …하지 않겠군

❶ **That'll teach you to** go out walking in the middle of the night.
한밤중에 나가 걸으면 어떻게 되는지 알겠군.

❷ **That'll teach him to** hit his girlfriend.
자기 여친을 때리면 어떻게 되는지 알겠어.

A: Paul got beaten up pretty badly.
B: **That'll teach him to** insult strangers.

A: 폴은 엄청나게 두들겨 맞았어.
B: 다시는 낯선 사람들을 모욕하지 않겠지.

A: My boyfriend says he doesn't love me.
B: **That'll teach you to** meet other guys online.

A: 내 남친이 날 사랑하지 않는대.
B: 너 다시는 온라인에서 남자들 만나지 않겠지.

We'll see how it goes

 그게 어떻게 가는지 알게 될 거다??

how it goes는 「상황(it)이 어떻게 되어 가는지」를 말한다. 그래서 see how it goes하게 되면 (앞으로) 상황이 어떻게 되어 가는지를 (지켜)보다라는 문구가 된다. see how things go라고 해도 된다. 상황이 어떻게 될지 모를 때 사용되는(be said when a person is uncertain about something) 표현이다. 주로 뭔가 결정을 하기에 앞서 일단 일을 해보고 그 결과 어떤지 지켜보자(indicate that he will just do something, and then see what the result is before deciding what he thinks of it)고 할 때 쓰는 문장이다. 그 결과는 일어날 수도 있는 걱정이나 스트레스를 암시하고(suggest some worry or stress about what could occur) 있다. 간단히 쉬운 문장으로 바꿔보면 "Keep an open mind"라고 할 수 있다. 예를 들어 고등학교 입학하자마자 반해서 남자는 사귀고 싶은데 여학생은 대학교 들어가서 사귀자고 미룰 때 남자가 설득할 수 있는 문장은 "Why don't we just date, see how it goes?"일 것이다.

Key Point 

We'll see how it goes 어떻게 돌아가는지 지켜보자

▸ see how it goes[things go] 앞으로 상황이 어떻게 되나 지켜보다

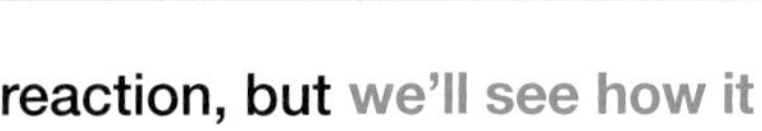

1. I'm worried about her reaction, but **we'll see how it goes.**
   걔의 반응이 걱정되지만 그래도 어떻게 돌아가는지 보자.
2. He said it would be terrible, but **let's see how it goes.**
   걔는 끔찍할 거라고 말했지만 어떻게 되는지 한번 보자.

A: Have you ever dated this guy before?
B: No, I'm just going to **see how it goes.**

A: 전에 이 친구와 데이트해본 적 있어?
B: 아니. 어떻게 돌아가는지 지켜나 볼게.

A: **I'll see how it goes** living in Paris.
B: If you don't like it, you can always leave.

A: 파리에서 사는 게 어떤 건지 지켜볼 거야.
B: 맘에 안 들면 언제든지 떠날 수 있어.

Q It's still on the table

 그건 아직 테이블 위에 있다고??

A

table하면 「수술대」, 「차가운 부검대」, 「테이블」, 「서류 등을 테이블에 놓다」(put sth on the table), 혹은 「수술대[병상]에 눕히다」(get sb on the table) 등으로 쓰이는 단어. 하지만 비유적인 의미로 be on the table하고 주어자리에 어떤 제안 등이 오면, 그 제안이 현재 「검토중인」, 「논의 중인」, 「고려 중인」이라는 말이 된다. 반대로 be[come] off the table하면 「논의대상이 아니다」,「무효다」, 「물 건너가다」, 또한 take sth off the table하면 「…을 논의대상에서 제외시키다」, 「배제하다」라는 뜻이고 bring sth to the table하면 뭔가 「제안하다」라는 뜻이 된다. 참고로 put[lay] all one's cards on the table은 「가지고 있는 것을 다 내놓다」(tell the whole truth), 「모든 생각[계획, 의도]을 털어놓다」라는 의미. 신혼부부가 아이를 낳아서 이름을 짓는데 서로 의견이 맞지 않는다. 아내는 남편이 반대했지만 여전히 아들 이름을 Chris라고 짓고 싶어 남편에게 "I believe Chris is on the table?"(Chris란 이름 아직 생각 중이지?)이라고 말할 수 있다. 간단히 정리하자면 on the table은 considering, off the table은 no longer being considered라고 생각하면 된다.

Key Point 

It's still on the table 아직 고려중이다, 검토 중이다

- ▶ be off the table 논의대상이 아니다
- ▶ take sth off the table 논의대상에서 제외하다, 배제하다

❶ **My boss says a raise is on the table right now.**
사장이 지금 현재 임금 인상건을 검토 중이라고 해.

❷ **You don't have to respond. I just want you to know that the offer is on the table.** 대답할 필요는 없는데, 단지 그 제안은 아직 유효하다는 걸 말해주고 싶어.

A: I heard he offered to marry you.
B: Yeah. I guess that's on the table.

A: 걔가 너에게 결혼하자고 했다며.
B: 어, 현재 고려중이야.

A: Will they offer us any more money?
B: No, an increase in money is off the table right now.

A: 걔네들이 돈은 더 준다고 제의할까?
B: 아니, 돈을 올려주는 것은 지금 현재 논의대상이 아냐.

Q I can't get a hold of her

× 난 걔를 잡을 수가 없다고??

A

get a hold of에서 hold는 명사로 「잡기」라는 의미. get a hold of sth하게 되면 「…을 잡다[얻다]」 get a hold of sb하게 되면 「(전화나 대면에서)…와 겨우 얘기를 나누다」라는 뜻이 된다. 특이한 것은 a를 붙여서 get ahold of~라고 쓰기도 하고, get hold of~라고 쓰기도 한다는 점이다. 재판 중 피고 측의 새로운 주장으로 불리하게 되자, 검사는 수사관들을 불러서 사건파일을 입수해서 피고가 우리에게 얘기하지 않은 게 있는지 다시 확인하라고 지시할 때 "You get a hold of all Tony's case files, see what else he forgot to tell us"라고 말할 수 있다. 자주 쓰이는 구어체 표현으로 (a)hold의 의미를 잘 파악해야 한다. 또한 Get a hold of yourself하면 자기 스스로를 잡으라는 말로 "진정해라!," "정신 차려라!"라는 말이 된다.

Key Point

I can't get a hold of her 걔와 연락이 되지를 않아

- get ahold of sth …잡다, 얻다
- get ahold of sb 얘기를 나누다, 연락하다
- Get a hold of yourself! 진정해라!, 정신 차려라!

❶ **Did you see Neil? I can't get a hold of him.**
너 닐 봤어? 걔하고 연락이 안 돼.

❷ **I'm worried because I can't get a hold of my daughter.**
내 딸과 연락이 되질 않아 걱정돼.

A: So your friend Pete just disappeared?
B: Yeah, it's been impossible to get a hold of Peter.

A: 그래, 네 친구 피트가 그냥 사라졌다고?
B: 어, 피터와 연락이 두절되었어.

A: How can I get a hold of you tomorrow?
B: Just call my office and talk to my secretary.

A: 내일 내가 어떻게 연락을 할까?
B: 사무실에 전화해서 비서와 얘기해.

Q I'll make it work

난 그것이 작동하도록 하겠다??

A

사역동사 구문. make sth work로 sth이 「제대로 작동하게 하다」, 「잘 돌아가게 하다」라는 의미이다. 주로 sth의 자리에는 it, this 등이 와서 make it work, make this work의 형태로 많이 쓰인다. 숙어라고 하기에는 좀 그렇지만 실제로 많이 쓰이기 때문에 따로 정리해본다. 마찬가지로 make things work 또한 「잘 돌아가게 하다」라는 표현. 그래서 I'll make it work하게 되면 뭔가 어렵더라도 잘 돌아가게, 즉 성공하도록 하겠다는 다짐을 표현하는(express determination to be successful doing something, even though it could be quite difficult) 문장이 된다. 쉽게 말하면 I can do it과 같은 말이다. 구어 표현으로 말하는 사람은 자기 노력의 결과가 긍정적으로 나올 거라 생각하고 말하는 경우이다. 한편 make it right이란 표현 역시 많이 쓰이는데 「뭔가 잘못된 것을 바로 잡는다」라는 뜻.

Key Point

I'll make it work 내가 제대로 할 거야, 성공할거야

- make things work 잘 돌아가게 하다
- make it right 뭔가 잘못된 것을 바로 잡다

❶ This project may be difficult, but I'll **make it work.**
이 프로젝트가 어려울지 모르겠지만 내가 잘 해내놓을게.

❷ You have done a horrible thing, and you have to **make it right.**
넌 끔찍한 일을 저질렀어. 그러니 네가 그것을 바로 잡아야 돼.

A: I heard there have been problems at the factory.
B: True, but we're going to **make it work** there.

A: 공장에 문제가 있다고 들었어.
B: 맞아, 하지만 우리가 제대로 돌아가게 할 거야.

A: Every couple has some disagreements.
B: The key is finding a way to **make the relationship work.**

A: 모든 커플들은 다들 의견충돌이 조금씩 있어.
B: 중요한 건 그 관계가 잘 돌아가도록 하는 방법을 찾는 거야.

What does it say?

 그게 뭐라고 해??

go, come 등의 기본단어가 전혀 다른 의미로 쓰이는 경우를 몇몇 봐왔다. 여기 나온 say의 경우도 마찬가지이다. 「말하다」라는 원래 의미에서 크게 벗어나지는 않지만 병이나, 표지판 등의 사물명사가 say~라고 할 때는 「…에 …라고 쓰여 있다」, 「적혀져 있다」라는 뜻이 된다. 여기 대표문장으로 선발된 What does it say?는 따라서 "뭐라고 쓰여 있어?," "뭐라고 하는데?," "어떻게 되어 있어?"라는 표현. 미드에 자주 등장하는 문장이다. What does it say on your door?처럼 say 다음에 글자가 적혀 있는 곳을 말해줄 수도 있다. 예를 들어 아직 결혼도 안했는데 애인이 임신한 것 같다고 하자, 소변으로 임신여부를 확인해보는데, 애인이 화장실에서 나오자마자 초조한 남친 왈 "So? What does it say?"(그래?, 어떻게 됐어?)라고 할 수 있다. 참고로 Where does it say that?은 어디에서 그런 말을 하는 거야? 라는 말로 "무슨 근거로 그렇게 말하는 거야?"라는 문장이 된다.

Key Point 

What does it say? 뭐라고 쓰여 있어?, 뭐라고 하는데?, 어떻게 됐어?

▶ Where does it say that? 무슨 근거로 그런 말을 하는 거야?

❶ **Show me the note. What does it say?**
노트를 내게 보여줘 봐. 뭐라고 쓰여 있어?

❷ **What does it say? Have you read it?**
뭐라고 쓰여 있는데? 읽어봤어?

A: April just sent me text about you.
B: Oh my God! What does it say?

A: 에이프릴이 너에 관한 문자를 보냈어.
B: 맙소사! 뭐라고 했는데?

A: This is a list of the bottle's contents.
B: What does it say? Are they dangerous?

A: 그 병에 든 내용물 리스트야.
B: 뭐라고 쓰여 있어? 위험한 거래?

Q I'll take that as a "no"

그것을 no라고 받아들일게??

A

이 표현의 중심은 take sth as이다. 여기서 take는 「sth를 as 이하로 생각하다」(think about)라는 뜻이다. 주로 take that[it] as~의 형태로 많이 쓰이며, that은 상대방이나 제 3자가 한 말을 지칭하는 경우가 많다. 그래서 위 문장은 상대방이 에둘러 거절하는 듯한 상황일 때 "그럼 거절로 생각할게"라는 말이 되고, 반대는 I'll take that as a "yes"이다. 이밖에 자주 나오는 문장은 I'll take that as a compliment인데, 문맥에 따라 무척 좋아서 칭찬으로 생각하겠다고 할 수도 있으며, 반대로 별로 탐탁하지 않지만 그냥 마지못해서 하는 말일 수도 있다. take sth as a sing, take sth as proof[evidence] 등이 자주 나오는 문구들이다. 오랜만에 만난 친구 부인이 후덕하게 살이 찐 모습에 당황한 나머지 예전보다 보기가 좋습니다라고 하자 부인이 마지못해 "Thank you. I'll take that as a compliment"라고 할 수 있다.

Key Point

I'll take that as a "no" 그럼 거절로 생각할게

- I'll take that as a "yes" 찬성으로 생각할게
- I'll take that as a compliment 칭찬으로 생각할게

1. Should I **take it as** a compliment or an insult?
   내가 그걸 칭찬으로 받아들여야 돼 아니면 모욕으로 받아들여야 돼?
2. You look angry, so **I'll take that as a no.**
   너 화난 것 같으니 거절로 생각할게.

A: Date your brother? I'd rather cut my arm off!
B: Okay, so **I'll take that as a no.**

A: 네 형하고 데이트하라고? 죽는 게 낫겠다!
B: 그래, 그럼 거절로 생각할게.

A: I think you've got everything it takes to make a great professor.
B: **I take that as a compliment.**

A: 넌 훌륭한 교수가 되는데 필요한 모든 것을 갖추었다고 생각해.
B: 칭찬으로 받아들일게.

Q I just got everything I need

 난 내가 필요로 하는 모든 것을 갖고 있다고??

글자 그대로 이해를 해보면 쉽게 의미를 알 수 있는 표현이다. 난 내가 필요로 하는 모든 것을 가졌다, 즉 이 말은 "난 없는 게 없어," "난 부족한 게 없어"라는 의미의 문장이 된다. 여기서 got은 have got의 줄인 표현이며 그냥 have를 써도 된다. 주로 쓰이는 문장형태는 I got everything(다 갖췄어, 없는 게 없어, 다 준비했어), 혹은 I got everything I need(부족한 게 없어), 그리고 「…하는데 부족함이 없다」라고 할 때는 I got everything I need to+동사의 형태로 써주면 된다. need 대신에 take를 써서 I got everything it takes to+동사(…하는데 필요한 모든 것을 갖추고 있어)라고 해줘도 된다. '부족함이 없이 최상이다' 라는 의미로 쓰일 때도 있지만 '뭔가 준비를 다했냐' 고 할 때에도 많이 쓰이는 표현이다.

Key Point

I got everything I need 부족한 게 없어

- I got everything I need to+동사 …하는데 부족함이 없어
- I got everything it takes to+동사 …하는데 필요한 모든 것을 갖고 있어

❶ Hey, hold on a sec. **You have everything you need?**
야, 잠깐만. 필요한 거 다 챙겼어?

❷ **You got everything you need to** please a woman.
넌 여자를 기쁘게 해주는 데 필요한 모든 것을 갖추고 있네.

A: Would you like something to eat?
B: No. **I just got everything I need.**

A: 뭐 좀 먹을 테야?
B: 아니. 필요한 것 다 있어.

A: You have no idea what this money is for, do you?
B: No. You seem to **have everything you need.**

A: 이 돈 어디에 쓸 건지 넌 모를 거야, 그지?
B: 몰라. 넌 부족한 게 하나도 없잖아.

Q It makes me want to die

 그것이 나를 죽고 싶게 만들고 있다고??

A

이 문장의 핵심은 make sb want~인데, 상당히 미국적인 표현으로 우리말로 옮기기가 좀 어색할 때가 많다. 이 구문으로 가장 유명한 문장은 영화대사인 You make me want to be a better man일 것이다. "당신 때문에 내가 더 나은 사람이 되고 싶어져요"라는 말. 여기서 보듯 make 앞에는 It 뿐만 아니라 사람이 올 수 있다. 해석은 「그 때문에」, 「그러면」 정도로 의역하면 된다. 특히 많이 쓰이는 make me want to~와 make you want to~(네가 …하고 싶어지게끔 하다)를 잘 익혀두면 된다. 교수부인이라고 고상하고 우아하게 뽐내고 다니던 여성이 아파트 같은 동 주민들과 함께 탄 엘리베이터에서 역시 우아하게 고개로 살짝 인사하고 내리는데 그만 아직 뒤를 보고 있던 엉덩이에서 방귀소리가 애절하게 절규하듯이 삐져나오자 집에 부리나케 들어와서는 남편에게 이렇게 통곡한다. "When I think about it, it makes me want to die"(그 생각을 하면 죽고 싶어져)라고 말이다.

Key Point 

It makes me want to die 그 때문에 죽고 싶어져

▸ It makes you want to~ 그 때문에 네가 …하고 싶어지게 해

❶ **When I remember last night, it makes me want to die.**
지난밤을 기억하면, 죽고 싶어져.

❷ **Breaking up with my girlfriend makes me want to die.**
여친하고 헤어지니까 내가 죽고 싶어져.

A: How do you handle those sad memories?
B: To be honest, they make me want to die.

A: 너 어떻게 그런 슬픈 기억들을 다스리고 있어?
B: 솔직히 말해서, 그 생각만 하면 죽고 싶어.

A: Steve has such a broken heart.
B: I'm sure it makes him want to die.

A: 스티브가 이별로 인한 상심이 너무 커.
B: 그 때문에 걔가 죽고 싶어 하는 게 확실해.

What's your take on this?

 이거에 대한 너의 take는 뭐야??

기본 동사의 또 다른 배신. take가 여기서는 명사로 쓰인 경우로, sb's take on sth하게 되면 「sth에 대한 sb의 의견」이나 「관점」이라는 뜻으로 쓰인다. What's your take on~?의 형태로 상대방의 의견을 물어보는(get the opinion of another person) 문장으로 많이 쓰이는 구어체 표현이다. 우리말로 하자면, 「…에 대해 어떻게 생각해?」 정도에 해당한다. 간단한 영어로 고쳐 말하자면 What do you think about it?이라고 생각하면 된다. 특히 뭔가 확신이 없고(be uncertain about how to feel) 그래서 결정을 하기 전에(before he makes up his mind) 다른 사람들의 의견이 어떤지 알고 싶을(would like to hear others tell him what they think) 때 빈번하게 사용하는 표현이다. Your take on this is~의 형태로 끝을 올려서 실질적인 의문문으로 역시 상대방의 의견을 물어볼 수도 있다. 참고로 take는 명사로 「뇌물」이라는 뜻이 있어서 be on the take하면 「뇌물을 받고 나쁜 짓을 저지르다」라는 뜻으로 쓰인다.

Key Point

What's your take on this? 이거에 대해 어떻게 생각해?

▸ be on the take 뇌물 받고 나쁜 짓을 저지르다

① He looks guilty to me. What's your take on this?
내가 보기에 걘 유죄야. 네 생각은 어때?

② I need to know your take on this before I make up my mind.
내가 결정하기에 앞서 이거에 대한 너의 의견을 알아야겠어.

A: What's your take on this? Is Angelo the murderer?
B: Well, he seems like a violent man.

A: 넌 이거 어떻게 생각해? 안젤로가 살인범이야?
B: 음, 걔는 폭력적인 사람으로 보여.

A: I watched the Johnny Depp movie yesterday.
B: Really? So what was your take on it?

A: 어제 조니 뎁 영화를 봤어.
B: 정말? 그래 너는 어땠어?

Don't bring me into this

나를 이거로 데려가지마??

bring sb into 다음에 장소명사가 오면 sb를 「…장소로 데려오다」라는 단순한 의미가 되지만 bring sb into this처럼 쓰이게 되면 「sb를 어떤 특정 상황에 놓이게 하다」(cause someone to be in a particular situation), 혹은 「강제적으로 그 상황에 관련되게 하다」(make someone become involved in a discussion or situation)라는 뜻으로 쓰인다. 그래서 도박을 하다가 돈을 다 날린 친구가 찾아와서 이제 따는 방법을 알았다며 돈 좀 빌려달라고 할 때 "Don't bring me into this"(나까지 끌고 들어가지마)라고 단호하게 거절할 수 있다. bring sb in 또한 많이 쓰이는데 「사람이나 인재를 영입하다」라는 뜻이 된다. 조금 거리는 있지만 호반장이 범인을 잡은 다음 경관에게 「데려가」라고 할 때 쓰는 표현인 Get him out of here, Get him out of my sight도 함께 기억해두자.

Key Point 

Don't bring me into this 나까지 끌고 들어가지마

- ▶ bring sb in 인재를 영입하다
- ▶ Get him out of her[my sight] 데려가

❶ It's your problem, **don't bring me into it.**
그건 네 문제야, 그거에 나까지 끌어들이지 마.

❷ **Don't bring me into** this argument.
이 논쟁에 나를 끌어들이지 마.

A: I say Democrats are better, Randy likes Republicans.
B: **Don't bring me into this.** I hate politics.

A: 난 민주당 사람들이 더 나은 것 같은데, 랜디는 공화당 사람들을 좋아해.
B: 난 끌어들이지마. 난 정치 싫어한다고.

A: Just tell my wife that I'm right.
B: **Don't bring me into** your marital arguments.

A: 내가 맞았다고 내 아내한테 말해줘.
B: 네 부부싸움에 날 끌어들이지마.

Don't take it out on me!

그것을 밖으로 꺼내 내게 던지지 말라고??

take sth out on sb는 별로 바람직하지는 않지만 실제로는 많이 볼 수 있는 모습들. 「sth을 꺼내서 sb에게 던진다」고 생각하면 되는데, 본인이 화가 나거나 열 받아 아무 죄도 상관도 없는 「sb에게 화풀이, 분풀이를 하는」 것을 말한다. 그래서 Don't take it out on me!하게 되면 그런 비열한 사람에게 "나한테 분풀이 하지 마!"라고 맞서는 표현이 된다. 맨날 정치권은 쌈질이나 하고 정부는 손 놓고 아무 대책 없이 퍼져 있을 때, 기대를 잔뜩 했던 한 국민이 열 받은 모습을 옆에서 본 친구는 "He has a lot of anger toward the government right now and he's just dying to find someone to take it out on"이라고 말할 수 있다. 내용적으로는 바람직하지 않은 표현이지만 실제 현실에서 이렇게 분풀이하는 경우가 많기 때문에 미드영어에서도 무척 뻔질나게 나오는 구어체 표현이다.

Key Point

Don't take it out on me! 나한테 분풀이 하지 마!

▶ be dying to find sb to take it out on 분풀이 할 사람을 눈 씻고 찾다

❶ I know Dan hates me, but why **take it out on** an innocent child?
댄이 날 싫어하는 것은 알지만 왜 죄 없는 아이에게 화풀이를 하는 거야?

❷ If you need to take your anger out on someone, **take it out on** me.
네 분노를 누군가에게 풀어야 된다면, 내게 화풀이를 해.

A: Why do you practice martial arts?
B: It's a good way to **take my anger out on** something.

A: 왜 무술을 배우는 거야?
B: 내 분노를 떨쳐내는 좋은 방법이야.

A: **Don't take it out on me** because you feel guilty.
B: I don't feel guilty.

A: 네가 죄의식을 느낀다고 내게 분풀이를 하지 마.
B: 나 죄의식 안 느끼는데.

Q Not if I see you first

 내가 너를 먼저 보지 않으면??

"I'll see you later"에 대한 장난스런 대답. 무슨 깊은 의미가 있는 것도 아니고 그냥 장난삼아 받아치는 문장으로 생각하면 된다. 즉 상대가 "나중에 보자"고 하니, 내가 널 먼저 보지 않는다면이라는 말로, 내가 먼저 널 보게 되면 널 피할 테니 나중에 날 못 보게 될 거야(if I see you first, I will avoid you, so you won't see me later)라는 의미이다. 즉 "내가 먼저 날 봐야지," "네가 날 먼저 보면" 정도로 생각하면 될 듯하다. 우리말로 옮기기 어려운 일종의 말장난이다. 〈프렌즈〉에서 피비와 챈들러가 서로 지지 않기 위해 어색하게 데이트하는 장면이 있다. 이때 피비가 "I'm gonna kiss you now"라고 하자 말장난의 대가인 챈들러가 "Not if I kiss you first"라고 한다. 이는 "내가 먼저 네게 키스 안해야 그렇지" 정도의 의미. 또한 Not if I can help it은 "내가 피할 수 있다면 안하고 싶어," Not if I get there first는 "네가 먼저 도착해야 그렇지" 즉 내가 먼저 도착하면 그렇게 안 될 걸이라는 의미의 표현이다.

Key Point 

Not if I see you first 네가 먼저 날 봐야지

▶ Not if I kiss you first 내가 먼저 키스안해야 그렇지

❶ **Not if I have anything to say about it.**
내가 그거에 대해 할 말이 없다면 그렇지.

❷ **I won't miss a second of my kids lives. Not if I can avoid it.**
내 아이들의 삶의 한 순간도 놓치지 않을 거야. 내가 피하지 않는 한 말이야.

A: Oh, well maybe you'll have another chance some day!
B: Not if I stop believing.
A: 어, 언제가 또 다른 기회를 누릴 수 있을지도 몰라!
B: 내가 계속 믿음을 갖는다면 그렇지.

A: Are we going to be on TV?
B: Not if I can help it.
A: 우리 TV에 나오는 거야?
B: 내가 피하지 않는 한 그래.

Get more

See if I care 맘대로 해
See if I care. Good luck finding girlfriends! 맘대로 해. 여자애들 찾는데 행운을 빌어!

I'm on to you 네 속셈을 알고 있어
It's a pretty smart plan, Tom, but I'm on to you. 그건 꽤 영리한 계획야, 탐, 하지만 난 네 속셈을 알고 있어.

That's a new one for me 이런 일 처음이야, 그런 말 들어본 적이 없어
A:This is the most weird thing I've ever seen. 이런 이상한 일은 처음이야.

B: It's a new one for me, too. 나도 이런 일 처음이야.

I've seen worse 아직은 괜찮은 편이야 (I've seen better 별로던데)
James, we've seen worse. 제임스, 아직은 괜찮은 편이지.

You're all missing my point 넌 내 말뜻을 이해못하고 있어
A: No, you're missing my point. 아냐, 넌 네 말뜻을 모르고 있어.

B: No, I get your point. 아냐, 네가 무슨 말하는지 알겠어.

What gives you the right? 너에게 무슨 그런 권리가 있어?
What gives you the right? Look at me! 너에게 무슨 권리가 있어? 날 보라고!

All better! (다친 아이를 치료한 후) 괜찮아 질거야!
All better! Back to work! 괜찮아 질거야! 다시 일하도록!

I'm not your mother 네가 알아서 해라
Do what you want. Talk to him, don't talk to him, I am not your mother.
너 하고 싶은거 해. 걔한테 말하던지 말하지 말던지. 네가 알아서 해.

You're not my mother 그만 간섭해라
You can't tell me what to do, you're not my mother. 나보고 이래라 저래라 하지마, 그만 간섭해.

Loosen up! 진정해!
I know, I need to loosen up. I'm overprotective. 알아, 내가 진정할 필요가 있어. 내가 너무 과잉보호하지.

How would that be? 그러면 어떨까?
I'll get you a copy. How would that be? 내가 사본을 하나 갖다 줄게. 그러면 어떨까?

I could get you some work. Right away, how would that be?
네게 일을 좀 줄 수 있어. 지금 당장, 그러면 어떻겠어?

Get more

I had my heart set on being a teacher 난 선생님이 되기로 맘먹었어

Lindsay's got her heart set on having a townhouse by the end of the year.
린세이는 연말까지 타운하우스를 사기로 마음을 먹었어.

I had my heart set on doing research tonight. 난 오늘 밤에 조사 좀 하기로 마음을 먹었어.

I would prefer it+V …했으면 좋겠어

I would prefer it tighten quickly. 빨리 단단히 했으면 좋겠어.

Don't be[play] coy with me! 내숭떨지마!

Don't play coy with me. You've got something to say, then just say it.
내게 내숭떨지마. 할 말이 있으면 그냥 말해.

fill in the blanks 빈칸을 채우다, 상상으로 채우다

Since she can't fill in the blanks, I need to find out what's going on.
걔가 나머지 얘기를 하지 못하니 무슨 일인지 내가 알아내야 해.

I can't quite put my finger on it 정확히 꼭 집어서 뭐라고 말할 수는 없지만

I can't put my finger on it, but I think she's got a really nice butt underneath those long blouses. 딱 뭐라고 할 수는 없지만, 걘 저 롱 브라우스 아래 엉덩이 정말 멋진 것 같아.

Get a load of this 이것 좀 봐

Wow! Get a load of you! You look so pretty. I hardly recognize you.
와! 이것 좀 봐! 너 정말 예쁘다. 널 못알아볼 뻔 했어.

Do yourself a favor 너 스스로를 챙겨야지

So do yourself a favor. And don't try to fight this! 그래 너 스스로를 생각해야지. 이거에 맞서려고 하지마!

Gotcha! 잡았다!, 속았지!, 당했지!, 알았어

Gotcha! We've been planning this for months. 속았지! 우린 몇달동안 이 파티를 준비해왔다구.

He got lucky with Blair 걔 블레어랑 잤대

You mean he got lucky with Susan? It was his first time to have sex.
수잔과 잤다는 말야? 그날이 걔 섹스처음이었대.

I'm easy (to please) 네 결정에 따를게, 난 어느 쪽도 상관없어

Okay, true or false? I'm easy to live with. 좋아, 진실 혹은 벌받을래? 어느 쪽도 좋아.

Shit happens (살다보면) 재수없는 일도 생기는 법이야

My arm broke. Shit happens! 내 팔이 부러졌어. 재수없는 일도 생기는 법이야!

Get more

We know where you're going with this 네가 이걸로 뭐하려는지 알아

I have no idea where you're going with this. 네가 이걸로 뭐하려는 모르겠어.

That's anybody's guess 확실치 않아, 아무도 몰라

She's exsanguinated. Time of death is anybody's guess. 걘 과다출혈로 사망했어. 사망시각은 아무도 몰라.

I don't want to name names 누구라고 딱히 밝히고 싶진 않아

I name names, I might as well kill myself, save them the trouble.
내가 누구라고 빌설하면, 내가 자살하고 걔네들 수고를 덜어주는게 나아.

That will be the day 그런 일은 절대로 없을거야

I don't think so, bro. That'll be the day. 친구야, 그렇지 않아. 그런 일은 절대로 없을거야.

That's a load of crap 그건 엉터리 얘기야

Yeah, I read it. It's a load of crap. 어, 읽었는데, 그건 완전히 엉터리야.

In your dreams 꿈도 꾸지마, 꿈에서나 가능하겠지

In your dreams. I'm charging you both with conspiracy to commit murder.
꿈도 꾸지마. 너희 둘 모두 살인공모죄로 기소할거야.

off the top of my head 지금 머리에서 금방 떠오르는 생각인데

All right, well, off the top of my head, I think the most important thing with Penny is to go really slow. 좋아, 방금 떠오른 생각인데, 페니와 데이트할 때 가장 중요한 것은 진도를 아주 천천히 가는거야.

Please don't hold back 감추지 말고 다 얘기해

That's why there's no reason for you to hold back any important details.
그래서 넌 중요한 세부사항들을 감출 필요가 전혀 없어.

I'm kind of up to my ass in problems 난 지금 어려움에 처했어

I'm up to my ass in problems these days. 난 요즘 어려움에 처했어.

I'm laying low 조용히 지내고 있어

He killed a cop. He's laying low. 걘 경찰을 죽여서 죽어지내고 있어.

You got with her? 너 걔랑 섹스했어?(get with sb 만나다, 섹스하다)

You got with her? You da man! 너 걔랑 잤어? 너 잘했다!

take the liberty of ~ing 제멋대로 …하다, 임의대로 …하다

I took the liberty of looking over your schedule. 네 일정을 임의대로 내가 봤어.

Get more

take it one day at a time 미리 고민하지 않고 그때그때 해결하다

Taking it one day at a time still makes the most sense to me.
그때 그때마다 해결하는게 여전히 내게 설득력이 있어.

think outside the box 창의적으로 생각하다

You're gonna have to think outside the box. 넌 창의적으로 생각해야 될거야.

It's the least I could do 이 정도는 해야지

I'm glad you enjoyed it. It's the least I could do for all your help.
네가 좋았다니 기뻐. 네가 도와준 거에 대해 이 정도는 해야지.

It comes in handy 그거 도움이 돼, 쓸모가 있어

Well, maybe you should practice, 'cause it comes in handy.
저기, 넌 연습을 하라고, 그게 도움이 되니까 말야.

call dibs on …에 대해 찜을 해두다, …를 찍어두다(have got dibs on …을 찜하다)

Dibs on Lynette! She's on my team! 나 리네트를 찍었어. 걘 우리 팀이야!

You call dibs on every guy you see. 넌 보는 사람 모두를 찜해두더라.

I don't know what to make of it 어떻게 해야 할 지 모르겠다(of 다음에 사람이 올 수 있다.)

The doctors don't know what to make of all this. 의사들은 이것을 어떻게 해야 할지 모르고 있어.

What the hell are you bitching about? 뭘 불평하는거야?(Bitching! 대단하다!)

I plan to get drunk and bitch about my boss. 난 취해서 사장에 대해 불평을 늘어놓을 계획이야.

She was bitching about the long ride. 걘 너무 오래 차를 탔다고 불평을 했어.

I don't have all day 시간이 없어

I don't have all day. I'm meeting Tim for drinks at my place, and I got a lot to get done.
난 시간이 없어. 집에서 팀을 만나 술을 마시고 마쳐야 될 일이 많아.

I'm bummed out 난 실망했어

All right. Let's not get bummed out, guys, okay? 좋아. 얘들아 우리 실망하지 말자, 응?

I don't blame you 그럴 만해

I don't blame you for spending extra time down here. 네가 여기서 남는 시간을 보낸 것도 이해가 돼.

We've got it going on (오래된 슬랭으로 조롱조로 사용함) 우리가 매력적이야, 우리가 일을 잘해

A: You really think Melissa is attractive? 멜리사가 매력적이라고 생각해?

B: Oh yeah, she's got it going on. 그럼, 아주 섹시해.

Get more

Are you decent? 들어가도 돼?
Orson, dear, are you decent? 올슨, 자기야, 나 들어가도 돼?

get bent out of shape 열받다
Clearly Jennifer was bent out of shape. And so was I. 분명히 제니퍼는 열받았고, 그리고 나도 그랬어.

give sb the benefit of the doubt 선의로 믿다
She's willing to give you the benefit of the doubt. 걔는 너를 선의로 믿어보려고 해.

You don't belong here 넌 여기에 오면 안돼
This is a crime scene. You don't belong here. 여기는 범죄현장입니다. 여기 오시면 안됩니다.

You know where to find me 내가 어디있는지 알지
Well, you know where to find me if it doesn't work out.
저기, 그게 제대로 되지 않으면 너 내가 어디 있는지 알지.

get into bed sb 섹스하다
You think I'm trying to get you into bed? 내가 너와 섹스하려고 했다고 생각하는거야?

Cord is cut (누구를 의지 않고) 독립적으로 살다
I've got you this time 이번엔 사정 안 봐주겠어
Wouldn't you (just) know it (실망하여) 저런, 이런
man up 남자답게 용기있게 행동하다
Suck on that 어쩔 수 없다
make a break for it 빠져나가다
Don't press you luck 너무 운만 믿고 나서지마
If the shoe fits, wear it 그게 사실이면 인정하라구
get out of one's hair …을 괴롭히지 않다
We're kind of a thing now 우린 서로 좋아하는 사이야
Touche, You get me 잘 알아들었어, 네 말이 맞아
I'm not sure what's tripping you up 뭘 이해하는지 모르겠다
get heavy with 거칠게 굴다
What's the score? 현재 상황이 어때?
She won't give you the time of day 그 여자는 눈길 한번 안 줄 거야
Shape up or ship out! 더 분발하지 않을거면 때려쳐!
You're full of it 뻥까지마
I don't mean maybe! 진심으로 하는 말이야!

미드영어
Questions & Answers

SECTION 2

이게 **무슨 차이**에요?

Here's a deal과
Here's the deal?이
어떻게 다를까…"

Q How's it going? • How's that going?

'it'과 'that'이 이런 의미차이를 가져오다니…

'it'과 'that' 한 끗 차이지만 의미는 다르다. How's it going?은 잘 알려진 대로 상대방을 만나서 잘 지내는지 상대방의 근황을 물어보는 것으로 How are things?, How's it with you? 또는 How are you doing?과 같은 맥락의 표현. 반면 How's that going?하게 되면 어떤 특정한 일의 진행과정을 물어보는 것으로 "그 일 어떻게 돼가고 있어?"라는 의미이다. 하지만 How's it going with sb[sth]?하게 되면 How's that going?처럼 with 이하의 일이 어떻게 되어가는지 그 상황을 물어보는 표현으로 돌변한다. 큰 그림으로 보자면 두 표현 모두 상황이 어떻게 되어 가는지를 물어보는 것으로 다만 How's it going?은 인사말로 거의 굳어진 것으로 이해하면 된다. What's up?이 "무슨 일이야?" 혹은 단순한 인사말로 "어때," "잘 지내"라고 물어보는 두 가지 의미로 쓰인다는 점을 함께 생각해보면 된다.

Key Point

How's it going? 어때?, 어떻게 지내?
How's it going with~? …와는 어때?, 어떻게 돌아가?
How's that going? 어떻게 돼가는 거야?

❶ **How's it going with** Phoebe? Is she still upset?
피비와는 어떻게 돼가고 있어? 아직도 화나있어?

❷ I heard you got a new job. **How's that going?**
너 새로운 직장 다닌다며. 어때?

A: I quit my job to do something meaningful.
B: And **how's that going for** ya?
A: 뭔가 의미 있는 일을 하기 위해 직장을 관뒀어.
B: 그럼 그 일은 어떻게 되어가고 있어?

A: **How's it going with** the phone records?
B: No outgoing calls from the house after 8:00 P.M. Monday night.
A: 통화기록은 어떻게 돼가고 있어?
B: 월요일 저녁 8시 이후에는 집에서 밖으로 건 전화가 없어요.

Don't ask • Don't ask me

 'me'가 있고 없고의 차이

me가 있느냐 없느냐의 차이. 먼저 Don't ask는 상대방이 자기에게 뭔가 물어보는데 대답할 내용이 별로 좋지 않아 말하기 싫을 때 사용하는 표현이다. 직장에서 사이코 같은 윗사람에게 실컷 욕먹고 왔는데 아내가 속도 모르고 How was your day at work?라고 한다면, 이때 "묻지 마," "말하기도 싫어," "모르는 게 나아"라는 의미로 쓸 수 있는 문장이다. 반면 me가 들어간 Don't ask me는 자기도 답이나 그 이유를 모르는 것을 물어볼 때 혹은 그 답이 뭐든 내 알 바 아니니 신경 쓰지 않기 때문에 물어보지 말라며 짜증내며 할 수 있는 표현이다. 참고로 Don't ask, Don't tell은 미군내의 동성애자에 대한 정책으로 "묻지도 말고 대답하지도 말라"는 유명한 표현이다.

Key Point 

Don't ask 묻지 마, 모르는 게 나아

Don't ask me 나도 몰라, 내 알바 아냐

- Don't ask, Don't tell 묻지도 말고 대답하지도 마라
- Don't ask me how[why] 방법[이유]을 내게 묻지 마

❶ **Don't ask.** He was handsome, sensual, talented.
모르는 게 나아. 걘 잘생겼고, 관능적이고, 재능이 출중했어.

❷ Grissom wants it packaged in plastic. I don't know. **Don't ask.**
그리썸은 그걸 비닐봉지에 포장하라고 했어. 몰라. 묻지 마.

A: How does somebody get into your club with a gun?
B: **Don't ask me;** ask the metal detector. It's supposed to work.

A: 어떻게 당신 클럽에 총을 갖고 들어갈 수 있습니까?
B: 나도 몰라요. 금속탐지기한테 물어봐요. 작동하도록 되어 있으니까요.

A: What's he doing borrowing money from you?
B: In my business, **you don't ask, you don't tell.**

A: 걔 너한테서 돈빌려서 뭐한다는거야?
B: 내 업계에서는 묻지도 말고, 말하지도 말고라는 규칙이 있어.

Here's a deal • Here's the deal

 'a'와 'the'만 다른데…

단지 a와 the의 차이일 뿐인데 의미는 전혀 다르다. 먼저 Here's a deal은 쇼핑 등 물건을 사고 팔 때 쓰는 표현으로 물건이 할인가 (something has a bargain price)라는 것을 말할 때 사용하는 것으로 "이게 할인가야," "가격이 싸네"라고 하는 말이다. 반면 Here's the deal하면 뭔가 핵심적인 사실이나 뭔가 듣기 싫은 이야기를 꺼내기(be going to tell someone else the basic truth or facts about something) 전에 하는 표현이다. "자 이렇게 된 거야," "그게 이런 거야" 정도로 이해하면 된다.

Key Point 

Here's a deal 이 싼 가격 봐, 이게 할인가야
Here's the deal 자 이렇게 된 거야, 그게 이런 거야

- Here's a deal on~ …가격 싼 거봐
- Look, here's the deal 이봐, 그게 이런 거야

❶ **Here's a deal on** notebook computers.
노트북 컴퓨터 가격이 할인가여서 싸네.

❷ **Here's the deal,** we can't go to the concert.
자 이렇게 된 거야, 우리는 콘서트에 갈 수가 없어.

A: She said that you broke up with her because she refused to have sex.
B: **Here's the deal.** I said that, but it was just an excuse. The truth is, I wasn't that into her.
A: 걔가 섹스를 거부해서 헤어졌다고 걔가 그러던데.
B: 사실은 말이야, 그렇게 말했지만, 변명이었어. 실은 그렇게 걔를 좋아하지 않았어.

A: **Here's a deal on** your favorite cereal.
B: Great! I'll buy two boxes of it.
A: 네가 좋아하는 시리얼 할인하네.
B: 좋아라! 두 박스 사야지.

get physical • get a physical

physical 앞의 'a'하나 때문에…

physical은 형용사로 「물리적인」, 「육체적인」이라는 뜻. 그래서 get+형용사의 형태로 get physical하면 "물리적인 힘을 사용하다"(use the physical power) 혹은 깊히 발전해서 "섹스를 하다"(have sex)라는 뜻으로 문맥에 따라 사용된다. Do their fights ever get physical?에서 볼 수 있듯, get physical은 말로만 싸우는 게 아니라 진짜 몸으로 부딪히며 싸우는 것을 말한다. 반면 get a physical하게 되면, 즉 physical이 관사와 함께 어울리면 명사로 사용된 것으로 a physical은 a physical examination을 뜻하게 된다. 다시 말해 get a physical하게 되면 병원에 가서 「검진을 받다」(When people go to a doctor and get examined, it is called getting a physical)라는 뜻이 된다.

Key Point

get physical 물리적인 힘을 쓰다, 섹스하다
get a physical (병원에서) 검진하다

❶ The romance became serious after it got physical.
그 연애는 섹스를 한 후에 진지해졌어.

❷ You should get a physical before going overseas.
넌 외국가기 전에 건강검진을 받아봐.

A: Would you say that was the only time that it ever got physical?
B: Last month, she slapped me for taking money out of her wallet.

A: 폭력적인 것은 그때가 유일한 거라는 말이죠?
B: 지난달에 자기 지갑에서 돈을 빼갔다고 뺨을 때렸어요.

A: Lately I've been feeling quite sick.
B: I think it's time for you to get a physical.

A: 최근에, 좀 심하게 몸이 아팠어.
B: 더 늦기 전에 건강검진을 받아 봐야 될 것 같아.

You're right • You're right on • You're right on the money • You're on

다 고만고만한데…

먼저 You're right은 상대방의 말에 맞는다고 동의할 때 쓰면 되고, 여기에 on를 붙여서 You're right on하게 되면 상대방이 한 말이 정확히 맞다(agree with what someone has said or done)고 맞장구칠 때 사용하면 된다. 어떤 부분에서 맞냐고 할 때는 You're right on with sth이라고 하면 되는데 그렇게 많이 쓰이는 편은 아니다. 또한 여기에다 the money를 붙여서 You're right on the money하게 되면 You're right on과 비슷한 의미로 뭔가 맞는다고 맞장구치면서 "바로 그거야," "그래 맞아"라는 의미. money 대신에 button이나 nose를 써서 You're right on the button[nose]이라고 해도 된다. 마지막으로 right을 빼고 You're on하게 되면 얘기가 좀 달라진다. 상대방이 내기를 하자고 할 때 혹은 상대방 제안을 받아들이면서 "그래, 좋아"라는 의미가 된다. 결론적으로 말해, You're right, You're right on, 그리고 You're right on the money는 다 같은 계열로 보면 된다.

Key Point 

You're right 네 말이 맞아
You're right on 네 말이 딱 맞아(You're right on with~)
You're right on the money[button, nose] 바로 그거야, 그래 맞아
You're on (내기나 제안을 받아들이며) 그래 좋았어, 그래 그렇게 하자

❶ So if **you're right,** we just ran out of time.
그래 네 말이 맞다면, 우린 시간이 부족했어.

❷ **You're right on with** what you've been saying.
네가 했던 말이 맞았어.

A: I bet I figure out how they're connected before you do.
B: All right. **You're on.**

A: 네가 그러기 전에 어떻게 걔네들이 연결됐는지 내가 알아내는데 확신해.
B: 좋아. 그렇게 하자.

A: No, **you're right.** It's ridiculous to worry about you all the time.
B: It's sweet that you worry.

A: 아냐, 네 말이 맞아. 널 온종일 걱정한다는 것은 말이 안 돼.
B: 걱정해줘서 고마워.

What's the deal? • What's your deal? • What's the big deal?

 'the'와 'your'의 차이가…

What's the deal?하면 현재 벌어지고 있는 일의 상황이 어떤 일인지 그리고 왜 그런 일이 벌어졌는지 등을 물어보는 표현이다. "도대체 무슨 일이야?," "어떻게 된 거야?"라는 말로 What's the deal with~?의 형태로 궁금한 것을 with 이하에 넣어서 말을 할 수도 있다. What's your deal? 또한 비슷한 맥락의 표현으로 "너 왜 그래?," "너 무슨 일이야?"라고 물어보는 문장. 반면 What's the big deal?하면 "그게 무슨 상관이야," "별일 아니네," "그게 어째서"라는 의미로 여기서 big deal은 반어적으로 쓰인 경우이다. 상대방이 별일도 아닌 것 갖고 난리칠 때 사용하면 제격이다. 다시 말해서 다른 사람들이 생각하는 것만큼 중요하지 않다(something is not so important, or that it's not as important as other people think it is)고 면박을 주는 문장이다.

Key Point 

What's the deal? 도대체 무슨 일이야?, 어떻게 된 거야?
What's your deal? 너 왜 그래? 너 무슨 일이야?
What's the big deal? 별일 아니네, 그게 어째서?

❶ **What's the deal with** these tools? Are you using them?
이 연장들 어떻게 된 거야? 네가 쓰고 있는 거야?

❷ So I spent a thousand dollars. **What's the big deal?**
그래서 난 천 달러를 썼어. 그게 어째서?

A: Hey, so, I spoke with Danny this morning.
B: Oh, yeah. **What's the deal with** him?

A: 야, 그래서 내가 오늘 아침에 대니와 얘기 나누었어.
B: 어 그래. 걔 무슨 일이래?

A: **What's your deal, yo?** You got tough buckets or somethin'?
B: You're a disgrace to your skin, you know that?

A: 너 왜 그래 어? 뭐 터프가이라도 되는 거야?
B: 넌 같은 인종의 수치야, 그거 알아?

Q That's right • That's all right • I'm all right • All right

 'right'과 'all right'의 차이점

A

핵심은 all의 있고 없음이다. 즉 be right과 be all right의 차이만 구분하면 된다는 말이다. 먼저 가장 쉬운 표현인 That's right은 주로 상대방의 말에 동의할 때 쓰는 것으로 "맞아"라는 뜻이고, 여기에 all을 삽입하여 That's all right하게 되면 "괜찮아"라는 말로 No problem처럼 상대방이 미안 혹은 감사하다고 할 때 "괜찮아," "문제없어," "걱정 마"라고 할 때 쓰는 표현이 된다. 이번에는 주어가 사람이 되어서 I'm all right하게 되면 내가 괜찮다고 말하는 것으로, 괜찮은 것까지 함께 말하려면 I'm all right with that이라고 하면 된다. 쉽게 생각해서 That's okay (with me)와 같다. 반대로 상대방이 괜찮은지 물어보려면 Are you all right?이라고 하면 된다. 끝으로 그냥 All right하게 되면 상대방의 제안이나 의견에 "맞아," "그래"라고 동의하거나 상대방의 부탁에 허락(permission)할 때 그리고 상대방 관심을 끌기 위해, "자," 그리고 All right?하면 알겠어?, 그럼 됐지?라는 의미가 된다.

Key Point 

That's right 맞아
That's all right 괜찮아
I'm all right 괜찮아
All right 맞아, 그래, 자(All right? 알겠어?)

❶ The economy has been bad, but **I'm all right.**
경기가 너무 나쁘지만 난 괜찮아.

❷ If you can't meet tonight, **that's all right.** We'll meet again later.
오늘밤에 못 만나도 괜찮아. 나중에 다시 만나자.

A: Call me if you need me.
B: **All right.**

A: 나 필요하면 전화해.
B: 알았어.

A: Please! Please don't! Don't kill me.
B: **It's all right.** We're not going to hurt you. We're the police.

A: 제발요! 제발 그러지 마요! 날 죽이지 마요.
B: 괜찮아. 우린 널 해치지 않아. 경찰이야.

What's that[it] about? • What's this all about?

 'all'의 있고 없음…

상대방에게 무슨 일이 일어난 건지 설명을 요구하는 문장으로 What's that about?, What's it about?, 혹은 강조해서 What's this[it] all about?이라고 쓸 수 있다. 쉽게 다른 문장으로 말해보면 "Tell me why that is going on"이라는 뜻으로 "도대체 무슨 일이야?"라고 자초지종을 물어보는 것이다. 자기가 목격했지만 이해가 가지 않고 혼란스러워 설명을 해 달라(they are confused about something they have seen. They want to know more information so they can understand better)고 할 때, 혹은 어떤 상황에 놀라서 왜 그런 건지 물어볼 때 사용하면 된다. 둘 다 매우 유사하다고 보면 된다.

Key Point 

What's that about? 왜 그랬니?, 무슨 일이야?
What's this all about? 도대체 무슨 일이야?

❶ Angie slapped me. **What's that about?**
앤지가 내 뺨을 쳤어. 왜 그런 거야?

❷ **What's this all about?** Why are you yelling at me?
도대체 무슨 일이야? 왜 내게 소리쳐대는 거야?

A: I asked Jude about it. She lied right to my face.
B: **What's that about?**

A: 난 주드에게 그거에 대해 물어봤어. 대놓고 거짓말하네.
B: 무슨 일인데?

A: **What's this all about?**
B: Mr. Vance, your wife didn't drown. She was poisoned.

A: 도대체 무슨 일이에요?
B: 밴스 씨, 부인께는 익사한게 아니라 독살당하셨습니다.

I'll be there • I'll be there for you • You're almost there

 "be there"의 혼란스러운 몇 가지 표현

be there[here]는 구어체 표현으로 go, come 대용으로 일상회화에서 무척 많이 쓰인다. 그래서 I'll be there하면 "정해진 시간에 내가 갈게"라는 뜻이 되고 "I'll be here"라고 하면 "여기에 오다"라는 뜻이 된다. 그런데 I'll be there 뒤에 for you가 붙으면 전혀 다른 뜻이 된다. 〈프렌즈〉의 주제곡 제목으로도 유명한 I'll be there for you는 직역하면 "언제나 네 옆에 있겠다"라는 뜻으로 강한 책임감을 느끼고 너를 도와주겠다(I will always help you)는 감동적인 표현이다. 또 하나 형태가 비슷한 것으로 I'm almost there 혹은 We're almost there이란 표현이 있는데 이는 물리적으로 "거의 목표지점에 다 왔다" 혹은 비유적으로 "어떤 목표나 일을 거의 다 마쳤다"라고 말할 때 쓰는 표현이다. 퀴즈의 정답을 거의 맞힐 때처럼 목표를 거의 달성하기 직전인 상대방을 격려하려면 주어를 살짝 바꿔, You're almost there(거의 다됐어)이라고 쓸 수도 있다.

Key Point 

I'll be there 갈게
I'll be there for you 내가 있잖아
I'm[We're] almost there 거의 다 왔다, 목표를 거의 달성했어
You're almost there 거의 다 됐어, 거의 다 맞췄어

❶ You're almost there. Just keep going.
거의 다 됐어. 더 계속해.

❷ I'll be there for you if you have any problems.
너에게 무슨 문제 있으면 내가 옆에 있어줄게.

A: One more push! Come on honey, we're almost there!
B: Oh Chris, I'm so happy things worked out for us that we're having this baby together.

A: 한 번 더 밀어! 자, 자기야, 거의 다 됐어! B: 오, 크리스, 이 아이를 함께 낳는데 다 잘돼서 너무 기뻐.

A: I just don't know what to do to make sure it doesn't happen again.
B: All you can do is be there for them.

A: 다시는 그런 일이 없도록 하기 위해 뭘 어떻게 해야 할 지 모르겠어.
B: 걔네들 옆에 함께 있기만 하면 돼.

Don't mind me • Do you mind? • I don't mind if I do • Mind you

"mind"가 들어간 표현들

Don't mind me는 '나'를 신경 쓰지 마라(mind)라는 뜻으로 난 관여하지 않을 테니 "너하고 싶은 대로 해라"(Go ahead and do what you want to)라는 의미가 된다. 'me' 대신 Don't mind Chuck처럼 제 3의 인물을 써도 된다. 의미는 같아, 걔 신경 쓰지 말고 하던 일이나 하자라는 말. 한편, Do you mind?는 상대방의 허락을 구하는 문장으로 "(나 그렇게 해도) 괜찮겠어?", 혹은 열심히 일하고 있는데 옆에서 계속 콧노래를 부르는 동료에서 짜증내며 Do you mind!하게 되면 "그만 좀 할래!"라는 뜻이 된다. 또한 I don't mind if I do는 직역해보자면 내가 그렇게 한다고 해도 난 신경 쓰지 않는다, 즉 "그럼[그거] 좋지"라는 뜻이다. 상대방의 제안에 Yes라고 대답하는 것으로 "I'm going to do that"이라는 의미가 포함된 표현. 요즘에는 그렇게 많이 쓰이지는 않는다. 마지막으로 mind (you)는 자기가 하는 말에서 좀 중요한 부분을 강조하기(point out some important detail) 위해 삽입하는 표현으로 우리말로는 "그런데 말이야," "하지만" 정도에 해당된다.

Key Point

Don't mind me 난 신경 쓰지 마, 너 하고 싶은대로 해
Do you mind? 괜찮겠어? Do you mind! 그만 좀 할래!
(I) Don't mind if I do 그럼 좋지
Mind you 그런데 말이야, 하지만

❶ **I don't mind if I do** have a piece of this pie.
이 파이 조각을 먹을 수 있다면 좋지.

❷ I'm glad Sally is going to perform, **mind you,** she's a terrible singer.
샐리가 공연을 해서 기쁜데 말이야, 걔 노래 너무 못하잖아.

A: Why don't you let me take Sam, and, you get some more rest.
B: Yeah, **do you mind?**
A: 내가 샘을 데려갈 테니 너는 좀 쉬어. B: 그래, 괜찮겠어?

A: It looks like I'm just in time for make up sex. **Don't mind me,** you'll barely hear me.
B: Tom, get outta here.
A: 내가 화해섹스를 하기에 딱 맞는 시간에 온 것 같아. 난 신경 쓰지 마, 내 소리 안 들릴 거야. B: 탐, 꺼져.

What do you say? • What would you say?

 "do"와 "would"의 차이가…

What do you say?는 상대방의 동의나 의견을 물어보는 것으로 "어때?"라는 의미. "그거 어때?"라고 하려면 What do you say to that?이라고 한다. 좀 더 구체적으로 제안하는 내용까지 넣어서 말하려면 What do you say to+동사[~ing]? 혹은 What do you say S+V?, What do you say if S+V를 쓰면 된다. 이 문장으로 상대방에게 제안을 하거나 의견을 물을 때는 상대방의 Yes, 혹은 No라는 대답을 기대하고 던지게 된다. 반대로 do 대신 가정법 동사 would를 써서 What would you say?라고 하면 이 역시 상대방의 의견을 물어보는 것이지만 조금 뉘앙스가 다르다. 가정법동사가 쓰였기 때문에 지금 현재 닥친 문제가 아니라 앞으로 그렇게 된다면 "넌 어떻게 할 거야?"(If that happened, how do you react), "넌 뭐라고 할래?"라는 말이 된다. 역시 What would you say if~하면 if 이하의 조건을 달았을 뿐 의미는 똑같아서 "…한다면 어떨까," "뭐라고 할 거야"라는 표현.

Key Point

What do you say? 어때?
What would you say? 넌 뭐라고 할 거야?

❶ Join us for breakfast tomorrow. What do you say?
내일 아침 우리와 함께 먹자. 어때?

❷ What would you say if Earl asked you out?
얼이 데이트 신청하면 어떻게 할 거야?

A: What do you say we call it a night?
B: What? No. Let's keep playing.
A: 오늘은 그만 하는 게 어때?
B: 뭐라고? 안 돼. 계속 놀자고.

A: What if I told you the hotel maid told us that you weren't with Tim, what would you say?
B: I'd say she was lying.
A: 내가 너에게 호텔청소부가 네가 팀하고 같이 있지 않았다고 우리에게 말했다고 말한다면, 넌 뭐라 할 거야?
B: 걔가 거짓말했다고 하겠지.

How about that? • How about that!

"?"와 "!"도 차이가 나네…

How about~은 상대방의 의견을 물어보거나 제안을 할 때 쓰는 대표표현으로 여기서처럼 How about that?(그거 어때?), How about you?(너는 어때?)처럼 단순하게 물어볼 수도 있지만, How about 다음에 다양한 품사나 어구, 그리고 ~ing, 및 S+V의 문장을 넣을 수도 있는 아주 편리한 표현이다. 반면 많이들 오역하기 쉬운 것으로 물음표가 아니라 느낌표가 되어 How about that!이라고 하면 이건 상대방의 의견을 물어보는 것이 아니라 뭔가 예상 못한 놀랍거나 멋진 일을 접하고서(express that something is great or wonderful) "그것 참 멋지네!," "대단하네!"라는 뉘앙스의 표현이다. 하지만 한 세대 전에는 많이 쓰였으나 현재 영어에서는 그다지 많이 쓰이지 않는 표현이다. 한편 What about you? 또한 How about you?처럼 상대방의 의견을 묻는 것으로 생각하면 된다.

Key Point

How about that? 그거 어때?
How about that! 와 멋지다!, 근사하다!

1. **I'll give you $300 for your computer. How about that?**
   네 컴퓨터 300 달러 줄게. 어때?
2. **The Yankees won tonight. How about that!**
   양키스 팀이 오늘밤 이겼어. 정말 대단해!

A: Uh, dinner tonight? How about that? Are you free tonight, Julie?
B: Actually, uh, I'm not free tonight.

A: 어, 오늘 저녁 어때? 줄리, 오늘 저녁시간 괜찮아?
B: 실은, 오늘 저녁에 시간이 안 돼.

A: It looks like we're moving to a new office.
B: How about that! I hope they give us new computers.

A: 새로운 사무실로 이사 가는 것 같아.
B: 멋지다! 새로운 컴퓨터를 지급하겠지.

You're one to talk • You're the one to talk

"the"가 있기도 하고 없기도 하고…

언뜻 보면 똑같은 것으로 착각하기 쉬운 표현들이다. 하지만 자세히 보면 one 앞에 'the'가 있느냐 없느냐의 차이가 있다. 먼저 You're one to talk은 "사돈 남말하네"(Look who's talking)와 같은 표현으로(express that a person is being hypocritical, possibly by being critical of something that he does himself) 상대방이 비난하던 일을 자기 스스로 했을 때 다른 사람이 비아냥거리면서 사용하는 표현이다. 반면 one 앞에 the가 붙어서 You're the one to talk하게 되면 글자 그대로 너는 이야기할 수 있는 사람이다라는 뜻이 된다. 이렇게 be the one to+V하게 되면 "…하는 사람은 …이다"라는 뜻이 되고, be the one who~ 하게 되면 강조어법으로 "…한 사람은 바로 …야"라는 의미가 된다. 그리고 be the one to~의 경우 꼭 the만 들어가는 것은 아니어서 I have no one to talk하게 되면 "난 이야기할 사람이 없다"라는 뜻이 된다.

Key Point

You're one to talk 사돈 남 말하네
You're the one to talk 넌 같이 얘기할 수 있는 사람이야

❶ Why did you criticize him for cheating? You're one to talk.
왜 바람피웠다고 걔를 비난했어? 너도 마찬가지잖아.

❷ You're the one to talk to our teacher about this matter.
이 문제에 관해 선생님께 얘기할 사람은 너야.

A: Don't bother them if they seem busy.
B: You're one to talk.
A: 걔네들이 바빠 보이면 방해하지 마.
B: 사돈 남말하네.

A: Well, when you want to talk about it...
B: Yeah, I know, I know you're the one to talk to. Got it.
A: 저기, 네가 그것에 관해 얘기하고 싶을 때…
B: 그래, 알아. 얘기할 사람이 너라는 거. 알았어.

keep sth to oneself • keep to oneself

"sth"이 있고 없음에 따라…

이것도 참 겉모습만 봐서도 알쏭달쏭하다. 하지만 차분히 단어 하나하나를 뜯어보면서 논리적으로 유추해보면 그리 어렵지 않게 구분할 수 있다. 먼저 keep sth to oneself는 sth을 to oneself에게 지니고 있다라는 뜻으로, 의역하자면 sth을 아무한테도 말하지 않고 비밀로 하다(keep something secret or private)라는 의미의 표현이 된다. 상대방에게 "이거 아무한테도 말하지 마"라고 하려면 I want you to keep this to yourself라고 하면 된다. 반면 여기서 sth을 빼고 keep to oneself하게 되면 다른 사람들과 어울리지 않고 "혼자 지내다"(not interact much with others. Often shy or timid people keep to themselves)라는 뜻이 된다.

Key Point

keep sth to oneself 비밀로 하다
keep to oneself 혼자 지내다

❶ Please **keep** what I told you **to yourself.**
내가 너한테 한 말 비밀로 해줘.

❷ Mario **keeps to himself** and we don't see him much.
마리오는 혼자 지내서 걔를 많이 보지 못해.

A: I'm not ready to tell anybody. I wanna **keep it to myself** for a while.
B: Well, that's not gonna be easy, my dear.

A: 누구한테도 말할 준비가 안됐어. 한동안 비밀로 간직하고 싶어.
B: 어, 자기야, 그거 쉽지 않을 텐데.

A: Do you know where she lives?
B: She didn't say. Wendy pretty much **kept to herself**.

A: 걔가 어디 사는지 알아?
B: 걔가 말한 적이 없어. 웬디는 정말이지 혼자 지내는 편이야.

Q kick one's ass • kick ass[butt]

 "ass"의 소유자가 있고 없음에 따라서…

kick과 ass는 공통으로 들어가는데 단지 ass 앞에 소유자 one's가 있느냐 없느냐의 차이이다. kick one's ass는 직역하면 답이 바로 나온다. 「…의 엉덩이를 차다」라는 뜻에서 일반적으로 「때리다」(beat), 「혼내다」(punish), 혹은 스포츠 경기에서 상대방을 「이기다」라는 의미가 된다. 물론 ass 대신 같은 계열인 butt를 써도 된다. 한편 kick (some) ass 또한 비슷한 의미로 「본때를 보여주다」로 쓰이지만 특히 「자기 실력을 과시하다」, 「강렬한 인상을 주다」, 「잘못된 것을 바로잡다」(do very well at something, and possibly to take something that is wrong and correct it by force)라는 뜻으로 주로 get out there and kick some ass의 형태로 많이 쓰인다. 여기서 파생한 kick(-)ass는 형용사로 사람이나 사물이 「대단한」(great), 「강렬한」이라는 의미로 쓰인다. kick ass는 단어만 봐도 알 수 있듯이 나이든 사람들보다는 젊은 층이 많이 쓰는 표현이다.

Key Point 

kick one's ass 혼내다, 이기다
kick some ass = kick ass[butt] 혼내다, 잘하다, 죽여주다
kick(-)ass 대단한, 강렬한

❶ I **kicked John's ass** when we played cards.
우리가 카드놀이를 할 때 난 존을 이겼어.

❷ Your brother really **kicks ass** when he plays tennis.
네 형은 테니스 칠 때 정말 끝내주더라.

A: I'm going to **kick your ass.**
B: Honey, you're scaring me a little bit.

A: 내가 널 혼내줄 거야.
B: 자기야, 좀 무서워지려고 그래.

A: I **kicked ass** in that meeting because of this suit.
B: It is a suit. Why are you so obsessed with it?

A: 이 정장 때문에 회의에서 잘했어.
B: 정장일 뿐인데. 왜 거기에 그렇게 집착해?

You got me • You got me there

"there"이 문제네…

이 두 표현 역시 한 끗 차이다. 뒤에 there가 있느냐 없느냐이다. 먼저 You got me는 네가 나를 잡았다, 캐치했다라는 뜻으로 비유적으로 "나 모르겠어(I don't know)," "잘 모르겠어(I'm not sure), 혹은 "네가 알아차렸네," "내가 졌네" 등의 의미로 사용된다. 예를 들어, 직장 동료 여성 두 명이 이야기를 하다, 그 중 한 명이 boss가 너를 좋아하는 것 같다고 말한다. 이 말을 들은 여성은 "정말, 왜"(He is? Why?)라고 물어볼 수 있는데, 이때 상대가 You got me라고 말한다면 이 뜻은 I don't know이다. 혹은 카드게임에서 상대가 나 Full house야라고 할 때, 고작 two pair 갖고 버티던 상대가 카드를 까면서 You got me라고 할 수 있는데 이때는 "내가 졌어"(You beat me or I lost)라고 말하는 것이다. 한편 여기에 there이 붙어서 You got me there하게 되면 You got me처럼 "나 잘 모르겠어"(I don't know)라는 뜻으로도 쓰이지만 이 뿐만이 아니라 "네 말이 맞아"(You are right), "잘 말했어"(You've made a good point)라는 뜻으로도 쓰인다는 점을 알아두어야 한다.

Key Point

You got me 모르겠어, 네가 알아차렸네, 내가 졌어
You got me there 잘 모르겠어, 네 말이 맞아

1. **You got me,** I'm not sure when the movie will end.
   모르겠어, 영화가 언제 끝날지 잘 모르겠어.

2. **You've got me there,** no one seems to know.
   네 말이 맞아, 아무도 모르는 것 같아.

A: No proof? What have I been arguing for the past 40 minutes?
B: You got me.

A: 증거가 없다고? 그럼 내가 40분 동안 뭘 주장한거야?
B: 모르겠어.

A: Every day, you tell me you didn't take my paper. But every day, you take it.
B: You got me there.

A: 매일, 넌 내 신문을 가져가지 않았다고 말했지. 하지만 매일 넌 가져가고 있어.
B: 네 말이 맞아.

Do your job • Do your job right • do the job • I'm just doing my job

"do"하고 "job"만 공통이네…

do one's job은 「자기가 맡은 일을 하다」, 「당연히 자기가 할 일을 하다」(perform his duty or his responsibilities)라는 표현이지만, 명령문의 형태로 Do your job하게 되면 "네 일이나 잘해라"라는 뜻이 되고, 또한 Do your job right하게 되면 "일에 차질이 없도록 해"라고 다그치는(imply someone is not doing his work adequately, and needs to improve) 표현이 된다. 그리고 sth does the job하게 되면 "효과가 있다"(something will be helpful in successfully completing a task)라는 뜻으로 do the trick과 같은 의미가 된다. 마지막으로 미드를 보다 보면 자주 나오는 I'm just doing my job은 누가 칭찬 혹은 비난을 할 때 "난 내 할 일을 했을 뿐"이라고 말하는 표현. "내 할 일을 한 거다"라고 하려면 I did my job이라고 하면 된다.

Key Point

Do your job 네 일이나 잘해
Do your job right 일에 차질 없도록 해, 일 제대로 해
do the job(= do the trick) 효과가 있다
I'm just doing my job 난 내 할 일을 했을 뿐이야

1. **Do your job** and you won't have any problems.
   네 일이나 잘해, 그럼 넌 아무 문제 없을 거야.
2. **Do your job right** or I'll fire you. 일 제대로 해, 아니면 잘릴 줄 알아.
3. This aspirin will **do the trick** in curing your hangover.
   이 아스피린은 숙취를 치료하는데 효과가 있어.

A: I mean it. Jessica can't handle it.
B: You're supposed to help the victims. **Do your job.**

A: 정말이야, 제시카는 그걸 감당 못해.
B: 넌 피해자들을 도와야 돼. 네 일이나 잘해.

A: I'd like to say thank you.
B: You don't have to say anything. **I was just doing my job.**

A: 감사하다는 말을 하고 싶어.
B: 아무 말 하지 않아도 돼. 그냥 내 일을 했을 뿐이야.

You never know • You can never tell • You never learn

구조와 단어가 비슷비슷…

서로 비슷비슷하여 헷갈리는 표현세트이다. 먼저 You never know는 "넌 절대 알 수가 없다," 즉 앞으로의 일이 어떻게 될 지 아무도 모른다, 어떤 일도 일어날 수 있다라는 뜻으로 뭐가 좋든 나쁘든 가능성이 있다고 말할 때 사용한다. 우리말로는 "그야 모르지," "그야 알 수 없지," "누가 알아" 정도로 이해하면 된다. 상대방을 격려할 때나 혹은 불확실성을 말할 때 사용하며, 알 수 없는 내용까지 함께 말하려면 You never know 의문사 S+V라 하면 된다. 그래서 누가 들을지도 모르니 조심하라고 할 때는 "You never know who's listening" 그리고 사람들 조심하라고 할 때는 "You never know what people are doing behind your back"이라 할 수 있다. 다음으로 You can never tell은 비슷한 의미로, "확실히 알 수 없다," "뭐라 단정할 수 없다"라는 뜻이고 You never learn은 너는 절대 배우지 못한다, 즉 발전할 수 없는 "구제불능이야"라고 비난할 때 사용하면 된다.

Key Point

You never know 그야 알 수 없지, 누가 알아
You can never tell 뭐라 단정할 수 없어, 알 수 없어
You never learn 넌 안 돼, 넌 구제불능이야

❶ **You never know** what you'll see in LA.
LA에서 뭘 보게 될지 누가 알아.

❷ **You can never tell** what you'll see in LA.
네가 LA에서 뭘 보게 될지 알 수 없지.

A: Yes, the cause of death is pretty obvious.
B: But **you never know.**

A: 그래, 사인은 아주 명백해.
B: 하지만 누가 알겠어.

A: And then my boyfriend kissed another woman.
B: **You never learn.** Stop dating losers!

A: 그럼 내 남친이 다른 여자하고 키스했단 말이네.
B: 너 참 구제불능이다. 머저리들은 그만 좀 만나!

make a move on • make a pass at • come on to • hit on

이성을 유혹하는 표현들…

모두 다 이성에게 집적대거나 유혹하는 것을 말하는 표현들이다. 먼저 make a move하면 단순한 의미로 어떤 방향으로 움직이다, 혹은 뭔가 시작하다라는 뜻이지만 make a move on sb하게 되면 데이트를 하기 위해 혹은 성적인 행동을 하기 위해 접근하거나 집적대는 것을 뜻한다. 여기서 move 대신 pass를 집어넣어 make a pass at sb라고 하면 make a move on~을 좀 능가하는 표현으로 이성과 언제 어떻게든 have sex해보겠다고 꼬시거나, 추근대는 것을 말하는 것으로 의미가 좀 강하다. come on to sb 역시 「꼬시다」, 「유혹하다」, hit on도 마찬가지로 「성적으로 끌려서 추근대는」 것을 말하다.

Key Point

make a move on 유혹하다, 집적대다
make a pass at 추근대다
come on to 꼬시다, 유혹하다
hit on 유혹하다

❶ Alan always **makes moves on** the women he works with.
앨런은 늘 자기와 함께 일하는 여자에게 집적대.

❷ He thought I **was hitting on** his girlfriend.
걔는 내가 자기 여친을 유혹하는 줄 알았어.

A: Yeah she **made a pass at** me.
B: God. Is she hot?

A: 그래, 걔가 내게 추근댔어.
B: 맙소사. 걔 섹시해?

A: I know she'**s coming on to** your board of directors.
B: Yeah, she's everywhere. Can't seem to get away from her.

A: 걔가 네 이사진들을 유혹한다는 걸 알고 있어.
B: 그래, 어딜 가나 걔가 있어. 걔로부터 벗어날 수 없을 것 같아.

Q be stuck with • be stuck up

be stuck 뒤의 오는 단어를 잘 봐야…

be stuck with하게 되면 …에 끼어 꼼짝달싹하지 못하게 되다, 비유적으로 하기 싫은 일을 어쩔 수 없이 하거나, 원치 않는 사람과 억지로 같이 있거나 혹은 그런 사람과 데이트를 하는 경우에 많이 쓰인다. 그래서 You're stuck with me하게 "넌 어쩔 수 없이 나와 함께 있게 된 거야"라는 뜻. 그러나 be stuck up하게 되면 자기가 다른 사람들보다 잘났다고 생각해서 거만하게 행동하는(act arrogant and overly proud. Most people don't like someone who is stuck up) 것을 나타낼 때 쓰는 표현이다. 그렇다고 고지식하게 I'm stuck up here!를 "나는 여기 콧대가 높아"라고 이해하면 곤란. 이는 be stuck with에서 with가 빠진 형태로 "나 여기에 꼼짝없이 갇혔어!"라는 뜻이 된다. 참고로 이런 실수는 하지 않겠지만 S+struck up~은 능동태 과거 문장으로 주어가 「…을 시작했다」라는 뜻이 되니 조심한다. 예로 when I struck up a flirtation는 "내가 집적대기 시작했을 때," She struck up a conversation with me는 "걔는 나와 이야기를 시작했다"가 된다.

Key Point

be[get] stuck with 원치 않는 사람과 사귀거나 하기 싫은 일을 할 수 없이 하다

be stuck up 거만하다(be arrogant)

strike up sth …을 시작하다(start sth)

1. Kelly **got stuck with** an old apartment because she had no money.
   켈리는 돈이 없어서 낡은 아파트에서 벗어나지 못하고 있어.
2. We **struck up a friendship** the first day we met.
   우리는 만난 첫날부터 친구로 사귀기 시작했어.

A: Why is your car so ugly?
B: I **got stuck with it** because I'm broke.

A: 네 차 왜 그렇게 엉망이야?
B: 돈이 거덜나 싫어도 그 차 써야 돼.

A: **Don't be so stuck up.**
B: But I'm more handsome than other guys.

A: 너무 건방지게 행동마.
B: 하지만 내가 다른 아이들보다 더 잘 생겼잖아.

It's all or nothing • It's now or never • It was all for nothing

역시 착각하기 쉬운 표현들…

It's all or nothing은 전부(all) 아니면 아무것도 없는 것(nothing)이라는 말로, 즉 결연한 의지로 뭔가 결정하고 선택할 때 모 아니면 도다라는 뜻이다. 전부를 갖지 않으면 아무것도 갖지 않겠다는 용맹한 문장. 연하의 남자가 불행한 결혼생활을 하는 유부녀에게 이혼하고 자기하고 살자며, "I want all of you. All or nothing"이라고 말하면서 유부녀 애인을 몰아 붙일 때 사용할 수 있다. 그리고 It's now or never는 지금(now) 아니면 절대 없다(never)라는 말로, 천금 같은 기회가 왔는데 상대방이 머뭇거릴 때 It's now and never라 할 수 있다. 이번이 아니면 기회가 안 올 테니 당장 기회를 잡아(take a chance right now)라고 권유할 때 사용한다. 반면 for nothing이 for free(무료로)라는 뜻으로도 사용되지만, It was all for nothing은 뭔가 힘들여 열심히 했는데 아무런 결과도 얻지 못하는 상황, 즉 "모든 일이 수포로(useless) 돌아갔다," "우리가 시간을 낭비했다"(we wasted out time)라고 말하는 문장이다.

Key Point 

It's all or nothing 이판사판이야
It's now or never 기회는 두 번 다시 오지 않을 거야
It was all for nothing 모든 일이 수포로 돌아갔어

❶ When it comes to love, **it's all or nothing.**
사랑에 관한 한, 전부를 걸거나 아니면 다 잃거나야.

❷ You'd better make a choice because **it's now or never.**
지금 아니면 기회가 없으니 선택을 해라.

❸ We failed to win, so **it was all for nothing.**
우리가 승리를 못해서 다 수포로 돌아갔어.

A: I want all of you. **All or nothing.** B: Then it's nothing.
A: 난 네 모든 것을 원해. 전부 아니면 아무 것도 필요 없어. B: 그럼 아무 것도 없어.

A: Are you sure? He's gonna freak.
B: Well, **it's now or never.** I mean, I saw what he's asking for the place. It's gonna sell quickly.
A: 정말야? 그 사람 놀랄 텐데. B: 지금 아니면 기회가 없어. 내 말은 집값 내놓은 거 봤는데 금방 팔릴 거야.

be gunning for sth • be gunning for sb

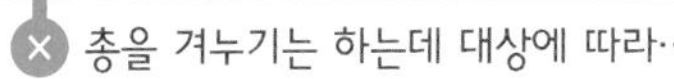

총을 겨누기는 하는데 대상에 따라…

gunning은 총을 뜻하는 gun이 동사로 쓰인 경우로 gun for하면 총을 「…로 향하다」라는 의미가 된다. 이 두 표현은 전치사 for의 목적어에 따라 의미가 달라지는 특이한 경우. 즉 be gunning for 다음에 promotion 등의 사물명사(혹은 사람명사)가 오면 「…을 얻기 위해, …을 이루기 위해 무척 노력하다」(try very hard to achieve or get something)라는 뜻으로 쓰이고 반면 be gunning for 다음에 sb가 오면 말 그대로 죽일 놈을 찾아서 총을 쏘다라는 의미에서 비유적으로 발전하여 「비난하다」, 「상처를 주다」(be trying to cause some kind of harm to someone)라는 뜻으로 쓰인다. 이처럼 gun을 써서 사용한 이 표현들은 상대적으로 같은 의미의 다른 표현들보다 강도가 세다고 생각하면 된다.

Key Point

be gunning for sth …의 기회를 잡으려 노력하다
be gunning for sb …을 비난하다, 해코지하다

1. I'm gunning to become the top employee in the company.
   난 회사의 임원이 되려고 노력하고 있어.
2. She's been gunning for Pete since he embarrassed her.
   걔는 피트가 자기를 당황하게 한 이래로 피트를 계속 욕하고 있어.

A: Why do you work so hard?
B: I'm gunning for a big promotion.

A: 왜 그렇게 열심히 일하는 거야?
B: 고속승진을 하려고 노리고 있어.

A: I think my teacher has been gunning for me.
B: Has he given you low grades?

A: 내 선생님이 나를 겨냥하고 있는 것 같아.
B: 성적을 나쁘게 줬어?

get hung up on • get hung up

'on' 하나 때문에…

hung의 원형은 hang으로 hang up하면 수화기를 벽에 달린 전화기 본체에 거는 옛 모습에서 유래하여 「전화를 끊다」라는 뜻으로 쓰인다. 그리고 하나 더, hang up on sb하면 상대방이 아직 통화중인데 「일방적으로 끊어버리다」, hang up call하게 되면 「전화 받으면 끊어지는 전화」를 말한다. 서문이 길어졌는데, get hung up하게 되면 어디에 매달리거나 지체되어 결국 늦어지다(has been unexpectedly stopped or delayed from going somewhere else that he wants to go)라는 평이한 표현이 되는데 뒤에 on이 붙어서 get hung up on sb[sth]하면 「…에 매달리다」, 「집착하다」, 특히 이성이 오는 경우 「헤어진 애인이나 배우자를 아직 못 잊고 있다」(be unable to forget it and move on to other important things in life)라는 뜻이 된다. 예로 페니가 아직도 날 잊지 못하고 있다라고 말하려면 Penny is completely hung up on me!라 하면 된다. 결국 시간에 늦거나 집착하고 못 잊든 다 hang이 '매달리다'라는 뜻이라는 것을 잘 새겨보면 쉽게 유추할 수 있을 것이다.

Key Point

get hung up on 매달리다, 집착하다, 옛 애인을 못 잊다
get hung up 늦어지다(be delayed)
hang up on sb 전화를 도중에 끊어버리다(hang up on the phone)

❶ Are you still hung up on your ex wife?
너 아직도 옛 아내를 잊지 못하고 있는 거야?

❷ Bennie was hung up in Detroit because of the storm.
베니는 폭풍 때문에 디트로이트에서 지체됐어.

A: I think you're still hung up on me.
B: No, I'm not.

A: 아직도 너는 내게 집착하는 것 같아.
B: 아냐, 나 안 그래.

A: Please try not to be so late.
B: Sorry, I got hung up at the office.

A: 너무 늦지 않도록 해.
B: 미안, 사무실에서 늦어졌어.

What's the story? • What's your story? • What's her story?

'the'와 '소유격'의 차이…

먼저 story는 가공의 이야기가 아니라 누군가에게 일어난, 누군가가 경험한 일에 대한 이야기를 한다. 지치고 힘든 하루를 보내고 온 남편에게 무슨 일이냐고 물어볼 때, 남편은 얘기할 게 너무 길다라는 의미로 It's a long story라고 할 때의 story이다. 그래서 What's the story? 하게 되면 "무슨 일이야?"(ask someone to explain something or to make something more clear)라는 말로 What's going on here?와 같은 뜻이 되고 What's your story?하게 되면 너한테 무슨 일이 있었기에 "이렇게 행동하는 거냐?"(Why are you acting that way?)라는 뜻으로 상대방의 이상한 행동에 대해 물어보는(ask someone to explain their unusual behavior) 표현이 된다. 그리고 제 3자가 이상한 행동을 할 때는 What's her[his] story?(쟤, 왜 저래?)라고 물어볼 수 있다. 이는 Why did she do that?과 같은 의미. 결국 What's the story?는 What's the deal?, 그리고 What's your story?는 What's your deal?과 비슷하다고 생각하면 된다.

Key Point

What's the story? 무슨 일이야?
What's your story? 너 왜 그런거야?
What's her story? 쟤 왜 저래?

❶ **What's the story with** Kim and Phil's relationship?
킴과 필의 관계가 어떻게 돼가고 있어?

❷ **What's your story?** Why were you late today?
너 왜 그런 거야? 오늘 왜 늦은 거야?

❸ Vicky was very mean today. **What's her story?**
비키가 오늘 정말 못되게 구네. 걔 왜 저래?

A: **What's the story with** these women?
B: Eight victims. All prostitutes.
A: 이 여자들 어떻게 된 거야? B: 8명의 피해자인데 모두 매춘부입니다.

A: I have no idea what that means.
B: Never mind. So, **what's your story**, Jimmy?
A: 그게 무슨 말인지 모르겠어. B: 걱정 마. 그래, 넌 어떻게 된 거야, 지미?

Where are we? • Where are we with~? Where was I? • Where were we?

 현재와 과거의 엄청난 차이…

길을 잃어 여기가 어디지? 라고 할 때는 Where is it?(그게 어디 있어?)이 아니라 Where am I?라고 해야 된다. 물론 복수형으로 Where are we?라고도 할 수 있지만, 이 Where are we?는 미드를 많이 본 사람들은 알겠지만 특히 연인들 사이에서 자신들의 관계가 어느 정도까지 왔는지 물어볼 때, 혹은 어떤 사건에서 어디까지 진척이 되었는지 등, 즉 추상적인 관계나 상황의 위치를 물어볼 때도 많이 사용된다. Where are we with this?하면 "이거 진척상황이 어디까지 되어 있나?"(ask what the current status of something is, and how well it is progressing)라고 묻는 문장. 그리고 문제는 이 과거형들인데, Where was I?하면 얘기를 나누다가 혹은 선생님이 수업을 하다 잠깐 끊긴 다음 다시 시작할 때 혹은 수업을 시작하면서 지난주에 어디까지 했는지 기억이 나지 않아 "내가 무슨 이야기를 하고 있었지?"(I forgot the place I stopped talking), "내가 어디까지 했지?"라고 물어볼 때 사용하는 전형적인 표현이다. 복수형인 Where were we?도 마찬가지 의미.

Key Point 

Where are we? 여기가 어디야?(Where am I?)

Where are we with[in]~? …의 어느 상황까지 왔어?

Where was I?(Where were we?) 무슨 얘기하고 있었지?, 어디까지 했었지?

❶ **Where are we?** Did we make a wrong turn somewhere?

여기가 어디야? 어디서 잘못 돈 것 아냐?

❷ **Where are we with** the legal case?

이 법정소송사건 어떻게 돼가고 있어?

A: Okay, baby, **where were we?**

B: I told you to leave it.

A: 좋아, 자기야, 어디까지 얘기했지?

B: 내가 그만 두라고 했잖아.

A: **Where are we with** our sales department, Charlie?

B: Abundant turnover. We have to start paying more.

A: 찰리, 우리 영업부 상황은 어때?

B: 매출 많이 했습니다. 급여를 더 지급하기 시작해야 됩니다.

Go to hell • ~go to hell

자가냐 전세냐의 차이…

별로 좋지도 않은 단어 주제이면서 우리를 헷갈리게 한다. 명령문 형태로 Go to hell!이라고 하면 상대방이 싫고 화가 난 상태에서 "나 좀 가만히 둬!," "꺼져버려!"(be very unhappy with someone and wants that person to leave right away)라는 말로 상당히 무례한 표현. 거의 말다툼하거나 싸우는 도중에 나오는 표현으로, You go to hell!, Go to hell, whore!의 형태로 쓰인다. 하지만 명령문이 아니라 「주어+go to hell」의 형태로 쓰이면 주어가 잘못을 해서 지옥에 갈 거다, 즉 「망치다」, 「실패하다」, 「상태가 엉망이 되다」(it deteriorates and fails or stops working)라는 뜻이 된다. 뭔가 크게 사고치고 나서 "Swear to god, we're gonna go to hell" 혹은 위기 사태수습을 못하고 있는 친구에게 "You can go to hell"이라고 말할 수 있다. 참고로 The[To] hell with that은 상대방의 이야기에 불쾌함과 반대를 피력하는 표현으로 "I won't do that," 그리고 The[To] hell with sth~의 형태가 되면 "알게 뭐야," "맘대로 하라고 해"라는 시니컬한 표현이 된다.

Key Point

Go to hell (whore)! 나가 뒈져라!, 꺼져!

~go to hell 망치다, 실패하다(fail)

To hell with that 그게 끝이야, 알게 뭐람(The hell with that)

1. If you don't trust me, you can just go to hell!
   네가 날 믿지 않는다면, 그냥 나가 뒈져라!
2. The company went to hell when the new president took over.
   새로운 사장이 오면서 그 회사는 망했어.

A: You know what? Pick up the damn can yourself.
B: Well, you just go to hell!

A: 저기 말이야. 저 빌어먹을 깡통은 직접 주워.
B: 그래, 넌 지옥에나 가라!

A: I heard the C.D.C. was working on a cure.
B: I heard that too. Heard a lot of things before the world went to hell.

A: 질병관리센터가 치료제 개발을 연구하고 있었다며.
B: 나도 들었어. 세상이 골로 가기 전에 많은 이야기들을 들었지.

Don't you see? • Don't you know?

'see'와 'know'의 차이…

유사한 동사로 바뀌면서 의미가 좀 달라진 경우. Don't you see?는 기본적으로 상대방에게 뭔가를 알고 있냐고 물어보는 표현이지만 문맥상 "몰랐어?"라는 뉘앙스로 그것도 몰랐냐라고 약간은 놀라면서 약간은 핀잔을 주면서 사용하는 표현이다. 반면 Don't you know?는 어떤 사실에 대한 정보를 갖고 있는지(if person has information of knowledge of something) 물어보거나 혹은 어떻게 그런 것을 모르고 있었는지 상대방의 무관심에 놀라워서 하는 질책성 문장(express surprise that a person doesn't know some information. It can be scornful, and imply that a person is ignorant)으로 쓰이기도 한다. 우리말로는 "너 알고 있지 않아?," "그것도 몰랐어?"에 해당된다. 뒤에 주어+동사의 절이 와서 Don't you see~?, Don't you know~?하게 되면 「…을 몰라?」, 「…을 모르겠어?」, 「…을 모른단 말이야?」라는 뜻의 문장을 만든다.

Key Point

Don't you see? 몰랐어?, 모르겠어?
Don't you know? 네가 알고 있지 않아?, 그것도 몰랐어?
Don't you know[see] that ~? …을 몰랐어?, …을 몰라?

❶ **Don't you see?** We need more money!
모르겠어? 우리는 더 많은 돈이 필요하다고!

❷ **Don't you know that** you have to wear a suit to a wedding?
결혼식에는 정장을 입어야 한다는 것을 몰랐단 말야?

A: I don't want to see you anymore. Peter, I don't love you anymore.
B: I do love you. **Don't you see?** Don't you understand? You're the love of my life.

A: 널 더 이상 보고 싶지 않아. 피터, 난 더 이상 널 사랑하지 않아.
B: 널 사랑해. 모르겠어? 이해가 안 돼? 넌 내 진정한 사랑이란 말이야.

A: **Don't you know that** he's using you?
B: You are the one that's using me.

A: 걔가 널 이용하고 있다는 것을 모르겠어?
B: 날 이용하는 건 바로 너야.

I can't believe it • I don't believe it • I don't[can't] believe this

'not believe'의 오묘한 차이…

먼저 I can't believe it은 무슨 소식을 듣고 혹은 일어난 일에 충격과 놀람(shock and surprise) 속에 말하는 것으로 "설마," "그럴 리가"에 해당되는 표현이다. 반면, can't를 살짝 don't로 바꾸어서 I don't believe it하게 되면 퉁명스럽게 혹은 놀라면서 던지는 말로 상대방이 하는 이야기나 소식을 믿을 수 없다고, 뭔가 잘못된 것이라고 말하는 표현이다. "말도 안 돼"(Bullshit!) 정도로 이해하면 된다. I can't believe it이나 I don't believe it이나 모두 놀라는 상황에서 쓰일 수는 있으나 I can't believe it은 사실 여부를 떠나 놀람에 초점이 맞춰져 있고, I don't believe it은 "불신(disbelief)"이 바탕에 깔려 있다는 점에 차이가 있다. 또한 미드에 많이 등장하는 I don't believe this!는 "이럴 수가!"라는 말로 상황이 자기 뜻대로 안 된 경우에, 그래서 전혀 예상치 못한 이상한 상황에 몰렸을 때 충격과 분노 속에 내뱉을 수 있는 표현으로 I can't believe this!와 같은 의미이다.

Key Point

I can't believe it 설마, 그럴 리가
I don't believe it 거짓말 마, 믿을 수 없어, 사실이 아냐(bullshit)
I don't believe this 이럴 수가(I can't believe this), 말도 안 돼

1. **I can't believe it.** You're dating Heather? 설마. 네가 헤더와 데이트하고 있어?
2. They told me Sam was killed, but **I don't believe it.**
   샘이 살해되었다고 하지만 믿을 수가 없어.
3. **I don't believe this!** Why is she giving me a hard time?
   말도 안 돼! 왜 걔는 날 힘들게 하는 거야?

A: He is dating his first wife. I know.
B: **I don't believe it.**

A: 걔는 첫 번째 아내와 데이트하고 있어. 알고 있어.
B: 말도 안 돼.

A: Yes. Jack served time for selling drugs and man slaughter.
B: **I can't believe it.**

A: 어, 잭은 마약거래와 과실치사로 복역했어.
B: 그럴 리가.

Q Let's do it • Let's do it again

'again' 하나 더 붙었을 뿐인데…

A 이 역시 오역하기 쉬운 부분이다. Let's do it은 단순히 뭔가 시작하면서 "자, 하자," 혹은 상대방의 제안에 "그렇게 하자"라는 표현이 된다. 함께 하자는 것을 강조하려면 Let's do it together, 난 준비가 되었으니 자 하자라고 할 때는 Okay I'm ready. Let's do it이라고 하면 된다. 하지만 뒤에 again이 붙으면 물론 글자 그대로 "또 그렇게 하자"라는 의미로도 쓰이지만, 반가운 사람과 즐거운 시간을 보낸 다음 헤어지면서 "우리 다음에 또 만나자"(I'd like to get together with you again)라는 의미로 쓰인다. 하지만 바로 위에서 언급했듯이 글자 그대로 예전에 했던 것을 다시 한 번 하자(want to repeat something that was done in the past)라는 단순한 의미로도 쓰인다는 점을 잊어버리면 안된다.

Key Point

Let's do it 자 하자, 그러자
Let's do it again 또 만나자, 다시 하자

1. We can vacation in Sydney, so **let's do it!**
   우리는 시드니로 휴가 갈 수 있어, 그렇게 하자!
2. I enjoyed having coffee with you. **Let's do it again** sometime.
   너랑 즐겁게 커피 마셨어. 언제 또 만나자.
3. We made a mistake here, so **let's do it again.**
   우리가 여기서 실수를 했으니, 다시 하자.

A: I'm goin' over there to yell at her right now!
B: Seriously, **let's do it** right now.
A: 난 지금 당장 거기로 가서 걔한테 소리를 질러댈 거야!
B: 정말이지, 당장 그렇게 하자.

A: We had such a good time today.
B: **Let's do it again** in a few weeks.
A: 오늘 우리 정말 좋은 시간 보냈어.
B: 몇 주안에 다시 한 번 기회를 갖자.

Q Let's get on with it • Get with it

'get' 다음에 'on'이 있느냐 없느냐…

핵심은 get on with이냐, 아니면 on이 빠진 get with이냐 라는 데 있다. get on with sth은 일이 너무 어려워 다른 사람들은 하기 싫어하는 일을 「시작해서 계속하다」라는 의미이다. Get on with it처럼 명령형으로 쓰이면 "(어려운 일을) 계속해라," Let's go on with it하게 되면 "힘든 일이지만 우리 계속하자"라는 뜻이 된다. 한편 on이 없이 get with it하게 되면 유행에 뒤쳐지지 않고 「따라오다」, 「정신차리고 더 열심히 하다」(try harder and stop doing dumb things)라는 뜻이 된다. 참고로 get with sb하게 되면 단순히 「…와 만나다」 혹은 「…와 섹스하다」, Get with the program하면 남들처럼 "규칙을 지키고 올바르게 행동해라"라는 의미가 각각 된다.

Key Point

Let's get on with it 계속하자
Get on with it 계속해(남들이 하기 싫은 일을 시작해서 계속하다)
Get with it (시대와 유행에 뒤쳐지지 않기 위해) 따라가라, 힘내고 정신차려라
get with sb 만나다, 섹스하다
Get with the program 규칙을 지키고 올바르게 행동해라

❶ Stop complaining about the work and get on with it.
일에 대한 불평 그만하고 어서 계속해.

❷ Get with the program if you want to stay here.
여기에 머물고 싶으면 규칙에 따르고 조신하게 행동해야 돼.

A: You know what, Bob? You get on with it. I quit.
B: You giving up?

A: 저 말이야, 밥? 넌 계속 일해, 난 그만둔다.
B: 너 포기하는 거야?

A: You'd better get with it or you'll be in trouble.
B: I'm having a tough time with my schoolwork.

A: 잘 따라오라고 그렇지 않으면 곤경에 처할 거야.
B: 학교 숙제하는데도 고생하고 있어.

What happened? • What's happening?

 과거형이냐 진행형이냐…

거의 차이가 없게 느껴지는 표현. 하지만 What happened?는 "어떻게 된거야"(What caused this?)라는 표현으로 어떤 일이 벌어진 이유를 알고 싶을(ask for an explanation of an event or incident that occurred recently. The speaker doesn't understand what is going on) 때 쓴다. 그래서 What happened to sb?하게 되면 sb에게 무슨 일이 있었는 지를, What happened to sth?하게 되면 sth이 어디 있냐 혹은 …에게 무슨 일이 일어났냐고 물어보는 표현이 될 수 있다. 물론 What happened to sb?는 단순한 인사 표현으로 쓰일 수도 있다. 또한 What's happening? 역시 "무슨 일이야?"라는 뜻으로 쓰이고 마찬가지로 인사말로도 쓰이지만(be used as a greeting. It is very similar to asking 'how are you?') 1960~70년대 유행했던 것으로 지금도 물론 쓰이지만 인사말로는 What's up? How's it going?, What's going on? 등의 표현이 더 많이 쓰인다.

Key Point 

What happened? 어떻게 된 거야?, 잘 지내?
What's happening? 무슨 일이야?, 잘지내?

▶ What's happening in there? 거기 무슨 일이야?

❶ **What happened to** your face? It looks bad.
네 얼굴 어떻게 된 거야? 상태가 안 좋아 보이는데.

❷ Honey, what's going on? **What's happening?** What's all this about? 자기야, 무슨 일이야? 어떻게 되는 거야? 도대체 이게 다 무슨 일이야?

A: Um, what? Are you here to see Charlie?
B: Charlie? No. **What happened to** Charlie?

A: 뭐라고? 찰리를 보러 여기 왔다고?
B: 찰리? 아니. 찰리에게 무슨 일이 생긴 거야?

A: **What's happening?** Why's everybody congratulating you guys?
B: Susan's having a baby. They're pregnant!

A: 무슨 일이야? 왜 다들 너희들에게 축하해주는 거야?
B: 수잔이 애를 가졌어. 임신했대!

Q What're you up to? • What have you been up to?

현재냐 현재완료냐…

A 하나는 현재, 다른 하나는 현재완료이다. 먼저 be up to는 여러 의미로 쓰이는데 「바쁘다」, 「뭔가 나쁜 일을 꾸미다」, 혹은 She's not up to it(걔는 그거 감당 못해)처럼 주어의 능력이나 가능성을 뜻하는 표현으로 쓰이기도 한다. 다시 본론으로 들어가서 What're you up to? 하게 되면 단순한 인사말로 "뭐해?"(What're you doing now?)라는 의미로도 쓰이고 혹은 그냥 지금 "뭐하냐?"고 물어보는 표현이 되기도 한다. 특히 문맥에 따라서는 상대방이 뭔가 나쁜 일을 꾸미고 있는지 물어볼 때 사용하기도 한다. 여기서 시제를 좀 바꿔 What have you been up to?라고 쓰면 오래간만에 본 사람에게 하는 인사말로 Has anything changed in your life? 혹은 Long time, no see, How have you been?과 같은 맥락의 표현으로 생각하면 된다. 예를 들어 상대방이 무조건 도와달라고 할 때 "If you want me to help you, you've got to tell me what you're up to?"라고 말할 수 있고 오랜만에 만난 친구에게 결혼은 했는지, 아니면 아이까지 있는지 물어볼 때는 What have you been up to? Married? Kids?라고 반가움과 관심을 보여줄 수가 있다.

Key Point

What're you up to? 뭐해?, 무슨 꿍꿍이야?
What have you been up to? 어떻게 지냈어?

❶ I'll just get to the point. Who are you and what are you up to?
본론으로 들어갑시다. 당신은 누구고 무슨 꿍꿍이를 부리고 있는 거요?

❷ So fill me in. What have you been up to?
그러니 내게 알려줘. 그간 어떻게 지낸 거야?

A: I was just asking 'cause I need someone to watch Emily tonight.
B: Sure, we'll do that. What are you up to?

A: 오늘밤 에밀리를 지켜봐줄 사람이 필요하기 때문에 그냥 물어본 거야.
B: 그래, 우리가 할게. 무슨 일인데?

A: What have you been up to?
B: Oh, just a quiet night with the girls.

A: 그간 어떻게 지냈어?
B: 어, 딸들하고 조용한 밤을 보냈지.

Q You've made your point • You've got a point

 'made'와 'get'의 차이…

이 두 표현의 차이는 make one's point와 have got a point의 다름에 있다. make one's point는 「자기주장을 잘 설명하다」, 그래서 듣는 사람이 말하는 사람의 입장이나 주장을 잘 알아들었다(want to say that he has clearly understood the meaning of what someone said)는 말이고 반면 have got a point하면 「핵심이나 주장에 일리가 있다」는 표현이다. 따라서 You've made your point는 "네 말을 잘 알아들었다," "네 입장을 잘 설득시켰다"가 되며, You've got a point하면 상대방의 말에 "일리가 있다," "상대방 말이 맞다"(indicate they agree with something that was said, or that they think what was said was clear and sensible)라는 뜻이 된다. 또한 You've got a point there하면 역시 비슷한 의미로 "네 주장이 일리가 있다," "그 점은 네 말이 맞다"라는 뜻. 참고로 Get to the point하면 요점만 말하라고 다그칠 때, 반대로 상대방의 주장이나 입장을 이해했을 때는 We get the point라고 한다.

Key Point

You've made your point 네 말 잘 알아들었어
You've got a point (there) 네 말에 일리가 있다
Get to the point 요점을 말해
We get the point 이해했어

1. You don't need to say anymore. **You've made your point.**
   너는 더 말할 필요가 없어. 네가 무슨 말하려는지 잘 알아들었어.
2. I think everyone agrees **you've got a point there.**
   다들 네 말에 일리가 있다고 동의하는 것 같아.
3. Look, **get to the point** and stop wasting our time.
   이봐, 요점을 말해 그리고 우리 시간 낭비하지 말고.

A: So you see what I'm saying about the rich men?
B: Yes, **you have made your point,** many times!
A: 그래 내가 부자들에 대해 말한 거 이제 알겠어? B: 어, 네 말 잘 알아들었어, 여러 번 말이야!

A: All right, Sam, **you made your point.** Please, stay here with me.
B: I'm sorry but I got plans.
A: 좋아, 샘, 네 말 잘 알아들었으니 나와 함께 여기 있게나. B: 미안하지만 약속이 있어서요.

Q Let me know • Let me see[Let's see]

'know'와 'see'의 차이…

쉽게 구분할 수 있는 기본적인 표현. Let me know는 나중에 말해 달라(tell me something later) 혹은 자기 질문에 대한 답을 나중에 달라(give me your answer about something later)고 할 때 사용하는 것으로 단독으로 쓰이거나 혹은 Let me know~의 형태로 알려달라는 내용을 함께 쓸 수 있다. 반면 Let me see는 Let's see와 같은 표현으로 뭔가 말을 하기에 앞서 생각할 시간을 확보하는 것으로 "잠깐만"(let me think about something), "뭐랄까," "생각 좀 해보고"(let me try to remember) 정도에 해당되는 표현이다. 그래서 아내가 내 키 어디 있냐(Where are my keys?)고 물어볼 때, 잠깐 어디 있는지 생각하고 말할 때, Let me see, they might be in the kitchen이라고 할 수 있다. Let me see는 단독으로 "내가 좀 보자"라고 할 때도 많이 쓰이고 또한 뒤에 의문사절이나 if 절이 이어져서 뭔가 알아보다, 확인하다라는 뜻의 표현으로도 자주 사용된다.

Key Point

Let me know 나중에 알려줘(You let me know)

Let me see(Let's see) 뭐랄까, 저기, 내가 좀 보자

- Let me know~ 알려줘
- Let me see~ 확인하다, 알아보다

❶ If there's anything I can ever do for you, **just let me know.**
너를 위해 내가 할 수 있는 게 있다면, 내게 알려줘.

❷ **Let me see.** Okay, you're going to be okay.
잠깐만. 그래, 넌 괜찮을 거야.

A: What's Serena doing today?
B: Well, **let's see.** I know that she has a meeting with her lawyer.

A: 오늘 세레나 뭐해?
B: 어, 저기, 변호사와 약속이 있어.

A: Well, have fun this weekend. **Let me know** how the party goes.
B: Nick, do you want to join us?

A: 그래, 이번 주말 재밌게 보내. 파티 어땠는지 알려주고.
B: 닉, 우리와 함께 할래?

Let's say • Let's just say • Let me just say • Say • I say

'let'과 어울린 'say'…

이 표현들의 공통분모는 say. 먼저 Let's say는 단독으로 「자기 생각이나 …에 대한 나의 의견은 …이다」라는 뜻이며 뒤에 절이 붙은 Let's say~는 「…라고 치자」, 「…라고 하자」, 「…라고 가정해보자」라는 뜻. 그리고 Let's just say는 just만 더 들어간 경우로 기본적으로 Let's say~와 같은 의미이지만 just의 영향으로 「단지 …라고만 해두자」라는 뜻으로 상대방에게 제한된 정보를 주고자 할 때 사용할 수 있다. 룸메이트가 아침에 "How was your date last night?"이라고 물어볼 때 그냥 "Let's just say we had a really good time"이라고 구체적인 묘사는 차단을 할 수 있다. 다음 Let me just say(~)는 단독으로 "말하자면," 뒤에 어구가 올 때는 "…라고만 말할 수 있다," "…라고만 말해둘게"라는 의미. 마지막으로 Say,는 말 걸 때 상대방 관심을 끄는 말로 "저기," "말이야," 그리고 I say,는 자기 의견을 피력할 때 쓰는 과장된 표현으로 극적인 장면들이 필요한 드라마에서 많이 들을 수 있다.

Key Point

Let's say …라고 치자, …라고 가정해보자
Let's just say 단지 …라고만 해두자
Let me just say, 말하자면 …라고만 말해둘게(Let me just say S+V)
Say 야, 저기 말이야　**I say** 말이야, 저기,

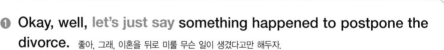

❶ Okay, well, **let's just say** something happened to postpone the divorce. 좋아, 그래, 이혼을 뒤로 미룰 무슨 일이 생겼다고만 해두자.

❷ **Let me just say this.** What you did to me is completely unforgivable.
이것만 말해둘게. 네가 내게 한 짓은 절대로 용서받을 수 없는 짓이야.

A: All right, **let's say** it is the same killer.
B: Does anybody see a pattern?

A: 좋아, 동일범이라고 치자.
B: 패턴이 보이는 사람 누구 있어?

A: Oh, Brian. **Let me just say** I'm sorry.
B: For what?

A: 브라이언, 내가 미안하다고만 말해둘게.
B: 뭐 때문에?

It happens • It happened • It could happen

 'happen'이 주도한 혼란…

이번에는 happen이 중심이 된 표현들 몇 개를 비교해보자. 먼저 It[That] happens는 "원래 그래"(It's natural), "다 그래"(It's not unusual)라는 의미로 It happens to everybody(다들 겪는 일이야), That happens every day(매일 그래)로 응용해서 쓸 수 있다. happen을 과거형으로 써서 It[That] happened하게 되면 "다 그러는 거야"라는 말로 그럴 수도 있다라는 문장이 되지만 It happened!라고 강조를 해서 말하게 되면 "어떤 일이 일어났다"(Something occurred or took place)는 의미가 된다. 한편 안 좋은 일을 당한 상대방에게 위로를 하거나 혹은 경고를 할 때 사용하는 표현인 It could happen은 "그럴 수도 있다"(Something is possible)라는 문장이 된다. 특히 누구에게나 다 그럴 수 있다라고 하려면 It could happen to anyone[anybody]라고 하면 된다. 사소한 실수로 괴로워하고 힘들어하는 동료에게 "It was a simple mistake. It could happen to anyone"이라고 위로 할 수 있다.

Key Point 

It[That] happens 원래 그래, 다 그래
It[That] happened 다 그러는 거야, 그냥 그렇게 된거야
It could happen 그럴 수도 있어

❶ Good people do bad things. I'm just saying, it happens.
착한 사람들도 나쁜 짓을 해. 내 말은 단지 원래 그렇다는 거야.

❷ It was a simple mistake. It could happen to anyone.
그건 단순한 실수였어. 누구나 그럴 수 있는 거야.

A: You farted in front of Tom? Huge mistake.
B: You think? It wasn't a choice! I'm human. It happened.

A: 탐 앞에서 방귀를 뀌었다고? 큰 실수했네.
B: 그렇게 생각해? 선택의 문제가 아녔어! 나도 사람이야. 어쩌다 그렇게 된 거야.

A: It's nothing to be ashamed of. It happens, Chris.
B: It's never happened to me.

A: 수치스러워할 필요가 전혀 없어. 다 그래, 크리스.
B: 나한테는 한 번도 그런 적이 없었단 말이야.

Let me tell you something • I have to tell you • I have to tell you something

'tell'이 들어간 말 꺼내기 표현들

다 비슷비슷하게 생겼고 뭔가 본론을 말하기에 앞서 꺼내는 문구로 그 기능 또한 유사하다. 먼저 Let me tell you something,은 뭔가에 대해 자신의 의견을 말하겠다(I'm going to give you my opinion about something)라는 표현으로 '내 생각은 말이야' 정도로 생각하면 된다. 다만 Let me tell you something about~란 형태가 되면 단순한 문장으로 "…에 대해 내가 얘기해줄게"라는 뜻이 된다는 점을 유의해둔다. 두 번째인 I have to tell you,는 뭔가 상대방에게 "솔직하게 말하겠다"(I'm going to tell you something honestly)라는 의미가 된다. 문맥에 따라서는 별로 말하고 싶지 않은 내용을 말할 때 사용할 수 있다. 마지막으로 I have to tell you something[this]은 바로 앞의 I have to tell you와 비슷하나 특히 개인적으로 비밀리에 말하고 싶을 때 사용할 수 있다.

Key Point

Let me tell you something 내 생각은 말이야
I have to tell you 할 말이 있어, 정말이지
I have to tell you something[this] 이거 하나 말해두는데

▶ There's something I have to tell you 너한테 할 말이 있어

❶ **Let me tell you something,** people aren't always nice.
내 생각은 말이야, 사람들은 항상 친절한 것 같지가 않아.

❷ **I have to tell you,** your dress looks beautiful.
할 말이 있는데, 네 옷 정말 아름답다.

❸ **I have to tell you something,** but it's a secret.
이거 하나 말해두지만, 그거 비밀이야.

A: I don't want you doing anything because you feel obligated.
B: **Let me tell you something.** Half of life is obligations.
A: 의무감 때문에 네가 뭔가 하는 것은 원치 않아. B: 내 생각에 말이야, 인생의 반은 의무를 행하면서 사는 거야.

A: Tina, **I have to tell you something.**
B: What's wrong?
A: 티나, 할 말이 있는데. B: 뭐 잘못됐어?

Do you hear? • Did you hear me? • Did you hear? (Have you heard?) • Did you hear that?

 'hear'도 한 몫 하겠다네…

너무 비슷한 게 많으니 좀 짜증난다. 그래도 하나하나 잘 헤아려보면 미드를 보면서 많은 도움이 될 것이다. 먼저 (Do) You hear?는 물리적으로 "귀로 들을 수 있냐" 혹은 좀 화가 난 상태에서 상대방에게 "내가 한 말을 잘 알아들었냐?"고 주의를 줄 때 사용한다. 다음 Did you hear me?는 내가 한 말을 이해했는지, Did you hear?[Have you heard?]는 "그 얘기 들었어?"라는 문장으로 상대방에게 새로운 소식을 전달할 때 상대방의 주의를 끌기 위한 표현이다. 다음 Did You hear that?[You heard that?]하게 되면 뭔가 이상한 이야기를 듣고 나서 상대방에게 "너도 그 얘기 들었냐?"고 물어볼 때 사용하는 표현이다.

Key Point 

(Do) You hear? 들을 수 있어?, 내가 한 말 들었어?
Did you hear me? 내 말 이해했어?
Did you hear?[Have you heard?] (새로운 소식 전하며) 너 얘기 들었어?
Did you hear that?[You heard that?] (이상한 이야기 듣고) 너 그 얘기 들었어?

❶ We're closed. Hey, **did you hear me?** I said we're closed.
문 닫았어요. 이봐요, 내 말 못 들었어요? 문 닫았다니까요.

❷ Chris and Serena had a little baby girl. **Did you hear?**
크리스와 세레나는 어린 딸이 있어. 내 말 들었어?

A: **Did you hear me?** I said I love him.
B: I heard you. I was swallowing vomit.
A: 내 말 이해했어? 걔를 사랑한다니까.
B: 알았어. 토하려는 걸 삼키고 있었어.

A: We won our case. **Did you hear?**
B: I did. Andrew must be relieved.
A: 우리가 승소했어. 내 말 들었어?
B: 어. 앤드류가 안심하겠구만.

make it out • make out

 'it'이 있냐 없냐…

먼저 make out sth, 혹은 make it out의 형태로 쓰이는 이 어구의 의미는 뭔가 「명확히 이해할 수 있다」(be able to see something clearly), 「알아보다」라는 뜻이다. 밤이 어두워 멀리 떨어져 있는 집을 알아보지 못하겠다고 할 때는 "I can't make out the house in the distance"라고 하면 된다. 그리고 남녀사이에 쓰이는 make out은 성적인 의미를 담고 있다.(have a sexual meaning) 주로 보통 애인과 kissing, touching의 범위까지를 make out이라고 하지만 일부 사람들은 끝까지 갈 데까지 가다, 즉 섹스까지 포함시키는(involve 'going all the way,' meaning having sex) 경우도 종종 있다. 수잔과 차에서 애무를 했다라고 하려면 "I made out with Susan in her car"라고 하면 된다.

Key Point 

make it out[make out sth] 이해하다, 알아보다
make out (with sb) 애무하다

❶ I can't really **make out** his face.
난 정말이지 걔 얼굴을 못 알아보겠어.

❷ Fin, if you wanna **make out with** me, the answer's probably no.
핀, 네가 나와 애무하고 싶다면, 답은 "노"일거야.

A: When you were in high school, you **made out with** a forty-year-old woman?
B: She didn't look forty!

A: 너 고등학교 다닐 때 40대 여자랑 했다며?
B: 40대로 보이지 않았다고!

A: He introduced himself and the next thing I know, **we're making out.**
B: You do know he's married?

A: 걔가 자기소개를 했는데, 다음 순간 우리는 서로의 몸을 더듬고 있는 거야.
B: 너 걔 유부남인 줄 알아?

Q That's what I'm saying • That's what I say

현재와 진행형으로 이런 차이가 나다니…

세심하게 보지 않으면 같은 표현으로 생각하기 쉽다. what 다음에 하나는 진행형, 그리고 다른 하나는 현재형이라는 점이 다르다. 그럼 그 의미의 차이는 무엇일까? 먼저 That's what I'm saying은 상대방이 자기와 같은 의견을 말할 때(Someone has the same idea as the speaker), "내 말이 바로 그거야"라고 맞장구치는 문장이다. 명퇴하고 방콕만 하고 있던 남편이 드디어 맘을 바꿔서 내일부터는 운동이라도 해야겠다고 했을 때, 아내는 반갑게 "That's what I'm saying, you need to change your life"라고 할 수 있다. 반면 That's what I say는 단지 자신의 의견을 표현하는(express his own opinion) 것으로, 우리말로는 "내 생각이 그래" 정도로 이해하면 된다. 피곤해 지쳐 보이는 부하 직원에게 "일주일 쉬고 긴장을 풀어봐, 내 생각이 그래"라고 하려면 "Take a week off and relax, that's what I say"라고 한다.

Key Point

That's what I'm saying 내 말이 바로 그거야
That's what I say 내 생각이 그래

❶ Just now is not the time to give up on me, OK? That's what I'm saying. 나를 포기할 때는 아니야, 알았어? 내 말이 바로 그거야.

❷ Throw her out of school. That's what I say.
걜 학교에서 내쫓아버려. 내 생각이 그래.

A: He's exactly your age.
B: That's what I'm saying, he's a little old for me.

A: 걔가 정확히 네 또래야.
B: 내 말이 바로 그거야. 걔가 나보다 조금 나이 들었어.

A: Ken has treated me like crap recently.
B: Just avoid him, that's what I say.

A: 켄이 최근에 나를 쓰레기처럼 대했어.
B: 그냥 피해버려, 내 생각은 그래.

Now there you have me • There you have it

'there'과 'have'가 공통으로 있어 볼 때마다 헷갈려…

좀 어려운 구분을 해야겠다. Now there you have me는 "답을 잘 모르겠다"(I'm not sure of the answer) 혹은 "네 주장이 나의 것보다 낫다"(Your argument is better than mine)라는 문장으로 우리말로 옮겨보자면, "잘 모르겠어," "네 말이 더 맞다," "내가 졌다" 정도로 해석하면 된다. 그래서 자신도 잘 모르는 걸 상대방이 질문했을 때 "Now there you have me, because I'm not sure"이라고 하면 된다. 반면 There you have it은 "상대방의 말이 맞다," "바로 그렇다," 혹은 뭔가 일을 다 끝내고 나서 상대방에게 "그런 줄 알아"라고 정보를 전달할 때 사용하는 우리가 사용하기에는 좀 험난한 표현. 상대방에게 보고서를 다 끝내 놓고 나서 이제 다 됐습니다라는 뉘앙스로 말하려면 "The report is finished, so there you have it"라고 하면 된다.

Key Point

Now there you have me 잘 모르겠어, 네 말이 더 맞네, 내가 졌어

There you have it 바로 그래, 자 다 됐습니다

❶ **Now there you have me.** I've never heard of that band.
잘 모르겠네. 나 그 밴드에 관해 들어본 적이 없어.

❷ Well **there you have it** Eric, Steven's not ready to get married yet.
저기, 바로 그래, 에릭, 스티븐은 아직 결혼준비가 안됐어.

A: Well, **there you have it.** Mindy, I have to break up with you.
B: Why? And don't say it's because I'm crazy, because I'm not crazy.

A: 저기, 그런 줄 알아. 민디야, 나 너와 헤어져야 돼.
B: 왜? 내가 미쳤기 때문이라고 하지 마, 난 안 미쳤으니까.

A: Do you know how to get to a supermarket?
B: **Now there you have me.** I just moved to this neighborhood.

A: 어떻게 슈퍼마켓에 가야 되나요?
B: 저도 모르는데요. 이 동네에 이사 온 지 얼마 안돼요.

Tell me another (one) • Tell me about it

"Tell me"까지는 같은데…

앞서 개별적으로 설명하였지만 다시 한 번 확인하는 차원에서 구분하면서 되새김해보자. 먼저 Tell me another (one)는 하나 더 달라는 부탁표현으로 쓰이기도 하지만, 상대방 말을 못 믿겠을 때(someone is skeptical and may think something is untrue) 하는 말로 "말도 안 되는 소리 마," "헛소리 마"에 해당하는 문장이다. 반면 Tell me about it은 상대방의 말에 강하게 동의하는(express agreement with something that was said) 표현으로 "그러게나 말이야," "그렇고 말고" 정도로 이해하면 된다. 마찬가지로 Tell me about it 역시 글자 그대로 '그것에 대해서 얘기해 달라(ask for more information about something)는 의미로도 쓰인다는 점을 알아둔다. 다시 한번 말하지만 획일적으로 표현들을 암기하는 것을 피해야지만 실제 살아있는 영어를 이해하고 구사할 수 있게 된다.

Key Point

Tell me another (one) 말도 안 되는 소리 마, 헛소리 마

Tell me about it 그러게나 말이야, 그렇고말고

1. You've got millions of dollars? Yeah, tell me another one.
   네가 돈이 엄청 많다고? 그래, 말 되는 소리를 해라.
2. You think taxes are too high? Tell me about it!
   세금이 너무 높다고? 그렇고말고!

A: Children shouldn't have to worry about something like that.
B: Tell me about it.

A: 아이들은 저런 걸로 걱정해서는 안 돼.
B: 그러게나 말이야.

A: Sally says she wants to date me.
B: Tell me another one. She's not interested in you.

A: 샐리가 나와 데이트하고 싶대.
B: 말 되는 소리를 해라. 걘 너한테 관심 없어.

That's more like it • There's more to it than that

비슷하게 생긴 표현 구분해서 이해하기…

That's more like it은 지금 상황(That)이 이전 상황보다 "더 낫다," "더 좋다"라는 의미로 현재의 상황에 만족하고(be satisfied with the way that things are happening) 있다는 것을 표현할 때 사용하면 된다. 반면 There's more to it than that은 그것 외에 그것에 더 있다라는 말로 이미 말이 나온 사항들 외에 더 많은 정보나 이야기가 있다는 것을 나타내는 (indicate there is more information or more of a story than what has already been said) 문장으로 우리말로 하자면 "다른 뭔가가 있어" 정도로 생각하면 된다.

Key Point

That's more like it 그게 더 낫네
There's more to it than that 다른 뭔가가 있어

❶ Finally we can drive out of the traffic jam. **That's more like it!**
마침내, 교통체증이 풀리는구만. 훨 낫네!

❷ They divorced because they fought, but **there's more to it than that.** 걔네들 싸워서 이혼했지만 다른 뭔가가 더 있어.

A: Here is a steak and a glass of beer.
B: **That's more like it.** I love this food!

A: 여기 고기와 맥주 한 병이야.
B: 훨씬 더 낫네. 난 이 음식이 좋단 말이야!

A: Kelly went in, murdered her boyfriend, and left.
B: No, I think **there's more to it than that.**

A: 켈리가 들어가서 자기 남친을 죽이고 가버렸어.
B: 아냐, 뭔가 다른 게 더 있을 거야.

I'll have it my way • I will do it your way • do sth one's own way

 제멋대로 한다는 표현들…

have it one's way나 do it one's way는 동사만 다를 뿐, 다른 사람이 반대하더라도 자기가 선택한 방식대로 일을 하겠다(do things the way he chooses, even if other people disapprove)라는 점에서 동일하다. 다만 이 표현들을 실제 문장으로 활용할 때, 주어와 one's가 일치하면 "자기 방식대로 하다," 일치하지 않으면 "…의 식대로 하다"(do something according to the instructions of someone else)라는 뜻이 된다. 그래서 I'll have it my way하면 "누가 뭐라던 내 식대로 하겠다," Have it your way는 "너 좋을 대로 해라," "맘대로 해라"가 되고, I will do it your way하면 "네 방식대로 하겠다"라는 표현이 되는 것이다. 또한 do sth one's own way도 좀 정상적인 방법과 달라도 자기방식으로 하겠다는 뜻으로, "제멋대로 하다"라는 뜻이 된다.

Key Point 

I'll have it my way 내 방식대로 할 거야
I will do it your way …의 방식대로 하다
do sth one's own way 제멋대로 하다, 자기 방식대로 하다

❶ I don't agree with you, but I will do it your way.
네 의견에 동의하지는 않지만 네 방식대로 할게.

❷ Nothing we have done has worked, so we'll do it my way.
우리가 한 어떤 것도 제대로 돌아가지 않으니 우리는 내 방식대로 할 거야.

A: Well, have it your way, but I'm going tomorrow.
B: Fine. Go. See if I care.
A: 저기, 네 식대로 해, 하지만 난 내일 갈 거야.
B: 좋아. 가. 맘대로 해.

A: Why can't you guys just let me do things my own way?
B: Because I know meeting your mom meant a lot to you.
A: 왜 너희들은 내가 내 방식대로 일을 하지 못하게 하는 거야?
B: 네 엄마를 만나는 것은 네게 아주 중요하기 때문이야.

Q I'm on it • I'll get on it • I'm in on it

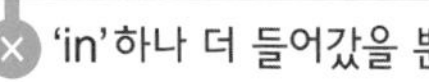

'in'하나 더 들어갔을 뿐인데…

A 미드에서 정말 많이 듣는 표현 중 하나인 I'm on it. 누가 지시하거나 일을 줬을 때 I'm on it 혹은 줄여서 On it하게 되면 일을 끝마치겠다는 의지로(with the intent to get it completed), "지금 할게," "지금하고 있어"라는 뜻이 된다. 또한 I'll get on it이란 표현도 있는데, 이는 I'm on it과 매우 유사한 표현으로 "뭔가 곧 하겠다"(be going to do something soon)라는 표현이 된다. 마지막으로 I'm on it에 'in'을 하나 추가해서 I'm in on it하게 되면 어떤 일에 "관련되어 있거나," "이미 알고 있다"(be involved or included in something)라는 의미의 좀 다른 표현이 되니 구분을 잘 해야 한다.

Key Point

I'm on it 지금 할게, 지금하고 있어
I'll get on it 곧 할게
I'm in on it 난 알고 있어, 난 관련되어 있어

1. I know you want this finished, and **I'm on it.**
   이거 끝내기를 원하지, 내가 지금 할게.
2. Sara needs to be picked up at the airport? **I'll get on it.**
   새라를 공항에서 픽업해야 된다고? 내가 곧 할게.
3. **I'm in on** the surprise party for Dave.
   난 데이브를 위한 깜짝 파티를 준비하고 있어.

A: Find out when she checked out.
B: **I'm on it.**

A: 걔가 언제 체크아웃 했는지 알아봐.
B: 알아볼게요.

A: We find the person who moved the bomb, we'll find where it is.
B: **Let's get on it.**

A: 우리는 폭탄을 옮긴 사람을 찾고, 그게 어디 있는지 찾아낼 거야.
B: 어서 시작하자고.

That's it • That's about it

 'about'만 차이나는 표현…

about의 있고 없음을 핵심으로 하는 이 두 표현은 생긴 것만큼 의미도 거의 비슷하다고 생각하면 된다. 먼저 That's it은 많이 쓰이는 유명표현으로 뭔가 특정한 것을 지칭하거나(indicate a specific thing) 혹은 뭔가 끝나다(something is finished or complete)라는 말로 우리말로 하자면 "바로 그거야," "그게 다야"에 해당된다고 생각하면 된다. 반면 That's about it은 That's it하고 매우 유사한 표현으로 뭔가가 "거의 끝났다"(Something is nearly finished or over)고 말하는 문장이다. 우리말로는 "그게 다야"(It's finished), "대강 그 정도야"라는 의미이다.

Key Point 

That's it 바로 그거야

That's about it 그게 다야, 대강 그 정도야, 더 없어

① **That's it** for now. Let's head home.

지금으로써는 그게 다야. 집으로 가자고.

② **That's about it,** so I'll conclude my speech.

그게 다야, 그러니 내가 연설을 마무리할게.

A: I bet you a dollar.
B: **That's it?** That's all my future's worth, one dollar.

A: 너한테 1 달러를 걸게.
B: 그게 다야? 내 미래의 가치가 겨우 1 달러야?

A: Do you have anything more to say?
B: Nope. **That's about it.**

A: 뭐 더 할 말 있어?
B: 아니. 대강 그 정도야.

Q I don't see that happening • This can't be happening

'happening'이 들어간 두 개의 표현…

I don't see that happening은 뭔가 미심쩍고 그래서 그럴 일이 일어날 가능성이 없을 거(something is doubtful, that it probably won't happen)라는 의미로 상대방의 희망이나 기대, 혹은 예상이 현실로 될 확률이 없다라고 부정하거나 반대하는 문장. 우리말로는 "그렇게는 안 될 걸," "그렇게는 안 되지"라는 뜻이다. 반면 This can't be happening은 벌써 어떤 일이 일어났고, 그 일에 놀랐을(express surprise or shock at something) 때 사용하는 표현이다. "이럴 수가"에 해당된다. 허리띠를 졸라매야 하는 상황인데도 철없는 아내가 결혼기념일에 다이아몬드 반지를 사달라고 암시를 줄 때, "I know you want a diamond ring, but I don't see that happening"라고 할 수 있고, 남친 팔 잡고 정신을 놓고 헤롱헤롱 가다가 나중에서야 지갑을 도둑맞은 줄 알고 놀라 "Someone stole my wallet? Oh God, this can't be happening"이라고 말할 수 있다. 좀 비슷하게 생겼지만 의미는 전혀 다르다.

Key Point

I don't see that happening 그렇게는 안 될걸
This can't be happening 이럴 수가

❶ You want to borrow $1,000, but I don't see that happening.
천 달러를 빌리고 싶어 하지만 그렇게는 안 될걸.

❷ This can't be happening. Chris is dead?
이럴 수가. 크리스가 죽었어?

A: Well, I don't see that happening. You see that happening?
B: I am going to make it happen.

A: 음, 그렇게는 안 될걸. 그렇게 될 거라 봐?
B: 그렇게 되도록 할 거야.

A: What if he's not okay?
B: Oh, God. This can't be happening. I don't know what I'll do if I lose him.

A: 걔가 괜찮지 않으면 어떡해?
B: 맙소사. 이럴 수가. 걔를 잃으면 난 어찌해야 될지도 모르는데.

It's over • She was all over me

'all'이 있고 없음에 따라…

be over는 It's over라는 대표적인 문장에서 보듯 "끝났다"라는 의미가 가장 기본적이다. 강조하려면 It's all over처럼 all을 넣으면 된다. be over의 또 다른 의미는 be over sb의 형태로 I'm over you하게 되면 연인들이 헤어진 후에 상대를 "완전히 잊었다"라는 뜻이 된다. 두 번째 표현인 be all over 역시 두 가지 의미로 쓰인다. 첫째는 be all over+장소[공간]명사로 "…의 도처에 있다," "온통 …뿐이다," 그리고 I'm all over it하면 "잘 알고 있다" 등의 의미로 쓰인다. 이번에는 장소가 아니라 be all over 뒤에 sb가 오는 경우인데, 이는 주어가 sb에게 온통 육체적으로 들이대는 것을 뜻한다. Jill was all over me in the car today하면 질이 차에서 나를 어떻게 해보려고 근접밀착행위를 했다는 뜻이다.

Key Point

It's (all) over 다 끝났어
I'm so over you 난 널 완전히 잊었어
I looked everywhere all over the apartment 아파트 구석구석을 뒤졌어
I'm all over it 잘 알고 있다
She was all over me! 걔가 내게 엄청 들이댔어!

1 Catherine, your prints are all over that box.
캐서린, 네 지문이 저 박스에 온통 묻어 있어.

2 He was all over me. I just had to get him off me.
걔가 나한테 마구 들이댔어. 걔를 나한테서 떼어내어야 했어.

A: There was a bus crash up the road. About five people died.
B: Yeah, it's all over the news.

A: 도로에 버스충돌사고가 있었어. 한 5명이 죽었대.
B: 어, 뉴스에 계속 나오던데.

A: We're going to evacuate to one block radius. This place can blow.
B: I'm all over it.

A: 반경 한 블록까지는 사람들을 대피시킬 거야. 여기는 폭탄으로 날아갈 수도 있어.
B: 잘 알겠어.

I'm all yours. • It's all yours • That's your call • You're the boss • You're the man

'의미'가 다 비슷비슷해…

다 어느 정도 비슷비슷하여 의미가 헷갈리는 표현들이다. 한 번에 정리하여 의미를 확실히 구분해보도록 해보자. I'm all yours는 내가 너의 것이란 말로 "네가 알아서 해라," "마음대로 해라" 문맥에 따라 "널 무척 사랑해"라는 의미이다. It's all yours하면 "그건 네 책임이다"란 말이다. 다음 That's your call은 네가 판단하는 것이므로 "네 결정에 따를게"라는 뜻이 되고 You're the boss 역시 네가 보스라는 말로 "너의 결정에 따를게," "네 맘대로 할 게"라는 뜻이 된다. boss가 주로 call(결정)을 한다고 생각하면 되면 두 개의 표현이 유사하다는 것을 쉽게 짐작할 수 있을 것이다. 마지막으로 You're the man은 슬랭으로 상대방이 뭔가 어려운 일을 성공적으로 해냈을 때 축하하는(congratulate someone for doing something difficult successfully) 표현으로 "멋져," "네가 최고다" 정도로 이해하면 된다.

Key Point 

I'm all yours 네가 알아서 해, 널 무척 좋아해
It's all yours 네 책임이야
That's your call 네 결정에 따를게
You're the boss 네 결정에 따를게, 네 맘대로 할게
You're the man 너 멋지다, 너 최고야

1. I'm all yours until the end of the day. 오늘 나는 네 맘대로 해도 돼.
2. I wouldn't leave, but that's your call. 떠나지 않겠지만 네 결정에 따를게.
3. If you want us to clean up, we will. You're the boss.
   우리가 치우기를 원한다면 그렇게 할게. 네 결정에 따를게.

A: Do you need to get up early?
B: Nope. I'm all yours.
A: 일찍 일어나야 돼? B: 아니. 네 맘대로 해.

A: Do I need a lawyer?
B: I mean, that's your call, that's your right.
A: 변호사가 필요한가?
B: 내 말은 네가 결정해야 되고, 그게 너의 권리라는 거야.

He always has it in for me • You're in for it! • What are you in for?

모아놓고 비교해야지 아니면…

각각 따로 설명을 해서 어느 정도 이해를 했겠지만 다시 한 번 복습하는 차원에서 함께 놓고 비교를 해보자. 동사 have를 써서 have it in for sb하면 "sb에게 원한을 품다"(want to cause harm or problems), 동사를 be로 바꾸고 it이 맨 뒤에 위치하여 be in for it하게 되면 스스로 저지른 일로 앞으로 "벌을 받게 될 것이다"(be punished in the future for something that he did)라는 의미가 된다. 그래서 You're in for it!하게 되면 네가 자초한 일이니 벌을 받을게다라는 뜻. 의문문으로 바꿔서 What are you in for?라고 하면 주로 감옥 같은데서 "오게 된 이유"를 묻는 표현이 되고, What's in it for sb?하게 되면 "sb가 얻는 게 뭔데?"라는 뜻이 되니 꼼꼼히 살펴보고 구분을 해야 한다.

Key Point 

He always has it in for me 걘 늘 나를 미워해
You're in for it! 네가 자초한 일이니 후회해도 소용없어!
What are you in for? 왜 오게 되었는데?
What's in it for sb? …가 얻는 게 뭔데?

❶ I hate my teacher. He always has it in for me.
내 선생님이 싫어. 항상 나를 미워해.

❷ You broke Mom's lamp. You're in for it now!
네가 엄마의 램프를 망가트렸어. 이제 벌 받겠다!

❸ What are you in for? Theft? Murder? 여기 왜 들어왔어? 절도? 살인?

A: He's had it in for me. He's going to run against me in the next election.
B: I think you will beat her handily.
A: 걘 날 미워해. 걔는 다음 선거에서 내 반대진영에서 출마할거야.
B: 네가 쉽게 이길 것 같은데.

A: Will you just come over and fix it?
B: What's in it for me?
A: 잠깐 들러서 고쳐줄래요?
B: 내가 얻는 것은요?

I don't feel up to it • I'm not up to it

'동사'만 달라…

동사가 하나는 feel이고 다른 하나는 be 동사의 차이인데 부정문이어서 일반 동사는 don't를 썼고, be 동사는 am not을 써서 실제보다 더 다르게 보인다. I don't feel up to it은 특히 몸이 피곤하거나 아프거나 해서 뭔가 할 수 없다(can't do something, especially if they are feeling sick)고 말하는 것이고 I'm not up to it은 마찬가지로 뭔가 할 기분이나 맘이 아니란(doesn't feel he can do something) 뜻으로 I don't feel up to it과 거의 같은 뜻으로 보면 된다.

Key Point

I don't feel up to it 별로 내키지 않아
I'm not up to it 그럴 마음이 아니야

❶ I'd love to visit you, but **I don't feel up to it** today.
널 방문하고 싶지만 오늘 그럴 기분이 아냐.

❷ Please don't give me more work, **I'm not up to it.**
제발 일을 더 주지 마, 그럴 맘이 아냐.

A: Come in, detectives. Tom told me you'd be stopping by.
B: **You feel up to talking?**
A: 들어와요, 형사분들. 탐이 방문할거라 말했어요.
B: 얘기할 수 있겠어요?

A: Want to come hiking with us today?
B: No, I've been sick and **I'm not up to it.**
A: 오늘 우리랑 하이킹하러 올래?
B: 아니. 몸이 안 좋았고 지금 그런 상태가 아냐.

You'll see • We'll see

 'You'와 'We'의 차이…

주어가 서로 다를 뿐인데, 의미는 전혀 다르다. You'll see하게 되면 "두고 보면 알아"라는 뜻인데, 대부분은 상대방이 자기를 믿지 않지만 앞으로 자기가 맞다는 것이 증명될 것이다(will be proven to be right in the future, even if people doubt him)라는 뉘앙스를 지니고 말하는 표현이다. 반면 We'll see는 뭔가 결정을 나중으로 미룰 때(when putting off making a decision until later) 혹은 앞으로 무슨 일이 일어날지 기다린다(will wait to see what will happen)고 할 때 사용한다. 비록 지금은 웨이트리스이지만 자기는 스타가 될 거라는 꿈을 갖고 있는 〈빅뱅이론〉의 페니가 "I'll become famous, you'll see!"라 말할 수 있고 또한 뉴욕여행을 왔지만 박물관 갈 시간이 있을지 모르니 어떻게 되는지 좀 지켜보자고 할 때는 "We'll see if there is time to visit the museum"라 하면 된다.

Key Point 

You'll see 두고 보면 알아

We'll see 기다려보자

- We'll see you in the court 법정에서 보자
- We'll see if~ …인지 아닌지 보자

1. You watch, and then **you'll see** there's nothing to be afraid of.
   지켜봐, 그럼 넌 두려울 게 아무 것도 없다는 것을 알게 될 거야.
2. Well, **we'll see.** I don't know if I want to get married.
   저기, 기다려보자. 내가 결혼을 원하는지도 모르겠어.

A: It's like we're setting a trap for her.
B: It's for her own good. **You'll see.**

A: 우리가 걔한테 함정을 놓는 것 같아.
B: 걔 자신을 위한거야. 두고 보면 알아.

A: I did not poison him.
B: **We'll see.**

A: 난 걔를 독살하지 않았어.
B: 기다려보면 되지 뭐.

Q Get over it • I can't get over it • Get over yourself • Let's get it over with

'get over'의 다양한 활약상…

A

get over는 필수숙어로 「극복하다」(overcome)라는 뜻. 과거의 안 좋았던 기억들을 잊거나 극복하다(forget or overcome something in the past that caused unhappiness or upset)라는 뜻으로 Get over it!하게 되면 "그만 잊어"라는 문장이 된다. 그런데 I can' get over it하게 되면 글자 그대로 과거의 아픈 기억을 잊을 수가 없다, 혹은 비유적으로 "정말 놀라워"라는 뜻으로도 사용된다. 그리고 get over yourself는 좀 비약해서, 남들보다 잘났다고 건방떠는 사람에게 쓸 수 있는 말로 Get over yourself의 형태로 많이 쓰이는데 이는 "건방떨지 마"(should not be so arrogant, or not think that he is better than others)라는 뜻이 된다. 끝으로 with를 붙여 Let's get it over with하게 되면 보통 불쾌한 일을 빨리 해치워버리자고(want to do something so that it is finished. It may be an unpleasant task) 하는 말이다.

Key Point

Get over it 잊어라, 극복하고 넘어가라
I can't get over it 극복하지 못하겠어, 정말 놀라워
Get over yourself 건방떨지 마, 그만 좀 해
Let's get it over with 빨리 해치워 버리자고

❶ We divorced years ago, but I can't get over it.
우리는 오래 전에 이혼했지만 아직 극복을 못하고 있어.

❷ Brad thinks he's so handsome. He needs to get over himself.
브래드는 자기가 잘 생겼다고 생각해. 정신 좀 차려야겠어.

❸ Let's start the work and get it over with. 그 일을 시작해서 빨리 해치워버리자.

A: Why not just go down to city hall and get it over with?
B: You know, I thought about that.
A: 시청에 가서 빨리 해치워버리지? B: 저 말이야, 나도 생각은 해봤어.

A: I'm a cop and you're violating a court order.
B: Oh, get over yourself.
A: 난 경찰이고 넌 법원명령을 위반하고 있어.
B: 어, 그만 좀 해라.

I got a crush on you • I have a thing for • I'm crazy for[about] you

이성에게 반하는 것도 정도가 있어…

crush하면 상대방은 모르는 상태에서 반하는(indicate they have a mild attraction to another person) 것으로 오래 지속되지 않고 빨리 지나가는 성격의 끌림을 말한다. 다음 I have a thing for~하게 되면 역시 끌리는(the person feels attracted) 것으로 for 다음에는 사람이나 사물이 올 수도 있다. 그리고 마지막으로 나오는 I'm crazy for[about] sb는 미쳤다는게 아니라 a crush나 a thing보다 훨씬 강력하게 끌린다(indicate a much stronger attraction than a crush. Often it is said by people who are having a love affair)는 것으로 주로 연인관계에 있는 사람들의 상태를 말한다.

Key Point

I got a crush on you 난 네가 맘에 들어
I have a thing for~ …을 좋아하다
I'm crazy for[about] you 난 너한테 빠져있어

❶ I'll admit I have a crush on Kelly.
내 인정하지만 나 켈리에게 빠져있어.

❷ I'm crazy about my new boyfriend.
난 내 새 남친을 너무너무 좋아해.

A: If I didn't know any better, I'd say that you had a little crush on her.
B: No, I just told you. I hate her. She's evil and monstrous.

A: 내가 더 잘 몰랐으면, 네가 걔를 조금 좋아했다고 생각했을 거야.
B: 아냐, 내 말했잖아. 걜 증오해. 걘 아주 악랄하고 괴물 같아.

A: Well, actually, I have found someone. And I am crazy about her.
B: Well, who is it?

A: 저기, 실은 내가 사람을 찾았는데 걔한테 완전히 푹 빠졌어.
B: 그래, 누군데?

Q All right, look • All right, so

'look'과 'so'의 차이…

A

All right은 같지만 뒤에 look이 붙냐 아니면 so가 오느냐의 차이이다. 먼저 All right, look은 뭔가 중요한 설명을 하기에 앞서 사람들의 관심을 끌기 위한 관심유도형 문구(begin a sentence, to draw attention to something important that is being explained)이다. 우리말로는 "좋아, 자"라는 뜻으로 실제 많이 쓰인다. 여기 있는 경찰이 너를 찾고 있다고 말할 때 "All right, look, the police here are trying to find you"라고 하면 된다. 반면 All right, so는 뭔가 확인하고자(confirm something) 할 때 혹은 뭔가 일어난 일이나 일어날 일에 대해서 얘기를 할 때 쓰는 표현이다.(use this explanation to start talking about something that happened or that will happen) 우리말로는 "그래 그럼," "좋아 그럼" 정도로 이해하면 된다. 예를 들어, 탐과 앤지가 오늘 저녁 먹으러 온다고 확인하고자 할 때는 "All right, so Tom and Angie are coming for dinner tonight"이라고 하면 된다.

Key Point

All right, look 좋아, 자
All right, so 그래, 그럼

❶ **All right, look,** if you're not going to say it, I will.
저기, 자, 네가 그걸 말하지 않으면 내가 말할 거야.

❷ **All right, so** think about it, and call me back.
그래 그럼 그거에 대해 생각해보고 내게 다시 전화해.

A: Oh my god, what were you thinking?
B: **All right, look,** I'm not proud of this, OK?

A: 맙소사, 너 도대체 무슨 생각을 한 거야?
B: 저기, 나도 이게 자랑스럽지 않아, 알겠어?

A: **All right, so,** you're okay with all this?
B: Yeah, it's no big deal.

A: 그래 그럼, 이 모든 거 다 괜찮은 거지?
B: 그래 별것도 아닌데.

I'll bet • You bet • You can bet on it

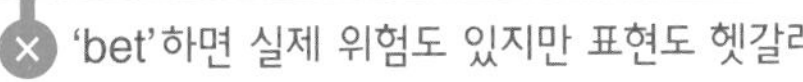

'bet'하면 실제 위험도 있지만 표현도 헷갈려…

bet은 동사로 내기를 한다는 것으로 I'll bet 단독으로 쓰이면 "틀림없어," "확실해"(I'm sure), 혹은 비아냥거리는 말투로 "그러기도 하겠다"라는 의미로 쓰이고 뒤에 절을 받아서는 I('ll) bet S+V 혹은 I'll bet N S+V의 형태로 자기가 내기를 걸 정도로, 자기가 N을 걸 정도로 확실하다라는 문장을 만들기도 한다. 다음은 주어를 You로 해서 You bet하면 네가 내기를 해도 된다는 말로 상대방의 말이 맞는다고 확인하거나 맞장구치는 표현으로, "물론이지"(Sure, or That's right)라고 생각하면 된다. 여기서 파생하여 몇몇 표현들이 생기는데 You can bet S+V, You (can) bet your life S+V의 형태로 뭔가 확실히 내용으로 상대방이 믿어도 된다고 할 때 사용한다. 예를 들어 어려움에 처한 상대방에게 확실히 도와주겠다고 할 때는 "You can bet your life we'll help you out"이라고 한다. 다음으로 You can bet on it이 있는데 이는 상대방보고 믿어도 된다고 확신을 심어줄 때 사용하는 표현으로 우리말로는 "날 믿어봐"에 해당된다.

Key Point

I'll bet 틀림없어, 확실해, 왜 안 그랬겠어, 그러기도 하겠다(비아냥)

You bet 물론, 당연하지

You (can) bet (your life) S+V …는 확실해

You can bet on it 날 믿어봐

❶ You are taking a month long vacation? **I'll bet.**
한 달 휴가를 가겠다고? 그러기도 하겠다.

❷ **You can bet your life** I'm in love with her. 내가 걔와 사랑을 하는 것은 정말이야.

❸ We'll solve this mystery. **You can bet on it.**
우리는 이 미스터리를 풀 거야. 날 믿어봐.

A: That was a safety net for both of us.
B: **I'll bet.**
A: 그건 우리 모두에게 안전망이었어. B: 왜 안 그랬겠어.

A: What do you think I am, a whore?
B: **You bet.**
A: 내가 누구라고 생각하는 거야, 창녀? B: 당연하지.

I'll tell you what • Guess what • You know what

 다양한 말 꺼내기 표현들의 차이…

뭔가 본론을 꺼내기에 앞서 상대방의 주의를 끄는 표현들. 먼저 I'll tell you what하면 상대방에게 뭔가 제안할(be usually used to propose something) 때 사용한다. 우리 집 청소해주면 100달러 줄게라고 하려면 "I'll tell you what. If you clean my house, I'll give you 100 dollars"라고 하면 된다. "이러면 어떨까," "좋은 생각이 있는데" 정도로 이해한다. 다음 Guess what은 뭔가 새로운 소식을 전해줄(be giving new information) 때 시작하는 어구로 "저 말이야"로 생각하면 되고, You know what은 말하는 사람이 생각하고 있던 것을 꺼낼(express something the speaker is thinking about) 때 사용한다. 그래서 오늘 승진했다는 소식을 전할 때는 "Guess what. Today I got a promotion!" 그리고 잠잘 시간이 되었다고 할 때는 "You know what? It's almost time to go to bed"라고 하면 된다. 미세한 차이지만 약간의 뉘앙스가 다르니 잘 기억해두어야 한다.

Key Point 

I'll tell you what (뭔가 제안할 때) 이러면 어떨까, 좋은 생각이 있어
Guess what (새로운 소식을 전할 때) 그거 알아
You know what (자기 생각을 말할 때) 근데 말이야

❶ **I'll tell you what,** let's see what happens tomorrow.
이러면 어떨까, 내일 어떻게 되는지 보고.

❷ **Guess what.** I joined a new church last Sunday.
그거 알아. 지난 일요일에 새로운 교회에 갔어.

❸ **You know what?** We should go visit Aaron.
근데 말이야. 우리 애론을 만나러 가야 돼.

A: **I'll tell you what,** if you get ready now I'll let you play it at the wedding.
B: Really! Oh that's so exciting!
A: 이러면 어떨까, 네가 준비되면, 결혼식장에서 그걸 연주하도록 할게. B: 정말? 와 정말 신난다!

A: I'm gonna get some more coffee.
B: Oh, **you know what?** I'll come with you!
A: 커피 좀 더 마셔야겠어. B: 저 말이야. 나 너와 함께 갈게!

Q Beats me • You got me beat • I can't beat that

'beat' 들어가면 무조건 어려워…

Beats me는 뭔가 확실하지 않거나 모를 때 사용하는 표현으로 "잘 모르겠어"(I'm not sure, I can' say)라 생각하면 된다. 비슷한 표현으로 Search me, I'll bite 등이 있다. 특히 Beats me는 답이 뭐든 「난 신경 쓰지 않는다」라는 뉘앙스가 담겨져 있다. 다음 You got me beat은 get sb pp의 용법으로 직역하면 네가 나를 물리쳤다(someone else is doing something better than the speaker), 우리말 답게 하면 "네가 나보다 낫다"(You did better than me)라는 뜻이다. 오래 전, You got me beat은 Beats me처럼 '몰라' 라는 뜻으로 쓰였으나 현재는 그런 의미로는 잘 쓰이지 않는다. 마지막으로 I can't beat that은 'that'을 물리칠 수 없다, 즉 'that'보다 더 훌륭할 수 없다라는 뜻이 된다. 그래서 I can't beat that은 "난 못 당하겠어," You can't beat that하면 너는 그것을 이길 수 없다, 즉 의역하면 "그게 완벽하다," "최고다" 혹은 "더 이상 좋은 것은 없다," 그리고 Nothing beats that하면 역시 "최고야"라는 뜻이 된다.

Key Point

Beats me 몰라
You got me beat 네가 낫다
I can't beat that 난 못 당해내겠어
You can't beat that 더 이상 좋은 것은 없어, 최고야

❶ **Beats me** if he'll ever get out of prison.
걔가 출소나 할 수 있을는지 모르겠어.

❷ Wow, this is a nice apartment. **You sure got me beat.**
와, 이 아파트 정말 멋지다. 네가 나보다 훨 낫다.

A: Where did Anthony go?
B: **Beats me.** His car's still in the parking lot.

A: 앤소니가 어디 갔어?
B: 몰라. 걔 차는 아직 주차장에 있던데.

A: I only paid $100 for this new cell phone.
B: Really? **You can't beat that!**

A: 이 새 핸드폰 단 100달러에 샀어.
B: 정말? 대박이네!

I made it! • I did it!

 'made'와 'did'의 차이…

둘 다 "해냈어!"라는 말. 단지 동사를 do를 썼느냐, make를 썼느냐만 다르다. 실제 의미나 용법 또한 거의 비슷하다고 보면 된다. I made it!은 여행을 마쳤거나 데드라인 내에 일을 끝냈을 때 등 뭔가 정해진 시간에 마무리했다는 기쁨을 표현하는(express happiness about completing something in a specific amount of time) 것임에 반해, I did it!은 I made it!보다 더 많은 상황에서 쓰인다. 뭔가 시도를 했고 성공을 했을 때 언제든지 사용하면 되는 것으로 "해냈어!"(I was successful), "원했던 것을 성취했어"(I accomplished what I wanted to do)라는 의미이다. 그래서 겨우 몇 분전에 결혼식에 도착했다라고 할 때는 "I made it to the wedding with a few minutes to spare" 그리고 마침내 컴퓨터 게임에서 이겼을 때 "I did it! I finally won the computer game!"라고 하면 된다.

Key Point 

I made it! 해냈어!, 내가 만들었어!
I did it! 해냈어!

❶ I did it! I found the necklace I was looking for.
내가 해냈어! 내가 찾던 목걸이를 찾았어.

❷ Yeah! Yes, I made it! I'm on time!
그래! 응, 내가 해냈어! 제시간에 왔어!

A: Kate, what, what happened here?
B: I did it! I took care of the babies all by myself!

A: 케이트, 여기 무슨 일이야?
B: 내가 해냈어! 오로지 나 혼자서 아이들을 돌봤어!

A: I hear you graduated today.
B: That is right. I made it!

A: 너 오늘 졸업했다며.
B: 맞아. 내가 해냈어!

How do you like that! • How do you like~? • How would you like~?

'do'와 'would'의 차이…

How do you like that!은 굳어진 표현으로 단순히 상대방이 맘에 드는지 의견을 물어보는 것으로 "어때?"라는 의미로 쓰이기도 하지만, 뭔가 예상하지 못한 뜻밖의 일이 벌어졌을 때 놀라면서(I'm really surprised it happened) 하는 말로, "정말야!," "놀랍다!," 문맥에 따라 "황당하다!"라는 의미로 쓰인다. 같은 동료였던 찰리가 상사가 된다는 소식에 "How do you like that! Charlie is going to become our boss"라고 할 수 있다. 반면 How do you like+N(~ing/to+V)?하게 되면 뭔가 하자고 하거나 먹을 것 등을 제안할 때 사용한다. 뒤에 명사나, ~ing, to+V 등 다양하게 온다는 점에 주목한다. 끝으로 동사를 would로 바꿔서 How would you like sth?하게 되면 "…하면 어떻겠어?"라고 상대방의 의견을 묻거나 혹은 How would you like your steak cooked?처럼 어떻게 준비할지 상대방의 의견을 묻는 표현이 된다.

Key Point

How do you like that! 어때?, 정말야!, 놀랍네!, 황당하다!
How do you like+N[~ing/to+V]? …하는 게 어때?
How would you like+N[to+V]? …하면 어떻겠어?

❶ How do you like that! The Lakers won! 놀랍네! 레이커스가 이겼어!

❷ How do you like fishing with your uncle?
네 삼촌하고 낚시 가는 거 어때?

❸ How would you like to buy my sports car?
내 스포츠카를 사는 게 어떻겠어?

A: So how do you like my new car?
B: It's gorgeous!
A: 그래, 내 새 차 어때?
B: 아주 멋져!

A: How would you like to make a dental impression for us?
B: I'll do whatever you guys want.
A: 우리를 위해 치과인상을 만들어주면 어떻겠어?
B: 너희들이 뭘 원하든지 내가 할게.

Go nuts • I'm not going nuts

 'go nuts'의 변신…

go nuts는 크게 세 가지 의미가 있다고 봐야 한다. 가장 기본적인 의미는 글자 그대로 「미치다」(act in a crazy or strange way), 「엄청 화내다」(become very angry), 그리고 세 번째는 「무척 열광[좋아]하다」, 혹은 「어서 가서 즐기다(go ahead and do it)라는 뜻으로 쓰인다. 그래서 파티에 가고 싶어 하는 딸에게 가고 싶으면 가서 즐겨라라고 할 때 "If you'd like to go to the party, go ahead, go nuts"라고 하면 된다. 그리고 be nuts about[for]의 형태로 쓰이면 「…을 무척 좋아하다」라는 뜻이 된다. 다시 처음으로 와서 그럼 I'm not going nuts는 무슨 뜻일까? 이는 not이 들어갔기 때문에 직역하면 내가 미치지는 않았는데라는 것으로 "나 제 정신 맞는데," "나 화난 것 아닌데" 등의 의미이다. 그래서 어제 UFO를 봤다고 말하려면 미친놈 아니라고 사전에 차단하면서 "I'm not going nuts, but I did see a UFO"라고 하면 된다.

Key Point

Go nuts 신나게 놀아라
I'm nuts about[for] …을 좋아하다, 열광하다
I'm not going nuts 나 제 정신인데, 나 화난 거 아닌데

❶ I showed the road manager a copy of the warrant. He **went nuts.**
로드 매니저에게 영장사본을 보여줬는데 엄청 화를 내더라고.

❷ Please, just wear what I suggest, and she's gonna **go nuts for** you.
부탁인데, 내가 입으라는 거 그냥 입어, 그러면 걔는 너한테 사족을 못 쓸 거야.

A: Julie, just cut the cord. **Go nuts.** Come on. Let's do shots. Come on!
B: I told mom that you were buying a pie.

A: 줄리, 부모로부터 좀 벗어나. 신나게 놀아. 자, 가서 술을 마시자고, 자 어서!
B: 엄마에게 네가 파이를 산다고 했는데.

A: Do you mind if I try to solve this puzzle?
B: Not at all. **Go nuts.**

A: 내가 이 퍼즐을 풀어 봐도 괜찮아?
B: 그럼. 어서 해봐.

It's[That's] a deal • It's a deal? • Deal • (It's a) Done deal

'deal'이 들들 볶네…

It's a deal은 "내 약속하지," "그러기로 하자"라는 말로 뭔가 동의할 때 사용하면 되는데 주로 돈과 관련되어 얘기할 때 많이 쓰인다. 여기에 의문부호를 붙여 It's a deal?하면 동의한 거래 약속 등을 상대방에게 확인할 때 사용하는 것으로 "그럴래?," "좋아?"라고 생각하면 된다. 다음 Deal이라고 아주 간단히 말하면 역시 동의한다는 말로, "알았어," "그렇게 하자"라는 표현이 된다. 또한 A deal's a deal이라는 표현도 있는데 이는 "약속은 약속이다"라는 뜻으로 약속이 지켜져야 한다는 것을 강조하는 문장이다. 마지막으로 It's a done deal 혹은 Done deal 하게 되면 다 끝난 일이어서 이제는 어떻게 바꿀 수가 없다(say that that something is finished or completed, and is now probably very difficult to change)는 말이 된다.

Key Point

It's [That's] a deal 그러기로 한 거야, 그렇게 하자, 내 약속하지
It's a deal? 그럴래?, 좋아?
Deal 알았어, 좋아, 그렇게 하자, 약속한 거야
A deal's a deal 약속은 약속이야
(It's a) Done deal 다 끝난 일이야

❶ If you want to pay me $500 for my computer, it's a deal.
내 컴퓨터를 5백 달러에 사고 싶다면, 그렇게 하자.

❷ You want $10,000 for this car? Okay, deal.
이 자동차를 만 달러에 팔라고? 좋아, 그렇게 하자.

❸ The rental agreement is a done deal now that you've signed it.
네가 사인했으니 임대계약서는 마무리 됐어.

A: The best I can do is $70.
B: Alright you give me $70, and it's a deal.
A: 내가 최대로 쳐줄 수 있는 가격은 70 달러야. B: 좋아 내게 70 달러를 주는 걸로 하자고.

A: Can't we just sit here and behave like normal human being people?
B: Deal.
A: 그냥 우리 여기 앉아서 정상적인 인간들처럼 행동하면 안 될까? B: 그래, 그렇게 하자.

Keep out of this! • Stay out of this! • Stay away from~

일단 다들 멀리 하라는 것 같은데…

keep out of this하면 사적인 문제니까 다른 사람이 끼어드는 걸 원치 않는다(express that something is private and the speaker doesn't want any other person interfering)는 말로, "끼어들지마" 정도로 생각하면 된다. Stay out of this 또한 마찬가지 의미로 사적인 문제에 "간섭하지마"(tell other people not to interfere in a private matter)라는 뜻의 표현이다. 그래서 중소기업사장이 열심히 직원들 연봉조정하고 있는데 눈치 없이 한 직원이 도와드릴까요라고 하면서 다가올 때 "Keep out of this, I don't need your help"라고 하면 되고, 또한 배신자를 응징하러 가는데 친구가 도와주겠다고 따라 올 경우 "Stay out of this or you'll get in trouble"이라고 하면 된다. 또한 stay away from은 from 이하로부터 멀리 떨어져라, 그렇지 않으면 곤경에 처할 거라고 경고하는 문구이다. 동네에 이사 온 한 이웃이 험해 보일 때 "Stay away from that neighborhood. It's dangerous"라고 주의를 줄 수 있다.

Key Point

Keep out of this! 네 일 아니니까 끼어들지 마!
Stay out of this! 넌 빠져!, 간섭하지 마!
Stay away from ~ …를 멀리해, 가까이 하지 않다

❶ Hey, **stay out of this,** Jennifer! This is between me and Tony!
야, 제니퍼, 끼어들지 마! 이건 나와 토니와의 문제야!

❷ **Stay away from me!** Don't touch me!
내게서 떨어져! 날 만지지마!

A: I think what Susan is trying to say.
B: **Keep out of this!**
A: 수잔이 무슨 말을 하려는 걸까 생각하고 있어.
B: 네 일 아니니까 빠져!

A: What for? She didn't do nothing.
B: **Stay out of this,** Raura.
A: 무엇 때문에? 걘 아무 것도 하지 않았어.
B: 로라, 넌 빠져.

We'll (soon) see about that • We'll have to see about that

'see about that'만 같은 게 아냐…

비슷한 표현 구분하기의 백미. 눈에 잘 구분도 안가고 의미도 분명히 다가오지도 않고 헷갈리기 아주 좋은 표현들이다. 먼저 We'll see about that하면 뭔가 불쾌한 얘기를 듣고서는 그런 일이 일어나지 못하도록 하겠다(A person hears something he doesn't like, and he plans to try to change whatever is happening)라는 의미가 된다. 반면 We'll have to see about that하면 역시 같은 의미로 '그렇게 못하게 하겠다'라고도 쓰이지만 뭔가 결정을 뒤로 미루고 싶을(want to put off making a decision until later) 때 사용된다. 그래서 시간이 좀 지난 다음에 두고 봐야 한다고 할 때는 "We'll have to see about that when some time has passed" 그리고 애니가 내게서 돈을 빌리려 한다는 말을 들었을 때 그럴 일 없을 거라는 맥락으로 "Annie wants to borrow money from me, but we'll see about that"이라고 하면 된다. 참고로 We'll see about it later 또한 결정을 미루는 표현이지만 문맥에 따라서는 We'll see about that과 같은 의미로 쓰이기도 한다.

Key Point

We'll (soon) see about that 못하게 하겠다, 과연 그렇게 될까
We'll have to see about that 두고 봐야 한다, 못하게 하겠다
We'll see about it later 두고 봐야 한다, 못하게 하겠다

❶ You'd like to go to Hawaii with me? **We'll have to see about that.**
나와 함께 하와이에 가고 싶다고? 그건 두고 봐야 알아.

❷ He says he is smarter, but **we'll see about that.**
걘 자기가 더 똑똑하다고 하는데, 과연 그럴까.

A: I'm stronger than you.
B: **We'll see about that.**

A: 내가 너보다 더 강해.
B: 과연 그럴까.

A: I hear Betty plans to come to your party.
B: **We'll have to see about that.** I didn't invite her.

A: 베티가 네 파티에 온다고 들었어.
B: 올 수 있겠어? 난 초대하지 않았어.

How's that? • How's that again? • What was that again?

다시 말해줘…

이 세 가지 표현은 거의 의미가 같다고 생각하면 된다. 상대방의 말을 못 들었거나 혹은 잘못 들었을 경우에 다시 얘기해달라고 할 때 쓰는 표현들이다. 상대방이 자기보고 대놓고 못생겼다고 할 때 "How's that? Did you say I was ugly?"라고 하며 귀를 의심해보면 되고, 다시 얘기해 달라고 할 때 "How's that again? I didn't hear you" 그리고 상대방이 뭔가 얘기했는데 자기한테 얘기했는지도 몰랐을 때 "What was that again? Did you say something to me?"라고 하면 된다. 단 How's that?의 경우는 어떻게 그렇게 되었는지, 왜 그런지 물어볼 때도 사용된다.(be used to ask for the method to do something) 참고로 상대방에게 말을 다시 해달라고 하는 표현들로는 What did you say?, Come again?, I'm sorry?, 그리고 Excuse me? 등이 더 있다.

Key Point 

How's that? 다시 말해줘, 뭐라고?, 어떻게 해서?, 어째서?

▶ How's that for~? …로써 어때?, …로 대단하지 않아?

How's that again? 다시 한 번 말해줄래?

What was that again? 뭐라고 한거야?

❶ **How's that?** Speak a little louder. 뭐라고? 좀 크게 말해줘.

❷ You say it's easy to make money, but **how's that** done?
돈 버는 게 쉽다고 했는데 어떻게 그러는 거야?

❸ **What was that again?** I didn't hear you. 뭐라고? 듣지 못했어.

A: I solved the math problem.
B: **How's that?** Show me the way to do it.

A: 난 이 수학문제를 풀었어.
B: 어떻게 해서? 어떻게 푸는지 내게 알려줘.

A: Lucas was arrested by the cops today.
B: **What was that again?** Did you say he was arrested?

A: 루카스는 오늘 경찰에 체포됐어.
B: 뭐라고 했어? 걔가 체포됐다고?

It is a thought • It was just a thought

 'is'와 'was'의 차이일 뿐인데…

단지 시제의 차이일 뿐인데 의미는 전혀 다르다. 현재형으로 쓴 It is a thought하면 뭔가 고려할 만한 가치가 있다(be worth considering)는 것으로 "좋은 생각이다"라는 뜻이 되고, 과거형으로 It was a thought하면 자기가 말한 것이 별로 중요한 것이 아니다(Something they said was not very important), 즉 "그냥 한번 얘기해본 것이다"라는 의미가 된다. 베니가 우리보고 투자를 하라고 했는데, 그거 좋은 생각이야는 "Benny said we should invest our money. It's a thought" 그리고 내가 성대한 파티를 열자고 했었는데, 그냥 해본 말이었어라고 하려면 "I suggested having a big party, but it was just a thought"라고 하면 된다.

Key Point 

It is a thought 좋은 생각이야, 그럴 수도 있지
It was a thought 그냥 한번 해본 말이야

❶ **We could go out for dinner. It's a thought.**
우리 저녁 먹으러 외출할 수도 있어. 꼭 그러자는 건 아니고.

❷ **Forget about what I said. It was a thought.**
내가 한 말 잊어버려. 그냥 한번 해본 말이야.

A: You could always take a few days off.
B: It's a thought. I do need some rest.

A: 넌 언제든 며칠 좀 휴가를 낼 수 있어.
B: 그거 좋은 생각이야. 난 좀 휴식이 필요해.

A: You think I should drop out of college?
B: It was a thought. You don't need to follow my advice.

A: 넌 내가 대학을 중퇴해야 된다고 생각해?
B: 그냥 해본 말이야. 내 조언을 따를 필요는 없어.

You are not cut out to be~ • We have our work cut out for us

의미도 어렵고 구분하기도 어렵고…

일단 cut out은 공통으로 들어가 있지만 하나는 are not이고 다른 하나는 have이다. 둘 다 길어서 얼핏 보면 비슷한 것 같으면서도 많이 다른데, 그 의미 또한 무척 다르다. 먼저 You are not cut out to be~가 되면 "넌 …가 되기에 거리가 멀다," 특히 어떤 "직업이나 일을 갖기에 적합하지 않다"(indicate someone doesn't have enough ability or dedication to do something well)라는 의미이다. 그래서 피도 제대로 못 보는 사람이 외과의사가 된다고 하면 "You are not cut out to be a physician. You hate blood"라고 하면 된다. 그리고 We have our work cut out for us하게 되면 우리가 "어렵고 힘들 수도 있는 일을 맡게 되었다"(The work or task ahead is very clear, and it may be difficult to do)라는 뜻이 된다. have + 목적어(our work)+pp(cut out~)의 구문이다.

Key Point

You are not cut out to be ~ …에 어울리지 않다
We have our work cut out for us 우리가 힘든 일을 맡게 됐어

❶ She loved Nina but she **wasn't cut out to** be a mother.
걔는 니나를 사랑했지만 엄마가 되기에는 맞지가 않았어.

❷ We **have our work cut out for** us in order to set up the festival.
우리는 페스티벌을 준비하기 위해서 힘든 일을 맡게 됐어.

A: I feel so stressed studying all the time.
B: You **are not cut out to be** a medical student.

A: 쉬지 않고 공부하는데 스트레스를 너무 받아.
B: 넌 의대생이 되기에는 맞지 않는 것 같아.

A: The crime scene is a big mess.
B: That means we **have our work cut out for** us.

A: 이 범죄현장은 아주 엉망이구만.
B: 우리가 힘든 일을 맡게 됐다는 얘기구만.

just to be clear • just so we're clear

 알쏭달쏭 형태는 다르지만…

양쪽 표현에 다 들어있는 just와 clear 때문에 헷갈리는 경우이다. 먼저 (just) to be clear는 말하는 내용의 의미가 모든 사람에게 명확하게 전달되도록 정확히 말하고 싶을(want to say something in an exact way to make its meaning clear to everyone) 때 쓰는 말로 "분명히 말하는데," "명확히 말해두는데" 정도로 이해하면 된다. 그래서 선생님이 내일 오전 6시까지 모두 다 이리로 와야 한다고 말하려면 "Just to be clear, everyone must be here tomorrow by 6 am"이라고 하면 된다. 반면 just so we're clear는 뭔가 상대방이 듣기에 무례한 말을 하기 직전에 하는 말로 "내 분명히 말해두는데," "오해 없기 위해서 말해두는데"라는 뜻이 된다. 그래서 분명히 말해두지만 난 널 좋아하지 않아라고 하려면 "Just so we're clear, I really don't like you"라고 하면 된다. 미묘한 차이가 있기는 하지만 단순히 같은 의미로 생각해도 된다.

Key Point 

just to be clear 분명히 말하는데
just so we're clear 내 분명히 말해두는데

❶ **Just so we're clear,** tonight is about sex, not love.
분명히 말해두지만, 오늘은 단지 섹스 하는 거야, 사랑은 아냐.

❷ **Just to be clear,** I want you to leave at midnight.
분명히 말해두는데, 자정에 떠나줘.

A: You see how easy it is?
B: All right, **Just so we're clear.** You're insane.
A: 이게 얼마나 쉬운지 봤지?
B: 좋아, 분명히 말해두는데 넌 미쳤어.

A: When are you planning to go to the movies?
B: **Just to be clear,** I want to go to the movies alone.
A: 언제 영화 보러 가기로 했어?
B: 분명히 말해두지만, 난 혼자 영화관에 갈 거야.

You tell me • So, tell me • Now you tell me • Do tell • Please tell it like it is

'tell me'로 함께 모인 표현들…

You tell me는 "네가 말해봐," "그거야 네가 알지"라는 의미로 상대방이 더 잘 알 것 같은 것을 오히려 내게 물어볼 때 쓸 수 있는 말. So, tell me는 "자, 말해봐"라는 말로 상대방에게 뭔가 정보나 답을 달라(ask for information about something)고 재촉하는 표현으로 So, you tell me처럼 you를 써도 된다. Now you tell me는 "자 이제 나한테 말해줘," 혹은 "왜 이제야 말해주는 거야"라는 약간 불만섞인 표현이 된다. 물론 now you tell me what [how~]처럼 뒤에 what~ 등의 절을 붙여써도 된다. 또한 Do tell은 좀 오래된 표현으로 '흥미로우니 어서 말해봐' 라는 문장이고 Please tell it like it is는 "과장이나 거짓말하지 말고 있는 그대로 말해줘," "사실대로 말해줘"라는 표현. 참고로 Tell me하면 뭔가 질문던지기 전에 하는 말로 "저기, 있잖아"라는 의미.

Key Point

You tell me 말해봐, 그거야 네가 알지
So, tell me 자 어서 말해봐
Now you tell me 왜 이제야 말하는 거야
Do tell 어서 말해봐
Please tell it like it is 사실대로 말해줘

1. I don't know where we'll get money. **You tell me.**
   우리가 어디서 돈을 구할지 모르겠어. 네가 말해봐.
2. Rebecca is having an affair? **Do tell.** 레베카가 바람을 피우고 있어? 어서 말해봐.
3. I could have dated Jill? Great, **now you tell me.**
   내가 질하고 데이트를 할 수도 있었다고? 잘한다, 왜 이제야 말하는 거야.

A: I don't know, **you tell me.**
B: Never heard of the guy.
A: 난 몰라, 그거야 네가 알지. B: 그 친구 얘기 들어본 적이 없어.

A: Well, you didn't rape them. And I know why.
B: **Do tell.**
A: 저기, 너는 걔네들을 강간하지 않았고 난 그 이유를 알아. B: 어서 말해봐.

What was he thinking? • What are you thinking?

시제의 다름이 가져오는 차이…

What was he thinking?은 단순히 그가 무슨 생각을 하고 있었을까 궁금해서 하는 문장이 아니라 상대방의 행동이 도저히 이상해서 이해가 가지 않을(ask why someone did something strange or unusual. It means the speaker doesn't understand the reasons for it) 때 사용하는 표현으로 "대체 걘 왜 그런 짓을 한 거야?," "걘 무슨 생각을 한 거야?"라는 뜻이다. 그의 행동이 한심하고 이해가 가지 않는다는 것을 깔고 가는 문장. 반면 이것의 현재형인 What is he thinking?은 단순히 "걔는 무슨 생각을 하는 걸까?"라는 의미. 한편 What are you thinking?은 글자 그대로 상대방의 의견을 물어보는(ask this when they want to know the thoughts of someone) 표현이 된다.

Key Point

What was he thinking? 걘 도대체 무슨 생각을 한 거야?, 왜 그런 짓을 한거야?
What is he thinking? 걘 무슨 생각을 하고 있는 걸까?
What are you thinking? 네 생각은 어때?

1. I heard Ray married a woman he met last week. What was he thinking? 레이가 지난주에 만난 여자와 결혼했다며. 걔 무슨 생각으로 그런 거야?
2. You are very quiet. What are you thinking? 너 정말 말이 없네. 네 생각은 어때?

A: I can't believe Sarah did this. I mean, what was she thinking?
B: I don't know.

A: 새라 이것을 했다니 믿기지 않아. 내말은, 걔 무슨 생각으로 그런 거지?
B: 몰라.

A: Talk to me, Nora. What are you thinking?
B: I think you're bored, Chris.

A: 나한테 말해봐, 노라. 네 생각은 어때?
B: 넌 지겨운 것 같아, 크리스.

Say no more • Don't say it • Don't say that

다들 말하지 말라고는 하는 건데…

Say no more는 글자 그대로 "더 말하지 마라" 그리고 비유적으로는 더 말 안 해도 알겠다(understand and don't need any more explanation), '무슨 말인지 알겠어"라는 말로 상대방의 의견에 동의할 때 사용한다. 반면 Don't say it은 상대방이 뭔가 안 좋은 소식을 말하려 할 때, 나도 알고 있으니 얘기 하지 말라(don't want to hear them said out loud)는 표현으로 "그만해," "나도 알고 있으니 그만해" 정도로 이해하면 된다. 그리고 Don't say that!은 "그런 말마!"라는 뜻으로 상대방의 말에 동의하지 못하니 생각을 바꾸기 바란다(disagree with something, and possibly hoping to change someone's mind about it)는 희망을 담은 문장이다. 그래서 I know what you're thinking, but don't say it은 "네가 무슨 생각하는지 알고 있으니 그만해," You want a divorce? Don't say that!하면 "이혼하려고? 그런 말마"라는 뜻이 된다.

Key Point

Say no more 더 말 안 해도 알겠어
Don't say it 그만해, 나도 알고 있으니 그만해, 말하지 마
Don't say that! (동의못하니 생각을 바꾸라며) 그런 말마!

❶ **Say no more.** I know exactly what you mean.
더 말 안 해도 알겠어. 네가 무슨 말하려는지 알겠어.

❷ **Don't say it.** You just keep doing your job and I'll keep doing mine.
그만해. 넌 네 일 계속 하고 난 내 일 계속하자.

A: Stop! **Don't say it!** You cannot say these things.
B: Come on. We both know it's true.
A: 그만! 말하지 마! 이런 것들 말하면 안 돼.
B: 그러지마. 우리 둘 다 이게 사실인 거 알잖아.

A: I'm trying to take it seriously.
B: Hey, **say no more.** I am sorry. No more phone pranks from now on.
A: 난 이걸 심각하게 받아들이려고 해.
B: 야, 말 안 해도 알겠어. 미안해. 지금부터 더 이상 장난전화 안할게.

Q What else is new? • Tell me something I don't know • That's all you got?

뭐 다른 것은 없나…

A 생김새는 많이 다르지만 의미상 어느 정도 연결될 수 있을 것 같아 묶어 의미를 구분해보기로 한다. 먼저 What else is new?는 상대방에게 더 얘기해보라고 할 때 혹은 이미 들은 거라 놀랍지 않다라는 의미로 쓰인다. "계속 해봐," "다른 소식은 없고?" 정도로 이해하면 된다. Tell me something I don't know는 직역하면 내가 모르는 것을 얘기하라(He has already heard something or already knows something, and it is not a surprise) 즉 "다른 얘기를 해봐"라는 표현이 된다. 마지막으로 That's all you got?하게 되면 상대방이 말한 내용이 별 영양가가 없을 때 더 나은 정보를 듣고 싶은(Some information is not very useful, and the speaker hopes to hear more) 맘에서 하는 말로 "그게 다야?," "다른 것은 없어?"라는 표현.

Key Point

What else is new? 계속 말해봐, 다른 소식은 없고?
Tell me something I don't know 다른 얘기를 말해봐
That's all you got? 그게 다야?, 다른 것은 없어?

1. Your classes are boring? **What else is new?**
   네 수업들 지겹지? 뭐 새로운 거 없어?
2. Politicians are corrupt. **Tell me something I don't know.**
   정치가들이 부패했어. 다른 얘기를 말해봐.
3. The robber has black hair? **That's all you got?**
   그 강도머리가 검다고? 그게 다야?

A: Your mother and I were shocked and upset.
B: So **what else is new?**
A: 네 엄마와 난 충격을 받고 혼란스러워.
B: 그래 다른 소식은 없고?

A: You've got a problem.
B: **Tell me something I don't know.**
A: 너 문제가 생겼어.
B: 다른 얘기를 해봐.

Snap to it • Snap up

 뭐, 모르면 헷갈리지도 않지만…

Snap to it!은 조바심 내며 상대방에게 서두르거나 빨리 움직이라고(hurry up or move faster) 하는 말. 선생님 몰래 체육관에서 담배와 술을 먹고 있는데 무서운 체육선생님이 오는 걸 본 순간 "Get this place cleaned up. Snap to it!"이라고 할 수 있다. 반면 snap up sth 하게 되면 탐욕스럽게 "빨리 채가다"(take it quickly, and possibly with some greed)라는 의미가 되니 잘 구분해야 한다. 채가는 것을 it으로 해서 Snap it up이란 형태로 자주 쓰이는데 Snap to it과 잘 구분해야 한다. 백화점이나 가게에서 바겐세일제품들이 떨어지기 전에 몸을 던져가며 물건을 채가는(The shoppers snapped up the bargains in the store) 모습을 연상해보면 된다.

Key Point 

Snap to it! 서둘러, 빨리 움직여
snap up sth 빨리 채가다(snap it up)

❶ Well, then snap to it. Don't play hard to get with a man who's hard to get. 저기, 빨리 서둘러. 잡기 어려운 남자에게 튕기지 말라고.

❷ Hurry. I told him to come up in half an hour. Snap it up. Go faster. 서둘러. 걔한테 30분 내로 올라오라고 했어. 빨리 챙겨. 빨리 가.

A: Clean this place up! Snap to it!
B: Okay, okay, I'll get everything cleaned up.

A: 여기 깨끗이 치워놔! 서둘러!
B: 좋아, 좋아. 다 깨끗이 치워놓을게.

A: Where are the shirts that were on sale?
B: The shoppers snapped them up.

A: 세일 중인 셔츠는 어디 있어요?
B: 쇼핑객들이 다들 채갔어요.

Q Don't bother • Don't bother me • ~don't bother me

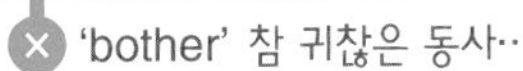

✕ 'bother' 참 귀찮은 동사…

A Don't bother는 상대방에게 뭔가 하려고 시도할 필요도 없다(should not even try doing something)라고 하는 말. 상대방에게 "신경 쓰지 마," "그래봤자 소용없어"라는 말이 된다. 하지 말라는 내용까지 함께 쓰려면 Don't bother to+~ing/V의 형태로 말하면 된다. 그리고 Don't bother 다음에 me를 붙이면 나를 귀찮게 하지 말라(say he doesn't want to be disturbed)는 것으로 "나 좀 가만히 둬," "저리가"라는 표현이 된다. 게임을 한창 하고 있는데 엄마가 와서 수박 먹고 하라고 할 때, 못된 자식 놈은 "Don't bother me. I'm playing *League of Legends*"라 할게다. 이번에는 don't bother me이기는 하지만 명령문이 아니라 Sth don't bother me의 형태로 이때는 Sth이 나에게 방해가 되지 않는다, 즉 "…는 괜찮다," "상관하지 않는다"(be not disturbed or troubled by something)라는 뜻이 된다.

Key Point

Don't bother 소용없어, 신경 쓰지 마
Don't bother me 귀찮게 하지 마, 나 좀 내버려 둬
~don't bother me 괜찮다

❶ I know you want to help her, but **don't bother.**
네가 걔를 돕고 싶어 하는 거 아는데 신경 쓰지 마.

❷ I like going downtown because crowds **don't bother me.**
사람들 북적대는 게 난 괜찮아서 시내에 가는 걸 좋아해.

A: Get a printout, canvass the neighborhood.
B: **Don't bother.**

A: 인쇄물 들고 동네주변을 탐문해봐.
B: 소용없어.

A: Tim, can I ask you something a little personal?
B: Personal questions **don't bother me.**

A: 팀, 좀 개인적인 거 물어봐도 돼?
B: 사적인 질문, 해도 돼.

I'm telling you • You're telling me

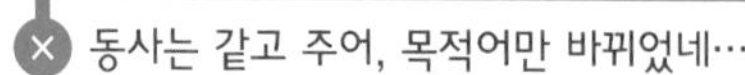

be telling은 맞는데 주어와 목적어가 서로 뒤바뀌어 나오는 경우. 먼저 I'm telling you의 경우는 자기가 말하는 내용이 중요하다는 것을 강조하면서(emphasize something important that is being said) 상대방의 관심을 강하게 끌기 위한 표현으로 "정말이야," "진심이야"라는 뜻이다. 뒤에 절(S+V)을 붙여서 말해도 된다. 반대로 You're telling me하면 상대방의 말에 강하게 동의할(express strong agreement with something) 때 사용한다. 그래서 정말이지 짐은 만취해서 화가 나 있어라고 하려면 "I'm telling you, Jim is really drunk and he's angry" 그리고 영어배우기가 어렵다고? 정말 그래!라고 하려면 "Learning English is hard? You're telling me!"라고 하면 된다.

Key Point 

I'm telling you (내 말이 중요해) 정말이야, 진심이야
You're telling me (상대방 말에 동의하면서) 정말 그래, 누가 아니래

❶ I don't think we're supposed to say vibrator over dinner. **I'm telling you.** 저녁 먹으면서 바이브레이터 얘기하면 안 되지. 정말이야.

❷ **You're telling me.** His laptop and artwork are gone.
누가 아니래. 걔 노트북하고 미술품들이 사라졌어.

A: **I'm telling you.** Dad didn't come home last night. They had a fight. A bad one.
B: How bad?

A: 정말이야. 아버지는 어젯밤에 안 들어오셨어. 아주 심하게 싸우셨어.
B: 얼마나 심하게.

A: I wasn't flirting.
B: **You're telling me.** There's no need to be embarrassed.

A: 난 집적대지 않았었어.
B: 네 말이 맞아. 당황할 필요 없어.

Why not? • Why not~+N/V?

 왜, 도대체 왜 넌 두 가지 의미로 쓰이니…

이미 알려진 대로 Why not?은 두 가지의 의미가 있다. 먼저 글자 그대로 해석하는 것으로, "왜 안 되는 거야?"가 첫번째 뜻이다. 상대방이 거절하거나 반대했을 때 그 이유를 묻거나 따지는 경우. 또 하나는 "안 될 게 뭐 있나?"라는 의미로 상대방의 제안에 적극적으로 동의, 찬성하는 경우이다. 이때는 I don't see why not과 같은 뜻이 된다. 반면 Why not+V?가 되면 상대방에게 뭔가 하자고 제안하는(be often used as a way of suggesting something to do) 문장이 된다는 점을 구분해서 익혀야 한다. 그래서 이삿날 약속 있다고 돕지 않겠다고 하는 딸에게 "I heard you don't want to help. Why not?"이라고 말할 수 있고, 린다가 너랑 같이 영화보러 가고 싶은지 알아봐봐라고 할 때는 "Why not see if Linda wants to go to the movies with you?"라고 하면 된다.

Key Point 

Why not? (이유) 왜 안 돼?, (동의) 안될게 뭐있어?(I don't see why not)
Why not+V? …해봐

❶ **Why not?** Come on. She needs our help. She's separating from his husband. 왜 안 돼? 그러지마. 걘 우리 도움이 필요해. 남편하고 별거하고 있잖아.

❷ Well, if things were that bad, **why not** just get a divorce?
저기, 상황이 그렇게 나쁘면, 그냥 이혼하지 그래.

A: That might work where you grew up, Ziva, not here.
B: **Why not?**

A: 네가 자란 곳에서는 그게 통할지 모르지만, 여기서는 안 돼, 지바.
B: 왜 안돼요?

A: Maybe there's something wrong with me loving her.
B: Then **why not** just stop loving her?

A: 내가 걜 사랑하는데 뭔가 잘못된 것 같아.
B: 그럼 사랑을 그냥 끝내버려.

God only knows · God knows that S+V

 신이시여, 혼란스럽나이다…

두 부분에서 차이점을 알아채야 한다. 먼저 첫 번째 표현에서는 only가 들어간다는 점이고, 두 번째는 God only knows는 단독으로 쓰이거나 God only knows what[where, if]~처럼 의문사절이 이어서 오는데 반해 God knows 다음에는 that S+V절이 온다는 점이다. 그럼 이 두 가지 차이점을 지닌 표현들의 의미차이는 무엇일까? 먼저 God only knows(~)는 오직 신만이 안다, 즉 아무도 모른다(they feel uncertain or unsure of something)라는 말이다. 그리고 God knows that S+V는 that절 이하의 내용이 사실임을 강조할(strongly emphasize that something is true) 때 사용하는 표현으로 "정말이지 …하다"라는 뜻이다. 잘 구분해서 해석을 해야 한다.

Key Point 

God only knows what[where, if~] …는 아무도 모른다
God knows that~ 정말이지 …하다

❶ **God only knows if** I can pass the law school exam.
내가 로스쿨 입학시험을 통과할 지는 아무도 모르지.

❷ **God knows that** a lot of people are having trouble in this economy.
정말이지 많은 사람들이 지금의 경기상황에서 고통 받고 있어.

A: What are you going to do?
B: **God only knows.**

A: 뭐 할 거야?
B: 누가 알겠어.

A: You want to go out to a bar?
B: Sure. **God knows that** we could use a few drinks.

A: 나가서 바에 가려고?
B: 응. 정말이지 술 몇 잔 마셨으면 좋겠어.

Don't play games with me • He played us

갖고 노는 것은 같은 것 같은데…

games with가 있고 없음의 차이. 먼저 play games with sb하면 솔직하지 않게 행동하거나 고의적으로 오판하게 만들거나 등의 방법으로 sb에게 진지하게 대하지 않는(not act serious with that person, to possibly be dishonest or intentionally misleading) 것으로 우리 말로는 "수작부리다," "갖고 놀다"라는 뜻이 된다. 그래서 Don't play games with me. I don't trust you하면 "내게 수작부리지마, 난 널 믿지 않아"라는 말이 된다. 반면 단순히 play sb하게 되면 「속이다」(trick or deceive), 「sb를 바보로 만들다」(make sb look foolish), 혹은 「속여서 돈 등을 빼앗다」라는 뜻으로 쓰인다. 멜리사가 댄을 속여서 그가 갖고 있던 돈을 다 빼앗았다라고 하려면 "Melissa played Dan for all of the cash he had" 라고 하면 된다.

Key Point

Don't play games with me 내게 수작부리지마, 날 갖고 놀지마

He played us 걔가 우릴 속였어, 우릴 바보로 만들었어

1. You should've said this two days ago. **Do not play games with me.**
   이틀 전에 이 얘기를 했어야지. 날 갖고 놀지 말라고.
2. I should be impressed, really, how easily you **played me.**
   네가 얼마나 쉽게 나를 속여먹었는지 정말 인상적 이었어.

A: A magician never tells his secrets.
B: **You played us.** You played me.

A: 마술가라면 절대 자기 비밀을 털어놓지 않지.
B: 네가 우리를 속였구만. 네가 날 속여먹었어.

A: Officer, I swear I didn't commit the crime.
B: **Don't play games with me.** I know you're lying.

A: 경관님, 정말이지 난 범죄를 저지르지 않았어요.
B: 수작부리지마. 거짓말인거 알아.

be framed • set sb up • be trapped • plant evidence

 함정에 빠지는 다양한 표현들…

범죄수사 미드물에 단골로 나오는 표현들이다. 먼저 be framed는 죄가 없는데 누명을 쓰다(be made to look guilty of a crime, but was really innocent)라는 의미이고, set sb up 역시 frame sb for처럼 실제로는 죄를 짓지 않았는데도 죄가 있는 것처럼 모함하거나 함정에 빠트리는 것을 말한다. 그리고 be trapped는 함정에 빠지다, 덫에 걸리다라는 뜻이 된다. 끝으로 plant evidence는 무죄인 사람을 유죄로 만들기 위해 불법적인 증거들을 심어놓다(put illegal things somewhere to make a person appear guilty of a crime)라는 뜻이 된다. 경찰이 걔를 체포하려고 증거를 만들었냐고 따질 때는 "Did the police plant evidence in order to arrest her?"라고 하면 된다.

Key Point 

He was framed 걔는 누명을 썼어
He set me up 걔가 나를 함정에 빠트렸어
I was trapped 내가 함정에 빠졌어
He planted evidence on her 걔는 그녀에게 불리한 증거를 심어놨어

❶ After Chris **was framed,** he spent ten years in jail.
크리스는 누명을 쓰고, 10년간 감방생활을 했어.

❷ I'm innocent. The cops **set me up for** this crime.
난 무죄야. 경찰들이 날 함정에 빠트려 이 죄를 짓게 했다고.

A: God, you guys are good. I mean, **you set me up** perfectly.
B: You think Jack and I planned this so we could sleep together?
A: 어휴, 너희들 대단하다. 내 말은 완벽하게 날 함정에 빠트렸네.
B: 넌 우리가 함께 자도록 잭과 내가 계획했다고 생각하는 거야?

A: You had a child?
B: Susan miscarried a month after the wedding. **I was trapped.**
A: 아이 있어?
B: 수잔은 결혼 후 한 달 있다 유산했어. 내가 속았어.

No offense • None taken • Point well-taken

 악의 없고 오해하지 않고…

No offense는 상대방이나 제 3자가 자기 말을 오해할 수도 있는 경우에 이를 빨리 진화하기 위해서(tell another person that he didn't intend to insult him) 하는 말로 "기분 나빠하지마," "악의는 아냐"라는 뜻이 된다. 오해가 될 수 있는 말을 무심코 하고 나서 No offense라 해도 되고, 아니면 오해할 수도 있는 말을 하기에 앞서 미리 정지작업을 할 목적으로 먼저 말해도 된다. No offense라고 상대방이 했을 때 뭐라고 해야 할까? 물론 그대로 기분 나쁘면 어쩔 수 없겠지만 "오해하지 않아"(say he wasn't insulted by something that was said about him)라고 화답할 때는 None taken이라고 한다. 그리고 마지막으로 Point well-taken은 무슨 말인지 잘 알아들었다(say he understood what was said and considers it worth thinking about)라는 말로 앞의 두 표현과는 거리가 있지만 형태가 유사하니 함께 비교해서 알아둔다.

Key Point 

No offense 기분 나빠하지 마, 악의는 아냐(No offense to~)
None taken 오해하지 않아
Point well-taken 무슨 말인지 잘 알아들었어

❶ **No offense,** but I think you need to shower more often.
기분 나빠하지 마, 하지만 너 좀 더 자주 샤워해야겠다.

❷ I know you meant no offense. **None taken.**
네가 악의는 아닌 거 알아. 오해하지 않아.

A: We're here for another test. Sorry about that.
B: You don't look sorry. Um, **no offense.**

A: 우리는 다른 테스트를 하러 여기 왔어. 미안해.
B: 미안해하는 표정이 아니네. 악의는 아냐.

A: This is none of your business. **No offense.**
B: **None taken.** But...

A: 이건 네가 상관할 바는 아니야. 악의는 아냐.
B: 오해하지 않지만…

You don't know the half of it • You don't know the first thing about it

모르는 것들이 말이 많아…

You don't know the half of it은 직역하면 그거의 반도 모른다, 즉 현재 일어나는 일의 모든 상황에 대해 모른다라고 말할(say that someone doesn't understand the full extent of everything that is happening) 때 사용하는 표현으로 "네가 생각하는 것보다 상황이 훨씬 심각하다," "너 참 몰라도 한참 모른다"라고 말할 때 사용한다. 상대방이 알고 있는 게 알고 있는 게 아니다라고 강조하는 표현. 반면에 You don't know the first thing about ~하게 되면 상대방이 "…에 대해 아무 것도 모른다"고 하는, 좀 약간 모욕적인 말투가 될 수도 있다.

Key Point

You don't know the half of it 너 몰라도 한참 모른다
You don't know the first thing about~ …에 대해 아무 것도 모르네

1. **You still don't even know the half of it,** and you never will.
   넌 몰라도 정말 한참 모르네, 넌 절대 알 수가 없을 거야.
2. **You don't know the first thing about** having a business!
   사업체를 운영하는 거에 대해 너 아무 것도 모르네!

A: It looks like you stayed up all night.
B: **You don't know the half of it.** I've been up for days.

A: 너 밤샌 것 같아.
B: 몰라도 한참 모르네. 며칠째 밤새고 있어.

A: **She won't know the first thing about** managing that money.
B: Yeah, well, I'll help her.

A: 걘 그 돈을 관리하는 것에 대해 아무 것도 몰라.
B: 그래, 그럼 내가 걜 도와줄게.

That's funny • (That's) Not funny • Very funny! • What's so funny?

'funny'가 funny가 아냐…

funny가 들어가는 표현들을 모아서 정리해본다. 먼저 That's[It's] funny는 뭔가 상황이 이상한 경우에 하는 말로 "거참 이상하네." 이를 부정문으로 만들어 (That's) Not funny하면 웃기지도 않을 뿐더러 일어난 일에 대해 "불쾌하다," "화나다"라는 뜻이 된다. 또한 Very funny!는 비아냥거리는 표현으로 "참 우습기도 하겠다!," "말도 안 돼!"라는 표현이 된다. 그리고 의문문으로 What's so funny?하면 글자 그대로 뭐가 웃기는지 물어볼 수도 있지만, 반어적으로 뭐가 웃기는 일인지 모르겠다며 좀 불쾌해하면서 말할 수도 있는 표현이다. 물론 주어로 That 외에도 This, It이 올 수도 있다.

Key Point

That's funny 거참 이상하네
(That's) Not funny 불쾌하네, 화나네
Very funny! 우습기도 하겠다!, 말도 안돼!
What's so funny? 뭐가 그렇게 웃겨?, 하나도 안 웃기거든!

1. **Not funny.** I don't like it at all.
짜증나거든. 난 그거 전혀 좋아하지 않아.

2. Did someone steal my shoes? **Very funny.** Now give them back.
누가 내 신발 훔쳐갔어? 우습기도 하겠다. 이제 돌려줘.

A: Hey. Why aren't you at your party?
B: Well **that's funny,** I was about to ask you the same thing.
A: 야. 왜 네 파티에 안보이는거야?
B: 저기 거 참 이상하네. 나도 같은 질문을 하려고 했는데.

A: Well, I am married. Even though I haven't spoken to my wife since the wedding.
B: *(laughs)* I'm sorry, **that's not funny.**
A: 저기, 나 유부남이야. 결혼 후로는 아내에게 말을 한 적이 없지만 말이야.
B: 미안, 말도 안 돼.

Why don't you tell them? • You tell them

 'tell them'으로 뭉친 사이…

Why don't you tell them?은 제안이나 권유할 때 쓰는 Why don't you~?를 쓴 표현으로 우리말로 하자면 "네가 걔네들에게 말하지 그래"라는 의미이다. 즉 상대방이 왜 어떤 정보를 말하지 않고 있는지 물어볼(ask why someone is withholding some information) 때, 혹은 왜 말하기를 기다리고만 있는지(ask why someone is waiting to say something), 아니면 정중하게 상대방에게 먼저 말하도록 권유하는 문장이 된다. 반면 You tell them은 자기는 정보를 알고 있지만 말하고 싶지 않으니 상대방보고 말하라(don't want to tell the information he knows, he wants another person to say it)고 할 때 사용하는 표현. 주로 안 좋은 소식을 전할 때 사용한다. You tell him 혹은 그냥 You tell이라고 해도 된다.

Key Point 

Why don't you tell them (that)? 네가 걔네들에게 말하지 그래?
You tell them 네가 말해라

❶ I don't want to tell Dad about the damaged car. **You tell (him).**
아버지한테 차 파손된 거 말하고 싶지 않아. 네가 말해.

❷ **Why don't you tell them** what he did to us, what you let him do?
걔가 우리한테 한 짓 또 걔가 그러도록 놔둔 것을 걔네들한테 말하지 않는 거야?

A: I haven't told my parents that I failed the exam.
B: **Why don't you tell them?** They will find out from the school soon.
A: 시험에 떨어졌다고 부모님께 아직 말 못했어.
B: 부모님께 말해. 곧 학교에서 소식들으실텐데.

A: Greg and I have an announcement. Greg, **why don't you tell them?**
B: OK. We want to announce we will be getting married.
A: 그렉과 내가 발표할게 있어. 그렉, 말해.
B: 좋아. 우리 결혼한다고 알리고 싶어.

Q It's a wonder~ • (It's) No wonder~

'wonder' 처럼 이상해…

It's a wonder S+V하게 되면 「…한 것이 놀랍다」 혹은 「이상하다」라는 표현으로 I amazed that S+V와 같다고 보면 된다. 뭔가 상황이 좋지 않은데도 불구하고 좋은 결과가 나온 것이 믿기지 않을 정도로 놀랍거나 이상하다는 뜻으로 꽤 많이 쓰이는 표현이다. No wonder~는 It's가 생략된 경우로 No wonder S+V하게 되면 「…하는 것이 놀랍지 않다」(I'm not surprised~)는 말로 「…하는 것이 당연하다」(indicate that there was a reason something happened, so it is logical)라고 의역해서 이해하면 된다. 미드에 뻔질나게 나오는 표현이다.

Key Point

It's a wonder~ 놀랍다, 이상하다
(It's) No wonder~ 당연하다

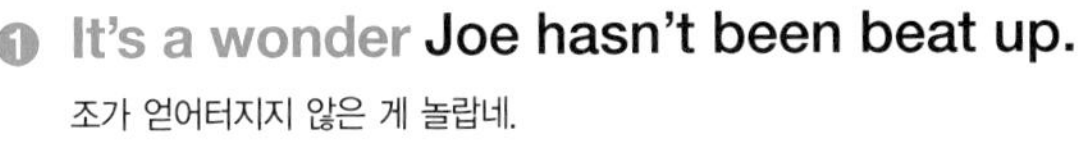

❶ **It's a wonder Joe hasn't been beat up.**
조가 얻어터지지 않은 게 놀랍네.

❷ **They used very poor materials to construct that building. No wonder it's falling down.** 걔네들은 저 빌딩 지으면서 불량소재를 썼어. 무너지는 게 당연하지.

A: That car was destroyed in the accident.
B: It's a wonder anyone inside survived.

A: 저 차는 사고로 완전히 망가졌어.
B: 안에 누군가 생존한 것은 정말 놀라워.

A: Her husband left and took all of their money.
B: It's no wonder she is so upset.

A: 걔 남편은 떠나갔고 모든 돈을 가져갔어.
B: 걔가 열 받는 게 당연하네.

Q I got it • You got it

 'got it'이 공통분모…

A

get 다음에 명사가 아닌 대명사 it, that 등이 오는 경우가 있다. 간단한 형태지만 인칭에 따라, 시제에 따라, 의미가 다양하게 바뀌어 혼란스럽다. get에는 「이해하다」(understand)라는 의미가 있어 I've got it 혹은 I got it하면 "알았어"라는 말이 되고 반대로 I don't get it하면 "모르겠어"가 된다. 또한 I got it 혹은 시제를 바꿔 I'll get it(that)하면 전화벨이 울릴 때 혹은 초인종소리가 났을 때 "내가 (전화) 받을게," "내가 문열어줄게"라는 뜻으로도 쓰인다. 한편 I got it right하게 되면 내가 실수 없이 제대로 했어(I did it correctly, without making a mistake)라는 뜻이고 인칭을 바꿔 You got it하면 "맞았어," "알았어," 끝을 올려 You got it(that)?하면 상대방에게 "알았어?," "알아들었어?"라는 의미가 된다. 단 get의 기본의미는 '얻다,' '사다' 로 I got it from the store하면 "가게에서 산거야"야 된다.

Key Point

I've got it(I got it) 알았어, 내가 할게

I'll get it 내가 받을게, 내가 나갈게

I got it right 내가 제대로 했어

You got it (동의하며) 맞아, (상대방 지시에) 알았어, 네가 얻었어

You got it? 알았어?

❶ Okay, **I got it, I got it,** she's not your girlfriend.
좋아, 알았어. 알았다고. 걔는 네 여친이 아냐.

❷ You want my forgiveness, **you got it.** My trust, that you're gonna have to earn. 내 용서를 바랬고, 난 용서했지만 내 신뢰는 네가 노력해서 얻어야 될 거야.

❸ You call him once we're done. **You got it?** 우리가 끝나면 걔한테 전화해. 알았지?

A: All right, we're done here. Dr. Sean, you want to wrap her?
B: **I got it.**
A: 좋아, 우린 끝났어. 션 박사, 이 환자 마무리해줄래요? B: 알았어요.

A: Do you want some help with that?
B: No, no, no, **I got it.**
A: 그거 좀 도와줄까? B: 아니, 됐어. 내가 할게.

Catch you later • Want to catch me up?

 'catch'를 어떻게 캐치하나…

Catch you later는 헤어지면서 하는 인사말로 "Goodbye"나 "I'll see you later"와 같은 의미. 비슷한 의미로 I'll catch up with you later가 있는데 이는 마찬가지로 "Goodbye" 라는 인사표현이기도 하지만 헤어지면서 정해진 시간에 만나기로 되어있는 경우에 사용된다.(be also used when people are separating, but have plans to meet again later at a certain time) 이렇게 catch up은 따라잡다, 다시 만나다라는 의미로 쓰이는 것 외에도 그동안 못했던 것을 해서 따라잡다, 혹은 잠깐 자리를 비우는 등의 이유로 무슨 일이 있었는지 모르는 사람에게 어떤 일이 있었는지 말해주다(Give me the details of what happened when I wasn't here)라는 뜻으로도 사용되어, Want to catch me up?하게 되면 "어떻게 된 건지 말해줄래?"라는 뜻이 된다.

Key Point 

Catch up later! 잘 가!, 나중에 봐!
I'll catch up with you later 잘 가, 그때 봐
Want to catch me up? 어떻게 된 건지[무슨 일인지] 말해줄래?

❶ I'm just in the city to catch up with some old friends.
오래된 옛 친구들을 만나러 이 도시에 왔어.

❷ I think I need to take a little rest. Will you catch me up?
난 좀 쉬어야겠어. 어떻게 된 건지 말해줄래?

A: You're gonna leave without seeing Jun?
B: Well, she's busy. I'll catch up with her later.

A: 준을 보지도 않고 갈 거야?
B: 저기, 걔 바쁘니까 나중에 볼게요.

A: We have a suspect in the jail.
B: Want to catch me up? When was he arrested?

A: 구치소에 용의자가 있어.
B: 어떻게 된 건지 말해줘. 언제 체포한 거야?

What's your game? • Look who's got game

'game'이 왜 이런 의미를…

What's your game?은 상대방이 솔직해 보이지 않는 상태에서 상대방 행동이나 말의 진의가 무엇인지 물어보는 것으로, "왜 그래?," "어떻게 된 거야?"라는 말이다. 인칭을 바꾸어서 What's her game?, What's his game?이라고 말할 수 있다. 반면 Look who's got game에서 got game은 be good at처럼 뭔가 잘한다는 뜻으로 Look who's got game하면 "누가 잘하나 봐"라는 말로 누군가가 뭔가 하는데 능력이 있다(someone has a talent for doing something)라는 뜻이다. 특히 슬랭으로 African-American들 사이에서는 여자들을 유혹하는 능력이 뛰어나다고 말할 때 많이 쓴다

Key Point

What's your game? 왜 그래?, 어떻게 된 거야?

Look who's got game 누가 능력이 있나 보라고

① **What's your game?** Are you trying to trick me?
어떻게 된 거야? 나를 속이려는 거야?

② **Look who's got game!** Chris is chatting with the hottest girl here.
누가 능력 있나 봐봐! 크리스가 가장 섹시한 여자들과 얘기를 나누고 있잖아.

A: I'm not sure I want to get married.
B: **What's your game?** Last week you wanted a wedding.

A: 내가 결혼을 하고 싶은 건지 모르겠어.
B: 어떻게 된 거야? 지난주에 결혼하고 싶다고 했잖아.

A: **Look who's got game.**
B: Yeah, I see Henry talking to all the chicks.

A: 걔 능력 좀 봐라.
B: 그래, 헨리가 모든 여자들하고 얘기하고 있네.

There, there • Here, here

말 더듬는 게 아니라…

좀 특이한 표현들이다. there과 here를 반복해서 쓰는 게 하나의 표현이 된 경우이다. 먼저 There, there는 걱정이나 곤경에 처한 상대방을 위로할 때 사용하는(be used to comfort someone) 것으로 쉬운 영어로 옮겨보자면 "It's going to be OK"와 같다고 생각하면 된다. 천생연분인 줄 알았던 약혼남이 자기 친구들과 돌아가면서 잠자리를 하는 바람둥인 것을 뒤늦게 알고, 엉엉 울고 있을 때 옆에서 "There, there, stop your crying. You can always find a new boyfriend"라고 위로해 줄 수 있다. 또한 Here, here는 그리 많이 쓰이지는 않는 표현이지만 상대방의 말에 시끄럽게 동의할(a way of expressing loud agreement) 때 사용된다. 그리고 건배할 때도 사용되지만 시트콤에서 코믹한 분위기를 연출할 때나 사용될 뿐 일상에서 별로 쓰이지 않는다. 혼자 야근을 필요이상으로 줄창하면서 다른 직원들에게 민폐를 끼치는 직원이 야근을 이제 그만해야겠다고 하자 동료들이 반가워하며 "Here, here! You are completely right"라고 말할 수 있다.

Key Point

There, there 걱정 마, 괜찮을 거야

Here, here 그래 맞아, 맞아 맞아

❶ **There, there.** I know you feel really sad.
괜찮아질 거야. 네가 정말 슬퍼하는 거 알아.

❷ **Here, here!** Bring us another round of beer!
맞아, 맞아! 술 한 잔씩 더 갖다 줘!

A: I can't believe she left me for another guy.
B: There, there, everyone goes through heartbreak at some time.

A: 날 버리고 다른 놈한테 가다니 말도 안 돼.
B: 걱정 마, 다들 실연의 상처를 언젠가 겪게 돼.

A: I propose we end this meeting.
B: Here, here! Let's end it now!

A: 이 회의 그만 끝내자.
B: 맞아, 맞아! 당장 끝내자고!

fool around • goof around • mess around • screw around • sleep around

'around'를 공통으로 달고 다니는 표현들…

모두 다 around 시리즈로 미드에서 참 많이 나오는 표현들이다. 특히 일반적인 의미로 쓰일 때 뿐만 아니라 성적인 의미로도 쓰이는 때가 있어 헷갈리는 경우가 많은 경우. 먼저 fool around하면 별로 할 일없이 시간을 보내다, 혹은 평소 섹스를 하는 상대가 아닌 사람과 섹스하다라는 뜻으로 쓰인다. goof around는 섹스에 관한 의미는 없이 단지 fool around의 첫 번째 의미로만 쓰이는 경우이고 mess around 역시 그냥 시간을 때우다, 그리고 해서는 안 될 사람과 섹스를 하다라는 의미이고 screw around도 하는 일없이 시간을 보내다, 그리고 여러 사람과 많은 섹스를 즐기다라는 뜻으로 쓰인다. 마지막으로 sleep around는 많은 다양한 사람과 두루두루 섹스를 하다라는 뜻으로 쓰인다.

Key Point

fool around 노닥거리다, 섹스하다
goof around 빈둥거리다
mess around 빈둥거리다, 섹스하다
screw around 빈둥거리다, 섹스하다
sleep around 많은 사람과 섹스하다

❶ Why don't we go fool around in our bedroom?
우리 침실에 가서 섹스하자.

❷ You'd better not mess around with your secretary.
네 비서하고 섹스하지 않도록 해.

A: I have an important interview tomorrow.
B: Get ready for it. There's no time to mess around.

A: 내일 중요한 인터뷰가 있어.
B: 빨리 준비해. 노닥거릴 시간 없어.

A: What caused Rob and Trish to divorce?
B: I heard that Rob was sleeping around.

A: 랍과 트리쉬가 왜 이혼한 거야?
B: 랍이 바람을 엄청 폈나봐.

Get more

- **be on one's case** 괴롭힘을 당하고 비난받다
  be on the case 문제를 해결하기 위해 노력하다

- **Look alive** 조심해(Be alert)
  Rise and Shine 잠자리에서 일어나(wake up and get out of bed)
  Wake up and smell the coffee 네 생각보다 상황이 안좋으니 정신차리고 집중해라

- **get wise to** 부정직한 일[속셈]을 눈치채다
  get cute with 까불다
  get smart with 버릇없이 굴다, 건방지게 굴다

- **I'm through** 난 한물갔어, 끝장났어
  I'm through with you 너랑은 끝났어

- **Like this?** 이렇게 하면 돼?
  Like what? 예를 들면?

- **It works** 제대로 되네, 효과가 있네
  It works for me 난 괜찮아, 찬성이야

- **It sucks** 거지같아
  It stinks 악취나, 정말 구리다

- **Shoot me?** (상대방이 반대해도) 뭐가 문제야?, 그래서 어쩌라구?
  So, sue me! (네가 싫어도) 난 하고 싶은대로 할테야!

- **That's the story** 일이 그렇게 된거야
  That's the whole story 자초지종이 그래
  That's the story of my life 내 인생이 그렇지 뭐

- **That being said** 그 말이 나왔으니 말인데, 그래도
  Having said that 그래도, 그렇다고 해도
  That being so 그렇다면

- **She got it into her head** 걔는 마침내 이해했어
  She has come into her own 걔는 자신의 진가를 드러냈어
  She got into my head 걘 나를 조종했어

Section  

Get more

- 사람 **go out of one's mind** 정신나가다
  사물 **go out of one's mind** 잊다

- **That's big of you** 참 친절도 해라
  be big on sth[~ing] …을 좋아하다

- **put sth away** 음식이나 술로 배를 채우다
  scarf down[up] 음식을 특히 빨리 먹다
  go[get] through sth 뭔가 이용하고 쓰고 먹다

- **get a word** 얘기를 하다
  get word to …에게 말을 전해주다
  get a word in 자기 의견을 말하다
  get the word 어떤 설명이나 취지를 듣다
  get the word out 말을 퍼트리다, 알리다, 전파하다
  get the word of mouth going 말을 퍼트리다

- **Get this** 이거봐봐(Check this out)
  Here this 이거 들어봐봐(요즘은 Listen to this로 쓰임)
  Take this (for example) 예로 이걸 들어보자

- **You got that right** 네 말이 맞아
  I got that right 내가 이해를 제대로 했어

- **Never say never** (세상 모르기 때문에) 절대 안된다는 말은 하지마
  Never say no 절대 안된다고 하지마, 절대 못한다는 말은 하지마
  Never say die 절대 죽는다는 소리하지마, 비관하지마

- **What of it?** 그게 어쨌다는거야? 네 일 아니잖아?
  What about it? 그래서?, 어쩔건대?

- **That's life** 사는 게 그래(세상은 예측불가)
  That's the life 산다는게 그렇지 뭐(다른 사람의 삶을 부러워하며)

- **That will do** 나중에 해, 그만해, 이제 됐어
  Will do 알았어, 좋아, 그럴게
  That won't do 그렇게 해서는 안돼

Get more

- **It never happened** 그런 일 없어
  It's like it never happened 감쪽 같아

- **I'm off (duty)** 쉬는 날이야
  I'm off (to) (…로) 나 간다

- **Don't look at me like that** 그런 식으로 날 쳐다보지마
  Don't look at me! 내가 그런 것 아냐!, 내 잘못 아냐!

- **Get the message?** 알아 들었어?
  Got a message for me? 나한테 전할 말이라도?, 메시지 온 거 있어?

미드영어
Questions & Answers

SECTION 3

이게 왜 이렇게 쓰여요?

왜 **bury the hatchet**이

화해하다로 쓰일까…

Q Don't rock the boat

✕ 보트를 바위로 치지 말라고??

A rock을 「바위」라는 뜻의 명사로만 알고 있다면 해석조차 안 될 표현. 여기서는 rock이 「(뒤)흔들다」(shake)라는 동사로, rock the boat은 「배를 흔들어 (뒤집힐지도 모를 정도로) 위험한 상황까지 몰고 가는 것」을 말한다. 우리말 「평지풍파를 일으키다」에 근접한 이 표현은 공연한 말썽을 일으켜 위험을 자초하거나(make trouble and risk losing or upsetting something) 소동을 피우는(cause a disturbance) 경우에 비유적으로 사용되는데, 미드에서도 뭔가 문제를 크게 만들고 싶지 않다라고 할 때 자주 사용되는 표현이다.

Key Point

Don't rock the boat 괜히 평지풍파 일으키지 말아

▶ I don't want to rock the boat 난 평지풍파를 일으키고 싶지 않아

❶ **Don't rock the boat** and we won't get in trouble.
평지풍파를 일으키지 마 우리가 곤경에 빠질 수 있어.

❷ Everything is going fine here. **Don't rock the boat.**
여긴 다 잘 되고 있으니까, 괜한 평지풍파 일으키지 마.

Tracy: Hey, James, are you going to come to the meeting tonight?
James: I sure am. The vote is tonight, isn't it?
Tracy: Yep. By the way, who are you voting for?
James: Well. I don't want to **rock the boat**, so I'm voting for Paul just like everyone else is.

Tracy: 제임스, 오늘밤 회의에 올 거야?
James: 물론이지. 투표가 오늘밤에 있지?
Tracy: 어. 그런데, 누굴 찍을 거야?
James: 글쎄. 괜한 분란을 일으키기 싫으니 그냥 남들처럼 폴을 찍으려고.

Choose the best definition for each expression. You can check your answers at www.mentors.co.kr.

01 Pull someone's leg
(A) Kick someone
(B) Make playful fun of someone
(C) Stop someone

02 Start from scratch
(A) Make an early start
(B) Start from the beginning
(C) Postpone the start

What gives?

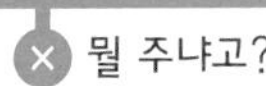

뭘 주냐고??

what도 알고, give도 아는데 What gives?가 무슨 뜻인지 모르겠으니 이게 도대체 무슨 일이래?!! 이쯤 되면 'give=주다' 라는 고정관념에서 탈피해서 give의 또 다른 의미를 찾아보는 게 순리. give가 이렇게 사물 주어를 만나 자동사로 쓰이면 '붕괴되다,' '허물어지다' (collapse or break under pressure)라는 뜻. 따라서 What gives?는 "뭐가 무너지는 거야?"라는 말이 되는데, 목수들이 집을 짓다가 기둥이 내려앉게 되면 "뭐가 내려앉는 거지?"라고 말한 데서 유래해, "뭐가 잘못됐느냐?"라는 의미. What's the matter?, What's wrong?, What's happening? 등과 같은 표현이며 "…에게 무슨 일이 있느냐?"라고 하려면 전치사 with를 이용하면 된다.

Key Point

What gives? 무슨 일이야?

▶ What gives with~ ? …가 왜 그래?

❶ **What gives?** You've been acting like you're in some kind of trouble.
무슨 일이야? 무슨 문제가 있는 것 같아 보이네.

❷ **What gives with** that new hairstyle? Are you trying to look like Jonny Depp? 새로 한 머리가 왜 그래? 조니 뎁처럼 보이고 싶은 거야?

Ryan: **What gives?** You look so down today.
Gwen: I had a rough day at work yesterday.
Ryan: What happened? Did your boss yell at you again?
Gwen: No, but he told me that he wasn't happy with my job performance.

Ryan: 무슨 일이야? 오늘 왜 그렇게 침울하니?
Gwen: 어제 직장에서 고된 하루를 보냈거든.
Ryan: 무슨 일이 있었는데? 너희 사장이 또 윽박지른 거야?
Gwen: 아니, 하지만 내 업무 능력이 만족스럽지 않다고 하더라고.

Choose the best definition for each expression. You can check your answers at www.mentors.co.kr.

01 Get the sack
(A) Be dismissed
(B) Make a trip
(C) Receive a sack as a present

02 Pull strings
(A) Perform a puppet show
(B) Play a guitar
(C) Use secret influence

Q She wants to call the shots

✕ 걔가 쏘기를 원하다고??

A

shot은 「탄환」, 「주사」, 「시도」 등 여러 가지 뜻으로 사용되지만 여기서는 「발사」, 「발포」를 의미. 따라서 call the shots는 「사격을 명하다」라는 말이 되는데, 사격장(shooting range)에서는 사수들에게 사격 명령을 내리는 훈련 교관이 총괄권을 쥐고 있다는 데서 착안해 「명령을 내리다」, 「주도권을 잡다」(decide on the course of action; be in charge; control)라는 비유적 의미로 사용된다. 사격장에서 사수들을 좌지우지할 수 있는 사람이 훈련교관이라면, 교향악단에서 결정권을 쥐고 있는 사람은 전체적인 화음을 이끌어내는 지휘자! 그런 맥락에서 call the tune도 같은 의미의 표현이 된다. 미드필수표현 중의 하나.

Key Point

She wants to call the shots 걔는 자기가 주도권을 쥐려고 해

▶ call the tune 지휘하다, 통제하다

❶ Look here, friend, **I'm calling the shots.** You just be quiet.
이봐, 친구, 내가 결정권자야. 넌 잠자코 있으라고.

❷ He'll never admit it, but it's his wife that **calls all the shots** in that family. 걔는 절대 인정하지 않겠지만, 집안의 주도권은 아내에게 있어.

Jim: Who**'s calling the shots** on this new deal?
Betty: Jim. This project is his brainchild.
Jim: Well, then I need to speak with him immediately.
Betty: Okay. I'll go get him for you.

Jim: 이번 새로운 거래를 지휘하는 사람이 누구야?
Betty: 짐. 이 프로젝트는 그 사람 머리에서 나왔거든.
Jim: 그럼, 당장 그 사람과 얘기를 좀 해야겠어.
Betty: 좋아. 내가 가서 짐을 데리고 올게.

Choose the best definition for each expression. You can check your answers at www.mentors.co.kr.

01 Rock the boat
(A) Make trouble
(B) Give support
(C) Row a boat

02 Drive someone up the wall
(A) Push someone
(B) Give someone a ride
(C) Annoy someone

Q Don't jump down my throat

내 목구멍으로 점프하지 말라고??

jump down이 「뛰어내리다」, throat이 「목(구멍)」이라는 뜻이므로 jump down sb's throat은 「…의 목구멍에 뛰어들다」라는 전혀 이해할 수 없는 황당한 뜻이 되는데…. 이는 너무 화가 난 나머지 상대의 말이 미처 끝나기도 전에(before someone has finished talking) 끼어들어서 「날카롭게 비난을 퍼부어대는」(attack someone in words, strongly and unexpectedly) 것을 목구멍에 뛰어내려 말을 막는 동작에 비유한 것이다. jump down all over sb나 jump on sb도 같은 의미.

Key Point

Don't jump down my throat 나한테 신경질 부리지마

▶ jump down all over sb 신경질 부리다, 혼내다

❶ **Don't jump down my throat.** I didn't do it.
나한테 신경질 부리지 마. 난 안 그랬다고.

❷ If I don't arrive at the conference on time, my boss will **jump all over me.** 시간에 맞춰 회의에 도착하지 못하면, 우리 사장이 날 가만두지 않을 거야.

Diane: Kevin, did you clean up your room like I asked you to do?
Kevin: No, I was so busy today. I had no free time.
Diane: What!! You've got to be kidding. You are such an irresponsible little brat.
Kevin: Mom, you don't have to **jump down my throat over** it. It's really not a big deal.

Diane: 케빈, 내가 시킨 대로 네 방 치웠니? Kevin: 아뇨, 오늘은 너무 바빠서 시간이 없었어요.
Diane: 뭐라고!! 말도 안 돼. 이런 무책임한 녀석같으니라구!
Kevin: 엄마, 그런 일 가지고 그렇게 심하게 꾸짖을 건 없잖아요. 그리 대단한 일도 아닌데.

Choose the best definition for each expression. You can check your answers at www.mentors.co.kr.

01 Cut out for
(A) Remove by cutting
(B) Naturally well suited for
(C) Block off or surround

02 Sell like hotcakes
(A) Be sold very fast
(B) Show one's ability to sell
(C) Betray

We're right on the money

우리가 바로 돈 위에 있다고??

Las Vegas를 위시한 전 세계 도박장(gambling casino)에서는 물론이고, 최근엔 온라인 게임 상에서도 큰 인기를 모으고 있는 roulette에서 유래한 표현. 회전반이 정지했을 때 자신이 배팅한 숫자에 공이 들어간 경우가 바로 (right) on the money로, 돈을 놓은 숫자(on the money)에 공이 들어가듯이 어떤 일이 자신의 「원대로 꼭 들어맞거나」(exactly as desired) 거래 따위가 「적절한 액수에」(at the right amount of money) 이루어지는 것을 비유적으로 나타낸다. 이와 비슷한 표현으로는 「정시에」(exactly on time) 혹은 「한 치의 오차도 없이」(exactly as planned)라는 뜻의 on the nose가 있다.

Key Point

We're right on the money 우리가 딱 맞혔어

▶ on the nose 정시에, 한 치의 오차도 없이

❶ **Bill's stock market investing advice was right on the money.**
주식 투자에 대한 빌의 충고가 딱 들어맞았어.

❷ **The clues tell us we're right on the money.**
단서는 우리가 맞았다는 것을 말해주고 있어.

Anton: Do you think we made a mistake?
Nicole: No, I'm sure we're right on the money.
Anton: So we won't get in trouble for this?
Nicole: Just relax. Everything will be fine.

Anton: 우리가 실수한 것 같아?
Nicole: 아니, 우리가 맞은 게 확실해.
Anton: 그럼 이번 일로 곤경에 처하지는 않겠네.
Nicole: 그냥 긴장 풀어. 다 괜찮을 거야.

Choose the best definition for each expression. You can check your answers at www.mentors.co.kr.

01 Over my dead body!
(A) Nearly dead
(B) Disagree angrily
(C) Bother someone

02 Hold your horses
(A) Be quiet
(B) Calm down
(C) Please have a seat

I was left holding the bag

가방 들고 남겨졌다고??

주로 leave sb holding the bag의 형태로 「함께 져야 할 책임이나 비난을 …에게 다 떠안기다」(force someone to take the whole responsibility or blame for something that others should share)라는 의미로 쓰인다. 그런데 여기서 bag이 도대체 왜 이토록 달갑지 않은 의미가 되었을까? 안타깝게도 이에 대해서 정확히 알려진 바는 없고 그저 주인의 '돈을 갖고 튀어버린'(absconded with his master's cash) 하인 덕택에 텅 빈 돈 가방을 들고(hold the empty bag) 망연자실했을 주인의 모습에서 유래했을 거라고 추측만 할 따름이다. 책임을 전가하는 비겁한 놈들이 많이 나오는 미드에서 빠질 수 없는 표현.

Key Point 

I was left holding the bag 나 혼자 다 뒤집어썼어

▶ leave sb holding the bag …에게 책임을 떠안기다

❶ Look how he **left** Dr. Wilson **holding the bag.**
걔가 윌슨 박사에게 어떻게 책임을 떠안기는지 잘 봐봐.

❷ When it was time to take care of the children, I **was left holding the bag.** 아이들을 돌볼 때가 되자, 나에게 책임이 떠넘겨졌다.

Jason: When my boss came in, everyone took off and **left me holding the bag.**
Cathy: Did he get angry?
Jason: No, he thought it was funny.
Cathy: Well, at least he had a good sense of humor.

Jason: 사장이 들어오니까, 다들 나가면서 나한테 책임을 떠안겼어.
Cathy: 사장이 화냈어?
Jason: 아뇨, 그 상황이 우습다고 생각했나봐.
Cathy: 그렇담, 적어도 사장이 유머감각은 있는 사람이군.

Choose the best definition for each expression. You can check your answers at www.mentors.co.kr.

01 Shoot the breeze
(A) Take a walk
(B) Spend time chatting
(C) Go on a picnic

02 Dressed to kill
(A) Dressed in one's best clothes
(B) Murdered in full dress
(C) Dressed as a killer

I have to take my medicine

 내가 약을 먹어야 한다고??

아무리 몸에 좋다고 해도 「약 먹기」(take medicine)를 좋아하는 사람은 거의 없을 것이다. 그렇다 하더라도 평소에 자기 몸 하나 제대로 못 추슬러서 감기에라도 덜컥 걸리게 되면, 좋든 싫든 어쩔 수 없이 먹어야 하는 게 또 「약」. 이렇게 건강관리를 제대로 못한 자신의 책임을 통감(?)하면서 쓴 맛을 참아가며 「약을 먹듯이」, 자기가 저지른 잘못에 대해 싫지만 「처벌이나 비난을 감수하는」(accept the punishment which one deserves) 것을 take one's medicine이라 한다. 「자기가 뿌린 씨앗은 자기가 거둬들여야 한다」라는 속담 "Reap as what one has sown"과도 일맥상통하는 표현.

Key Point 

I have to take my medicine 난 대가를 치러야 돼

▶ Reap as what one has sown 자기가 뿌린 씨앗은 자기가 거둬들여야 해

❶ He knows he did wrong, and he knows he has to **take his medicine.**
개는 자기가 잘못했다는 것을 알고 있고 그 대가를 치러야 한다는 것도 알고 있어.

❷ They caught me stealing, so I have to **take my medicine.**
도둑질하다 걔네들한테 걸렸어, 대가를 치러야 돼.

Greg: I heard you got caught cheating.
Jude: That's right. It was during the math exam.
Greg: Are you going to be punished for it?
Jude: Yeah, I'll have to **take my medicine.**

Greg: 너 커닝하다가 들켰다며.
Jude: 맞아. 수학시험 도중에 그랬어.
Greg: 그 문제로 처벌 받겠네?
Jude: 어, 대가를 치러야지.

Choose the best definition for each expression. You can check your answers at www.mentors.co.kr.

01 Mum's the word
(A) Don't talk about the secret
(B) Don't make a noise
(C) Keep your promise

02 Smell a rat
(A) Be suspicious
(B) Be in a bad mood
(C) Be badly ventilated

She knows the ropes

걔가 밧줄을 안다고??

뱃사람들(sailors)에게서 나온 이 표현은, 말 그대로 「ropes를 잘 (다룰 줄) 안다」는 기본적인 의미에서 출발했다. 증기선이 등장하기 이전 영국인들의 대륙 진출을 위한 주요 교통수단은 수많은 돛과 그를 지탱하는 밧줄들(ropes)이 복잡하게 얽힌 범선이었다. 자연히 이 배를 다루는 선원에게 요구되는 첫 번째 자질은 밧줄의 쓰임새를 모두 파악하는 것. 그래서 선원들은 「배를 다룰 수 있다」는 말을 "I know the ropes"라고 표현했다. 그 표현이 일반인에게까지 확산되면서 각자의 '배'에 해당하는 '업무'의 「요령을 터득하다」(know how to do), 「자세한 부분까지 파악하다」(understand the details or routine of a job)라는 의미로 굳어지게 된 것.

Key Point

She knows the ropes 걔는 요령을 터득했어

▶ get the hang 요령을 터득하다

❶ **He should know the ropes because he's done a similar job before.**
걔는 전에 비슷한 일을 해봤기 때문에 어떻게 해야 하는지 알거야.

❷ **Ask Ross, because he knows the ropes.**
로스한테 물어봐, 걔가 어떻게 하는지 알고 있어.

Rudy: Hang around here for a couple of days and you'll know the ropes.
Eve: Do you really think I can learn how to use the machines in two days?
Rudy: You'll get the general idea and that's all you need right now.
Eve: I hope you're right.

Rudy: 한 이틀 둘러보면 요령을 터득하게 될 거야.
Eve: 넌 정말 내가 그 기계 사용법을 이틀 만에 익힐 수 있다고 생각해?
Rudy: 대략적인 개념이 잡힐 테고 지금으로선 그거면 돼. Eve: 네 말이 맞았으면 좋겠다.

Choose the best definition for each expression. You can check your answers at www.mentors.co.kr.

01 Cook one's goose
(A) Be of much help
(B) Provide a dinner
(C) Spoil one's plan

02 Pissed off
(A) Embarrassed
(B) Cheerful
(C) Angry

I'm really pissed off

 난 정말 pissed off하다고??

어느 나라 말에서나 생리적 배설 현상을 나타내는 말은 대개 불쾌하고 개운치 않은 기분과 연관되어 있다. 영어의 shit이나 piss도 그러한 단어들. piss의 「소변을 보다」(urinate)라는 1차적 의미를 기반으로 한 be pissed (off)는 또한 「화가 나다」(be angry), 「질리다」(be profoundly annoyed)라는 불쾌한 기분을 나타낼 때 널리 쓰인다. 이 표현은 2차 세계대전 때 군인들 사이에서 처음 쓰이기 시작해, 군바리 용어(?)가 으레 그렇듯 처음엔 점잖지 못한 속어 취급을 당하다가 점차 일반화된 경우. 현재는 매우 공식적인 대화를 제외하고는 일상생활에서 별다른 거리낌 없이 사용되고 있는 캐주얼한 표현으로 미드에서 지겹도록 볼 수 있는 표현.

Key Point 

I'm really pissed off 정말 열 받아

▶ piss sb off …을 열 받게 하다

❶ She's rather pissed off at one of her fellow employees.
걔는 동료직원 한 사람 때문에 상당히 열을 받았어.

❷ The way he insulted his friends behind their backs really pissed me off. 걔가 뒤에서 친구들 욕하는 것 때문에 난 정말 열 받았어.

Anthony: I'm really pissed off!
Cindy: Why? What's wrong?
Anthony: Well, I just found out that my boss wants to fire me!
Cindy: Why does he want to do that? Were you late for work again?

Anthony: 정말 열 받아!
Cindy: 왜? 무슨 일이야?
Anthony: 좀 전에 사장이 날 해고하려고 한다는 걸 알아냈어.
Cindy: 이유가 뭔데? 또 지각했니?

 Choose the best definition for each expression. You can check your answers at www.mentors.co.kr.

01 Wet blanket
(A) Person who gets wet in the rain
(B) Person who discourages others
(C) Person who wets the bed at night

02 Kick the bucket
(A) Get angry
(B) Die
(C) Start

Q She always breaks the ice

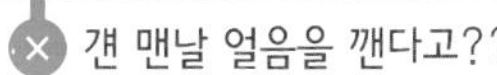

걘 맨날 얼음을 깬다고??

A

낯선 사람들이 모여 대화가 잘 끊기거나 엉뚱한 이야기로 분위기가 가라앉을 때 우리가 흔히 「썰렁하다」고 하듯, 여기서 ice는 우리가 알고 있는 보통 「얼음」이 아니라 처음 만나는 사람들 사이의 「얼음장처럼 차가운 어색함」(social coldness)을 가리킨다. 그래서 break the ice는 그런 「서먹한 분위기를 깨다」(remove feelings of awkwardness)라는 의미가 되는데, 원래는 강이나 해협이 얼어붙어 배가 앞으로 나아가지 못할 때 얼음을 깨면서(break up the ice) 항로를 열던 것에서 비유적으로 쓰이기 시작한 말이다. breaking the ice는, 특히 생면부지의 청춘남녀가 만나는 소개팅(blind date)에서 주선자가 절대 잊어서는 안 되는 소임. 참고로 이렇게 분위기를 풀어주는 「붙임성 있는 사람」을 icebreaker라고 한다.

Key Point

She always breaks the ice 걔가 늘 분위기를 띄워

▶ icebreaker 붙임성 있는 사람

❶ Jane is so outgoing. She's always the first one to **break the ice** at parties. 제인은 매우 사교적이어서 파티에서 늘 가장 먼저 분위기를 띄워.

❷ It's hard to **break the ice** at formal events.
공식적인 행사에서는 딱딱한 분위기를 깨기가 힘들어.

Leslie: Go over to that beautiful girl and introduce yourself. She looks lonely.
Jerry: I really want to, but I'm not sure how to **break the ice.**
Leslie: Just ask her what time it is. That's always a good way.
Jerry: Hey, that won't work. She's sitting beside a clock.

Leslie: 저 예쁜 여자한테 가서 인사라도 좀 하지 그래? 외로워 보이는데.
Jerry: 정말 그러고 싶긴 한데, 어떻게 말을 꺼내야 할지 모르겠어.
Leslie: 그냥 지금 몇 시냐고 물어봐. 그게 그래도 제일 좋은 방법이야.
Jerry: 야, 그런 건 효과 없을 거야. 저 여자가 시계 바로 옆에 앉아 있잖아.

Choose the best definition for each expression. You can check your answers at www.mentors.co.kr.

01 Break the ice
(A) Mix a cocktail
(B) Initiate a conversation
(C) Wish good luck

02 Be my guest
(A) Help someone
(B) Visit my place
(C) Feel free to do something

I put my foot in my mouth

내가 내 발을 입에 넣었어??

아무리 배가 고파도 그렇지, 도대체 무슨 정신으로 그 더러운 발을 입에다 넣는다는 건지…. 온전한 정신이 박힌 우리들로서는 도저히 이해하기 어려운 행동인 put one's foot in one's mouth는 실제로 「발을 입에 넣었을 때」도 쓸 수 있겠지만, 그보다는 이에 비할 만큼 「상식 이하의 어이없는 말실수를 했을 때」(say something wrong or unsuitable, usually as a result of thoughtlessness, and so cause an awkward situation) 주로 사용되는 표현이다. 「말실수」와 관련해서는 「혀가 미끄러지다」라는 뜻의 slip of the tongue도 빼놓을 수가 없는데, put one's foot in one's mouth와 비교해보면 귀엽게 봐줄 수 있을 정도의 지극히 사소한 실수에 해당한다.

Key Point 

I put my foot in my mouth 얼떨결에 실언을 했어

▶ slip of the tongue 말실수

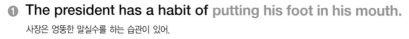

❶ **The president has a habit of putting his foot in his mouth.**
사장은 엉뚱한 말실수를 하는 습관이 있어.

❷ **Try not to put your foot in your mouth during the speech.**
연설 중에서 실수하지 않도록 해.

Abe: Ray gave a speech at the meeting.
Annie: Really? Was it an interesting speech?
Abe: No, most of the people thought it seemed foolish.
Annie: Poor Ray. He put his foot in his mouth.

Abe: 레이가 회의시간에 연설을 했어.
Annie: 정말? 연설이 흥미로웠어?
Abe: 아니, 대부분 연설이 별 볼일 없다고 생각했어.
Annie: 가엾은 레이. 실수를 했구만.

Choose the best definition for each expression. You can check your answers at www.mentors.co.kr.

01 Right on the nose
(A) Exactly on time
(B) Right in front of someone
(C) By the slightest amount of difference

02 Foot the bill
(A) Fill two positions
(B) Make an effort
(C) Pay for

Q You're down in the dumps

 쓰레기더미에 누워있다고??

A

흔히 dump하면 「쓰레기 더미」나 「털썩 떨궈버리다」, 「(연인을) 차버리다」 등의 의미가 떠오른다. 그러나 dump를 복수로 쓰면 「침울」, 「우울」(depression)이라는 의미가 되는데, 정신이 「몽롱하거나」 머리가 「둔하다」는 의미로 쓰는 네덜란드어 domp의 변형으로 보는 설도 있지만 그보다는 간단히 「쓰레기 더미들 속에」(in the dumps) 파묻혀 있다면 기분이 어떨까 생각해보면 쉽게 이해가 될 듯. 한 한달 간 청소를 안 한 방에만 있어도 「심란하고 꿀꿀해질」 텐데 쓰레기 더미 속에 파묻혀 있으면 오죽할까? 더구나 기분이 침체되었을 때 쓰는 down까지 결합해 down in the dumps라고 하면 그야말로 「맥이 하나도 없고 우울한」(feeling blue, depressed, low in spirits) 기분을 그대로 전달할 수 있다.

Key Point 

You're down in the dumps 너, 우울하구나

- find sth in the dumpster 쓰레기통에서 …을 찾다

1. I wonder why my sister has been down in the dumps lately.
   우리 언니가 요즘에 우울해하는 이유를 모르겠어.
2. Was he always down in the dumps or is he just going through a phase?
   그 사람 원래 늘 침울했니, 아니면 요새 일시적으로 그러는 거니?

Samantha: What's up, Peter?
Peter: Oh, not much, you know, the same old thing day in and day out.
Samantha: Boy, you're down in the dumps today.
Peter: Yeah, I just had a fight with my girlfriend.

Samantha: 무슨 일이야, 피터?
Peter: 아, 별일 아니야. 그저 매일이 똑같잖아.
Samantha: 저런, 너 오늘 우울한가 보구나.
Peter: 응, 좀 전에 여자 친구랑 싸웠어.

Choose the best definition for each expression. You can check your answers at www.mentors.co.kr.

01 Pull out of
(A) Leave or no longer take part in
(B) Make playful fun of
(C) Use influence

02 Beauty is only skin deep
(A) Its loveliness increases
(B) Looks are only superficial
(C) Beautiful women have a delicate skin

That's the way the ball bounces!

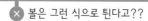

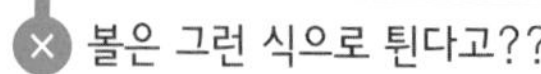

「공은 그렇게 튀기 마련이다」라고 직역되는 That's the way the ball bounces는 운명론적 체념을 읽을 수 있는 표현으로, 아무리 눈을 부릅뜨고 지켜봐도 결국 공이란 어디로 튈지(bounce) 예측할 수 없듯 「살다 보면 자기 힘으로는 어쩔 수 없는 일도 생기기 마련」(You cannot control everything that happens to you)이라는 지혜의 말씀. 비슷한 표현으로는 That's the way the cookie crumbles, That's the way it is 등이 있으며, 굳이 우리말로 옮기자면 「산다는 게 다 그런 거지 뭐」 정도가 된다. 뭔가 좋지 않은 일로 열 받아 있는 사람에게 크게 마음 쓰지 말라고 위로할 때 유용한 표현.

Key Point

That's the way the ball bounces! 다 그런 거지 뭐!

- That's the way the cookie crumbles 세상이 다 그런 거야
- That's the way it is 산다는 게 다 그래

❶ I forgot to study for my exam and I failed. **That's the way the ball bounces!** 깜빡 잊고 시험공부 안 해서 떨어졌어. 뭐 살다보면 그런 일도 있는 거 아니겠어!

❷ It's very sad, but **that's the way the ball bounces.**
무척 슬픈 일이지만 그게 사는 걸 어쩌겠어.

Tina: I went to the theater with my boyfriend last night.
Ben: Was it a good show?
Tina: No I hated it, but my boyfriend loves musicals.
Ben: Well, **that's the way the ball bounces,** sometimes you have to sacrifice what you want for the ones you love.

Tina: 어젯밤에 남친하고 극장에 갔어. Ben: 공연은 괜찮았어?
Tina: 아니 난 정말 싫었는데, 남친은 뮤지컬을 좋아해서 말이야.
Ben: 그래, 다 그렇더라고, 때로는 사랑하는 사람을 위해 자기가 바라는 것을 희생해야 한다고.

Choose the best definition for each expression. You can check your answers at www.mentors.co.kr.

01 The cream of the crop
(A) Very horrible thing
(B) The worst
(C) The best

02 Burn oneself out
(A) Spend too much money
(B) Use up all one's energy over a long period
(C) Lose the respect of others

Q That was a close call

 그건 근접한 콜이었다고??

야구 경기(baseball game)에서 유래한 미국식 표현으로, 주자가 홈인함과 동시에 포수가 공을 받았을 때 심판이 「세이프!」(safe!)를 부르짖는(umpire makes a call) 상황이 바로 close call. 주자가 간발의 차로 목숨을 부지했던(?) 것처럼 「위기일발의 상황」(situation in which you come extremely close to a dangerous thing)이나 「구사일생한 경우」(situation in which something dangerous or very unpleasant is only just avoided)를 이에 비유한 다. 또한 「면도」(shaving)하다 자칫 잘못하면 피를 보게 될지도 모른다는 「아슬아슬함」과 연관지어 close shave를 쓰기도 한다.

Key Point 

That was a close call 아슬아슬했어

▸ a close shave 아슬아슬한 상황

1. I almost got struck by a speeding bus. **It was a close call.**
   난 속력을 내서 달려오는 버스에 치일 뻔했어. 아슬아슬했지.
2. **That was a close call** back there when you ran that red light.
   네가 빨간 신호등을 무시하고 차를 몰 땐 정말 아슬아슬했다고.

Hunt: Quick! Put that gift away! Here comes Angela.
Jane: **That was a close call.** I don't want her to see it before I give it to her.
Hunt: We should go somewhere else to wrap it.
Jane: Good idea.

Hunt: 선물 빨리 치워! 안젤라가 오고 있어.
Jane: 아슬아슬했네. 내가 주기 전까진 안젤라가 선물을 못 봤으면 좋겠어.
Hunt: 다른 데 가서 포장해야겠다.
Jane: 좋은 생각이야.

 Choose the best definition for each expression. You can check your answers at www.mentors.co.kr.

01 At the eleventh hour
(A) At the last possible moment
(B) After time expires
(C) Exactly on time

02 Hand over fist
(A) In the act of a crime
(B) (Of money) very quickly
(C) Directly from the source

I'll keep my fingers crossed

내 손가락들을 교차시켜놓는다고??

기독교 문화를 기본으로 하는 서양에서는 행운을 기원할(wish for good luck) 때나, 남에게 거짓말은 하지만 양심의 가책을 누그러뜨리고(excuse an untruth that you are telling) 싶을 때 십자가(cross)를 떠올린다. 하지만 그런 일이 생길 때마다 '때와 장소를 가리지 않고' 십자가를 꺼내서 무릎 꿇고 기도하거나 회개한다는 것도 무척이나 번거로운 일. 그래서 자기 신체를 이용해 자체 해결하는 방안을 모색하다가 검지와 중지를 서로 꼬아서(cross two fingers of one hand) 임시 십자가를 대신하게 된 것이다. 특히 거짓말을 하며 손가락을 교차시킬 때에는 상대방이 볼 수 없도록 손을 뒤로 감추는 것도 하나의 매너라나?

Key Point 

I'll keep my fingers crossed 행운을 빌게

▶ cross one's fingers 행운을 빌다

❶ **I hope you win tonight: I'll certainly keep my fingers crossed for you.** 네가 오늘밤에 이겼으면 좋겠어. 너의 행운을 빌게.

❷ **I'll keep my fingers crossed that things will be okay.**
일이 다 잘 되기를 기원할게.

Steve: Did you hear that tonight's jackpot is $12 million?
Carol: Really? So, did you get a ticket?
Steve: Yep, actually I got three.
Carol: Well, let's keep our fingers crossed and hope that we win something.

Steve: 오늘밤 상금이 거금 천 2백만 달러나 된다는 얘기 들었니?
Carol: 진짜? 그럼… 한 장 샀어?
Steve: 물론, 실은 세 장이나 샀어.
Carol: 그럼, 일이 잘 되어서 당첨되기를 빌자고.

Choose the best definition for each expression. You can check your answers at www.mentors.co.kr.

01 Keep your shirt on
(A) Keep a secret
(B) Be patient
(C) Be finished with

02 Two thumbs up
(A) The worst
(B) The best
(C) A rough and ready rule

Let's paint the town red!

시내를 붉은 페인트로 칠하자고??

시내를 온통 빨갛게 페인트 칠하자? 눈치가 좀 있는 사람이라면 red라는 단어를 통해 홍등가(red-light district)를 떠올릴 법도 한데…. 때는 19세기, 밤마다 유흥가를 순방하는 카우보이들로 문전성시를 이룬 홍등가의 등 때문에 그야말로 「시내가 빨갛게 물들었다」고. 하지만 오늘날엔 그저 「유흥가에서 신나게 놀다」(have a lively enjoyable time in places of public entertainment) 정도의 말로 사용되는데, 특히 술을 「진탕 마시면서 논다」(drink a lot of alcohol)는 뜻으로 자주 사용된다. 스트레스 좀 풀어보겠다고 허구한 날 paint the town red했다가는 가계부를 빨갛게 물들이는(go into the red) 건 물론이고 술김에 저지른 일 수습하다가 인생마저 벌겋게(?) 물들일지도 모르니, 자나 깨나 술조심!

Key Point 

Let's paint the town red! 우리 한번 신나게 놀아보자구!

▶ paint the town red 술집이나 바를 전전하면서 신나게 놀다

1. The two college students finished their exams and headed out to **paint the town red.** 그 두 대학생은 시험이 끝나자 신나게 놀려고 밖으로 나갔어.
2. Let's drive down to New York and **paint the town red!**
뉴욕으로 차를 끌고 가서 신나게 놀아보자!

Allan: I finally got that raise I was asking for!
Anita: What do you want to do to celebrate?
Allan: Let's **paint the town red.**
Anita: Sounds like a plan to me.

Allan: 드디어 원하던 임금인상을 받았어!
Anita: 어떻게 축하할래?
Allan: 진탕 마시자고.
Anita: 그거 좋은 생각인데.

Choose the best definition for each expression. You can check your answers at www.mentors.co.kr.

01 Spill the beans
(A) Disclose a secret, either accidently or imprudently
(B) Be quiet about something
(C) Cause a complete reversal in circumstances

Section 1 2 3

Q I'll foot the bill

발로 영수증을 어떻게??

A

foot이 동사로 쓰인 점이 다소 생소한데, 이 경우 foot은 계산서(bill) 바닥(foot)에 쓰인 금액을 책임진다는 의미에서 「비용을 부담하다」(pay for)라는 뜻. foot the bill은 특히 자신의 의지라기보다 주변 정황 때문에 어쩔 수 없이, 혹은 그럴 필요까진 없지만 접대 차원에서 대신 계산하는 경우(pay for something for someone else, especially when one does not want to or does not think one should)에 해당하므로 글자 그대로 「부담」이라는 해석이 잘 어울린다. 비슷한 말로는 I'll pick up the tab, This is on me, This is my treat 등이 있는데 This is on me나 This is my treat 보다는 적극적인 대접의 뉘앙스. 반대로 「각자 부담하는」 것은 go Dutch 혹은 split.

Key Point

I'll foot the bill 내가 부담할게

▶ I'll pick up the tab 내가 낼게(This is on me, This is my treat)

1. The boss decided that he was going to **foot the bill** for the whole event.
   사장은 모든 행사 비용을 자기가 부담하기로 했어.
2. I didn't have enough money to **foot the bill** so we went Dutch.
   내가 비용을 모두 부담하기엔 주머니 사정이 좋지 않아 각자 부담을 했다.

Tony: How much do you think our meal is going to cost?
Kim: I'm not sure, but you don't have to worry about that. I'll **foot the bill.**
Tony: Gee, thanks a lot.
Kim: It's the least I can do for such a great friend.

Tony: 우리가 먹는 이 식사가 얼마쯤 할 것 같아?
Kim: 나도 모르겠어. 하지만 그 걱정은 하지 마. 내가 낼 테니까.
Tony: 이야, 정말 고맙다.
Kim: 이렇게 좋은 친구에게 최소한 이런 것은 해야지 뭐.

Choose the best definition for each expression. You can check your answers at www.mentors.co.kr.

01 Steal one's thunder
(A) Have no support
(B) Be sold very fast
(C) Lessen someone's force or authority

02 Green-eyed monster
(A) Jealousy
(B) Love
(C) Hatred

I patched things up with Tom

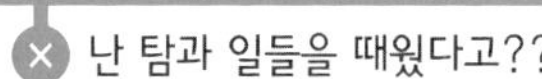

난 탐과 일들을 때웠다고??

patch는 동 · 명사 동형으로 「헝겊조각(을 대고 깁다)」. 그래서 구멍 난 양말에 헝겊조각을 대고 깁듯이 하자가 생긴 물건을 「임시 수선하는」(mend or repair quickly or roughly, especially with a patch) 것을 patch up이라 하는데, 이를 인간관계에 대입시켜보면 틈이 생긴 「관계를 다시 짜 맞추다」, 즉 「회복하다」라는 말이 된다. 주로 patch things up의 형태로 사용되며, 「이견을 조정하다」(settle the difference), 「화해하다」(be reconciled)라는 의미. 화해하다라는 대표표현인 make up과 더불어 미드에서 많이 볼 수 있다.

Key Point 

I patched things up with Tom 나 탐과 화해했어

▶ patch sb up 상처를 치료하다

❶ When Erwin returned home, he tried to patch up his differences with his father. 어윈은 집에 돌아오자 아버지와 화해하려고 했어.

❷ Tom and Jerry are trying to patch things up.
탐과 제리는 화해하려고 애쓰는 중이야.

A: I guess that Shannon patched things up with Joe?
B: Yeah, apparently she was really sick of his arrogant personality.
A: How did they resolve their differences?
B: She taped his mouth shut!!!

A: 섀넌이 조하고 사이가 좋아진 것 같지?
B: 응. 조는 걔의 거만한 성격에 진저리쳤던 것 같아.
A: 그 차이를 어떻게 극복했대?
B: 조가 섀넌의 입을 테이프로 봉해버렸대!!!

Choose the best definition for each expression. You can check your answers at www.mentors.co.kr.

01 Keep a low profile
(A) Remain as unnoticeable as possible
(B) Be prepared
(C) Cooked just right

02 Add insult to injury
(A) Take one's salary
(B) Make matters worse
(C) Cause trouble

Q What's cooking?

무엇이 요리를 하냐고?

A 우리는 무슨 일을 꾸며서 누군가를 몹시 부대끼게 만들 때 흔히 「지지고 볶는다」는 맛있는(?) 표현을 쓰는데, 구어에서도 「요리하다」라는 뜻의 cook이 어떤 사건이나 일의 「발생」(happen; take place)을 나타내는 동사로 쓰인다. 그래서 의문사 What을 주어로 해서 What's cooking?하면, 오며가며 만나는 친구들에게 「무슨 일이 생기고 있어?」라고 안부를 묻는 말이 된다. What's up?, What's happening?, What's going on? 등도 같은 의미로 일상 생활에서 빈번하게 사용되는 표현들.

Key Point

What's cooking? 무슨 일이야?

▶ What's going on? 무슨 일이야?(What's happening?)

❶ **What's cooking with** your work on the new computer program?
새로운 컴퓨터 프로그램 작업은 어떻게 되어가?

❷ **What's cooking with** that new painting you've been working on in the studio? 그 작업실에서 그리던 새 작품은 어떻게 되어가?

Nolan: **What's cooking?**
Debbie: Oh, not much. I'm just preparing for my finals.
Nolan: Really? I didn't know that you were still in school.
Debbie: I'm taking an MBA course in night school.

Nolan: 요새 별일 없지?
Debbie: 별일 없어. 그냥 기말고사를 준비하는 중이야.
Nolan: 그래? 네가 아직 학교에 다니는 줄 몰랐는걸.
Debbie: 야간 대학에서 경영학 석사 과정을 밟는 중이야.

Choose the best definition for each expression. You can check your answers at www.mentors.co.kr.

01 Odd man out
(A) Person or thing that is kept apart from others that form a group or set
(B) Person who is lively and helps make a party fun and exciting
(C) Person or thing that is kept hidden, especially by a family

Q He lost his touch

✕ 걔는 자기 감을 잃어버렸다고??

A

연예인이나 예술가, 특히 운동선수들이 한때 대단한 기량을 과시하다가 전성기를 넘자 기대에 못 미치는 모습을 보이는 경우, 「그 사람 한물갔다」는 말을 많이 하는데, history나 이와 비슷한 맥락의 has-been말고 그 사람의 「기량」면에 초점을 맞추어 쓸 수 있는 표현이 바로 lose one's touch. 이때 touch는 특정 분야에 대한 「기량」 및 「솜씨」(ability, skill)를 뜻해, lose one's touch하게 되면 오랫 동안 방치해두거나 세월의 흐름과 함께 노쇠해져서 「기량이 떨어지다」, 「솜씨가 녹슬다」라는 의미가 된다. touch 대신 「훌륭한 솜씨」, 「교묘한 재주」라는 의미의 knack을 써도 무관하다.

Key Point

He lost his touch 걔는 감을 잃었어

▶ lose one's touch 감을 잃다, 기량이 떨어지다

❶ People are saying the artist **has lost his touch.**
사람들이 그러는데 그 예술가가 자기 감을 잃어버렸대.

❷ He'**s lost his touch** as a personnel manager.
걔는 인사 관리자로서의 감을 잃었어.

Linda: Did Samantha agree to go on a date with you?
Chris: No, she didn't.
Linda: What went wrong?
Chris: I'm not sure. Maybe **I'm losing my touch.**

Linda: 사만다가 너랑 데이트하겠대?
Chris: 아니, 싫대.
Linda: 뭐가 싫대?
Chris: 모르겠어. 아마 내 여자 꼬시는 솜씨가 전 같지 않나보지 뭐.

Choose the best definition for each expression. You can check your answers at www.mentors.co.kr.

01 Ace in the hole
(A) Comfortable or easy situation
(B) Active macho type of character
(C) Something that can assure victory when revealed

02 Raise Cain
(A) Cause trouble
(B) Raise many children
(C) Be very nervous

Q Bingo!

 빙고??

한때 우리나라에서도 학생들 사이에서 시간 죽이기(kill time)용으로 인기를 모았던 bingo는, 원래 일정한 범위 안의 숫자를 표 안에 무작위로 적어 넣은 후, 숫자가 적힌 공이나 카드를 뽑아 숫자 다섯 개를 직선 또는 대각선 방향으로 먼저 연결한 사람이 이기는 게임. 이때 먼저 숫자를 다 지운 사람이 「다 했다, 드디어 해냈다」(That's it, just what I've been waiting for!)라는 의미로 Bingo!를 외치게 되는데, 이처럼 열심히 몰두했던 일을 성취해냈다는 기쁨을 표시할 때 그리고 내가 원하는 것을 꼭 집어내는 사람에게 「바로 그거야!」라는 뜻의 감탄사로 사용할 수 있다.

Key Point 

Bingo! 해냈다!, 맞았어!, 바로 그거야!

▶ Bingo. That is crazy 바로 그거야. 그건 미친 짓이라고

❶ **I scratched off the lottery ticket, and bingo! I'd won.**
복권을 긁었는데, 이게 웬 떡이야! 맞아떨어졌던 거야.

❷ **Bingo! That's exactly what I meant!**
바로 그거야! 내가 말한 게 바로 그거야!

Paul: What kind of gift should I give my mom?
Sarah: How about a nice skirt and blouse combination?
Paul: Bingo! That's exactly what mom should have.
Sarah: I'm glad that I had the chance to help you out.
Paul: 우리 엄마에게 어떤 선물을 해야 할까?
Sarah: 예쁜 치마와 블라우스 한 벌은 어때?
Paul: 바로 그거야! 그게 바로 우리 엄마에게 필요한 거야.
Sarah: 내가 너에게 도움이 됐다니 다행이다.

Choose the best definition for each expression. You can check your answers at www.mentors.co.kr.

01 Hit someone below the belt
(A) Satisfy someone's hunger, especially with something that tastes good
(B) Attack someone in words, strongly and unexpectedly
(C) Do something unfair or unsporting to someone

She's the cream of the crop

✕ 걔는 농작물의 크림이라고??

우유에서 가장 좋은 부분을 뜻하는 cream은 「최고(의 것)」(the best)를 비유적으로 나타낼 때 자주 사용된다. 특히 「여러 집단 중 최고」(the elite)는 the cream of the crop이라고 하는데, 왜 하필 the crop을 썼는지에 대해서는 cream과 두운이 맞기 때문이라는 설이 가장 유력하다. 영미인들이 발음상의 리듬감과 운율을 중요시한다는 점에서 수긍이 가는 설이지만, crop(작물)이 별다른 특징 없이 고만고만한 평범함을 떠올린다는 점을 생각해보면 cream의 예외성을 부각시키기 위한 선택이 아닌가 하는 유추도 가능하다. 비슷한 표현으로 프랑스어 출신의 cream of the cream이 있는데, 「최고 중에서도 최고」(the absolute best)를 의미한다.

Key Point

She's the cream of the crop 걘 최고야

▶ cream of the cream 최고 중에서도 최고

❶ The school I went to when I was a kid was exclusively for the cream of the crop. 내가 어렸을 적에 다녔던 학교는 수재들만 다니는 곳이었어.

❷ The Navy Seals are an organization made up of the cream of the crop from the Navy. 네이비 씰은 해군 최고 병사들로 구성된 정예부대이다.

Billy: Guess what, mom? It's about school.
Peggy: Well, hurry up and tell me. Don't leave me in suspense.
Billy: Okay here it is. I aced my math test!!! I got the best score in the class.
Peggy: Congratulations! You sure are the cream of the crop, dear.

Billy: 엄마, 무슨 일이게요? 학교에 대한 거예요. Peggy: 글쎄, 어서 말해. 궁금하게 하지 말고.
Billy: 바로 이거예요. 수학 시험에서 A 받았어요!!! 반에서 가장 좋은 점수를 받았다고요.
Peggy: 축하한다! 넌 정말 수재 중의 수재로구나, 얘야.

Choose the best definition for each expression. You can check your answers at www.mentors.co.kr.

01 What gives?
(A) What's your thinking?
(B) What's happening?
(C) What's the news about?

02 In a nutshell
(A) In a few words
(B) In full detail
(C) In places of public entertainment

Q Don't jump on the bandwagon

마차에 점프하지 말라고??

선거철만 되면 사람들이 모이는 곳이라면 어디서든 유권자들의 표심을 잡기 위한 갖가지 아이디어가 동원되는 모습을 자주 볼 수 있다. 과거 미국에서는 유세용 마차(wagon)에서 악단(band)이 연주를 해서 사람들의 관심을 끌곤 했는데, bandwagon이란 바로 이 악단을 태운 「선거 유세용 마차」를 가리킨다. 이 마차가 지나가면 나중에 한자리 얻어볼 요량인 지지자들이나 지방유지들은 bandwagon에 뛰어올라 분위기를 고조시켰고 그러면 어리석은 중생(?)들은 영문도 모른 채 덩달아 너도 나도 마차로 뛰어오르곤 했다. 여기서 유래해 jump on the bandwagon은 「남들이 다 하니까 따라하는 편승 심리」를 나타내는 말이 되었는데, jump 대신 climb이나 get 또는 「뛰어오르다」라는 뜻의 leap, hop을 써도 된다.

Key Point

Don't jump on the bandwagon 남들 다 한다고 따라하지 마라

▶ climb[get, leap] on the bandwagon 남들 따라 편승하다, 대세를 따르다

❶ I am not jumping on the bandwagon to crucify the Catholic Church.

가톨릭교회를 비난하기 위해 남들 따라 대세에 따르지는 않을 거야.

❷ Don't jump on the bandwagon with all the other fools.

다른 바보 같은 놈들 따라 덩달아 그러지마.

Mark: It looks like you decided to jump on the bandwagon.
Clara: Everyone in the office was supporting the team, so I might as well too.
Mark: Do you want to watch the game with us tonight?
Clara: Sure.

Mark: 대세를 따르기로 했구나. Clara: 사무실 사람들이 모두 그 팀을 응원하기에 나도 그러기로 했지 뭐.
Mark: 오늘밤 우리랑 경기 같이 볼래? Clara: 그래.

Choose the best definition for each expression. You can check your answers at www.mentors.co.kr.

01 Get one's act together
(A) Take a part in as a member of a group
(B) Act in united agreement
(C) Organize oneself and one's activities

02 Call the shots
(A) Ask for an injection
(B) Be in charge
(C) Fire a gun

He popped the question

걔가 문제를 뻥 터트렸다고??

'해도 후회, 안 해도 후회' 하는 게 결혼이라지만, 그래도 이왕이면 해보고 후회했으면 하는 게 나이 꽉 찬 미혼남녀들의 간절한 소망. 상대방 의사를 깡그리 무시하는 '보쌈'이 아닌 다음에야, 이 소망 성취를 위해 반드시 통과해야 하는 관문이 있으니, "Will you marry me?"라는 간청조의 question을 던지는 pop the question이 바로 그것. 여기서 뜬금없이 「펑소리가 나다」란 의미의 동사 pop을 쓴 이유는, 구혼자가 긴장한 나머지 「불쑥 청혼해버리게 되는」 모양새 때문이다. 조금 formal한 단어로는 propose가 있지만, proposal 대신 다른 명사 형태인 proposition하게 되면 제의, 제안이라는 뜻이고 이 형태로 동사로 쓰이면 이성에게 「수작 거는 것」(suggested offer to have sex)을 가리키기 때문에 조심해야 한다.

Key Point

He popped the question 걔가 청혼했어

▶ Will you marry me? 나랑 결혼해줄래?

❶ I wish he'd hurry up and pop the question. Sometimes I don't think he loves me at all.
걔가 빨리 청혼해줬으면 좋겠어. 가끔 날 전혀 사랑하지 않는다는 생각이 들기도 해.

❷ She waited for years for him to pop the question.
걔는 오랜 세월 동안 그 남자가 청혼하기를 기다렸어.

Laura: You'll never guess what happened to me last night.
Scott: What happened?
Laura: Ian took me out to a really fancy restaurant and he popped the question!
Scott: No way! What was your answer?

Laura: 어젯밤에 무슨 일이 있었는지 꿈에도 모를 거야. Scott: 무슨 일인데?
Laura: 이안이 굉장히 멋진 레스토랑으로 데리고 가서 내게 청혼했어! Scott: 정말이야? 넌 뭐라고 대답했어?

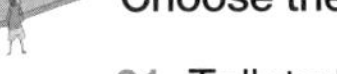
Choose the best definition for each expression. You can check your answers at www.mentors.co.kr.

01 Talk turkey
(A) Be intentionally unfriendly
(B) Talk seriously about business matters
(C) Face an unpleasant, difficult, or dangerous situation

Q He'll show his true colors

✕ 걔가 진짜 색깔을 보여줄 거라고??

A 겉만 봐서는 알 수 없는 게 사람이다. 말투는 거칠지만 마음만은 비단결인 사람이 있는가 하면, 늘 상냥한 미소를 건네면서도 엉큼한 생각으로 가득 찬 사람도 있기 때문이다. 이처럼 웬만해서는 잘 알 수 없는 속마음, 즉 본성(nature)을 밖으로 드러나는 경우에 쓰는 표현이 바로 show one's true colors. 우리말과 영어 모두 사람의 성격(character)을 색깔에 비유해 숨겨진 원래의 성격을 「본색」(本色) true colors라고 한 것이 재미있다. 여기서는 colors가 복수형이라는 점에 주의해야 하며 「보여주다」라는 동사로는 show 대신 reveal을 쓰기도 한다.

Key Point

He'll show his true colors 걔는 본색을 드러낼 거야

▶ You show your true colors 너 본색을 드러내봐

❶ It's hard to tell what Jane is thinking. She never **shows her true colors.** 제인이 어떤 생각을 하고 있는지 알기 어려워. 걘 절대 자기 본심을 드러내지 않거든.

❷ Let me tell you, sooner or later he'll **show his true colors.** 두고 봐. 조만간 걔가 본색을 드러낼 거야.

Rich: Why is Nelly acting like such a bitch?
Jesse: She **is just showing her true colors.**
Rich: But I thought she was really nice.
Jesse: No she isn't. She's the meanest person I know.

Rich: 넬리가 왜 저렇게 계집애처럼 행동하는 거야?
Jesse: 본색을 드러내기 시작한 거지.
Rich: 하지만 괜찮은 애라고 생각했는데.
Jesse: 아냐, 안 그래. 저렇게 비열한 애는 처음 봐.

Choose the best definition for each expression. You can check your answers at www.mentors.co.kr.

01 Toe the line
(A) Keep one's promise
(B) Walk with short unsteady steps
(C) Do what one is expected to do

02 Bury the hatchet
(A) Twist the truth
(B) Cover one's tracks
(C) Stop fighting

Q They stole my thunder

 걔네들이 내 천둥을 훔쳤다고??

A 18세기 영국의 극작가였던 John Dennis는 연극에 극적인 재미를 더할 수 있는 방법을 궁리하던 중, 최초의 음향효과랄 수 있는 「천둥소리」(thunder)를 가미했다. 그러나 이런 획기적인 노력에도 불구하고 연극은 참패로 끝났고 약삭빠른 연출가들에게 천둥소리만 도용당하는 꼴이 되었다. 그야말로 남 좋은 일만 시킨 Dennis는 "Damn them! They will not let my play run. They steal my thunder"라는 푸념 섞인 한마디를 내뱉었는데, 이 한마디만은 지금까지도 고사성어로 남아 「남의 것을 도용하다」(use for one's own purpose and without the knowledge or permission of the originator or the inventor), 「남의 말이나 행동을 선수 쳐서 상대의 기세를 꺾다」라는 의미로 사용되고 있다.

Key Point 

They stole my thunder 그 사람들이 내 인기를 가로챘어

▸ You kinda stole my thunder! 넌 내 것을 도용한 셈이야!

❶ I think he's just trying to **steal my thunder.**
걔는 내 것을 도용하려고 하고 있어.

❷ The little girl in the performance **stole the thunder** from the main actor. 그 공연에 출연한 어린 여자애가 주연 배우의 인기를 가로챘어.

Jim: I don't mean to **steal your thunder,** but we have some big news as well.
Jen: What's your news?
Jim: We just got a million dollar funding grant.
Jen: That's terrific news. I'm very happy for you guys.

Jim: 기죽이려고 하는 말은 아니지만, 우리한테도 빅뉴스가 있어.
Jen: 그게 뭔데?
Jim: 방금 백만 달러를 지원받았어.
Jen: 정말 좋은 소식이네. 잘 됐네.

Choose the best definition for each expression. You can check your answers at www.mentors.co.kr.

01 Hit the spot
(A) Become very angry
(B) Begin one's journey
(C) Be refreshing

02 The sky is the limit
(A) It's very high
(B) They realize the limitations
(C) There is no limit

It's not my cup of tea

그건 내 찻잔이 아니라고??

차(tea)는 원래 중국을 비롯한 우리나라와 일본 등의 아시아 지역에서 즐겨마시던 음료였으나, 대중적인 인기를 끌기 시작한 것은 17세기 이후 유럽, 그 중에서도 특히 영국에서부터이다. 원산지 중국을 능가하는 '차 사랑'을 과시하며 영국인들은, 자기가 「좋아하거나 관심 있는 일」(special interests or favorite occupation), 「즐겨하거나 잘하는 일」(something you enjoy or do well at), 그리고 「고려해볼 문제나 사안」(something to think about) 따위를 「차 한 잔」(one's cup of tea)에 비유하기에 이르렀다. 좋아하는 사람이나 음악, 책, 영화 등에 대한 취향을 나타낼 때 애용하는 표현. 주로 제목과 같이 「내 취향이 아니야」라는 식의 부정문이 많이 사용된다.

Key Point

It's not my cup of tea 내 취향은 아니야

▶ make sb a cup of tea …에게 차를 타주다

❶ Talking on the phone for hours **is not her cup of tea.**
여러 시간 동안 전화로 떠들어대는 건 걔 성격에 안 맞아.

❷ I can see that sitting still for many hours **is not your cup of tea.**
장시간 앉아있는 게 네 취향에 안 맞는다는 걸 알겠어.

Zack: What do you think about running this department by yourself?
Pam: It's flattering, but **it's not my cup of tea.**
Zack: Do you think Jim would be interested in this position?
Pam: He might be.

Zack: 이 부서를 당신이 직접 이끌어 보는 게 어떨까?
Pam: 기분은 좋지만, 저에게 맞는 일은 아니에요.
Zack: 짐은 관심이 있을까?
Pam: 아마 그럴걸요.

Choose the best definition for each expression. You can check your answers at www.mentors.co.kr.

01 Leave someone holding the bag
(A) Ask someone to carry baggage
(B) Force someone to take the whole responsibility
(C) Make someone wait for a while

He's keeping a low profile

 걔가 낮은 프로파일을 갖고 있다고??

여기서 low profile은 「저자세」를 뜻해서, keep a low profile이라는 말은 「가능한 한 남의 눈에 잘 띄지 않게 주의하면서 조신하게 지내는」(remain as unnoticeable as possible, to keep out of the limelight) 것을 의미한다. 특히 대중 앞에 나서서 spotlight 받기를 즐겨하는 사람인 정치인을 비롯하여, 유명 연예인이나 스타 등 대중들에게 잘 알려진 공인(public figure) 가운데 무슨 일인지 도통 모습을 드러내지 않고 은둔생활을 하고 있을 때 애용되던 표현. 1960년대에 베트남 전쟁과 관련한 미 정부의 태도를 묘사하는 말로 널리 사용되기 시작했다. profile은 〈크리미널 마인드〉 전문용어(?)임을 부정할 수 없지만 다른 뜻으로도 많이 쓰인다는 점을 기억해둔다.

Key Point 

He's keeping a low profile 걘 지금 몸을 사리는 중이야

▶ We need to keep a low profile 우리는 몸을 사려야 돼

❶ The government is trying to **keep a low profile** on this issue.
정부는 이 문제에 대해 전면에 나서지 않으려 애쓰고 있어.

❷ She's **keeping a low profile** until the scandal is forgotten.
걔는 스캔들이 잠잠해질 때까지 모습을 드러내지 않으려 하고 있어.

Jerry: You are going to have to **keep a low profile** until this case is finished.
Dolly: How long do you think it's going to take?
Jerry: I'm guessing anywhere from six months to a year.
Dolly: That's an awfully long time.

Jerry: 이 소송이 끝날 때까지 남의 이목을 끌지 않도록 조신하게 지내야 할 거야.
Dolly: 얼마나 오래 걸릴 것 같아?
Jerry: 6개월에서 1년 정도.
Dolly: 진짜 오래 걸리는군.

Choose the best definition for each expression. You can check your answers at www.mentors.co.kr.

01 Get up on the wrong side of the bed
(A) Awake from a nightmare
(B) Be in a bad mood
(C) Make a big mistake

02 Give someone the cold shoulder
(A) Ignore someone
(B) Entertain someone
(C) Make fun of someone

He has a skeleton in his closet

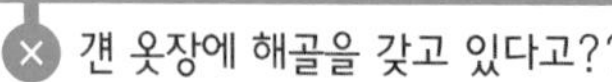

걘 옷장에 해골을 갖고 있다고??

벽장 속의 해골이라…. 공포 분위기가 물씬 풍기는 skeleton in the closet은 「남의 이목을 꺼리는 집안의 비밀」(someone or something kept hidden, especially by a family)을 뜻하는 말로, 정확하진 않지만, 어느 집안에서 가족 한 명이 살인을 저지르고 시체를 벽장(closet) 속에 숨겨놓은 뒤, 몇 대째 이를 폐쇄시켜 놓는다. 하지만 비밀은 언젠가 탄로 나기 마련이고 훗날 누군가 우연히 벽장을 열었을 때 남아있는 것이 바로 해골(skeleton)이었던 것. 여기에서 유래되어 skeleton in the closet하면 「가족의 오랜 수치」(long-hidden family shame), 나아가 「충격적인 비밀」(shocking secret)을 뜻하게 되었다.

Key Point

He has a skeleton in his closet 걔한테는 비밀이 있어

▶ Everyone has skeletons in their closet 누구든 비밀은 있는 법이야

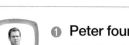

❶ Peter found out that his wife **had many skeletons in her closet.**
피터는 아내에게 비밀이 많다는 걸 알아냈어.

❷ You never know. Everyone **has skeletons in their closet.**
모르는 일야. 누구에게나 비밀은 있는 법이거든.

Belinda: My boyfriend **has a skeleton in his closet.**
Randy: Did he tell you what it was?
Belinda: Yes, but I promised to keep it a secret.
Randy: That sounds dangerous.

Belinda: 내 남자친구에게 비밀이 있어.
Randy: 너한테 얘기해줬어?
Belinda: 응, 그렇지만 비밀을 지키겠다고 약속했는걸.
Randy: 왠지 위험하게 들리는데.

Choose the best definition for each expression. You can check your answers at www.mentors.co.kr.

01 On the money
(A) On a money matter
(B) To make a lot of money
(C) Exactly right

02 Never say die
(A) Exaggerate
(B) Live eternally
(C) Never give up

Q Speak of the devil!

✕ 악마를 얘기해??

「악마에 대해 이야기하다」라는 speak of the devil은, 악마(devil)에 대한 말만 꺼내도 악마가 자기를 부르는 줄 알고 그 사람의 옆구리 밑으로 당장 찾아온다는 영국의 민간설화(folk-tale)에서 출발했다. 늘 그렇듯 자리에 없는 사람에 대해 이러쿵저러쿵 입방아를 떨었더니 그 당사자가 '귀신처럼 알고' 홀연히 나타나는(appear unexpectedly) 경우, 그 놀라운 우연을 강조하여 쓰는 말. 우리말 「호랑이도 제 말하면 온다더니!」의 영어식 표현으로 볼 수 있지만, 그보다는 「아이고, 깜짝이야!」하는 놀라움에 더 초점이 맞춰져 있다. speak 대신 talk을 쓰기도 한다.

Key Point 

Speak of the devil! 호랑이도 제 말하면 온다더니!

▶ Speak of the devil! Here she is 호랑이도 제 말하면 온다더니! 저기 쟤가 온다

❶ **Speak of the devil!** I was just telling everyone about your promotion. 호랑이도 제 말하면 온다더니! 사람들에게 네 승진에 대해 얘기하고 있었어.

❷ I had just mentioned Rick when, **speak of the devil,** he walked in the room. 릭 얘기를 막 꺼냈는데, 호랑이도 제 말하면 온다더니 릭이 방으로 들어오더라고.

Simon: Did you bring the money you owe me?
Grace: I forgot. Listen, why don't you just get it from Mike. He owes me fifty bucks.
Simon: **Speak of the devil,** there's Mike now.
Grace: Just ask him for the money and then we'll be square, all right?

Simon: 나한테 빌린 돈은 가져왔어?
Grace: 깜박했네. 저기, 그 돈 마이크한테 받는 게 어때? 나한테 50달러 빚이 있거든.
Simon: 호랑이도 제 말하면 온다더니, 저기 마이크가 오네.
Grace: 걔한테 달라고 해, 그럼 계산 끝나는 거지, 안 그래?

Choose the best definition for each expression. You can check your answers at www.mentors.co.kr.

01 Take one's medicine
(A) Find out what one did wrong
(B) Go to a doctor's office to be treated
(C) Accept the punishment that one deserves

02 Let the cat out of the bag
(A) Make a mess
(B) Tell a secret
(C) Cause some trouble

Q Let's have one for the road

 길로 가면서 하나하자고??

A 여기서 one이란 다름 아닌 alcoholic drink로, 「길을 나서기 전에」, 즉 헤어지기 전에 「한잔 더!」(last drink of the evening)를 외치는 술꾼들의 좌우명. 일 때문에 자정을 넘기면 비몽사몽하면서도 술자리에서 만큼은 지칠 줄 모르는 체력을 과시하는 주당이 한잔 더 하려고 무슨 핑계를 못 대겠는가? 결국은 for the road는 구차한 핑계거리에 불과하다. 같은 이유를 대서 정반대의 표현을 만들기도 하는데, 「길을 나서기 전에 한 잔만 줄이자」는 one less for the road가 바로 그것. 우리와 달리 '술 권하는 사회'가 아닌 영미문화권에서도 「한잔 더 하자」는 권유의 표현으로 one (more) for the road말고 another round for the road도 있다. 내친 김에 「숙취」는 hangover, 「해장술」은 hair of the dog.

Key Point 

Let's have one for the road 한잔만 하고 가자

▶ hangover 숙취, hair of the dog 해장술

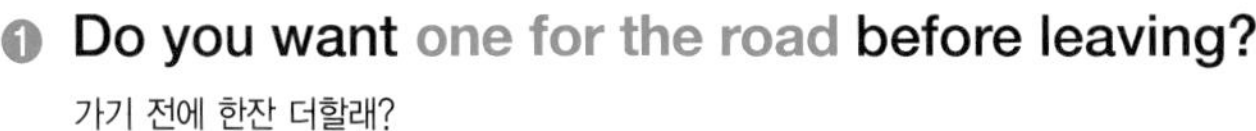

❶ Do you want one for the road before leaving?
가기 전에 한잔 더할래?

❷ It is not wise to have one for the road if you plan to drive home.
집까지 운전할 생각이라면 마지막으로 한잔 더 마시는 것은 좋지 않아.

Ricky: Happy anniversary, dear. I hope you had a wonderful evening.
Paula: It was great, but it's not nearly over yet.
Ricky: Okay! Let's have one more for the road and then head home.
Paula: Great idea.

Ricky: 결혼기념일 축하해 자기. 오늘 저녁 즐거웠어?
Paula: 정말 멋졌어. 하지만 아직 다 끝난 건 아니잖아.
Ricky: 좋아! 마지막으로 한잔만 더 하고 집에 가자고.
Paula: 좋은 생각이야.

Choose the best definition for each expression. You can check your answers at www.mentors.co.kr.

01 Caught red-handed
(A) Called out in the middle of an operation
(B) Caught in the act of a crime
(C) Indicted for murder

02 Know the ropes
(A) Get in touch with others
(B) Have skills from experience
(C) Be able to tie packages

I have ants in my pants

바지 안에 개미들이 있다고??

성에 눈을 뜬 사춘기 소년들의 좌충우돌 못 말리는 성적 호기심을 그린 *Ants in the Pants*라는 제목의 영화가 있었다. 우리나라에서는 〈팬티 속의 개미〉라는 제목으로 개봉했지만, 사실 pants는 '팬티'가 아니라 「바지」를 의미한다. 팬티가 됐든, 바지가 됐든 아무튼 그 안에서 개미들이 스멀스멀 기어 다닌다(crawl)고 생각해보라. 아무리 참아보려고 해도 근질근질해서 몸을 저절로 들썩거리게 될 것이다. 바지 속 개미 때문에 안절부절 못하는 사람 마냥, 어떤 말이나 행동을 하고 싶어서 「좀이 쑤셔하거나」(be impatient or eager to) 「조바심 내는」(be nervous and anxious) 모습을 비유적으로 나타내는 표현이 바로 have ants in one's pants.

Key Point

I have ants in my pants 좀이 쑤셔서 못 견디겠어

▶ have ants in one's pants 안절부절하다, 가만히 있지 못하다

❶ She's had ants in her pants ever since she won that ticket to Bermuda. 걔는 버뮤다 행 표에 당첨되자 당장 가고 싶어서 안달 났어.

❷ He seems to have ants in his pants before each game.
갠 경기 전에는 항상 초조해하는 것 같아.

Chris: Can I come with you?
Jane: I don't know, you're just a kid. It wouldn't look good for me.
Chris: I promise to behave myself and not bother you.
Jane: Okay, but no running around like you've got ants in your pants.
Chris: 나도 같이 가도 돼요?
Jane: 글쎄, 넌 어리잖아. 별로 안 좋을 것 같은데.
Chris: 얌전하고 귀찮게 하지 않겠다고 약속할게요.
Jane: 좋아, 하지만 안절부절 못하면서 뛰어다니면 안 돼.

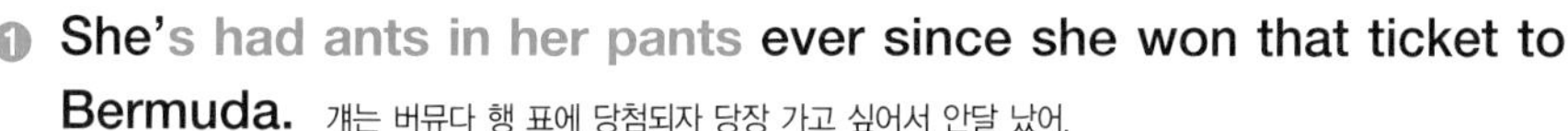

Choose the best definition for each expression. You can check your answers at www.mentors.co.kr.

01 Straight from the horse's mouth
(A) From a government source
(B) An unreliable rumor
(C) From a dependable source

02 Go bananas
(A) Be crazy
(B) Be hungry
(C) Be satisfied

Q I'll take a rain check

✕ 비수표를 받을 거라고??

A 야구장에 예고 없이 비가 쏟아지면 관중, 선수 모두 혼비백산하기 마련이다. 그렇다 해도 비로 중단된 경기의 후일을 기약하지 않으면 관중들이 언제 폭도(mob)로 돌변할지 모를 일. 이런 불상사를 막기 위해 미국에서는 입장시 「찢어내고 남은 반쪽 입장권」(stub)을 가지고 오면 연기된 경기에 무료입장할 수 있도록 해줬는데 그게 바로 rain check이다. 따라서 take a rain check이란 원래 「다음 경기 무료입장권을 얻다」라는 말인데, 재고가 떨어진(out of stock) 상품 값을 선지불해 놓고 입수되는 대로 교환할 수 있는 「교환증서를 받거나」, 초대 및 제안에 대해 「다음 기회에 응하겠다」고 미룰 때나 완곡하게 거절할 때 자주 사용된다. take 대신 get을 쓰기도 하며 반대로 give a rain check은 「다음에 초대하겠다」는 의미.

Key Point

I'll take a rain check 나중에 하자

▶ give a rain check 다음에 할게

❶ Oh, Chris, can I **take a rain check?** I am so tired.
어, 크리스, 다음 기회로 하자. 나 너무 피곤해.

❷ If you're not up for it, we can **take a rain check.**
기분이 내키지 않으면, 다음에 해도 돼.

Hal: Are you coming with us for a drink?
Sam: I'm going to have to **take a rain check** tonight because I'm very busy.
Hal: That's okay. We'll do it next time.
Sam: You bet.

Hal: 술 한 잔 하러 같이 갈래?
Sam: 오늘은 아주 바빠서 안 되겠다. 다음으로 미뤄야겠는걸.
Hal: 괜찮아. 다음에 하지 뭐.
Sam: 꼭 그럴게.

Choose the best definition for each expression. You can check your answers at www.mentors.co.kr.

01 One-night stand
(A) Security guard on night duty
(B) Audience of a night show
(C) Sexual affair lasting one night

02 Make someone's day
(A) Give someone a day-off
(B) Make someone happy
(C) Make someone work hard

Q I am always the odd man out

 난 항상 이상한 사람이라고??

odd man out이란 게임 따위를 할 때 사람들 중에서 「한 명을 선택하거나 제외하는 방법」, 혹은 그런 식으로 해서 「선택되거나 제외된 사람 및 사물」(person or thing that is kept apart from others that form a group or set)을 의미한다. 예컨대 어린 시절 '즐겁게 춤을 추다가 그대로 멈춰라' 라는 노래가 끝났는데도 칠칠치 못하게(?) 몸을 흔들어 대다가 걸리는 사람을 뽑아내는 것도 이에 속하는 경우. 보통 「동사+sb+as the odd man out」의 형태로 써서 「…가 선택[제외]되어 ~되다」라는 의미가 된다. 한편, odd에 「기묘한」, 「색다른」의 의미가 있기 때문에 「일상적이지 않거나 색다른 사람」(unusual and atypical person), 즉 「괴짜」나 속된 말로 「왕따」를 가리키기도 한다.

Key Point 

I am always the odd man out 난 늘 왕따다

▶ V+as the odd man out …가 선택되어 …되다

❶ **It seems that she was upset about always being the odd man out.**
걔는 늘 소외당하는 것 때문에 화가 났던 것 같아.

❷ **I was always the odd man out in high school when sports teams were being chosen.** 고등학생 때 운동 팀을 뽑으면 꼭 나는 제외됐었어.

Andy: Have you decided on who's going to attend the summer conference?
Liza: I think we should send David, Albert, Chritch, and Jane.
Andy: That leaves Paul as the odd man out.
Liza: That's all right. He went to the conference last year. I'm sure he won't mind.

Andy: 하계 회의에 누가 참석할지 결정했어?
Liza: 데이빗, 앨버트, 크리츠 그리고 제인을 보내야 할 것 같아.
Andy: 그러면 폴만 남는데.
Liza: 괜찮아. 폴은 작년 회의에 갔었잖아. 기분 나빠하지 않을 거야.

Choose the best definition for each expression. You can check your answers at www.mentors.co.kr.

01 Cut through the red tape
(A) Simplify the procedures
(B) Get down to business
(C) Have the record for

02 Bark up the wrong tree
(A) Shout or say very loudly
(B) Be very offensive to strangers
(C) Mistake and waste effort

We have an ace in the hole

구멍에 에이스를 갖고 있다고?

우리나라에서는 설날이나 추석 등 명절이 되면 온가족이 둘러앉아 고스톱 판을 벌이며 가족애(?)를 돈독히 하는 모습을 쉽게 볼 수 있는데, 우리의 고스톱만큼이나 미국인들은 카드놀이를 상당히 즐기는 편. '피박' 이니 '광' 이니 하는 화투용어를 우리 일상에서 쉽게 접할 수 있듯, 영어에서도 카드에서 유래한 표현들이 많이 사용되고 있다. 그 중에서 ace는 카드에서 「가장 좋은 패」를 가리키는데, 궁지에 몰리고 있다가도 막판에 이것 한 장이면 전세를 뒤집을 수 있을 정도. 그래서 ace in the hole하면 「최후에 내놓는 으뜸패」, 즉 승리나 성공을 위해 결정적인 순간까지 감추어 둔 「비장의 무기나 사람」(something or someone that will give a person an advantage or help when it is needed)을 의미한다.

Key Point

We have an ace in the hole 우리에게 비장의 무기가 있지

▶ That's my ace in the hole 그게 내 비장의 무기야

❶ **Wendy is our ace in the hole and never lets us down.**
웬디는 우리의 마지막 희망이야. 절대 실망시키지 않아.

❷ **This extra money is my ace in the hole.**
이 비상금은 내 비장의 무기야.

Kevin: Have you finished negotiating the contract yet?
Veronica: No, this is our third week of negotiations.
Kevin: I hope you have an ace in the hole to finish things.
Veronica: I do. I'm bringing in a top lawyer tomorrow.

Kevin: 그 계약 조건에 대한 협상은 다 끝냈어?
Veronica: 아뇨, 3주째 협상 중이야.
Kevin: 일을 마무리 지을 수 있는 비장의 무기가 있길 바래.
Veronica: 있어. 내일 일류 변호사를 한명 참여시키려고.

Choose the best definition for each expression. You can check your answers at www.mentors.co.kr.

01 Put one's foot in one's mouth
(A) Say something wrong or unsuitable
(B) Try something impossible or unreasonable
(C) Make oneself the laughingstock

Q Why did you raise Cain?

케인을 왜 키웠냐고?

Cain은 Adam과 Eve의 맏아들로, 질투심에 눈이 멀어 자기 친동생 Abel을 죽인 인류 최초의 살인자이다. 여기서 raise는 「…를 기르다」(rear) 혹은 「…가 나타나게 하다」(cause to appear or exist)라는 뜻으로 볼 수 있으므로, raise Cain은 「(말썽 많은) 케인을 기르다」, 「케인의 영혼을 불러내다」라는 말이 된다. 미서부 개척시대에 떼거리로 몰려다니며 조용한 읍내에 소동을 일으키던 카우보이들의 못된(?) 행동거지를 Cain에 비유하면서 굳어진 표현이다. 오늘날엔 그저 「말썽을 일으키다」, 「막되게 굴다」, 「몹시 화를 내다」라는 의미로 자주 사용된다. Cain 대신 devil을 쓰기도 한다.

Key Point

Why did you raise Cain? 왜 야단법석을 떨었니?

▸ raise devil 말썽을 일으키다

❶ You always used to **raise Cain** when you were a teenager.
넌 십대 때는 늘 말썽만 피우곤 했어.

❷ My kids **are** outside **raising Cain,** so I'd better see what they're up to. 우리 애들이 밖에서 말썽피우고 있어서 뭐 하는지 가봐야겠어.

Louis: He's going to **raise Cain** if you go in there looking like that.
Brook: I forgot that we were meeting with clients today.
Louis: You should go home and change.
Brook: I think I will. Just tell him I got caught in traffic.

Louis: 그런 차림으로 들어가면 사장님이 난리칠 거야.
Brook: 오늘 사장님하고 고객들을 만나기로 했던 것을 깜박했어.
Louis: 집에 가서 옷을 갈아입어.
Brook: 그래야 될 것 같아. 사장님께는 길 막혀서 늦는다고 해줘.

Choose the best definition for each expression. You can check your answers at www.mentors.co.kr.

01 Step on it
(A) Hurry up
(B) Take it easy
(C) Good job

02 Rain cats and dogs
(A) Rain extremely heavily
(B) Postpone acceptance of an offer
(C) Be unable to keep still

They took the cake

걔네들이 케익를 가져갔다고?

「상을 타다」(win a prize) 혹은 상을 줘도 될 만큼 「뛰어나거나 최고이다」(excel at something or to be the best)라는 의미. 이는 과거 미국 남부의 농장(plantation)에서 일하던 흑인들 사이에서 있었던 '쌍쌍 걷기대회'의 상품이 cake이었던 데서 비롯된 표현으로, 참가자들이 cake을 중앙에 두고 원을 그리며 최대한 우아하게 걸어가면 심사자들은 그 중에서 환상의 커플(the most graceful pair of walkers)을 뽑아 중앙에 있던 cake을 상으로 주었던 것. 때로 이 표현은 "Tom really messed it up. What he did really takes the cake"과 같이 무례하거나 뻔뻔한 행동에 기막혀 하며 '상이라도 줘야겠다'는 뉘앙스로 빈정거릴 때도 사용된다. 그러니 앞으로 누군가에게 이 표현을 듣게 되면 대책 없이 좋아할 것만이 아니라 자신의 행동을 곰곰이 되짚어봐야 할 것이다.

Key Point 

They took the cake 최고였어, 최악이었어.

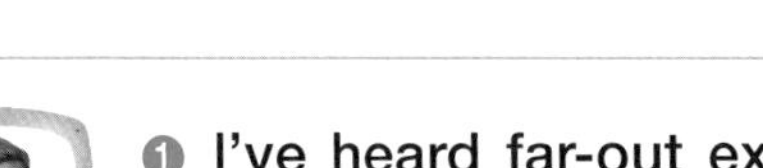

❶ I've heard far-out excuses for not giving head, but this one **takes the cake.** 오랄 안 해주는 말도 안 되는 이유들을 들어봤는데 이게 정말 압권이다.

❷ The way that you forget things really **takes the cake.**
물건을 잊어버리는 것만큼은 네가 일등감이다.

Ted: You saw the movie last night. How was it?
Peggy: Not bad, I guess, but the acting was pretty lousy.
Ted: Yeah, I heard Robert Downey Jr. was pretty bad in that film.
Peggy: He was, but Don Cheadle **takes the cake** for the worst actor in the movie.

Ted: 어젯밤에 영화 봤지. 어땠어?
Peggy: 괜찮은 것 같지만 연기가 아주 형편없었어.
Ted: 내가 듣기로는 로버트 다우니 주니어가 형편없었다며.
Peggy: 그래. 하지만 최악의 연기는 돈 치들의 몫이야.

Choose the best definition for each expression. You can check your answers at www.mentors.co.kr.

01 Hit the ceiling
(A) Be intentionally unfriendly
(B) Become extremely angry
(C) Remain calm, not become upset

02 Down in the dumps
(A) Feeling happy
(B) Feeling depressed
(C) Feeling slightly ill

He has an ax to grind

걘 갈을 도끼가 있다고?

「딴 속셈이 있다」라는 의미. 이 표현은 미국의 유명한 정치가이자 작가 Benjamin Franklin의 작품 *Too Much For Your Whistle*에서 처음 유래한 것인데, 작품 속에서는 한 낯선 사람이 숫돌을 어떻게 다루는지 모르는 척하고 어린 Franklin에게 그 사용법을 묻는다. 순진한 Franklin은 열심히 회전축을 돌며 날 가는 법을 시연하는데, 얼마 후 도끼가 날카로워지자 낯선 이는 미소를 지으며 유유히 사라졌다고. 결국 그 사람은 애초부터 모든 걸 예감하고, 손끝 하나 까딱 안하면서 소기의 목적을 달성한 셈. 이렇게 해서 have an axe to grind가 「딴 속셈이 있다」라는 뜻이 되었는데, 오늘날엔 「따질 것이 있다」(have something to complain about)는 정도의 의미로 원한이나 유감을 나타낼 때 많이 사용된다.

Key Point

He has an ax to grind 걘 딴 속셈이 있어

▶ have an axe to grind 따질 것이 있다, 딴 속셈이 있다

❶ John's criticism must be taken seriously because he has no political ax to grind. 존은 정치적 속셈이 없기 때문에 그의 비판은 진지하게 받아들여야 돼.

❷ Bill and Bob had an ax to grind with each other.
빌과 밥은 서로에게 별로 안 좋은 감정이 있었어.

Brad: I have an axe to grind with you.
Christina: What did I do?
Brad: When you came home, you didn't do the dishes.
Christina: So what? I noticed that you didn't do the laundry.

Brad: 너한테 따질 게 있어.
Christina: 내가 뭘 어쨌는데?
Brad: 집에 와서 설거지를 안했잖아.
Christina: 그래서 뭐? 당신은 빨래를 안 해놨던데.

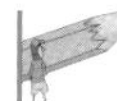

Choose the best definition for each expression. You can check your answers at www.mentors.co.kr.

01 Taste of one's own medicine
(A) Bitterness felt when one pretends not to want something
(B) Person or thing that one loves the most
(C) Difficulties of the same kind that one has been causing other people

Q Don't beat around the bush!

수풀 주변을 때리지 말라고??

A beat은 「치다」, 「때리다」, bush는 「덤불」이란 의미이므로 직역하면 「덤불 주위를 치다」. 옛날 사냥꾼(hunter)들은 새를 사냥할 때 새몰이꾼을 고용했는데, 새몰이꾼들이 덤불을 막대기로 쳐서 새를 날리면 그 틈을 타서 사냥꾼들이 새를 잡았던 것이다. 즉 beat around the bush는 직접 잡는 것이 아니라 다른 일을 벌이며 기회를 포착한 뒤 사냥감을 손에 넣는다는 표현으로, 현재는 「확실한 대답을 하지 않고 다른 소리만 하거나」(talk about things without being clear), 「질문이나 요점을 피하다」(avoid the question and the point)라는 의미로 쓰인다. 더불어 이와 반대 의미는 come[get] to the point(정곡을 찌르다)라는 것도 기억해두자.

Key Point

Don't beat around the bush! 변죽 울리지 마!

❶ Please stop **beating around the bush** and get to the point.
빙빙 돌리지 말고 요점을 말해.

❷ Tell me what you think and **don't beat around the bush.**
딴 소리하지 말고 네 생각을 말해줘.

Wilson: I had some time to look over your report.
Daisy: Good! What did you think of my ideas?
Wilson: Well, it was well written, but maybe it was a little long.
Daisy: **Don't beat around the bush!** Did you like it or not?

Wilson: 시간을 내서 네가 쓴 보고서 훑어봤어.
Daisy: 그래? 내 생각이 어때?
Wilson: 음, 아주 잘 썼긴 한데 약간 긴 것 같아.
Daisy: 빙빙 돌리지 말고. 마음에 들어 안 들어?

Choose the best definition for each expression. You can check your answers at www.mentors.co.kr.

01 Paint the town red
(A) Be impatient or eager to do something
(B) Ask for something that is impossible
(C) Have a lively enjoyable time

02 What's cooking?
(A) What can I eat?
(B) What are you making for dinner?
(C) What's happening?

Q We bought it lock, stock and barrel

✕ 우린 그걸 샀는데, 락, 스턱 그리고 배럴은?

A

lock은 총의 「발사장치」이고 stock은 「개머리판」, barrel은 「총신」으로, 총이란 이 세 가지로 구성되어 있는 것이다. 이 때문에 lock, stock and barrel은 총의 「전부」라고 해도 과언이 아닌데, 총 뿐만 아니라 어떤 것의 「전체」(all of something)를 비유하는 말로 자주 사용된다. 기발한 스토리로 화제를 모았던 Guy Ritchie 감독의 영화 Lock, Stock & Two Smoking Barrels도 이 표현을 변형한 제목. 비슷한 형태의 hook, line and sinker도 낚시 바늘(hook), 낚싯줄(line), 봉돌(sinker)만 있으면 낚싯대가 완성된다는 맥락에서 이와 유사한 표현이다.

Key Point

We bought it lock, stock and barrel 우리가 그걸 전부 샀어

▶ hook, line and sinker 완전히, 전부 다

1. I want to buy this company **lock, stock and barrel.**
   이 회사를 전부 다 사고 싶어.
2. They decided to accept the deal **lock, stock and barrel.**
   걔네들은 그 거래를 완전히 다 받아들이기로 했어.

Rex: They're offering the entire property **lock, stock and barrel** for less than a million.
Sarah: Why is it going so cheap?
Rex: They need to sell it by the end of the month.
Sarah: Are there a lot of people interested?

Rex: 걔네들은 전 자산을 백만 달러도 안 되는 가격에 내놓았어.
Sarah: 왜 그렇게 싸게 내놓았어?
Rex: 이달 말까지 처분을 해야 한대.
Sarah: 사람들이 관심은 많이 갖고 있니?

Choose the best definition for each expression. You can check your answers at www.mentors.co.kr.

01 Close call
(A) Sudden unexpected thunderclap and lightning streak
(B) Situation in which something dangerous or very unpleasant is only just avoided
(C) Decision or action has been taken and cannot be changed

Q I was way off base

나는 베이스에서 멀리 떨어졌어??

base는 「기초」, 「기본」 그리고 야구경기에 '베이스' 등을 의미하며 off는 「분리」, 「이탈」을 나타내는 전치사. 그래서 off base는 '베이스에서 벗어난' 즉 「가야 되는 곳에서 벗어난」을 의미하는데, 주로 사람의 마음이나 감정이 「비정상적인」(unrealistic, inexact, or wrong) 상태를 나타낼 때 사용된다. 예를 들면 터무니없는 실수를 할 때, 마음의 평정을 잃었을 때, 또는 생각이 삐딱하게 나갈 때가 바로 off base인 상태. 제목에서처럼 way의 수식을 받아 의미를 강조할 수 있으며 비정상적인 「대상」은 base뒤에 with와 함께 연결하는 것이 보통이다.

Key Point

I was way off base 내가 잘못이었어

▶ I'm all wet 내가 틀렸어

❶ Her interpretation of the event **is way off base.**
그 사건에 대해 걔는 잘못 해석하고 있어.

❷ You **are so off base** with your description of the way it happened.
그 사건의 발생 경위에 대해서 네가 말한 것은 아주 틀렸어.

Ned: There was a bar fight and then the cops came and arrested the guy who started it.
Molly: Were you involved?
Ned: No, you know me. I'm a pacifist. I don't believe in violence.
Molly: Boy, I **was way off base with** my opinion of you. I thought you were a brawler.

Ned: 술집에서 싸움이 나서 경찰이 와서 싸움을 건 남자를 체포해 갔어. Molly: 너도 연루됐어?
Ned: 아니, 나 알잖아. 난 평화주의자라고. 난 폭력을 믿지 않아.
Molly: 이야, 내가 너를 잘못 봤구나. 난 네가 말썽꾼인줄 알았지.

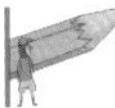
Choose the best definition for each expression. You can check your answers at www.mentors.co.kr.

01 Bingo!
(A) That's just what I've been waiting for
(B) Let's have one last drink
(C) Sow down

02 Jump on the bandwagon
(A) Join the popular side
(B) Attack someone in words
(C) Take action too soon

Q We'll fly in the face of it

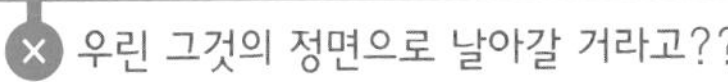
✕ 우린 그것의 정면으로 날아갈 거라고??

A

너무나 열을 받은 나머지 잠시 이성을 잃은 암탉이 감히 상대가 못되는 동물들 면전으로(in the face of) 무모하게 돌진하는(fly) 모습에서 유래한 표현, fly in the face of는 무모해 보일 수도 있을 정도의 상대에게 「정면으로 대들다[반대하다]」(oppose or defy something dangerous in a seemingly foolhardy way)라는 의미. 「기존의 권위나 관습 따위를 무시하고 행동하는」(act in defiance of authority, custom, etc.) 사람이나 「인습(convention)을 깨는 과감하고 도전적인」 사람들, 그리고 「모두가 Yes라고 말할 때 위험을 무릅쓰고 No라고 말하는」 사람들에게 쓸 수 있는 표현이며 face 대신 teeth를 쓰기도 한다.

Key Point

We'll fly in the face of it 우린 정면으로 부딪힐 거야

▸ in the face of~ …에도 불구하고

❶ What he is saying **flies in the face of** what you said.
걔가 지금 하는 말은 네가 한 말에 정면으로 도전하는 거야.

❷ The judge said that what the criminal did **flew in the face of** the law. 판사는 그 범인이 저지른 짓은 법에 대한 정면 도전이라고 말했다.

Fred: Why do you think he's acting this way?
Sofia: I don't know. It seems to **be flying in the face of** the rules though.
Fred: You're probably right.
Sofia: I'm going to have a talk with him about his actions.

Fred: 그 남자가 뭘 때문에 이런 식으로 행동하고 있다고 생각해?
Sofia: 글쎄. 어쨌건 회사 규칙에 완전히 위배되는 행동 같아.
Fred: 아마 그런 것 같네.
Sofia: 걔와 그런 행동에 대해 얘기해봐야겠어.

Choose the best definition for each expression. You can check your answers at www.mentors.co.kr.

01 Pay through the nose
(A) Pay too much money
(B) Assemble something quickly, usually from a small supply of components
(C) Produce a good result when a bad result was expected

It's a rule of thumb

 그게 엄지손가락 규칙이라고??

유독 짧고 뭉툭해서 다른 손가락에 비해 왠지 어설프고 둔한 느낌의 손가락이 바로 「엄지손가락」. 그래서 rule of thumb이라고 하면 정확한 이론이나 지식을 근거로 했다기 보다는 '경험상 이렇더라'는 식의 「대략적인 방법」(rough way of working), 「눈대중」 등을 의미한다. 좀 더 구체적인 유래를 찾자면 그 옛날 양조업자들이 엄지손가락을 담가서, 대략적인 맥주의 온도를 쟀던 데서 나온 표현이라고 보는 견해가 있다. 그런가 하면 엄지손가락 마디 하나가 대략 1인치의 척도(rudimentary measure of approximately one inch)로 사용했던 것이 그 유래라고 보기도 한다.

Key Point 

It's a rule of thumb 눈대중한 거야

▸ have a rule of thumb 경험한 의거한 규칙, 원칙이 있다

❶ **What is the rule of thumb when submitting job applications?**
입사지원서를 낼 때 보통 어떻게 해?

❷ **As a rule of thumb, I keep most of my money in the bank.**
경험상 돈은 대부분 은행에 예금해둬.

Dick: What is the rule of thumb for a wedding present these days?
Alicia: It really depends on how well you know the person.
Dick: It's my second cousin and I really don't know him that well.
Alicia: I would spend between thirty and fifty dollars.

Dick: 결혼 선물이 요즘 대충 뭐야?
Alicia: 결혼하는 사람을 얼마나 잘 아느냐에 달려 있지.
Dick: 그 앤 내 육촌이라 그렇게 잘 알진 못해.
Alicia: 나라면 30달러에서 50달러 정도 쓰겠다.

Choose the best definition for each expression. You can check your answers at www.mentors.co.kr.

01 Break a leg
(A) Good luck
(B) Take Care
(C) Go ahead

02 Cut corners
(A) Turn corners
(B) Reduce efforts or expenditures
(C) Show a short cut

Q That's a cock-and-bull story!

 그건 수탉과 황소이야기라고??

A cock-and-bull story는 「터무니없는 이야기」(foolish improbable story)를 뜻하는데, 수탉이나 황소 같은 동물이 인간의 언어로 의사소통을 하는(speak to one another using human language) 각종 우화 속 비현실적인 황당한 이야기에서 비롯된 것. 특히 Laurence Stern(1759 ~ 1767)이 *Tristram Shandy*라는 소설 말미에 "What is this story all about? — A Cock and a Bull"(이 얘기는 다 뭐에 관한 거야? — 수탉과 황소 얘기처럼 터무니없구만)이라는 대사를 넣으면서 오늘날과 같은 쓰임새로 자리 잡게 되었다. 달나라로 신혼여행을 다녀왔다느니, 서울 도심 한복판에서 금광을 발견했다느니 등이 그 예에 속한다 하겠다.

Key Point 

That's a cock-and-bull story! 말도 안 되는 소리!

▸ cock and bull 엉터리인

① What he said sounds like a cock-and-bull story.
걔 얘기는 황당무계해.

② Her story about the fish sounds to me like a cock-and-bull story.
물고기에 대한 걔 얘기가 내게는 터무니없는 소리로 들려.

Chris: He said he was late because someone parked too close to him.
Emma: That's a cock-and-bull story!
Chris: It does sound a little strange.
Emma: Tell him I want to see him when he gets in.

Chris: 누가 차 바로 옆에다 주차해놔서 늦었답니다.
Emma: 말도 안 되는 소리!
Chris: 좀 이상하긴 하네요.
Emma: 들어오면 내가 좀 보잔다고 그래.

 Choose the best definition for each expression. You can check your answers at www.mentors.co.kr.

01 Wild goose chase
(A) Any senseless pursuit
(B) A lot of delays
(C) Dangerous situation

02 Jump the gun
(A) Take action too soon
(B) Get someone into trouble
(C) Provoke a quarrel

Q He is just a flash in the pan

 걘 냄비 안에서 반짝인다고??

A 요즘엔 대스타 탄생을 예고하며 각종 매스컴을 들쑤시고 나타났다가도 '데뷔곡이 곧 대표곡이자 은퇴곡'이 되어버리는 반짝 가수들이 태반이다. 이 같은 「일회적 성공」(sudden success that is not repeated)을 가리킬 때 a flash in the pan이라는 표현을 쓸 수 있는데, 부싯돌식 발화장치를 이용한 화승총(flintlock musket)에서 그 기원을 찾을 수 있다. 총의 방아쇠를 당기면 약실(pan)에 있는 화약에 섬광(flash)을 일으키지만, 정작 주 탄약에서는 폭발이 일어나지 않아 공포(空砲)에 그치는 경우가 많았던 것. 그래서 a flash in the pan은 거창하게 시작한 일(promising start)이 결국엔 흐지부지되어(came to nothing) 「용두사미가 되는 상황」을 비유하게 되었다.

Key Point 

He is just a flash in the pan 걔 잠깐 반짝하는 거야

▶ It's a flash in the pan 그건 일시적인 성공에 불과해

❶ Everybody thought Chris would be just another flash in the pan.
다들 크리스가 반짝하고 말 사람이라 생각했어.

❷ The newest boy band is just a flash in the pan.
신인 남성밴드는 잠깐 성공에 불과해.

Scott: Did you see that new group on TV the other day?
Paige: Oh, yeah. What do you think of them?
Scott: They're just a flash in the pan. They have no raw talent.
Paige: I guess we'll just have to wait and see.

Scott: 요전 날 TV에 나온 새 그룹 봤어?.
Paige: 아, 걔네들, 그래. 넌 어떻게 생각하는데?
Scott: 반짝하다 말거야. 끼가 별로 없어.
Paige: 두고 봐야 할 것 같은데.

 Choose the best definition for each expression. You can check your answers at www.mentors.co.kr.

01 Have a poker face on
(A) Don't show what one is thinking or feeling
(B) Direct one's attention to something
(C) Speak frankly about something, even if it is unpleasant

Isn't he jumping the gun?

걔가 총을 뛰어넘은 건 아니냐고??

jump the gun은 달리기(foot races)에서 잔뜩 긴장하고(have butterflies in the stomach) 있던 선수가 「심판이 출발을 알리는 총을 쏘기 전에」(before the starter fires his pistol) 미리 출발하는 상황에서 유래한 표현. 말 그대로 총소리를 뛰어넘었단 말인데, 오늘날에는 어떤 일을 「성급하게 시작한다」(take action too soon or before the proper time)는 비유적 의미로 쓰인다. jump는 이처럼 「성급함」과 연관되는 경우가 많아, jump to it은 「서두르다」, jump to a conclusion은 「속단하다」라는 의미가 된다. 캐주얼하게 많이 쓰이는 표현으로 미드에서는 자주 들을 수 있다.

Key Point

Isn't he jumping the gun? 걔 너무 서두르는 거 아니야?

▶ jump to a conclusion 속단하다

❶ Let's not **jump the gun** and make hasty decisions.
너무 서둘러 성급한 결정을 내리지 맙시다.

❷ I think we should wait on this and not **jump the gun.**
우리는 이 문제에 대해서 차분히 기다리면서 성급해하지 말아야 할 것 같아.

Leo: We hired the guy we interviewed yesterday.
Jamie: **Aren't** you **jumping the gun** on the hiring process?
Leo: Perhaps, but he's perfect for the job.
Jamie: So it seems, but I wish you were not in such a hurry.

Leo: 어제 면접 본 친구를 채용했어.
Jamie: 채용할 때 너무 서두르는 거 아니야?
Leo: 그럴지도 모르지만, 그 친군 이 일에 아주 적격이던걸.
Jamie: 그런 것 같긴 한데, 그래도 그렇게 서두르지 않았으면 해.

Choose the best definition for each expression. You can check your answers at www.mentors.co.kr.

01 Bite the bullet
(A) Face an unpleasant experience with courage
(B) Try to do something more difficult than one is able to
(C) Have a lively enjoyable time in places of public entertainment

Q He has a poker face on

✕ 걔 얼굴에 포커가 있다고??

A 따로 얘기하지 않아도 poker 게임에서 나왔음을 알 수 있는 표현. poker를 하다 보면 자신의 패나 전략을 들키지 않으려고 애써 무덤덤한 표정을 지으며 신경전을 벌이는 것이 보통이다. 이 때문에 좋은 일이 있든 나쁜 일이 있든 밖으로 드러내지 않고 무표정한 얼굴로 「시치미를 떼거나 애써 태연한 척」하는 것을 「포커칠 때의 얼굴」에 비유해 poker face라 하게 된 것. 보통 have a poker face on 형태의 동사구로 사용되는데, 이 때 주의할 것은 전치사 on을 빠뜨려서는 안 된다는 점이다. 이는 「셔츠를 입다」라고 할 때 put on a shirt에서 on을 빠뜨려서는 안 되는 것과 같은 이유에서이다.

Key Point

He has a poker face on 걘 시치미를 떼고 있다

▶ Put your poker face on! 얼굴에 티 좀 내지마!

❶ **With that poker face, no one will know what you are thinking.**
포커페이스 하고 있으면 아무도 네 생각을 알 수 없을 거야.

❷ **A poker face is a valuable asset to have when doing business.**
사업을 할 때는 포커페이스가 귀중한 자산이야.

Terry: How do you think our company is doing these days?
Melisa: I'm not sure. Why don't you ask the boss or the manager?
Terry: I asked them, but they just sat there poker faced.
Melisa: I guess they don't want to give away any inside information.

Terry: 요즘 우리 회사가 어떻게 돌아가는 것 같아?
Melisa: 잘 모르겠어. 사장이나 부장한테 물어보지 그래?
Terry: 물어봤는데, 둘 다 시치미를 떼고 앉아 있더라고.
Melisa: 내부 정보를 누설하고 싶지 않은 모양이지.

Choose the best definition for each expression. You can check your answers at www.mentors.co.kr.

01 Lay an egg
(A) Achieve
(B) Produce
(C) Fail

02 Go steady with someone
(A) Date someone on a regular basis
(B) Have a blind date with someone
(C) Supply someone with a date

Break a leg!

 다리 하나를 부러트려??

배우들은 공연(performance) 전에 Good luck! 대신 Break a leg!라는 말로 행운을 빌어준다. 그런데 왜 하필 「다리를 부러뜨려!」라고 불길한 말을 하게 된 걸까? 그 유래에 대해서는 다음의 두 가지 설이 설득력이 있는데, 먼저 프랑스의 전설적인 외다리 여배우 Sarah Bernhardt(1844~1923)를 닮아 연기를 잘하라는 의미에서 시작되었다는 것. 다른 하나는 독일에서 행운을 비는 말인 Hals-und-Beinbruch가 미국으로 건너왔다는 설인데, 참고로 이 독일어 표현은 「다리뿐 아니라 목까지 부러뜨리라」(May you break your neck and your leg)고 한술 더 뜨는 말이란다. 〈빅뱅이론〉에서 Penny가 공연하러 간다고 했을 때 괴짜들이 하는 말이 "Break a leg"이다.

Key Point 

Break a leg! 행운을 빈다!

▶ So break a leg. I'll be in the front row 그래 행운을 빌어. 맨 앞줄에 앉을게

❶ **Break a leg when you do your first performance in the theater.**
무대에서의 첫 공연, 행운을 빌어!

❷ **I'd tell you to break a leg but I don't believe in superstitions.**
행운을 빈다고 말은 하지만, 난 미신은 안 믿어.

Tommy: What time is your performance today?
Meredith: It starts at around two o'clock.
Tommy: You know what they say, break a leg.
Meredith: Thanks.

Tommy: 오늘 공연 몇 시야?
Meredith: 2시쯤에 시작할거야.
Tommy: 그런 말 있잖아, 행운을 빈다.
Meredith: 고마워.

Choose the best definition for each expression. You can check your answers at www.mentors.co.kr.

01 Jump down someone's throat
(A) Express an intention to hurt, punish, cause pain etc.
(B) Attack someone in words, strongly and unexpectedly
(C) Fold one's arms around someone's neck

Q You've got to carry the ball

 너는 공을 들고 가야 한다고??

A 가히 스포츠 왕국이라는 명성에 걸맞게 다양한 스포츠가 활성화된 미국이지만, 그 중에서도 가장 인기 있는 종목으로는 미식축구(American football)를 들 수 있다. 「책임을 지다」(be responsible; be in charge)라는 뜻의 carry the ball은 미국인들이 열광하는 바로 이 미식축구 경기에서 유래된 표현으로, 경기 중 공을 건네받을 선수에게(to the player to whom the ball is assigned) 공을 던져주며 "Carry the ball!"이라고 외치는 것에서 나온 것. 공을 건네받은 선수는 이제 상대편 선수들의 집중 표적이 될 것이고, 따라서 공을 뺏기지 않으려면 젖 먹던 힘까지 모아 버텨야 하니, 실로 공을 쥔 사람은 어깨가 무거워지는 법.

Key Point

You've got to carry the ball 네가 맡아줘야겠어

▶ carry the ball over the line 확실히 끝내다(미식축구에서 유래한 것으로 터치다운해서 점수를 올리다)

❶ **I need to ask you to carry the ball while I'm gone.**
내가 없는 사이 네가 좀 맡아줬으면 해.

❷ **Why don't you carry the ball for a while and see how it goes?**
잠시만 네가 맡아서 상황을 지켜보는 게 어때?

Hank: Jane, can you carry the ball on this presentation?
Jane: Okay. I have time. It won't be a problem.
Hank: Good, because I'm too busy to prepare another one.
Jane: Well, I don't mind doing it.

Hank: 제인, 이번 발표 좀 맡아줄래요?
Jane: 좋아요. 시간이 있으니 문제없을 거야.
Hank: 다행이네, 너무 바빠 또 발표 준비를 할 시간이 없거든.
Jane: 어, 난 상관없어.

Choose the best definition for each expression. You can check your answers at www.mentors.co.kr.

01 On the fence
(A) Dangerous
(B) Exciting
(C) Undecided

02 Kiss of death
(A) Ceremony to kiss the dead
(B) Something that makes failure certain
(C) Act in united agreement

I feel under the weather

내 기분이 날씨 밑에 처박혀있다고??

기상 캐스터보다 더 정확한 일기 예보관은 바로 우리네 어머니들. 날씨가 조금만 흐리거나 비만 와도 「온몸 여기저기 안 쑤시는 곳이 없다」고 하시는 우리 어머니들의 몸은 그야말로 '날씨의 직접적인 영향권 하에 있다'고 해도 과언이 아닐 것. 이와 같은 맥락에서 볼 때, feel under the weather(날씨의 영향을 받는 것 같다)는 결국 「몸 상태가 그리 좋지 않다」(feel slightly ill)는 얘기를 돌려서 표현한 말이 된다. 한편 속어로는 「술에 취해 몸이 좋지 않은」(intoxicated) 상태를 나타내기도 한다.

Key Point

I feel under the weather 몸이 좀 안 좋아

▶ She's a little under the weather 걔는 몸이 좀 안 좋아

1. The food I ate for dinner is making me feel a bit under the weather.
   저녁으로 먹은 음식 때문인지 속이 좀 안 좋아.
2. I was a little under the weather yesterday, so I couldn't go to the office. 나는 어제 몸이 좀 안 좋아서 출근을 할 수가 없었어.

Stewart: You look really sick this morning.
Martha: Well, I am feeling under the weather.
Stewart: Would you like to take the day off and go home?
Martha: Yes, I think I'm going to go back to bed for a while.

Stewart: 너 오늘 아침 정말 안 좋아 보여.
Martha: 어, 몸이 안 좋아.
Stewart: 하루 쉬고 집에 갈래?
Martha: 어, 침대에 누워 잠시 쉴 생각이야.

Choose the best definition for each expression. You can check your answers at www.mentors.co.kr.

01 Turn the tables
(A) Cause a complete reversal in circumstances
(B) Throw the whole house into utter confusion
(C) Fail to reach an agreement

Q Don't pull my leg

 내 다리를 잡아당기지 말라고??

A pull sb's leg을 직역하면 「…의 다리를 잡아당기다」라는 뜻이 되지만, 문자 그대로 쓰이는 경우는 거의 없고 대개 「상대방을 난처하게 하다」, 「놀리다」(make playful fun of someone)라는 의미로 많이 사용된다. 이 표현은 1867년 스코틀랜드 지방에서 유행했던 노래에서 그 유래를 찾을 수 있는데, 한 목사가 교인에게 '힘들여 번 돈을 몽땅 교회에 헌금하고 집에는 가져가지 말라'는 말도 안 되는 소리를 하며 다리 한쪽을 잡고 늘어지자 그 교인이 무척 난처해 했다는 내용. 이 가사에 등장하는 목사처럼 택도 없는 소리로 「상대방을 놀리거나」(kid, fool or trick) 「난처하게 만드는」 행동이 바로 pull sb's leg.

Key Point 

Don't pull my leg 놀리지 마

▶ She's just pulling your leg 걘 그냥 너 놀리는 거야

❶ **Don't believe him. He's just pulling your leg.**
걔 믿지 마. 널 놀리는 거니까.

❷ **You don't mean that! You're just pulling my leg.**
진심은 아니지! 그냥 날 놀리는 거지.

Alfred: I heard Peter is leaving the company next month.
Rachel: You're pulling my leg.
Alfred: Nope. It's true. He's going over to JP Morgan.
Rachel: Why? I thought he liked it here.

Alfred: 피터가 다음 달에 회사를 그만둔다던데.
Rachel: 놀리지 마.
Alfred: 아뇨, 사실이야. 제피 모건으로 옮길 거래.
Rachel: 왜요? 여기서 일하는 걸 좋아하는 줄 알았는데.

Choose the best definition for each expression. You can check your answers at www.mentors.co.kr.

01 Bury one's head in the sand
(A) Stop quarreling and be friends again
(B) Be shy and timid in another's presence
(C) Avoid facing up to realities

02 Down to the wire
(A) Exactly as planned
(B) In a few words
(C) Nearing a deadline

Q She made it from scratch

✕ 걔는 스크래치부터 그것을 만들었어??

A

scratch는 보통 「긁다」라는 의미로 You scratch my back, and I'll scratch yours라고 하면 오순도순 등을 긁어주는 모습을 나타내어 「상부상조한다」는 말이 된다. 그런데 위 표현의 scratch는 동사가 아니라 명사로, 땅바닥을 뾰족한 도구로 '긁어서' 표시하는 달리기의 「출발선」(starting point)을 뜻한다. 그래서 from scratch는 「출발선에서부터」라는 의미가 되는데, 흔히 start와 함께 어떤 일을 「원점에서부터」(completely from the beginning) 혹은 아무것도 없는 무일푼의 상태(from nothing), 즉 「맨주먹으로」 시작하는 것을 나타내는 비유적 표현으로 많이 사용된다.

Key Point

She made it from scratch 걔는 맨손으로 이뤄냈어

▸ start from scratch 처음부터 시작하다

❶ I don't want to have to start this project **from scratch.**
이 프로젝트를 아무것도 없는 상태에서 시작하고 싶진 않아.

❷ It's completely ruined, so we'll have to **start it all again from scratch.** 완전히 망쳤기 때문에 우린 처음부터 다시 시작해야 할 거야.

Alonzo: This meal is the best I've eaten in a long time.
Kelly: My mom made it just for us.
Alonzo: I'll bet she **made it from scratch.**
Kelly: That's right. She loves to cook homemade food.

Alonzo: 오래간만에 정말 식사 맛있게 했어.
Kelly: 엄마가 우리를 위해서 만드셨어.
Alonzo: 처음부터 다 직접 만드신 게 분명해.
Kelly: 맞아. 집에서 만든 음식으로 요리하는 것을 좋아하셔.

Choose the best definition for each expression. You can check your answers at www.mentors.co.kr.

01 Lose one's touch
(A) Lose one's temper
(B) Lose one's ability to handle someone or something
(C) Make something trivial seem very important and serious

Q He pulled some strings

걔는 줄을 몇 가닥 잡아당겼다??

A

pull strings는 기본적으로 「줄을 잡아당기다」라는 의미. 그런데 여기서 strings는 그냥 줄이 아니라 인형극(puppet show)에서 「인형을 조종하기 위해 잡아당기는 끈」을 가리킨다. 따라서 pull strings란 관객들이 볼 수 없는 「무대 뒤에서 인형을 조종하는」 것을 말하는데, 어떤 일의 전면에 나서지 않고 막후에서(behind the scenes) 영향력을 행사해 자신의 뜻을 관철시키려는 행위를 비유적으로 나타낸다. 우리말의 「줄을 대다」, 「연줄을 이용하다」와 비슷한 뉘앙스로, 동서양을 막론한 「막후공작」과 「연줄」의 중요성을 실감케하는 표현. 또한 「아무런 조건 없이」(unconditionally)라는 의미로 잘 사용되는 with no strings attached도 함께 알아두자. 두 표현 다 미드에서 많이 접할 수 있다.

Key Point

He pulled some strings 걔는 줄을 좀 댔어

▶ with no strings attached 아무런 조건 없이

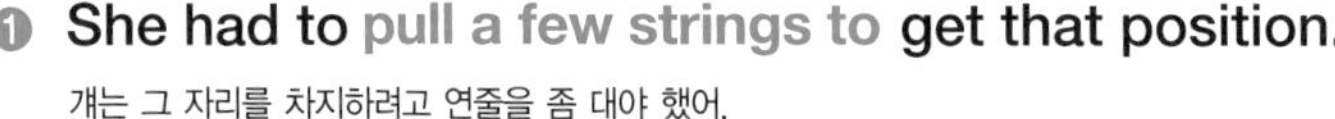

❶ She had to **pull a few strings to** get that position.
걔는 그 자리를 차지하려고 연줄을 좀 대야 했어.

❷ Is it possible to get anything done around here without **pulling strings?** 이곳에서 연줄 없이 뭔가를 이룬다는 게 가능하기나 한가?

Patty: Can you get me two tickets for the basketball game this Friday?
John: I don't know. They are awfully hard to get.
Patty: Come on. You're my best friend and you work at the stadium. Please try!
John: Well, perhaps I can **pull some strings** for you, this time only!

Patty: 이번 주 금요일 농구 경기표 두 장만 구해 줄 수 있겠니? John: 몰라. 굉장히 구하기 힘들거든.
Patty: 그러지마. 나랑 절친이고 경기장에서 일하잖아. 한번 힘 좀 써봐!
John: 글쎄, 사람들을 통해 알아볼 수는 있겠지만 이번 한번만이야!

Choose the best definition for each expression. You can check your answers at www.mentors.co.kr.

01 Spill the beans
(A) Disclose a secret, either accidently or imprudently
(B) Be quiet about something
(C) Cause a complete reversal in circumstances

Q Don't hit below the belt

 벨트 밑으로는 치지 말라고??

hit below the belt는 권투(boxing)에서 유래한 표현. 「허리선 위쪽」(above the belt), 즉 상체를 주공격 대상으로 하는 권투경기에서는 무방비 상태의 「하체」(below the belt), 즉 거시기(?) 부분을 가격하는 것이 스포츠 정신에 어긋나는 「비겁한 짓」으로 금지되어 있어(blows below the belt line are not permitted), 비유적으로 「비겁한 행위」(unfair practice)를 의미한다. 대개는 「…에게 비겁한 짓을 하다」라는 hit sb below the belt의 형태로 사용하지만, "That was a hit below the belt!"(그건 비겁한 짓이야!)에서와 같이 한 덩어리의 명사구로 쓰는 경우도 있다.

Key Point 

Don't hit below the belt 뒤통수 치지 마

▶ a hit below the belt 비겁한 짓

1. You really **hit me below the belt** when you told the boss about my tax problems. 사장한테 내 세금 문제를 얘기하다니, 넌 정말 비열한 짓을 했어.
2. I welcome healthy criticism, but that reporter **hit me below the belt.** 난 건전한 비판은 환영하지만, 그 기자의 보도는 공정치 못해.

Gina: Hi, Sam! How was your day?
Sam: Oh, terrible. I **was hit below the belt** this morning at work.
Gina: I'm sorry to hear that! What happened?
Sam: You're not going to believe this. Someone spread rumors about me.

Gina: 안녕, 샘! 오늘 잘 보냈어?
Sam: 아주 끔찍했어. 오늘 아침 직장에서 뒤통수를 한 대 맞았거든.
Gina: 그거 안됐네! 무슨 일이었는데?
Sam: 믿을 수 없을 거야. 누가 나에 대한 소문을 냈더라고.

 Choose the best definition for each expression. You can check your answers at www.mentors.co.kr.

01 Show one's true colors
(A) Be in love with someone who is not in love with you
(B) Show what one is really like or what one is really thinking
(C) Spoil other people's enjoyment

In a nutshell, you're fired!

견과류 껍질 속에서 넌 해고라고??

nutshell은 밤(chestnut), 호두(walnut), 잣(pine nut) 등과 같은 「견과류(nut)의 껍질」을 가리킨다. 따라서 in a nutshell을 직역하면 「견과류 껍질 내에서」라는 뜻이 되는데, 이는 다른 과일에 비해 유독 크기가 작은 nutshell에 들어갈 만큼의 적은 단어 수로(describing in as few words as possible), 즉 전후사정에 대한 설명은 생략하고 핵심만 「간단히 얘기하겠다」는 말이 된다. 제목과 같이 전달할 핵심 문장 앞에서 이를 예고(?)하는 독립 부사구로도 쓰이지만, to put it을 앞에 붙여 to put[give] it in a nutshell처럼 독립 부정사 구문의 형태가 많이 사용된다.

Key Point

In a nutshell, you're fired! 간단히 말해서, 당신 해고야!

▶ to put[give] it in a nutshell 간단히 말하자면

❶ There's a lot I could say about the show, but to put it **in a nutshell,** it was terrible. 그 쇼에 대해 할 말은 많지만, 간단히 말하자면 형편없었어.

❷ To put it **in a nutshell,** I think our company should be making more profit. 간단히 말하면, 난 우리 회사의 수익이 더 많이 나야 한다고 생각해.

A: Where do you think you're going? Did you finish the proposal?
B: No, I didn't finish the proposal. But it's 7:00 p.m. and I'm tired.
A: Then, **in a nutshell,** if you go home now, you're fired.
B: I don't think so. I quit!!

A: 어디 가려고 그래? 할 일이 있지 않아? 제안서는 다 끝냈나?
B: 아뇨, 제안서는 아직 못 끝냈지만 7시이고 피곤해서요.
A: 그래, 간단히 말하지, 지금 퇴근하면 당신은 해고야.
B: 그럴 일 없을걸요. 내가 그만 두겠어요!!

Choose the best definition for each expression. You can check your answers at www.mentors.co.kr.

01 One's cup of tea
(A) The largest share of something
(B) Something that you enjoy or do well at
(C) Small amount of a plentiful commodity

02 In the nick of time
(A) At the most favorable opportunity
(B) At the last possible moment
(C) After the deadline

Let's talk turkey

 칠면조 얘기를 하자고??

미대륙 식민지 시대(colonial days)에 백인 사냥꾼과 인디언 사이에 있었던 일화에서 유래한 표현. 하루는 백인 사냥꾼과 인디언이 함께 사냥을 해서 포획한 동물(spoils)을 공평하게 나누기로 했다. 그러나 사냥이 끝나고 막상 까마귀(crow) 세 마리와 칠면조(turkey) 두 마리를 나누어야 할 시간이 되자, 백인 사냥꾼은 인디언에게 까마귀 세 마리만 주고 칠면조는 자기 혼자 독차지하려 했다. 이에 화가 난 인디언이 진지한 태도로 「칠면조 얘기 좀 해보자」(Let's talk turkey)고 팔을 걷어붙이고 나섰는데, 여기서 유래한 talk turkey는 이 두 사람의 공식적인 문제였던 칠면조처럼, 이야기를 나누는 사람들이 함께 하는 「업무에 관해 진지하게 말하다」(talk seriously about business matters)라는 뜻이 되었다.

Key Point 

Let's talk turkey 탁 터놓고 얘기합시다

▶ Okay, let's talk turkey 그래 솔직히 얘기보자고

1. It is time to talk turkey about the state of our company.
   우리 회사의 상태에 대해 탁 터놓고 얘기해볼 때가 됐어.
2. People need to start talking turkey about the computer industry.
   컴퓨터업계에 대해 심도 있는 대화를 나누어야 할 필요가 있어.

Ricky: Our discussions so far have not been clear enough.
Lorraine: I know. We need to talk turkey.
Ricky: Okay, let's really discuss the issues here.
Lorraine: Let me call the manager so he can join in.

Ricky: 지금까지 토론한 내용이 그리 분명치 않았어.
Lorraine: 알아. 탁 터놓고 말할 필요가 있어.
Ricky: 좋아. 여기서 이 문제에 대해 진짜로 토론해보자.
Lorraine: 부장에게 전화해서 와서 참여하라고 할게.

Choose the best definition for each expression. You can check your answers at www.mentors.co.kr.

01 A cat has nine lives
(A) A cat can stay alive in difficult situations when other animals would have been killed
(B) Tell a secret, especially unintentionally
(C) Provide special treatment

Q He turned the tables

걔가 테이블을 뒤엎었다고??

A 「상황을 완전히 역전시키다」(cause a complete reversal in circumstances). 얼핏 보면 아마도 슈퍼맨 아저씨가 열 받아서 탁자를 그야말로 「뒤집어엎는」 상황이 아닐까하고 생각하겠지만 안타깝게도 대답은 No. 이 표현의 유래는, 오늘날과 달리 탁자의 매끈한 면과 거친 면 양면을 모두 이용했던 옛 관습에서 찾을 수 있다. 당시 사람들은 탁자의 매끈한(smooth and polished) 쪽으로는 식사를 하거나 손님을 접대하는(entertaining visitors) 등의 고상한 일을, 거친(rough) 쪽으로는 작업을 하기 위한 용도로 사용했다고 한다. 하지만 사돈의 팔촌쯤 되는 귀찮은 사람이 찾아오면 「상황은 완전히 달라져」, 탁자를 거친 쪽으로 뒤집어 엎어서 눈칫밥 접대용으로 사용했던 것.

Key Point

He turned the tables 걔가 상황을 역전시켰어

▶ I'm going to turn the tables on them 내가 걔네들보다 유리하게 상황을 역전시킬 거야

❶ How can we **turn the tables** on my enemies?
어떻게 우리가 적들보다 유리한 상황으로 돌려놓을 수 있을까?

❷ In order to **turn the tables,** we need a lot of planning and a lot of secrecy. 형세를 역전시키기 위해서는 철저한 사전 계획과 비밀 유지가 필요해.

Britt: It looks like they **turned the tables.**
Margaret: What do you mean by that?
Britt: Now they want to take over our company instead of us taking over them.
Margaret: That puts us in an interesting position.

Britt: 걔네들이 상황을 역전시킨 것 같은데.
Margaret: 무슨 말이야?
Britt: 이제 우리가 그 쪽을 인수하는 게 아니라 그 쪽에서 우리 회사를 인수하려고 해.
Margaret: 상황이 흥미로워지는데.

Choose the best definition for each expression. You can check your answers at www.mentors.co.kr.

01 Take a rain check
(A) Put off something until a later time
(B) Rain extremely heavily
(C) Accept the punishment

02 Don't have a leg to stand on
(A) Depend on someone
(B) Have no support
(C) Ask for a help

Q She's going steady with me

A

steady가 「고정된」, 「확고한」이라는 뜻의 형용사이므로 go steady는 「확고해지다」라는 말이 되는데, 대개 남녀 사이에 특정한 사람과 「고정적으로 만나는」(go out together on a regular basis) 것을 의미한다. 교제하고 있는 사람을 밝히고 싶을 때는, "She's going steady with me"와 같이 전치사 with를 이용할 수도 있지만 "She and I are going steady"처럼 사귀는 사람을 함께 주어로 표현해도 된다. 그밖에도 남녀 간의 교제를 표현하는 동사로 date이나 see가 있지만, 이들은 go steady에 비해 아직 진지한(serious) 단계에 이르지 못한 경우. 반대로 백화점에서 쇼핑하듯 「이 사람 저 사람 만나고 다니는」(date many different people) 일명 선수들(?)용으로는 play the field가 있다.

Key Point 

She's going steady with me 그 여자, 나하고 사귀는 중이야

▶ play the field 여러 이성과 놀아나다

❶ Susan **went steady with** her boyfriend for two years before she got married. 수잔은 2년간의 연애 끝에 결혼했어.

❷ You'll never get her to **go steady with** you. She likes to play the field. 걔에게 너하고만 사귀라고는 할 수 없어. 걔는 여러 남자를 겪어보는 걸 좋아해.

Mike: Did you hear? Tim and Michelle both stayed out all night.
Jill: That doesn't surprise me. I heard they **have been going steady.**
Mike: Really? Why am I always the last one to hear gossip?
Jill: I don't know. Maybe you talk too much!

Mike: 그 얘기 들었어? 팀과 미셸이 함께 밤새도록 안 들어왔대.
Jill: 놀라운 소식도 아니네. 걔네들 지난주부터 진지한 사이로 발전했다던데.
Mike: 정말? 왜 난 늘 그런 소문이 제일 나중에 듣는 걸까?
Jill: 몰라. 아마 네가 말이 너무 많아서 그런가 보지!

Choose the best definition for each expression. You can check your answers at www.mentors.co.kr.

01 Have an ax to grind
(A) Get out of bed
(B) Have a look
(C) Have something to complain about

02 Lion's share
(A) The greatest part
(B) Unpleasant fate
(C) Difficult situation

Hold your horses!

 네 말들을 잡으라고??

직역하면 「말의 고삐를 잡아 세우라」라는 뜻이 되는 이 표현은, 그 옛날 미국의 시골 장터(country fair)에서 남성들의 열화와 같은 성원 속에 열리던 harness race에서 그 유래를 찾을 수 있다. 말이 1인승 2륜 마차(sulky)를 끌고 달려야 하는 harness race에서는, 아마추어답게 잔뜩 긴장하고 있는 주인들의 기분을 감지한(sensing the tautness of inexperienced eager drivers) 말들이 부정출발(?)을 일삼는 바람에 경기 시작부터가 여간 힘든 일이 아니었다. 따라서 Horse your horses는 흥분해서 부정 출발하는 말 마냥 성급하게 「서두르지 말고」(relax and slow down) 「진정하라」(calm down)라는 말이 된다. Take it easy, Watch your step 등이 이와 비슷한 표현.

Key Point 

Hold your horses! 진정해!

▶ Hold your horses! She's hurt 진정들해! 걔가 다쳤어

❶ **Hold your horses!** We don't have to rush to the shop now. It's open till late tonight. 서두르지 마! 지금 가게로 달려갈 필요없다구. 오늘밤 늦게까지 문 열어.

❷ Now, just **hold your horses** and let him explain.
자, 진정하고 걔 얘기 좀 들어봐.

Sam: This really is a nice coffee shop, don't you think Brenda?
Brenda: Yeah, I like it a lot. It reminds me of France.
Sam: Hurry up and finish your coffee. Let's get out of here and go shopping.
Brenda: Just **hold your horses.** We've got all day for shopping!
Sam: 이 커피숍 정말 멋지다, 그렇지 않니 브렌다?
Brenda: 응, 나도 정말 맘에 들어. 이 커피숍을 보니 프랑스 생각이 나네.
Sam: 남은 커피나 마셔. 나가서 쇼핑하자.
Brenda: 그렇게 서둘지 마. 쇼핑은 하루 종일 할 수 있잖아!

 Choose the best definition for each expression. You can check your answers at www.mentors.co.kr.

01 Keep up with the Joneses
(A) Stay even in a race
(B) Keep up with modern trends
(C) Decision or action has been taken and cannot be changed now

Q You must toe the line

 너는 발가락을 라인에 대야 된다고??

여기서 line은 「달리기의 출발선」. 원래 toe the line은 달리기에서 '제자리에'(On your marks!)라는 신호에 선수들이 「출발선에 발끝을 나란히 갖다 대다」라는 기본 의미에서 「규칙을 지키다」(follow the rules) 혹은 「하기로 되어 있거나 해야만 되는 것을 하다」(do what one is expected or required to do)라는 뜻으로 쓰이게 되었다. 1813년 미국에서 출판된 *The Diverting History of John Bull and Brother Jonathan*이라는 책에 처음 등장해, 오늘날에는 toe the party platform line(정당의 강령을 따르다)이나 toe Beijing's line(중국 당국의 노선을 따르다)과 같이 line 앞에 다양한 수식어가 붙기도 한다.

Key Point 

You must toe the line 규칙에 따라야 해

▶ Toe the line. Thread the needle. Think outside the box! 규칙을 따르고, 어려운 일을 해내고 창의적으로 생각해!

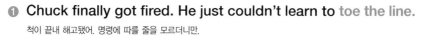

❶ **Chuck finally got fired. He just couldn't learn to toe the line.**
척이 끝내 해고됐어. 명령에 따를 줄을 모르더니만.

❷ **Don't worry. Just toe the line, and everything will be okay.**
걱정 말고 규칙만 잘 따르면 다 잘 될 거야.

Billy: Not everyone enjoys working here.
Anna: Your boss seems to be a very strict guy.
Billy: He makes all of the employees toe the line.
Anna: Have you ever thought about quitting?

Billy: 모든 사람이 여기서 일하는 것을 좋아하는 것은 아냐.
Anna: 너희 사장이 매우 깐깐한 가 보다.
Billy: 모든 직원들이 규칙을 따르도록 해.
Anna: 그만 둘 생각을 해본 적은 있어?

Choose the best definition for each expression. You can check your answers at www.mentors.co.kr.

01 Lock, stock and barrel
(A) The whole thing
(B) Point a gun
(C) Diversify investment

02 Beat around the bush
(A) Take no active part
(B) Talk seriously about business matters
(C) Talk about things without giving a clear opinion

Let's bury the hatchet

도끼를 묻자고??

우선 hatchet는 북아메리카 인디언의 우두머리들(leaders)이 지니고 다니던 손도끼의 일종. 그럼 도끼를 땅에 묻는 이유가 대체 무엇일까? 영화에서도 자주 보듯 hatchet는 인디언들이 무기로 애용했기 때문에, 분쟁이 끝나면 두 집단 사이의 적대 관계는 끝났으니(hostilities between the two groups were over) 「과거지사는 묻어버리자」는 뜻으로 이를 땅에 묻어 버렸던 것. 이러한 관행이 거듭되면서 「도끼를 땅에 묻는다」는 말 자체가 「화해」(settle an argument and become friendly again)를 의미하게 된 것이다. 이와 같은 발상에서 「(묻혔던) 도끼를 다시 파낸다」는 뜻의 dig up the hatchet는 한동안 잠잠했던 「적대감이 다시 폭발하다」(hostilities broke out again)라는 의미.

Key Point

Let's bury the hatchet 그만 화해하자

▶ dig up the hatchet 다시 싸움을 시작하다

❶ **All right you two. Calm down and bury the hatchet.**
자자 됐어, 두 사람. 그만 진정하고 화해하라고.

❷ **I wish Mr. and Mrs. Bacon would bury the hatchet. They argue all the time.** 난 베이컨씨 부부가 그만 화해했으면 좋겠어. 그 부부는 늘 토닥거리거든.

Jeff: I think Bob is still mad at me for canceling that meeting.
Nina: Really? It's been two weeks since that happened!
Jeff: I know. I think it's about time he buried the hatchet.
Nina: Well, let's hope he does soon.

Jeff: 내 생각엔, 그 회의를 취소한 것 때문에 밥이 아직도 나한테 화가 나있는 것 같아.
Nina: 정말? 벌써 2주나 지난 일이잖아.
Jeff: 알아. 내 생각에도 지금쯤이면 화해할 때도 된 것 같은데 말이야.
Nina: 글쎄, 곧 그렇게 되길 빌어보자.

Choose the best definition for each expression. You can check your answers at www.mentors.co.kr.

01 Sell someone down the river
(A) Betray
(B) Help
(C) Bother

02 Stick to one's guns
(A) Acknowledge or admit defeat
(B) Take action too soon
(C) Hold to an aim or opinion

Over my dead body!

 내 죽은 시체를 넘어서라고??

「내 시체를 넘어서」라는 말은 「네가 무슨 일을 하려면 나를 먼저 죽여야 한다」(you'll have to kill me to prevent me from keeping you from doing something)는, 얼핏 들으면 살벌하기 그지없는 표현. 19세기 초 미국에서부터 쓰이기 시작한 이 말은, 자식의 결혼을 반대할 때 우리나라 부모들이 쓰는 단골 멘트 '내 눈에 흙이 들어가기 전에는 절대 안 된다'와 같은 뉘앙스이다. 우리말 표현처럼 「반대의사를 강조하고 싶을」 때 쓸 수 있는데, 이렇게 my로 된 형태가 가장 흔하지만, "You'll marry over her dead body!"(그 여자 눈에 흙이 들어가기 전엔 절대 결혼 못할걸!)와 같이 반대하는 주체에 따라 his, her 등을 쓰면 「그 사람이 그렇게 하게 안 둘걸」이라는 뜻이 된다.

Key Point

Over my dead body! 결사반대야!

▶ ~be over my body …은 절대로 안 돼

❶ You can't drive my new car! Over my dead body!
너 내가 새로 뽑은 차를 몰면 안 돼. 죽어도 안 돼.

❷ Get married and move to California? Over my dead body!
결혼해서 캘리포니아로 간다고? 내 눈에 흙이 들어가기 전엔 절대 안 돼!

Carl: I want to use your notebook computer.
Eddie: Over my dead body! No way!
Carl: Come on, why not let me use it for a while?
Eddie: It's brand new and I'm afraid you'll break it.

Carl: 네 노트북을 사용하고 싶어.
Eddie: 죽어도 그런 일 없을 거야! 안 돼!
Carl: 그러지마, 잠깐 동안 사용하게 해줘.
Eddie: 새 제품인데 네가 망가트릴까봐서.

Choose the best definition for each expression. You can check your answers at www.mentors.co.kr.

01 Flash in the pan
(A) Without any ties or commitments
(B) Special or enjoyable time
(C) Something which disappoints by being over too quickly

02 Carry the ball
(A) Work very well
(B) Be one's turn
(C) Take responsibility

Q I got up on the wrong side of the bed

침대의 안 좋은 쪽에서 일어났다고??

A 특별한 이유도 없이 기분이 나쁘거나 하는 일마다 꼬일 때, 우리는 애꿎은 「꿈자리」 탓을 하는 사람이 많은데, 미국에서는 「침대의 잘못된 쪽으로 일어났다」(get up on the wrong side of the bed)는 핑계를 댄다. 우리가 어렸을 적, 이유는 모르겠지만 왼손으로 밥을 먹거나 글씨를 쓰면 어른들이 화를 내고 혼내던 기억이 있을 것이다. 아마도 바른쪽이라 하여 오른쪽을 귀히 여기고 왼쪽을 좋지 않게 생각하는 데서 비롯된 것으로 보이는데…. 이는 서양에서도 마찬가지! 사실 침대에 좋은 쪽이 어디 있고 나쁜 쪽이 어디 있겠는가마는, 침대의 wrong side 즉 「왼쪽」(left)으로 일어나면 그날 하루는 되는 일도 없고 기분도 영 찝찝한 날이 될 거라나 뭐라나! 반대로 wrong을 right으로 바꾸면 「왠지 기분이 좋다」는 의미.

Key Point

I got up on the wrong side of the bed 일진이 안 좋았어

▶ get out of on the right side of the bed 왠지 기분이 안 좋다

❶ What's wrong with you? Did you **get up on the wrong side of the bed** today? 너 왜 그래? 오늘 아침에 잘못 일어났어?

❷ Excuse me for being cross. I **got up on the wrong side of the bed.** 성질을 내서 미안해. 오늘은 아침부터 왠지 상태가 안 좋거든.

Stan: Jack is really grumpy. He yelled at me this morning.
Hellen: He's such a nice man usually. I wonder what's wrong.
Stan: Oh, he probably just **got up on the wrong side of the bed** this morning.
Hellen: I sure hope he's back to his old self tomorrow.

Stan: 잭이 완전히 저기압이야. 오늘 아침엔 내게 소리까지 질렀어.
Hellen: 평소엔 썩 괜찮은 놈인데. 무슨 일인지 모르겠네.
Stan: 아마 오늘 아침부터 일진이 안 좋았나보지.
Hellen: 내일은 꼭 평소 모습으로 돌아왔으면 좋겠다.

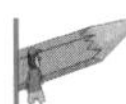

Choose the best definition for each expression. You can check your answers at www.mentors.co.kr.

01 Make no bones about it
(A) Very thin or emaciated
(B) Go directly toward something
(C) State a fact in a way that allows no doubt

02 Rule of thumb
(A) According to a rough and ready rule
(B) Without a general rule
(C) Rule without any exceptions

They gave me the cold shoulder

걔네들이 내게 차가운 어깨를 줬다고??

여기서 shoulder는 사람의 「어깨」가 아니라 양이나 염소의 「앞다리 윗부분」(upper foreleg) 부위를 의미. 따라서 give sb the cold shoulder는 「…에게 차가운 앞다리 요리를 주다」라고 직역되는데, 「…를 냉대하다」(be intentionally unfriendly) 혹은 「…를 무시하다」(ignore)라는 뜻이 된다. 반갑고 중요한 손님이 오면 따뜻하고 맛있는 고기로 융숭하게 대접했던 반면, 눈치 없이 오래 머물러서 미운털이 박혔거나 달갑지 않은 손님에게는 다 식은 양고기의 앞다리 요리(dish of a cold shoulder of mutton)를 내놓았던 풍습(?)에서 유래한 표현. give 대신 show나 turn 등의 동사를 쓸 수도 있고 cold-shoulder 자체가 하나의 동사로 쓰이기도 한다. get the cold shoulder는 「냉대[무시]를 당하다」라는 수동의 뜻.

Key Point

They gave me the cold shoulder 날 찬밥 취급했어

▶ get the cold shoulder 냉대[무시]를 당하다

1. **She gave me the cold shoulder when I asked her to the party.**
   파티에 같이 가자고 하자, 걔는 내 말을 들은 척도 안 했어.
2. **After our argument yesterday, Amanda has been giving me the cold shoulder all day.** 어제 말싸움을 벌인 뒤로, 아만다는 온종일 나한테 쌀쌀맞게 굴었어.

Will: I don't get it. Everybody seems to be giving me the cold shoulder.
Ira: I told you that you shouldn't complain to the boss about the other workers.
Will: I know, but most people down here are working at half speed.
Ira: That's your opinion.

Will: 이해가 안 돼. 사람들이 다 나를 무시하는 것 같아.
Ira: 사장한테 다른 직원들 흉보지 말아야 한다고 말했잖아.
Will: 알아, 하지만 여기 사람들은 대부분 일하는 속도가 남들의 반밖에 안 돼.
Ira: 그건 자네 생각이지.

Choose the best definition for each expression. You can check your answers at www.mentors.co.kr.

01 Bring home the bacon
(A) Be successful in earning the money to feed a family
(B) Get ahead of one's problems
(C) Stay out of debt

Q We're shooting the breeze

우리가 산들바람을 쏘고 있다고??

A

딱히 할 일없는 나른한 오후, 무료한 시간 때우기(killing time)에는 친구들과 「수다 떨기」가 제격이다. 이렇게 한가로이 앉아서 특별한 주제 없이 「잡다한 이야기로 시간을 보내는 것」(spend time chatting)을 흔히 shoot the breeze라 하는데, breeze 대신 bull을 넣은 shoot the bull도 자주 사용된다. shoot the bull은 미국식 「자유 토론회」 bull session에서 유래한 표현으로, 대화 도중 말문이 막힌 사람들에게 「편하게 얘기하라」는 뜻으로 shoot the bull이라고 격려해줬던 데서 비롯된 것이다. 한편 '황소를 때려잡았다' 등의 「허풍을 떠는」 것도 역시 shoot the bull. 〈위기의 주부들〉에서 함께 모여 포커 치면서 나누는 수다를 떠올리면 된다.

Key Point

We're shooting the breeze 우린 잡담 중이야

▶ shoot the bull 잡담하며 시간을 보내다

1. I went over to Carrie's place and **shot the breeze** for about an hour. 나는 캐리 집에 가서 한 시간가량 수다를 떨었다.
2. It was raining, so everybody spent the day indoors **shooting the bull.** 비가 와서 다들 실내에서 한가로이 잡담이나 나눴어.

Tom: What do you want to do today?
Vicky: I don't know, we could call up some of the guys, and **shoot the breeze.**
Tom: Again? That's all we ever do! I want to do something exciting.
Vicky: Well if you have any bright ideas, just let me know.

Tom: 오늘 뭐 할 거야?
Vicky: 글쎄, 전화로 애들 좀 불러내서 수다나 떨지 뭐.
Tom: 또? 우린 맨날 그러잖아! 기분전환이 될 만한 신나는 걸 하고 싶다고. Vicky: 그럼 좋은 생각이 있으면, 알려줘.

Choose the best definition for each expression. You can check your answers at www.mentors.co.kr.

01 See the writing on the wall
(A) Realize that the wall is messy
(B) Be angry with the graffiti on the wall
(C) Know that something is certain to happen

02 Face the music
(A) Listen carefully to the music
(B) Face the unpleasant result of one's action
(C) Have a good time

Mum's the word

멈이 단어라고??

무슨 스파이들의 암호(password)같아 보이는 mum's the word는, 지금 하는 이 얘기는 「절대 비밀이니 함구하라」(urge someone to keep quiet about something)는 의미이다. 여기서 mum은 두 입술을 꽉 다물 때 나는 소리를 흉내 낸(imitative of the sound made when one's lips are closed) 단어로 「침묵을 지키고 있는」(keeping silent)이란 뜻. 따라서 Mum!이라고만 해도 「입 다물고 있으라」는 말이 되지만, 뒤에 the word를 붙여서 비밀로 지켜야할 이야기를 다시 한 번 강조한 것이다. 비밀을 지키고 폭로하는 것은 미드단골이니 이에 관련한 표현들은 다양하게 알아두어야 한다.

Key Point 

Mum's the word 입 꽉 다물고 있어

▸ keep one's secret 비밀로 하다

❶ Don't tell anyone what you've heard and remember this: **mum's the word!** 지금 들은 얘기 아무한테도 말하지 말고 입 꼭 다물고 있어야 한다는 걸 잊지 마.

❷ Remember, **mum's the word** when it comes to Samantha's party.
사만다의 파티에 관해 입 꽉 다무는 것 잊지 마.

Eric: Hey, guess what? Rachel is engaged!
Fay: Really? Wow! That's great! Wait until I tell Susan. She'll be so excited!
Eric: No, don't tell her. **Mum's the word** for now until Rachel can tell her mother.
Fay: Oh, I understand.

Eric: 이봐, 무슨 일이 있었는지 알아? 레이첼이 약혼했대!
Fay: 정말이야? 와! 잘 됐다! 가만 있자, 수잔한테 얘기해줘야겠어. 엄청 좋아할 거야!
Eric: 안 돼, 말하지 마. 레이첼이 자기 어머니한테 얘기할 때까지는 입 꼭 다물고 있어.
Fay: 아, 알았어.

Choose the best definition for each expression. You can check your answers at www.mentors.co.kr.

01 Like a fish out of water
(A) Involved in a difficult, confusing, or dangerous situation
(B) Uncomfortable because one is in a strange place or situation
(C) Not any recognizable thing

Don't let the cat out of the bag!

가방에서 고양이를 꺼내지 말라고??

「무심결에 비밀을 누설하다」(tell a secret especially unintentionally)라는 뜻의 표현으로, 과거 영국에서 돼지를 자루에 넣어서 팔았던 관습에서 유래한다. 당시 장사꾼들(traders) 중에는 고양이를 자루에 넣어(putting a cat in a bag) 새끼돼지라고 속여서 파는 일부 몰지각한 사람들이 있었기 때문에, 자세히 살펴보지도 않고 덜컥 사들고 가서 자루를 풀어보면 꿀꿀거려야 할(oink) 돼지가 야옹거리고 있는(mew) 경우가 많았다. 사정이 이렇다보니, 이 장사치들 입장에서는 돼지 대신 자루 속에 넣어둔 「고양이가 밖으로 나오게 된다」(let the cat out of the bag)면 예기치 않게 음모(?)가 들통 나고 마는 셈이었던 것.

Key Point 

Don't let the cat out of the bag! 들통내지마!

▶ threaten to let the cat out of the bag 비밀을 폭로하겠다고 협박하다

❶ We are planning a surprise party for Ross. **Don't let the cat out of the bag.** 로스에게 깜짝 파티를 열어줄 계획이니까, 들통내지마.

❷ It is top secret. **Don't let the cat out of the bag.**
이것은 일급비밀이야. 절대 들통 나지 않도록 조심해.

Ronny: Guess who **let the cat out of the bag** about the surprise party.
Claire: I bet you it was Mike.
Ronny: How did you guess?
Claire: He can never keep a secret.

Ronny: 깜짝 파티를 하겠다는 걸 발설한 사람이 누군지 맞춰봐.
Claire: 마이크겠지.
Ronny: 어떻게 맞췄어?
Claire: 마이크는 도대체가 비밀을 간직할 줄 모르는 사람이거든.

Choose the best definition for each expression. You can check your answers at www.mentors.co.kr.

01 With one's tail between one's legs
(A) Frightened or cowardly
(B) In high spirits
(C) Out of one's mind

02 Crocodile tears
(A) Sign of great personal effort
(B) False sorrow
(C) Crying in sorrow

Q I smelled a rat

쥐 냄새를 맡았다고??

A smell a rat은 고양이나 개가 「코를 킁킁거리며 쥐 냄새를 맡는」 모습을 형상화시킨 표현으로, 나름대로 귀여운(?) 구석이 있는 mouse도 아니고 등치 큰 시궁창쥐인 rat의 냄새라면 그리 향기로울 리가 없다. 따라서 smell a rat은 우리말 「뭔가 구린내가 나다」와 동급으로 볼 수 있는데, 결국 「뭔가 잘못됐다는 낌새를 채다」, 「수상쩍다」(suspect that something is wrong; be suspicious)라는 의미. 예컨대 한밤중에 활짝 열린 옆집 창문을 보고 「이웃에 도둑이 들었다는 낌새를 챘다」는 말은 "The neighbors smelled a rat when they saw the open window," 꼭 그 사람만 왔다 가면 금붙이가 하나씩 없어져 「범인이 누군지 감이 잡히기 시작했다」는 말은 "I'm starting to smell a rat" 등과 같이 표현할 수 있다.

Key Point

I smelled a rat 수상한 낌새를 챘어

▶ He smelled a rat in her family 걘 그녀의 가정에 수상한 점을 느꼈어

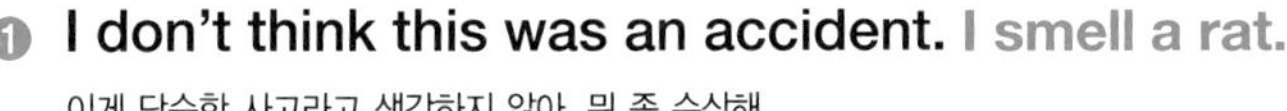

❶ I don't think this was an accident. I smell a rat.
이게 단순한 사고라고 생각하지 않아. 뭐 좀 수상해.

❷ She smelled a rat the minute she came into the room.
걘 방안에 들어서는 순간, 수상한 낌새를 눈치 챘다.

Raymond: I smell a rat.
Angela: Who do you think it is?
Raymond: I'm pretty sure that it is Bob.
Angela: Come to think of it, he has been acting kind of funny.

Raymond: 범인을 알 것 같아.
Angela: 누구인 것 같아?
Raymond: 밥이 분명해.
Angela: 생각해보니, 행동이 좀 수상쩍긴 했어.

Choose the best definition for each expression. You can check your answers at www.mentors.co.kr.

01 Fly in the face of
(A) Oppose or defy something in a seemingly foolhardy way
(B) Be successful earning the money to feed a family
(C) Take a popular position

She threw a wet blanket

개가 젖은 담요를 던졌다고??

한창 무르익고 있는 모임이나 회합의 분위기를 깰(spoils other people's enjoyment) 때 흔히 '찬물을 끼얹는다' 고 하는데, 이에 해당하는 영어표현이 바로 throw a wet blanket. 원래 화재 진압을 위해 '물에 적신 모포를 던지는' 것을 뜻하던 이 표현은, 불길처럼 활활 타오르던 「분위기를 일순간에 가라앉히다」, 「썰렁하게 만들다」라는 의미이다. 그런가 하면 어떤 계획이나 의욕, 분위기 등에 있어서 「남의 흥을 깨는 행동」 혹은 「그런 행동을 하는 사람」(dull or depressing person who spoils other people's enjoyment)을 wet blanket이라 한다. party pooper와 더불어 미드에서 활약하는 표현들.

Key Point 

She threw a wet blanket 걔가 찬물을 끼얹었어

▶ party pooper 흥을 깨는 사람

❶ I'm afraid the weatherman **has thrown a wet blanket** on our hiking trip. 일기예보 때문에 하이킹 가려던 계획은 물거품이 됐어.

❷ Sorry to **throw a wet blanket** over this party. 이 파티에 깽판을 놔서 미안해.

Tim: I've made reservations at the Hilton Hotel for dinner.
Carrie: I'm not really in the mood to go out. I'm so tired.
Tim: Why do you have to always **throw a wet blanket** on my plans?
Carrie: I'm sorry. Just let me get a couple of hours of rest and then we'll go for dinner.

Tim: 힐튼 호텔에 저녁식사를 예약해 봤어.
Carrie: 정말 나가고 싶은 기분이 아니야. 너무 피곤해.
Tim: 넌 꼭 내 계획에 찬물을 끼얹어야만 하겠니?
Carrie: 미안. 두어 시간만 쉬게 해줘, 그러고 나서 저녁 먹으러 가자.

Choose the best definition for each expression. You can check your answers at www.mentors.co.kr.

01 Off base
(A) Repeatedly or very quickly
(B) Unrealistic, inexact, or wrong
(C) Intellectual and highly educated

02 Throw in the towel
(A) Show what one is really thinking
(B) Spoil other people's enjoyment
(C) Give up an attempt to do something

Make my day!

 나의 날을 만들어달라고??

make sb's day는 「…를 즐겁게 하다」(make someone feel happy)라는 의미. 따라서 Make my day!는 원래 「나를 즐겁게 해 달라!」는 말인데, Dirty Harry류의 경찰극에서 Clint Eastwood가 대치중인 범인에게 「총을 쏠 수 있는 명분이 생기도록 어디 한번 덤벼봐라」(he wants the criminal to do something that will justify pulling the trigger, which he will do with pleasure)는 뜻으로 "Go ahead[on], Make my day!"를 즐겨 쓰면서, 전혀 다른 뉘앙스로도 유명해졌다. 이 경우, 어떤 식으로든 '맞장 한번 뜨자' 고 알짱거리는 사람에게 「덤빌 테면 덤벼봐. 기꺼이 상대해주지」라고 비아냥(sarcasm)거리는 표현.

Key Point 

Make my day! 나 좀 신나게 해줘!

▶ Go ahead, make my day! 어서 해봐, 네 골통을 날려버릴 테니!

❶ **Make my day and take me out to dinner.**
나 좀 신나게 해줘. 저녁 외식시켜줘.

❷ **What really made my day was when he asked me for my phone number.** 정말 신났던 건 그 사람이 나에게 전화번호를 물어봤을 때야.

Mitch: I'm really angry with you right now.
Charlotte: Oh, great! Let's have an argument. Make my day!
Mitch: Why do you always have to be sarcastic? I just want to talk.
Charlotte: Sorry. I'm just feeling kind of stressed.

Mitch: 정말이지 너 때문에 화가 나.
Charlotte: 그래, 좋아! 어디 한번 따져보자. 내 기꺼이 상대해주지!
Mitch: 넌 매사에 왜 그렇게 빈정거리니? 그냥 얘기 좀 하고 싶은 거라고.
Charlotte: 미안해. 스트레스를 좀 받고 있어서 말이야.

Choose the best definition for each expression. You can check your answers at www.mentors.co.kr.

01 Sour grapes
(A) Promise of heaven in the future
(B) Acting mean after a disappointment
(C) Offering that is foolishly accepted without being examined

02 The tail wagging the dog
(A) Frightened or cowardly
(B) Following a false scent
(C) Small part is controlling the whole thing

Q One night stand

 하룻밤 서있는 거??

A 영화 제목이기도 한 One Night Stand는, 영화 속 두 남녀가 나눴던 그런 「하룻밤의 사랑」을 의미한다. 원래 one night stand란 여러 지방을 떠도는 유랑극단이 「한 도시에서 치르는 단 한 번의 공연」을 이르는 말이었는데, 일회성에 그친다는 점에서 착안해 남녀가 우연히 만나서 정사를 치르고는 다시 만나는 일이 없는 「하룻밤 풋사랑」 혹은 「그런 상대」를 뜻하게 된 것. 왠지 「하룻밤 불장난」이란 부정적 인상이 풍기지만, 그보다는 단 한 번으로 끝난다는 점에 초점이 맞춰진 표현이다. 원래는 one-night stand라고 쓰지만 편한 걸 찾는 언어생리상 명사 앞에서 여러 단어가 형용사처럼 쓰여도 '-'를 빼고 쓰는 경우가 점점 많아지고 있는 추세이다.

Key Point

one night stand 하룻밤 풋사랑(one night thing)

▶ have a one night stand with sb ···와 하룻밤 풋사랑을 하다

1. **I'm so sick of meeting girls and having one night stands.**
난 여자애들 만나 하룻밤 즐기는 것에 이제 신물이 나.

2. **After an evening of drinking together, they had a one night stand.**
걔네들은 함께 술을 마신 뒤, 하룻밤 풋사랑을 나눴어.

Tom: Where have you been? I was getting worried.
Susan: I was out all night with a girl I picked up at the bar down the street.
Tom: You and your one night stands. When will you ever settle down?
Susan: Never! I love being free.
Tom: 너 어디 있었어? 걱정했단 말이야.
Suan: 길 저쪽 술집에서 만난 여자애랑 밤새 같이 있었지.
Tom: 너의 그 하룻밤 풋사랑이라니. 도대체 언제 한 여자에게 정착할거니?
Suan: 절대 그런 일은 없어! 난 자유로운 게 좋다고!

Choose the best definition for each expression. You can check your answers at www.mentors.co.kr.

01 One (more) for the road
(A) Final drink taken just before leaving
(B) Something or someone that will give a person help
(C) Person or thing which has a great appeal for a short time

Q It's straight from the horse's mouth

그건 말의 입에서 직접 온 거라고??

A

straight from the horse's mouth는 「정보원으로부터 직접」(directly from the source)이라는 의미. 그런데 왜 닭도 개도 아닌 「말의 입에서 직접」이라고 표현하게 된 걸까? 보통 말은 이(teeth)를 살펴보면 나이를 가장 정확하게 판단할 수 있다고 하는데, 나이가 들수록 잇몸이 뒤로 물러나 이가 더 길어 보이기(gums recede and it appears that their teeth get longer) 때문이다. 그래서 젊고 힘 좋은 준마를 사려는 사람은 주인이 꾸며대는 감언이설에 귀 기울이기보다는 말의 이부터 꼼꼼히 살펴봤고, 이러한 관행의 결과 「믿을 수 있는 정확한 소식통(reliable source)에서 나온」 것을 straight from the horse's mouth라고 하게 되었다. 한편 「이가 긴」이란 뜻의 long in the tooth는 「나이가 들었다」는 의미.

Key Point

It's straight from the horse's mouth 본인한테 직접 들었어

▶ long in the tooth 나이가 든

❶ This comes **straight from the horse's mouth,** so it has to be believed. 이건 정확한 소식통으로부터 나왔으니 믿어야 해.

❷ The company's going bankrupt. I got it **straight from the horse's mouth.** 정확한 소식통으로부터 들었는데 그 회사가 곧 도산할거래.

Morgan: Are you sure he said that?
Karen: I heard it **straight from the horse's mouth.**
Morgan: I guess you can go ahead and print it.
Karen: I'll get on it right now.

Morgan: 걔가 정말 그렇게 말했어?
Karen: 직접 들은 거야.
Morgan: 그럼 진행해서 기사화해도 될 듯하네.
Karen: 지금 당장 시작할게.

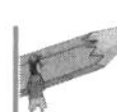

Choose the best definition for each expression. You can check your answers at www.mentors.co.kr.

01 Speak of the devil
(A) Receive a severe scolding
(B) Persevere no matter what difficulties are encountered
(C) Said when someone whose name has just been mentioned appears

Q She kicked the bucket

ⓧ 걔가 양동이를 발로 찼다고??

kick the bucket이 엉뚱하게도 「죽다」(die)라는 뜻이라는데, '양동이 차기'랑 '죽는 거'랑 무슨 상관일까? 먼저 갓 잡은 돼지가 시장에서 bucket이라는 틀(frame) 위에서 발버둥 치다가 유명을 달리한 데서 생겨난 말이라는 설이 있다. 하지만 양동이(pail or bucket)를 엎어놓고 올라서서 천정에 묶어놓은 밧줄(noose)에 목을 걸고 난 뒤, 딛고 있던 양동이를 힘차게 차서 세상을 등지는 자살(suicide) 방법에서 유래했다는 주장이 좀 더 그럴 듯하다. 이러한 비화들 때문인지 kick the bucket은 저속한 이미지가 강한 표현이므로 사용에 주의해야 한다.

Key Point

She kicked the bucket 걔 죽었어

▶ He was about to kick the bucket anyway 걘 어쨌건 죽을 거였어

❶ I want to enjoy life as long as I can before I **kick the bucket.**
죽기 전에 가능하다면 오랫동안 인생을 즐기며 살고 싶어.

❷ I think he'll **kick the bucket** this year.
걔가 금년에 죽을 것 같은 생각이 들어.

Ike: What happened to the lady next door?
Jill: She **kicked the bucket** last month.
Ike: That's so sad. What did she die from?
Jill: I'm not sure what caused her death, but she was pretty old.

Ike: 이웃집 여자 어떻게 된 거야?
Jill: 지난주에 죽었어.
Ike: 너무 안됐다. 어쩌다 죽었는데?
Jill: 왜 죽었는지는 모르겠지만 나이가 꽤 드셨어.

Choose the best definition for each expression. You can check your answers at www.mentors.co.kr.

01 Carry a torch for someone
(A) Be responsible for someone
(B) Do something pointless and superfluous
(C) Be in love with someone

02 Like a cat on a hot tin roof
(A) Very nervous
(B) Unintelligible
(C) Endurable

You're barking up the wrong tree

✕ 틀린 나무에 짖고 있다고??

「대상을 잘못 파악하고」 헛된 노력(mistaken and wasting efforts)을 기울일 때 쓸 수 있는 이 표현의 기원은, 19세기의 너구리 사냥(raccoon hunting)으로 거슬러 올라간다. 당시 사냥개의 임무는 너구리를 재빨리 뒤쫓아서 나무 위로 몰아붙인(chase a raccoon up a tree) 뒤 그 위치를 주인에게 알리는 것이었다. 사냥감을 눈앞에 두고 의기양양해진 개가 주인을 향해 자랑스럽게 짖어대는 것은 당연지사! 그런데 너구리가 올라간 나무를 잊어버리곤 엉뚱한 나무를 보며 짖어대던(barking up the wrong tree) 개도 있었으니 바로 이 표현의 주인공. 특히 미드범죄수사 중 엉뚱한 사람이나 방향으로 수사했을 경우에 쓰인다.

Key Point 

You're barking up the wrong tree 너 헛다리짚고 있는 거야

▶ I was barking up the wrong tree 내가 엉뚱한 곳을 짚고 있었어

❶ If you think the boy is the guilty person, **you're barking up the wrong tree.** 그 소년이 유죄라고 생각한다면 넌 헛다리짚은 거야.

❷ **You're barking up the wrong tree,** Jim. I didn't let you go. Mr. Bean did. 잘못 짚고 있는 거야, 짐. 너를 해고한 사람은 내가 아니라 빈 씨라구.

Justin: Hey, lady! Would you like to get some coffee with me?
Wilma: I'm afraid **you're barking up the wrong tree.** I'm not that kind of girl.
Justin: What do you mean?
Wilma: I wouldn't have coffee with a complete stranger! That's what I mean.

Justin: 이봐, 아가씨! 나랑 커피 한잔 할까요?
Wilma: 안됐지만 잘못 짚으신 것 같네요. 난 그런 여자가 아니에요.
Justin: 무슨 말이죠?
Wilma: 생판 모르는 남자랑 커피 마시는 그런 여자가 아니다, 이 말이에요.

Choose the best definition for each expression. You can check your answers at www.mentors.co.kr.

01 When push comes to shove
(A) When you make a mistake
(B) When you are finished with it
(C) When the situation becomes more difficult

02 Patch up
(A) Be naturally well suited for
(B) Settle differences, be reconciled
(C) Do something unfair

It was the kiss of death

그것은 죽음의 키스였다??

kiss는 원래 서로의 사랑을 표현하는 방법 중의 하나. 그런데 여기에 death라는 부정적인 단어가 결합된 kiss of death는, death에 비할 만한 나락으로 인도하는(leading to betrayal or misfortune) 행위 및 사람을 의미한다. 아프리카의 꽃뱀이나 우리나라의 여자 꽃뱀(?)이 대표적 케이스로, 「재앙의 근원」, 「화근(거리)」(something that makes failure certain) 등으로 옮길 수 있다. 반면 kiss of life는 응급처치법(first aid) 중 하나인 「인공호흡」(artificial respiration)을 말하며 생명을 다시 가져다준다는 점에서 「회생책」을 뜻하는 비유적 표현으로도 사용된다.

Key Point

It was the kiss of death 그게 화근이었어

▶ kiss of life 인공호흡, 회생책

❶ **My fight with the manager was the kiss of death for my old job.**
부장하고 싸운 게 내 옛 직장생활에 치명타가 됐어.

❷ **Fainting on stage was the kiss of death for my acting career.**
무대에서 졸도하는 바람에 내 연기생활에 치명타가 됐어.

John: Renting that new apartment turned out to be the kiss of death for our finances.
Vanessa: Really? Why?
John: One thing after another has gone wrong, and now we're broke.
Vanessa: Maybe you should move.

John: 그 아파트를 임대하는 바람에 가게에 골칫거리가 생겼지 뭐야.
Vanessa: 정말이야? 왜?
John: 하나씩 둘씩 일이 잘못돼서 우리는 땡전 한 푼 없다니까.
Vanessa: 너 이사해야겠다.

Choose the best definition for each expression. You can check your answers at www.mentors.co.kr.

01 Bite off more than one can chew
(A) Be mistaken and waste efforts
(B) Try to do something more difficult than one is able to
(C) Spoil other people's enjoyment

Step on it!

ⓧ 발로 그것을 밟으라고??

여기서 it이 가리키는 것은 자동차의 gas pedal, 즉 accelerator이다. 따라서 step on it은 「가속 페달을 밟다」, 즉 「속력을 내다」(speed up)라는 뜻이 되는데, 목적지까지 시간이 촉박한 상황에서 운전사에게 「차를 더 빨리 몰아 달라」(drive faster)고 할 때 애용되는 말. 특히 미국에서는 it 대신 the gas를 써서 step on the gas라고도 하며 「엔진의 스로틀」(throttle)을 뜻하는 구어 gun을 이용한 gun it 등도 비슷한 표현. 한편 사람을 자동차에 비유해 단순히 「서두르라」(hurry up)고 재촉하는 말로도 사용된다.

Key Point 

Step on it! 서둘러!

▸ step on the gas 서두르다

❶ You'll have to **step on it** if you want to be there by seven thirty.

7시 30분까지 거기에 도착하려면 속력을 좀 더 내야 할 거야.

❷ We've got to **step on it** because the boss will be back soon.

서둘러야 돼. 사장이 곧 돌아올 거야.

Robert: What time is your appointment?
Branda: Five thirty. Do you think we can get there in time?
Robert: Not at this rate. The traffic is brutal today.
Branda: Well, **step on it** and get me there as fast as you can.

Robert: 약속이 몇 시지?
Branda: 5시 30분. 시간 내에 도착할 수 있을까?
Robert: 이 속도로는 안 되지. 오늘 교통이 장난이 아니네.
Branda: 그럼, 더 밟아서 가능한 한 빨리 데려다 줘.

Choose the best definition for each expression. You can check your answers at www.mentors.co.kr.

01 At the end of one's rope
(A) At the limits of one's endurance
(B) At the necessary moment
(C) At the most favorable time

02 Make a pitch
(A) Sell a thing cheap
(B) Try to persuade
(C) Be obedient

Q Tit for tat

티트 퍼 탯??

A

tit이나 tat은 모두 「가벼운 타격」(light blow)을 뜻하는 명사. 따라서 tit for tat은 「저쪽에서 살짝 한대 치면 이쪽에서도 살짝 한대 친다」는 말이 되는데, 이는 결국 상대방과 똑같이 갚아주겠다(give someone something equal to what was given you)는 의미이다. 받은 대로 갚아준다는 점에서는 '눈에는 눈, 이에는 이'(an eye for an eye, and a tooth for a tooth)식의 보복과 비슷하지만, tit for tat은 살짝 맞받아치는 정도의 「가벼운 보복」이라는 뉘앙스가 강하며 「피장파장」, 「자업자득」 등의 의미로도 볼 수 있다. 16세기만 해도 tip for tap으로 쓰였던 이 표현은, 각 단어의 끝자음이 무거운 느낌의 -p에서 가벼운 느낌의 -t로 점차 바뀌게 된 경우.

Key Point

Tit for tat 피장파장, 자업자득

▶ give sb tit for tat …에게 맞받아치다, 보복하다

❶ Their rivalry heated up with a series of **tit for tat** exchanges.
걔네들은 조금씩 맞받아치다가 경쟁심이 가열됐어.

❷ The two countries expelled each other's diplomats, **tit for tat**.
그 두 나라는 상대국의 외교관을 똑같이 추방했어.

Rudy: Did you hear that Mary is going to file a lawsuit against Jake?
Nicole: Why did she decide to do something like that?
Rudy: Well, he started problems by accusing her of lying.
Nicole: I see. It's **tit for tat** with those two.

Rudy: 메리가 제이크를 상대로 소송을 제기할 거라는 얘기 들었어?
Nicole: 왜 그런 일을 결심하게 된 거야?
Rudy: 사실, 제이크가 먼저 시작했어. 메리가 거짓말을 했다고 비난했거든.
Nicole: 그렇구나. 그럼 둘이서 피장파장이네.

Choose the best definition for each expression. You can check your answers at www.mentors.co.kr.

01 Wear two hats
(A) Be in charge of a family
(B) Fill two positions
(C) Have many secrets

02 Wear the pants in the family
(A) Be the boss in the family
(B) Be the father of the children
(C) Wear casual clothes at home

He's history now!

걔는 이제 역사라고??

"He's history now!"에서 history는 바로 「과거」, 그래서 이 문장은 「그 남자는 과거의 인물이다」를 거쳐 「그 사람은 한물갔다」는 부정적인 의미로 확장된다. 인칭을 바꿔 "We're history now!"라고 하면, 연인 사이에서 「우리 관계는 이제 과거지사다」(Our relationship is completely finished now), 즉 그만 만나자는 공식 선언이며 "You're history now!"는 「넌 이제 끝장났다」는 살벌한 말. has-been이라고 해도 된다.

Key Point

He's history now! 걔는 한물갔어!

▶ We're history now! 우리 관계는 끝났어!

❶ It's over between us. **We're history.**
우리 사이는 이제 끝났어. 완전히 볼장 다 봤다고.

❷ Well, if you don't accept my offer, then **I'm history.**
네가 내 제안을 받아들이지 않으면 난 끝이야.

Arnold: Your boyfriend was out with Cheryl last night.
Angie: That bastard! I told him not to cheat.
Arnold: Are you going to continue your relationship with him?
Angie: Absolutely not! We're finished! **He's history** now!

Arnold: 네 남친이 지난밤에 쉐릴하고 데이트했어.
Angie: 나쁜 새끼! 바람피우지 말라고 했는데.
Arnold: 계속 사귈 거야?
Angie: 절대 안 그럴 거야! 우리 끝난 거야! 걔 이제 끝이라고!

Choose the best definition for each expression. You can check your answers at www.mentors.co.kr.

01 Cock-and-bull story
(A) Full of feelings and emotions
(B) Something that occurs in the same way
(C) Foolish improbable story

02 It is all Greek to me
(A) It's very classical
(B) I like Greek so much
(C) I don't understand at all

Q A bolt from the blue

✕ 파란색에서 번개가??

A 햇볕이 쨍쨍한 날 갑자기 여우비만 내려도 황당한데, 천둥번개가 친다면 그처럼 기막히고 어이없는 일도 없을 것. 그래서 우리는 전혀 예측 못했다가 기습적으로 당하는 일을 「마른하늘에 (치는) 날벼락」(sudden unexpected thunderclap and lightning streak from a cloudless blue sky), 「청천벽력」에 비유하곤 하는데, 이에 꼭 맞아 떨어지는 영어표현이 바로 a bolt from the blue이다. 여기서 bolt는 물론 thunderbolt(천둥번개)를, the blue는 the blue sky를 의미. 전치사는 from 대신 out of를 써도 마찬가지이며 동사 hit과 함께 hit sb like a bolt from the blue의 형태로도 자주 쓰인다.

Key Point

A bolt from the blue 마른하늘에 날벼락

▶ hit sb like a bolt from the blue …에게는 날벼락 같은 일이다

❶ The news that the airplane had crashed was like **a bolt from the blue.** 비행기가 추락했다는 소식은 청천벽력과도 같았어.

❷ Winning the lottery **hit me like a bolt from the blue.**
복권 당첨이라는 예상치도 못했던 일이 내게 일어났어.

Chris: I heard you got an email from your girlfriend. What does it say?
Regina: You wouldn't believe it if I told you.
Chris: Was it serious? Did she break up with you?
Regina: No, but what she told me **hit me like a bolt from the blue.** She's pregnant!!

Chris: 오늘 여자 친구한테 이메일 받았다며. 뭐라고 되어 있어?
Regina: 내 말해도 못 믿을 걸.
Chris: 심각해? 헤어졌어?
Regina: 아니, 하지만 청천벽력 같은 말을 했어. 임신했대!!

Choose the best definition for each expression. You can check your answers at www.mentors.co.kr.

01 Whipping boy
(A) One who works in anonymity in an organization
(B) One who is made to bear the blame for other's mistake
(C) One who always causes trouble in a group

I'm pulling out of this!

나는 여기로부터 잡아당긴다고??

pull out은 뭔가 막고 있던 것을 「뽑아내다」(withdraw something), 열차가 「역에서 출발하다」(leave a station) 등 다양한 의미로 사용되는데, 사람이 주어로 오면 하고 있던 일에서 갑작스레 「손을 빼내다」, 즉 「손을 떼다」(leave or no longer take part suddenly and unexpectedly)라는 비유적인 말이 된다. 특히 패전하여 퇴각하는 군인들을 묘사할 때 자주 사용되는데, 어려움에 처하거나 곤란할 때 얌체처럼 '쏙 빠진다'는 부정적인 뉘앙스를 가지고 있다. 간단히 quit을 쓸 수도 있다. 미드에서는 범죄 등에서 가담했다가 중간 뺀다는 의미로 자주 쓰인다.

Key Point 

I'm pulling out of this! 난 손 떼겠어!

▶ You are not going to pull out of this 넌 여기서 못 빠져나가

❶ **I recommend you pull out of this agreement.**
난 네가 이 협정에서 손을 떼기를 바래.

❷ **She wants to pull out of this marriage.**
걔는 이 결혼을 하지 않기를 원해.

George: Where did you go last night? Did you go out partying?
Mindy: I wish. I had a performance at a night club and it lasted until 4:00 a.m.
George: Wow, no wonder you look so rough today.
Mindy: Sometimes I just feel like pulling out of the singing business.

George: 어젯밤에 어디 갔었어? 파티에 갔어?
Mindy: 그랬으면 좋겠다. 한 나이트클럽에서 새벽 4시까지 공연이 있었어.
George: 와, 네가 오늘 그렇게 초췌해 보이는 것도 무리가 아니구나.
Mindy: 어떤 땐 가수 일을 때려치우고 싶다니까.

Choose the best definition for each expression. You can check your answers at www.mentors.co.kr.

01 Have ants in one's pants
(A) Remain as unnoticeable as possible
(B) Be nervous and anxious
(C) Try to do something more difficult than one is able to

I burned myself out

내가 나를 태웠다고??

burn oneself out은 글자 그대로 '자기 몸을 불태우는 것'을 말하지만, 꿈과 목표를 위해 열정적으로 몸을 불사른다는 긍정적인 의미보다는 완전히 타고 남은 재처럼 초라하고 허무한 결과를 맞게 되는 「소진」에 초점을 둔 표현. 일이든 음주가무든 어떤 것에 오랜 기간 동안 지나치게 매달려 「힘을 다 써버려서 몸을 망치는 것」(use up all one's energy over a long period)이 바로 burn oneself out으로, 기력이 쇠진해졌다는 뉘앙스가 담겨 있다. 이와 관련해, 아기를 낳아 키우며 집안일을 하는 「어머니 노릇하느라 기진맥진한 것」을 뜻하는 mother-burnout도 함께 알아두자.

Key Point 

I burned myself out 완전히 기진맥진했어

▶ be burned out 완전히 지치다

❶ If you keep working so hard, you'll surely end up **burning yourself out.** 계속 그렇게 일하다가는 틀림없이 체력이 바닥나고 말거야.

❷ Chris worked so hard that by the time he was thirty he **was burned out.** 크리스는 일을 너무 열심히 해서 30살이 되자 기력이 완전히 쇠했다.

Emily: Frankie! What are you doing? Still sleeping? You'll be late for work.
Frankie: I'm so exhausted this morning. I got in very late last night after drinking with Howard.
Emily: You'd better be careful buddy or you're going to **get burned out.**
Frankie: I think I already am!!

Emily: 프랭키! 너 아직도 자고 있는 거야? 회사에 지각하겠다.
Frankie: 오늘 아침엔 너무 피곤해. 어젯밤에 하워드와 한잔 하느라 늦게 들어왔어.
Emily: 몸 조심해야 돼, 이 친구야. 그렇지 않으면 몸이 완전히 망가지겠다.
Frankie: 벌써 망가진 것 같아!!

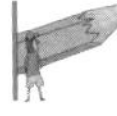
Choose the best definition for each expression. You can check your answers at www.mentors.co.kr.

01 Long face
(A) Unhappy or complaining expression
(B) Criticize unfavorably
(C) Face an unpleasant experience with courage

02 Ring a bell
(A) Use influence
(B) Be successful in earning the money to feed the family
(C) Sounds or looks familiar

He arrived at the eleventh hour

걘 11시에 도착했다고??

신약성경 마태복음(Matthew 20:1－16)에 나오는 포도원(vineyard) 품군(worker)의 비유에서 유래한 표현으로, 우리말 「막판에」 정도의 의미. 이 표현 속 주인공은 유대인의 노동시간 기준으로 11시(eleventh hour)에야 포도원에 나타난 품꾼인데, 오늘날로 치면 해가 뉘엿뉘엿 지는 오후 5시쯤에 해당한다. 그때서야 나타났어도 아침부터 뼈 빠지게 일한 사람들과 같은 품삯을 받을 수 있었으니, the eleventh hour란 표면적으로 보면 너무 늦은 것 같지만 결코 늦지 않은 「최후의 가능성이 열린 시간」(at the last possible moment)을 의미한다고 할 수 있다. 결렬(rupture)을 앞둔 협상(negotiations)이 「막판에」 가서야 타결을 볼 때 아주 유용하게 쓸 수 있는 표현.

Key Point

He arrived at the eleventh hour 걔는 막판에 도착했어

▸ be an eleventh hour plea deal 막판 형량거래이다

❶ The strike was averted **at the eleventh hour.**
막판에 파업 결정이 철회됐어.

❷ She decided to run for governor **at the eleventh hour.**
걔는 막판에 주지사 선거에 출마하기로 결심했다.

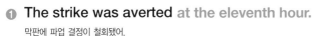

Stewart: Do you think that the pilots will settle the strike?
Bree: I think so, but it will be **at the eleventh hour.**
Stewart: I hope so because I'm supposed to fly out tomorrow.
Bree: Me too! We need good luck.

Stewart: 조종사들이 파업에 돌입하는 것을 철회할까?
Bree: 그렇겠지만 막판에서야 그럴 거야.
Stewart: 내일 비행기를 타야 하는데 꼭 그렇게 됐으면 좋겠네.
Bree: 나도 마찬가지야! 우리 운이 좋아야 할 텐데.

Choose the best definition for each expression. You can check your answers at www.mentors.co.kr.

01 Whodunit
(A) Person who is guilty of a crime
(B) Story, film etc. about a crime mystery
(C) Person who is present when a crime happens

02 Blaze a trail
(A) Stop growing
(B) Lead the way
(C) Do something by oneself

Keep your shirt on

셔츠를 입고 있으라고??

성격이 불같은 다혈질(sanguine temperament)들 가운데는, 무슨 일만 터졌다 싶으면 '남들 눈이야 괴롭든 말든' 볼록 튀어나온 X배 생각은 않고 웃통부터 벗어젖히는(?) 사람들이 많다. 이렇게 물불 가리지 않고 날뛰는 어설픈 터프가이들에게 해줄 수 있는 말이 바로 Keep your shirt on!으로, 「흥분하지 말고 진정해라」(remain calm, not become upset or angry), 「참아라」(be patient)라는 의미. 그런가 하면, 죄 없는 머리카락을 쥐어뜯지(rend his hair) 말고 「침착하라」는 뜻으로 shirt 대신 hair를 써도 같은 말이 된다. 참고로 lose one's shirt하면 셔츠를 잃어버린 게 아니라 도박 등으로 무일푼이 되다라는 뜻.

Key Point

Keep your shirt on 성급하게 굴지 마

▶ have one's shirt on 셔츠를 입고 있다

❶ **Relax and keep your shirt on, Ross, this will be over soon.**
진정하고 좀 참아, 로스, 곧 끝날 거야.

❷ **I'm sure he'll be back in a minute, just keep your shirt on.**
걔는 틀림없이 곧 돌아올 테니까, 진정하라고.

Gilbert: What time is the party tonight?
Anette: It starts at 9:00. What time is it now?
Gilbert: It's 8:30. Hurry up and let's get going. I don't want to be late.
Anette: Keep your shirt on! The party's not going to finish before we get there.

Gilbert: 오늘밤 파티가 몇 시지? Anette: 9시에 시작이야. 지금 몇 시니?
Gilbert: 8시 30분. 빨리 서두르자. 늦으면 안 된단 말이야!
Anette: 진정하라고! 우리가 도착하기 전에 파티가 끝나진 않을 거라고.

Choose the best definition for each expression. You can check your answers at www.mentors.co.kr.

01 Call a spade a spade
(A) Discloses a secret, either accidently or imprudently
(B) Remain as unnoticeable as possible
(C) Speak frankly about something, even if it is unpleasant

I like whodunits

나는 후던잇츠를 좋아한다고?

whodunit은 who has done it 또는 who done it을 소리 나는 대로 표기한 것인데, 살인사건을 단골 소재로 하는 추리소설(detective story)에서는 바로 「누가 그랬냐」라는 who (has) done it이 핵심이라고 해도 과언이 아니다. 그래서 구어에서는 이렇게 추리소설을 이끌어가는 모티브 whodunit이 아예 탐정소설과 같은 「추리물」(mystery) 자체를 의미하게 되었다. 또한 「왜 그랬느냐」(why done it)라는 범죄의 동기에 초점을 맞춘 whydunit 역시 같은 의미.

Key Point 

I like whodunits 난 추리물이 좋아

▶ whodunit mystery novels 추리소설

❶ The murder scene is a real **whodunit.**
그 범죄현장은 정말 미스터리야.

❷ I enjoy watching a **whodunit** mystery on TV.
난 TV로 추리극 보는 걸 좋아해.

Lenny: The cops say the murder happened around midnight.
Stacey: Did they arrest anyone for doing it yet?
Lenny: No, not yet. It's a real **whodunit.**
Stacey: It makes me scared that there is a killer on the loose.

Lenny: 경찰이 그러는데 살인이 자정 쯤 일어났대.
Stacey: 범인 누구 잡았대?
Lenny: 아니, 아직. 정말 미스터리래.
Stacey: 살인자가 돌아다닌다니 겁난다.

Choose the best definition for each expression. You can check your answers at www.mentors.co.kr.

01 Run in the family
(A) Be successful at earning the money to feed a family
(B) Keep something or someone hidden, especially from a family
(C) A trait shared by different family members

Q Why the long face?

왜 얼굴이 길어졌냐고??

A

활짝 웃는 얼굴은 눈, 코, 입이 옆으로 당겨져서 대개 동글동글해 보이는 반면, 우울하거나 힘 빠지는 일이 있어 '눈 착 내리깔고 입 쑥 내밀면서' 우거지상을 하면 상대적으로 얼굴이 길어 보이기 마련. 서양인들은 그래서 「우울하거나 시무룩한 표정」(unhappy or complaining expression)을 long face라고 표현하는데, Modigliani나 Munch 등 주로 지치고 우울한 표정의 인물을 그린 서양화가들의 작품 속 얼굴들을 떠올려 봐도 쉽게 이해할 수 있을 것이다. 「우울한[슬픈] 표정을 짓다」라고 할 때 long face 앞에 쓸 수 있는 동사는 put on, pull, make 등.

Key Point

Why the long face? 왜 그렇게 시무룩해?

▸ with a long face 시무룩한 표정으로

❶ He's been walking around **with a long face** ever since he failed the exam. 걘 시험에 떨어진 후에는 줄곧 우거지상을 하고 돌아다니고 있어.

❷ Don't come around here **with that long face,** because it makes me depressed. 그렇게 침통한 표정으로 어슬렁거리지 마. 나까지 기운 빠져.

Wayne: Miranda, **why the long face?**
Miranda: I miss my boyfriend.
Wayne: That's all right, he'll be back soon, won't he?
Miranda: Yes, but it seems like he's been away for ages. I really want to see him soon.

Wayne: 미란다, 왜 그렇게 우울한 얼굴이야?
Miranda: 남자친구가 보고 싶어서.
Wayne: 괜찮아. 곧 돌아오겠지. 안 그래?
Miranda: 그래, 하지만 오랫동안 떨어져 있었던 것 같아. 정말이지 빨리 보고 싶어.

Choose the best definition for each expression. You can check your answers at www.mentors.co.kr.

01 Keep one's fingers crossed
(A) Oppose something dangerous
(B) Talk seriously about business matters
(C) Wish for good results in something one is doing

02 Out to lunch
(A) Having dinner
(B) Absent without leave
(C) Out of one's mind

Q A cat has nine lives

 고양이는 목숨이 아홉 개라고??

혹독한 감원 바람을 꿋꿋이 견디고 살아남는 「질긴 목숨」들도 있으니, 이런 사람에게는 바로 A cat has nine lives란 표현이 제격이다. 「고양이는 목숨이 아홉 개」라는 이 표현은, 웬만한 높이에서 떨어져서는 눈 하나 깜짝 안하고 무사히 착지하는 고양이들을 기민하고 영험한(astute and cautious) 동물로 여겼던 서양인들의 믿음에서 유래했다. 그런데 왜 하필 목숨이 아홉 개라고 했을까? 기독교 문화권인 서양에서 3이란 숫자는 「삼위일체의 신성함」을 나타내는데, 이 3에 3을 곱한 9는 「더할 나위없는 완벽함」을 상징했던 것. 이런 배경에서 A cat has nine lives는 「목숨이 끈질기다」, 「아주 어려운 상황에서도 살아남다」는 의미가 되었다. 사람 주어를 써서 S+have nine lives의 형태로도 쓴다.

Key Point 

A cat has nine lives 목숨 한번 질기네

▶ nine lives 위기극복능력

❶ He must have nine lives; there's no way someone could have survived that fall. 걘 목숨이 질긴가 봐. 아무도 그렇게 떨어지고는 살아남을 수가 없는데 말이야.

❷ All I know is that although a cat has nine lives, it can't survive a bullet in the head. 아무리 목숨이 질기더라도 내가 아는 한 머리에 총 맞고는 살아남을 수 없어.

Kevin: Did you see that guy run across the road?
Mary: Yeah, he does that all the time.
Kevin: I guess, like a cat, he has nine lives.
Mary: He may not have many left, though.

Kevin: 저 녀석이 도로를 무단횡단해서 뛰어가는 거 봤어?
Mary: 응, 쟤는 늘 그래.
Kevin: 고양이만큼이나 목숨 한번 질기네.
Mary: 목숨도 그리 많이 남진 않았을지도 몰라.

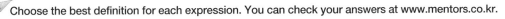

Choose the best definition for each expression. You can check your answers at www.mentors.co.kr.

01 Take the bull by the horns
(A) Show one's power
(B) Have a bullfight
(C) Meet a challenge directly

02 Put the cart before the horse
(A) Have something to complain about
(B) Spoil someone's plan
(C) Be in the wrong order

I saw it in the nick of time

나는 그것을 시간의 닉에서 봤다고??

nick은 「어떤 표면에 날카로운 칼을 이용해 V자로 도려낸 칼집」(V-shaped cut in a surface)을 말하는데, 옛날에는 나무 막대기에 이런 칼자국을 내어 금액이나 점수를 표시하던 때가 있었다. 운동경기에서도 각 팀의 점수를 나무 위의 작은 칼집으로(cut with a tiny groove on every occasion that one side scored) 기록하던 그 시절에, 두 팀이 동점을 기록하다가 마지막 순간(right at the last moment)에 어느 한 팀이 득점을 한 경우 「그 극적인 순간의」 마지막 칼집을 the nick of time이라고 했던 것에서, 지금의 「바로 그 (절박한) 순간」(just in time), 「필요한 순간」(at the necessary moment)이라는 의미가 파생되었다.

Key Point

I saw it in the nick of time 내가 때마침 그걸 봤다

▶ arrive just in the nick of time 바로 때마침 도착하다

❶ She got home **just in the nick of time.**
개가 때마침 집에 도착했어.

❷ He called **just in the nick of time** and prevented a suicide.
개는 때마침 전화를 해서 자살을 막았어.

Phil: I heard your office had some problems with its computers.
Kelly: The computers had a virus that was destroying our files.
Phil: Were you able to get the problem solved?
Kelly: Yes, we got a technician to fix things **just in the nick of time.**

Phil: 너희 사무실에 컴퓨터가 말썽을 일으켰다며.
Kelly: 컴퓨터에 바이러스가 생겨서 파일들을 망가뜨리고 있었어.
Phil: 그 문제는 해결한 거야?
Kelly: 응. 때마침 기술자를 불러서 고쳤지.

Choose the best definition for each expression. You can check your answers at www.mentors.co.kr.

01 Take the cake
(A) Excel at something or be the most prominent
(B) Enjoy having something
(C) Very easy work

02 Easy come, easy go
(A) Not worry or get angry
(B) Easy to come but difficult to go
(C) What was easily gained is easily lost

He carries a torch for Jane

 걔는 제인을 위해 횃불을 갖고 다닌다고?

우리는 흔히 '사랑의 열기'를 불길에 비유하곤 하는데, 여기서 torch는 다름 아닌 「사랑의 횃불」(torch of love). 그래서 carry a torch for sb하면 「…를 향한 사랑의 횃불을 밝히고 다니다」, 즉 상대가 미동을 하든 말든 횃불만큼이나 열렬한 「(짝)사랑의 불꽃을 피우다」(be in love with someone who is not in love with you)라는 말이 된다. 한편 for 다음에 이념이나 신념 등을 뜻하는 단어를 써서 「이념, 신념 등을 떠받들다」(lead or participate in a crusade)라는 뜻으로도 사용된다. 남녀 간 사랑의 횃불이 아니라 이념의 횃불을 든다는 표현이 되는 것이다. 두 번째 예문이 그 예.

Key Point 

He carries a torch for Jane 걔는 제인을 마음에 품고 있어

▸ carry a torch for sb …을 무척 좋아하다

❶ He still carries a torch for his ex-girlfriend.
걘 아직도 옛날 여자 친구를 잊지 못하고 있다.

❷ I have not been carrying a torch for her.
난 걔를 좋아하지 않았어.

Celine: Hey Dan, how is everything going with you these days?
Dan: Not so good. I'm just going through some rough times thinking about my ex, Jun.
Celine: Are you still carrying a torch for her?
Dan: Well, Um. I guess that I am. She's such a great girl and she's so hard to forget.

Celine: 이봐 댄, 요즘 어떻게 지내? Dan: 별로야. 옛 여자 친구 준 생각이 나서 괴로워.
Celine: 너 아직도 걔를 마음에 품고 있는 거야?
Dan: 글쎄, 음. 그런 것 같아. 준은 정말 굉장한 여자야, 잊기가 너무 힘들다고.

 Choose the best definition for each expression. You can check your answers at www.mentors.co.kr.

01 Paddle your own canoe
(A) Meddle in everything
(B) Act independently and decide your own fate
(C) Don't pretend to be asleep any more

02 Upset the apple cart
(A) Spoil someone's plan
(B) Love someone the most
(C) Date someone normal

Let's keep up with the Joneses

존슨 씨네를 따라가자고??

우리 속담에 「뱁새가 황새를 따라가려다 가랑이 찢어진다」는 말이 있다. keep up with the Joneses는 바로 그런 이웃들 간의 속물적 경쟁의식을 꼬집는 표현으로, 옆집에서 명품을 사면 빚을 내서 짝퉁(?)이라도 사들여야 직성이 풀리는 사람들처럼 「이웃에 뒤지지 않으려고 허세를 부리다」(try to be equal with your neighbors)라는 의미이다. 이는 1913년 A. R. Momand가 그렸던 만화 제목에서 비롯되었는데, 여기서는 잘사는 집안 존스 씨네(the Joneses)를 따라(keep up with) '남부럽지 않게 살아보려던' 이웃들의 이야기를 코믹하게 다루고 있다.

Key Point

Let's keep up with the Joneses 남부럽지 않게 살아보자

▶ live up to 남부럽지 않게 살다, (약속 등을) 이행하다

❶ Sally's always shopping at the most expensive shops to **keep up with the Joneses.** 샐리는 늘 남들에게 뒤지지 않으려고 가장 비싼 상점에서 물건을 사.

❷ I sent my kids to a private school so we could **keep up with the Joneses.** 나는 아이들을 남부럽지 않게 키우려고 사립학교에 보냈어.

Preston: It looks like I'll be working on the house again this weekend.
Valerie: Is that your idea?
Preston: No, my wife just wants to **keep up with the Joneses.**
Valerie: I'm glad that I don't have neighbors like yours.

Preston: 이번 주말에 또 집안일을 해야 할 것 같아.
Valerie: 네가 자진해서 하는 거야?
Preston: 아니, 집사람이 옆집을 따라하느라고 그래.
Valerie: 난 너희 같은 이웃이 없어 다행이야.

Choose the best definition for each expression. You can check your answers at www.mentors.co.kr.

01 Skeleton in one's closet
(A) Something that makes failure certain
(B) Someone or something kept hidden, especially by a family
(C) Person or thing is kept apart from others that form a group or set

Q He sold us down the river

 걔가 강 밑으로 우리를 팔았다고??

A 미국에 노예제도(slavery)라는 치욕스런 역사가 존재하던 시절의 이야기. 1808년 이후 노예의 해외조달(importation of slaves)이 금지되자 당시 폭발적으로 수요가 증가하던 면화와 설탕 재배업자들은 국내매매(domestic trade)를 통해 노예를 조달해야만 했다. 마침 담배농사 지대(tobacco belt)의 열기가 시들해지자(worn out) 이쪽 주인들은 일제히 노예들을 처분하기 시작했는데, sell sb down the river는 그때 노예매매를 하던 곳이 바로 Mississippi 강 하류(down the river)였던 것에서 생겨난 표현. 이렇게 물건처럼 노예를 팔아치우던 주인의 비정한 모습에서 유래되어, 서슴없이 남의 뒤통수를 때리는 족속들의 전공인 「배신하다」(betray)라는 의미로 미드에서 자주 쓰인다.

Key Point 

He sold us down the river 걔가 우릴 배신했어

▶ sell sb down the river 배신하다, 뒤통수치다

❶ The witness stood up on the stand and tried to sell his best friend down the river. 목격자는 증인석에 서서 가장 절친한 친구를 배신하려고 했어.

❷ Be careful what you say to the cops; you don't want to sell anyone down the river. 경찰에게 말조심하도록 해. 그 누구도 배신하지 않는 게 좋을 거야.

Gale: Do you trust Chuck?
Dolly: Not really. I bet he'd sell us down the river if he had a chance.
Gale: That's the feeling that I get about him as well.
Dolly: Let's make sure that he doesn't get his hands on any sensitive information.

Gale: 너 척을 믿어?
Dolly: 사실은 좀 못 믿겠어. 기회만 있으면 우릴 배신할 걸.
Gale: 나도 걔가 그럴 거라고 생각해.
Dolly: 걔가 민감한 정보에는 손대지 못하도록 주의하자고.

 Choose the best definition for each expression. You can check your answers at www.mentors.co.kr.

01 Pop the question
(A) Disclose a secret
(B) Ask someone to marry you
(C) Take a chance

02 Make sb's mouth water
(A) Be born to a wealthy family
(B) Say something wrong or unsuitable
(C) Look as if it will be very pleasant to eat

Make no bones about it

 그것에 관해 뼈를 못 만든다고??

make no bones about it은 하기 싫거나 힘든 일을 「주저 없이 하는」(not hesitate about doing something difficult or unpleasant) 것을 나타내는 말로, 「…쯤은 아무렇지도 않게 여기다」라는 의미. 육고기는 뼈다귀째 들고 직접 뜯어먹어야 제 맛이라지만, 뼈를 미리 발라서(make no bones) 스프를 만들면 재빨리 후루룩 마실 수 있다(the soup is therefore palatable and easy to swallow quickly)는 장점이 있다. 이 점에서 착안해 make no bones about it에 「무언가를 주저 없이(straightforward) 해치운다」는 속뜻이 생긴 것. 이렇게 동사구로 쓰이는 것은 물론이고, 주저 없이 말하려는 내용에 앞서 「내 분명히 말해두겠는데 말이야」 정도의 서두로도 자주 애용된다.

Key Point 

Make no bones about it 분명히 말해두겠는데 말이야

▶ make no bones of[about] …을 개의치 않다

❶ He was angry, and he made no bones about it.
걔는 화가 나서 분명히 말해뒀어.

❷ I'll make no bones about the fact that they have no choice.
걔네들에게 선택의 여지가 없다는 걸 확실히 말해둘 거야.

Jerry: The boss made no bones about it, if you don't make the quota you're gone!
Peggy: Don't you think that is a little harsh?
Jerry: I do, but there is no sense in arguing with him.
Peggy: Yeah, he's not going to change his mind now.

Jerry: 사장이 단도직입적으로 말했어. 할당량을 채우지 못하면 넌 끝장이라고! Peggy: 그건 좀 가혹하지 않니?
Jerry: 그렇지, 하지만 사장에게 그런 걸 따져봤자 아무 소용없어.
Peggy: 맞아, 지금 당장 마음을 바꾸진 않겠지.

Choose the best definition for each expression. You can check your answers at www.mentors.co.kr.

01 Someone is history
(A) Someone is kept hidden, especially by a family
(B) Someone is dead
(C) The relationship with someone is completely finished

Q You must bite the bullet

총알을 반드시 씹어야 한다고??

A

「용기를 가지고 어려움에 직면하다」(face an unpleasant experience with courage)라는 뜻의 bite the bullet은 19세기 외과의사(surgeon)들이 전시에 「마취제」(anesthetic)도 없이 부상병들을 수술하면서, 고통을 참게 하려고 환자들 입에 총알을 물렸던(bite the bullet) 상황에서 유래한 표현이다. 마취도 안한 상태에서 생살을 찢는다는 게 얼마나 고통스럽겠는가마는, 목숨을 구하기 위해 총알을 악물고 그 끔찍한 고통을 견뎌내었던 것. 밀림 속 사나운 맹수와의 싸움에서 부상을 입은 타잔이, 마취제를 구할 수 없어 나뭇가지를 입에 물고 치료를 받던 영화 속 장면에서 한 단계 upgrade된(?) 것이라고나 할까?!

Key Point

You must bite the bullet 이를 악물고 견뎌야 해

▶ You might have to bite the bullet and +V 넌 이를 악물고 참고 …해야 할 거야

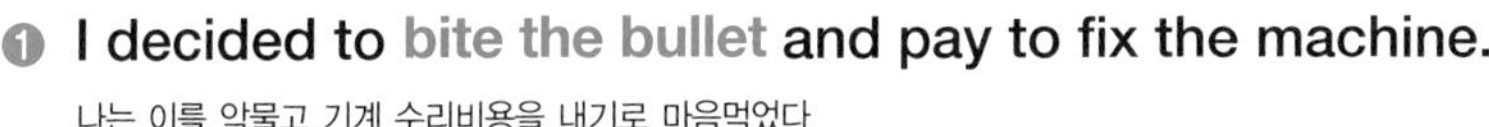

❶ I decided to **bite the bullet** and pay to fix the machine.
나는 이를 악물고 기계 수리비용을 내기로 마음먹었다.

❷ You might have to **bite the bullet** and ask him for his recipe.
이를 악물고 참고 걔한테 걔의 요리법을 알려달라고 해야 될 거야.

Louie: What did the boss say?
Caroline: He said that we're going to have to **bite the bullet** on this one.
Louie: Did he say what would happen to our jobs?
Caroline: He said we didn't have to worry about them.

Louie: 사장이 뭐라고 하던?
Caroline: 이 번 만큼은 이를 악물고 견뎌내야 한다고 하지 뭐.
Louie: 우리 일자리는 어떻게 될 거래?
Caroline: 그건 걱정할 필요 없다고 했어.

Choose the best definition for each expression. You can check your answers at www.mentors.co.kr.

01 A bolt out of the blue
(A) Sudden or unexpected thing
(B) Small part controlling the whole thing
(C) Unpleasant matter that spoils something

02 In seventh heaven
(A) In a very uneasy state
(B) In a very happy state
(C) In a very angry state

You have to face the music

음악을 정면으로 받아들여야 한다고??

music하면 '즐겁고 유쾌하다'는 생각부터 하지만, 관객의 시선이 한데 쏠려 있는 무대 위에서는 가수나 배우에게 공연 시작을 알리는 음악은 살 떨리는 긴장감과 초조함을 가져다준다. 그 때문에 「음악에 직면하다」라는 뜻의 face the music이 「가슴이 떨리는 순간을 맞이하다」라는 말이 된 것. 그런가 하면 군대에서 사고치고 불명예스럽게 쫓겨나는 사람에게 시끄럽게 드럼을 두드려줬던 관행에서 그 유래를 찾는 설도 있다. 어찌되었든 face the music은 「힘들고 어려운 상황에 당당하게 맞서다」(confront a difficult situation boldly or bravely) 또는 자신이 저지른 일에 대한 비난과 벌칙 등 「유쾌하지 못한 결과들을 받아들이다[감수하다]」(accept the unpleasant consequences of one's behavior)라는 의미.

Key Point

You have to face the music 힘들지만 인정하고 받아들여야 해

▶ It's time to face the music 현실을 받아들여야 해

❶ She decided to face the music and give herself up to the police.
개는 처벌을 감수하고 경찰에 자수하기로 했다.

❷ Okay. Nothing left to do but get up and face the music.
그래. 일어나 비난을 인정하고 감수하는 것 외에는 할 일이 없어.

Guy: Bill was caught cheating on the final exam.
Teresa: So, what happened to him? Did he get kicked out of school?
Guy: Not yet. He has to go up in front of a committee of professors.
Teresa: Good. It's about time he had to face the music.

Guy: 빌이 기말 시험에서 커닝하다가 들켰어.
Teresa: 그래서, 어떻게 됐는데? 학교에서 쫓겨났어?
Guy: 아직은 아냐. 퇴학당하기 전에 교수위원회에 출두해야 한대.
Teresa: 잘됐군. 진작 자기 행동에 책임을 졌어야지.

Choose the best definition for each expression. You can check your answers at www.mentors.co.kr.

01 Life of the party
(A) Person who helps make a party fun and exciting
(B) Person who plans and throws a party
(C) Person who leads a political party

I paid through the nose

코를 통해서 지불했다??

어떤 것을 「지나치게 비싼 값에 사거나」(pay an excessive price for something) 어떤 일에 「큰 대가를 치르게 되었음」을 뜻하는 표현. 그런데 어쩌다가 '코'가 '대가'와 관련을 맺게 된 걸까? 이에 대해서는 두 가지 설이 유력한데, 먼저 「현금」이라는 뜻의 속어 rhino가 nose라는 뜻의 그리이스어 rhinos와 비슷하기 때문이라는 설이 있다. 참고로 rhino-는 아직도 「코」라는 의미의 결합사로 쓰여 rhinoceros는 「코뿔소」를 가리킨다. 그런가 하면 9세기경 아일랜드에서 세금을 내지 못한 사람의 코를 베던 가혹한 형벌에서 유래해 「코를 통해 지불하다」하면 「엄청난 가격을 지불하다」(pay too much money)라는 의미가 되었다고 주장하는 설도 있다. cost an arm and a leg도 같은 의미.

Key Point

I paid through the nose 엄청난 대가를 치렀어

▶ cost an arm and a leg 엄청난 비용을 치루다

❶ Everyone makes mistakes. This is why doctors pay through the nose for malpractice insurance.
다들 실수해. 그래서 의사들이 전문직 과실 책임보험에 엄청 돈을 낸다고.

❷ You must pay through the nose to repair that Mercedes.
그 메르세데스 벤츠를 고치려면 비용을 엄청나게 들여야 해.

Jordan: If you buy that car part here, you're going to pay through the nose.
Nora: I know, but I need it now.
Jordan: Are you sure that you can't wait until Monday?
Nora: I need it today.

Jordan: 그 자동차 부품을 여기서 사면 돈이 엄청나게 들 텐데.
Nora: 알아, 하지만 지금 당장 필요하다고.
Jordan: 정말 월요일까지 기다릴 수는 없는 거야?
Nora: 오늘 필요하다니까.

Choose the best definition for each expression. You can check your answers at www.mentors.co.kr.

01 The ball is in your court
(A) You are responsible
(B) You need to exercise
(C) You have to participate in the game

02 Hit the nail on the head
(A) Be exactly right in words or action
(B) Avoid answering a question
(C) Deeply hurt someone's feelings

Q We have to cut corners

 모퉁이를 잘라야 한다고??

A

corner는 길과 길이 만나는 「모퉁이」(point which two roads meet). 따라서 cut the corner라고 하면, 힘들게 모퉁이를 「돌아가지 않고 곧장 가다」(avoid making a turn), 즉 「지름길을 택하다」라는 말이 된다. 이렇게 물리적인 길을 갈 때뿐만 아니라 어떤 일을 추진해 나가는 데 있어서 지름길을 택하는 경우에도 이 표현을 쓸 수 있는데, 이때는 복수형 cut corners가 되어 「노력이나 비용을 절감하다」(reduce efforts or expenditures)라는 의미. 또한 경우에 따라서는 cut corners가 너무 지나쳐서, 하나를 완성하기 위해 들여야 할 비용이나 시간으로 두세 개를 만들어내는 이른바 「부실공사」, 「날림공사」(doing things poorly or incompletely) 등을 뜻하기도 한다.

Key Point

We have to cut corners 경비를 줄여야 해

▶ cut corners 경비를 줄이다, 일을 제대로 하지 않다

❶ **You cannot cut corners when you are dealing with public safety.**
시민의 안전에 관한 문제에는 비용이나 노력을 축소해서는 안 된다.

❷ **Well, not completely, but let's face it. You do cut corners.**
전적으로 그렇지는 않지만, 현실을 인정하자고. 네가 제대로 못한 거.

Ricky: When is the report due?
Vianka: Not until Monday. Why?
Ricky: I have to go somewhere. So I thought I might have to cut some corners to get it done.
Vianka: I wouldn't suggest it. Let me know if you need some help.

Ricky: 보고서 제출기한이 언제지? Vianka: 월요일은 되어야 마감이야, 왜?
Ricky: 다른 일이 좀 있어서 다 끝내려면 날림으로 하는 수밖에 없을 것 같았어.
Vianka: 그렇겐 하지 마. 도움이 필요하면 말해.

Choose the best definition for each expression. You can check your answers at www.mentors.co.kr.

01 That's the way the ball bounces
(A) You cannot control everything that happens to you
(B) You will have another chance to solve the problems
(C) You are responsible for it

He had his tail between his legs

 걔 다리사이에 꼬리가 있다고??

강아지에게 꼬리(tail)는 자신의 기분상태를 표현할 수 있는 최상의 수단. 예컨대 누가 머리를 쓰다듬어주거나 눈앞에 먹을 것이 왔다 갔다 할 때는 정신없이 꼬리를 흔들어 대다가도, 주인에게 야단이라도 맞고 자기보다 큰 개라도 마주치게 되면 금세 꼬리를 다리 사이로 늘어뜨리고(his tail promptly turned down under his belly) 눈치만 슬슬 살피다 줄행랑을 치기 마련이다. 따라서 with one's tail between one's legs란 원래 겁에 질린 강아지(frightened or cowardly dog)의 모습을 의미하지만, '꼬리 내린' 강아지마냥 「잔뜩 겁먹고 위축된」 사람에게도 자주 사용된다. 같은 맥락에서 「꼬리를 내리다」라는 뜻의 turn tail (and run)도 「꽁무니를 빼다」, 「줄행랑을 치다」라는 의미.

Key Point 

He had his tail between his legs 걔가 꼬리를 내리더라고

▶ with one's tail between one's legs 잔뜩 겁먹고 위축된

1. When she turned him down, he walked out of the nightclub **with his tail between his legs.**
   그 여자에게 거절당하자 그 남자는 기가 죽어서 나이트클럽에서 나왔다.
2. Why are you walking around **with your tail between your legs?**
   너 왜 그렇게 기죽어가지고 다니는 거야?

Stephen: Did you see the way that woman told Jim to get lost?
Sally: No, when did that happen?
Stephen: Last night, when he was trying to sweet-talk a woman at the bar.
Sally: He must have walked away **with his tail between his legs!**

Stephen: 걔가 짐에게 꺼져버리라고 말하는 거 봤어?
Sally: 아니, 언제 그런 일이 있었어?
Stephen: 지난밤에, 짐이 바에서 어떤 여자에게 수작을 부리려고 했었지.
Sally: 짐이 기가 죽어서 줄행랑을 쳤겠는걸.

Choose the best definition for each expression. You can check your answers at www.mentors.co.kr.

01 Tit for tat
(A) A lot of delays or unnecessary activities
(B) Sudden success that is not repeated
(C) Something equal to what was given you

02 Keep one's head above water
(A) Stay out of debt
(B) Mind one's own business
(C) Be able to be proved

Q It's a wild goose chase!

그건 기러기 쫓는 거라고??

「기러기 사냥」으로 풀이되는 wild goose chase는 「부질없는 것을 쫓는 것」(absurd search for something nonexistent or unobtainable)이나 「당치않은 시도」(any senseless pursuit) 혹은 「가망 없는 일」(hopeless enterprise)을 의미한다. 그도 그럴 것이 기러기(wild goose)라는 놈은 일반 사정거리 이상의 높은 고도로 날기 때문에 사냥이 매우 어려운(unlikely to catch a wild goose) 새로, 기러기를 잡겠다고 나서는 건 「애초부터 불가능한 일」로 인식되면서 생겨난 표현. 역시 미드에서 자주 볼 수 있는 표현이니 꼭 기억해두어야 한다.

Key Point

It's a wild goose chase! 가망 없는 일이야!

▶ V ~ on a wild goose chase 가망 없는 일에 …을 …하다

1. **Four of my top detectives just wasted an entire day on a wild goose chase.** 최고 능력의 형사 4명이 가망도 없는 일에 온종일을 소비했네.
2. **The robbers sent the cops on a wild goose chase by planting a decoy.** 그 강도들은 미끼를 놔서 경찰들이 헛수고하게 만들었다.

Jeremy: What are you guys looking for?
Veronica: I left my bag in that bar over there and somebody took it.
Jeremy: I hate to say this to you, but I think it's a wild goose chase. You'll never find it now.
Veronica: Thanks for the support!

Jeremy: 너희들 뭘 찾고 있는 거야? Veronica: 간밤에 저쪽 술집에다 가방을 놓고 왔는데 누가 그걸 가져갔어.
Jeremy: 이런 말하긴 뭣하지만, 헛수고일 것 같은데. 이젠 절대 못찾을 거야.
Veronica: 도와줘서 고맙구만!

Choose the best definition for each expression. You can check your answers at www.mentors.co.kr.

01 Apple of one's eye
(A) Person or thing that someone loves the most
(B) Spoiled plan
(C) Person or thing which has a great appeal for a short time

Q You must stick to your guns

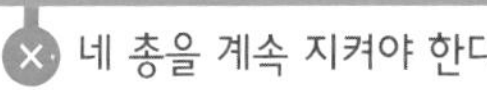

네 총을 계속 지켜야 한다고??

A

남이 아~무리 뭐래도 꿋꿋하게 「자기주장을 펴다」, 「자기주장을 굽히지 않는다」(hold to an aim or opinion)는 의미. 직역하면 「총을 꽉 붙잡고 놓지 않다」라는 말인 stick to one's guns는, 전쟁터에서 적들이 아무리 맹공을 퍼부어도 절대로 총을 놓지 않고 끝까지 사수하려는(determined to maintain a present position) 지휘관(commander)의 모습에서 비롯된 표현이다. 이것은 Samuel Warren의 1839년작 소설 *Ten Thousand A Year*에서, 평소에는 아주 소심했던 Mr. Titmouse라는 인물이 어느 날 「크게 놀란 상황에도 불구하고」(though greatly alarmed) 「끝까지 자기주장을 굽히지 않았다」(stood to his guns pretty steadily)는 구절에서 처음 등장했다.

Key Point

You must stick to your guns 넌 끝까지 소신을 지켜야 해

▶ stick to one's guns 마음을 바꾸지 않다, 소신을 지키다

1. I know it can be hard, but it's important to **stick to your guns.**
   어려운 일이건 알지만, 자기 소신을 끝까지 굽히지 않는 게 중요해.
2. I did everything I could to stop you from getting married but you **stuck to your guns.** 네 결혼을 중단시키려고 최선을 다했지만 넌 마음을 돌리지 않았어.

Hunt: Why are you so opposed to the new hiring policy?
Dana: It just doesn't seem fair. I have no choice but to **stick to my guns.**
Hunt: Why not?
Dana: For starters, I don't think we should be requiring a minimum of 10 years' experience.

Hunt: 왜 그렇게 완강하게 새 고용방침을 반대하는 거야? Dana: 공평한 것 같지 않다고. 소신대로 밀고 나가는 수밖에 없어.
Hunt: 왜 공평하지 않아? Dana: 우선, 최소 10년의 경험을 요구할 것까진 없잖아.

Choose the best definition for each expression. You can check your answers at www.mentors.co.kr.

01 Pay lip service
(A) Get quiet and stay quiet
(B) Show eagerness or pleasure about a future event
(C) Pretend to approve or support something

Q I'll throw in the towel

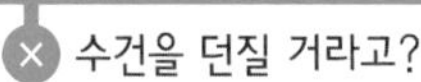
수건을 던질 거라고??

A

권투 경기에서 유래한 표현으로, 「수건[스펀지]을 던져 버리다」라는 뜻의 throw in the towel[sponge]은 어떤 것을 「포기하다」(give up an attempt to do something) 또는 「실패[패배]를 인정하다」(acknowledge or admit defeat)라는 비유적 의미로 사용된다. 격렬한 몸싸움을 벌이는 권투 경기에서는 매 라운드가 끝날 때마다 감독과 코치들이 선수에게 달려들어 비 오듯 흐르는 땀을 닦아주면서 사기를 북돋아주는 모습을 자주 볼 수 있다. 그런데 감독이나 코치가 선수의 땀을 닦아주는 수건이나 스펀지를 던진다면, 그건 바로 「경기를 포기한다」(give up the game)는 얘기나 마찬가지인 셈.

Key Point 

I'll throw in the towel 난 포기할래

▸ throw in the towel[sponge] 포기하다

❶ Let's face it. We can't win and we should **throw in the towel.**
현실을 직시하자. 우린 이길 수 없어. 포기해야 한다고.

❷ Angela **threw in the towel.** She couldn't hack it in med school.
안젤라가 포기했어. 의과대학에서 견뎌낼 수가 없었대.

Grey: I can't believe we lost that client.
Flora: Don't **throw in the towel** yet. They haven't said no officially.
Grey: Well, I'm sure they will.
Flora: You're such a pessimist.

Grey: 그 고객을 놓쳤다는 게 믿어지지 않아.
Flora: 아직 포기하지 마. 아니라는 말을 정식으로는 안했다고.
Grey: 글쎄. 틀림없이 아니라고 할 걸.
Flora: 어쩜 그렇게 비관적이야.

Choose the best definition for each expression. You can check your answers at www.mentors.co.kr.

01 By the skin of one's teeth
(A) Just superficially
(B) Just before
(C) Just barely

02 When pigs fly
(A) It's amazing
(B) It will never happen
(C) You are imaginative

He doesn't have a leg to stand on

갠 버티고 설 다리가 없다고??

다리(leg) 본연의 임무는 서고 걸을 수 있도록 몸을 지탱해주는(support the body to stand and walk) 것. 따라서 걸어 다니는 것은 물론이고 최소한 몸이라도 일으켜 세우려면 '다리'가 꼭 있어야 하는 법. 이러한 다리의 기능과 관련 있는 표현 not have a leg to stand on은, 무언가를 「지탱해줄 다리 역할을 할 만한 것이 없다」는 말로 주로 논쟁(argument)이나 재판(case) 따위에서 주장 및 입장을 뒷받침해줄 만한 「이론적 근거나 증거가 없다」(have no support)는 의미로 사용된다. 재판과정이 많이 나오는 법정드라마나 수사물 미드에서 많이 들을 수 있는 표현이다.

Key Point

He doesn't have a leg to stand on 갠 정당성을 주장할 근거가 없어, 변명의 여지가 없어

▶ have a leg to stand on 증명할 수가 있다

❶ After the evidence disappeared, the prosecutor **didn't have a leg to stand on.** 증거가 사라지는 바람에, 그 검사의 주장을 뒷받침할 만한 근거가 없어졌어.

❷ Your honor, the defense **doesn't have a leg to stand on.**
재판장님, 피고 측은 내세울 증거가 없습니다.

Margaret: Did you have a fight with your girlfriend again?
Walter: Yes, but she **doesn't have a leg to stand on.**
Margaret: Do you mean that you won the argument?
Walter: No, but I'm sure that I'm absolutely right.

Margaret: 너 또 여자 친구랑 싸웠어?
Walter: 응, 하지만 갠 그렇게 대들 근거가 없어.
Margaret: 그럼 싸워서 네가 이겼단 말이야?
Walter: 아니, 그래도 내 말이 전적으로 맞아.

Choose the best definition for each expression. You can check your answers at www.mentors.co.kr.

01 The buck stops here
(A) I need someone who will take the responsibility for me
(B) I am responsible for making decisions and will take the blame
(C) I don't know anything that happened here

Q He's the whipping boy

걘 채찍질하는 소년이야??

A

whip이 「채찍질하다」, 「때리다」라는 의미이지만, whipping boy는 「매를 때리는 남자애」가 아니라 남의 죄를 대신해서 「매 맞는 남자애」(someone who is made to bear the blame for other's mistakes)란 의미에서 발전하여 「희생양」(scapegoat)이란 뜻으로 쓰인다. 중세 유럽 왕실에서 왕자 대신 매를 맞을 평민 아이(boy being punished instead of the young prince every time that the latter deserved it)를 왕자의 학우로 두었던 데서 비롯되었다.

Key Point

He's the whipping boy 걔는 희생양이야

▶ I'm the whipping boy, not you 네가 아니라 내가 희생양이야

❶ Many of the sergeants in the army had their own personal **whipping boys.** 군 하사관들이 자신의 잘못을 대신 뒤집어쓰는 사병을 두는 경우가 많았어.

❷ Chris became a **whipping boy** for his brother.
크리스는 동생 대신 벌을 받았다.

Barry: Why is Sam always getting blamed?
Gaby: He's our **whipping boy.**
Barry: He certainly is.
Gaby: Better him than you.

Barry: 왜 샘이 항상 욕을 먹는 거야?
Gaby: 샘은 말하자면 우리의 희생양인 셈이야.
Barry: 확실히 그런 것 같아.
Gaby: 네가 아닌 게 다행이야.

Choose the best definition for each expression. You can check your answers at www.mentors.co.kr.

01 Don't put all of one's eggs in one basket
(A) Be responsible for your mistake
(B) Don't keep eggs for a long time
(C) Diversify investment

02 Have one foot in the grave
(A) Make a bad start to a project
(B) Be near death
(C) Pay for

Q Stop paying lip service

❌ 립서비스 비용을 지불하지 말라고??

A 속마음과 달리 입에 발린 소리(empty talk)를 하는 것을 pay lip service라 한다. 여기서 lip service란 실제로는 아니면서 겉으로만 동의하는 척하는(pretend to approve or support something), 즉 행동이 따르지 않는 「말로만 하는 서비스」를 가리키는데, 성경의 마태복음(Matthew) 15장 8절에서 "This people draweth nigh unto me with their mouth and honoureth me with their lips; but their heart is far from me"(백성들이 입술로는 나를 존경하되 마음은 내게서 멀도다)라고 한 데서 나온 표현이다. 참고로 여기서 draweth나 honoureth는 draw, honor의 직설법 3인칭 단수의 고어형태이다.

Key Point

Stop paying lip service 입에 발린 소리 좀 그만해

▸ pay lip service 입에 발린 소리를 하다

1. You can't trust what he says because he's always paying lip service. 걘 늘 입에 발린 소리만 하니 걔 말을 믿어선 안 돼.
2. I think you're just paying lip service and not being honest. 넌 그냥 입에 발린 소리나 하지, 정직하지는 못한 것 같아.

Ronny: You didn't really mean what you said to that guy, did you?
Faith: No, I was just paying lip service.
Ronny: I'm glad to hear that, because I was beginning to wonder about you.
Faith: You've got to talk the talk in this business.

Ronny: 그 녀석에게 한 말 진심은 아니지?
Faith: 맞아, 입에 발린 말을 좀 했을 뿐이야.
Ronny: 다행이다. 너에 대해 의구심을 갖기 시작하던 참이었는데.
Faith: 이 업계에선 그런 식으로 말을 해야 한다고.

Choose the best definition for each expression. You can check your answers at www.mentors.co.kr.

01 Nip something in the bud
(A) Be careful not to say or do anything wrong
(B) The situation becomes more difficult
(C) Stop something before it has time to develop

Section 1 2 3

Q It's adding insult to injury

상처에 모욕을 더하는 거라고??

A

주변에 보면 남에게 '상처가 될 말과 행동' 만 기막히게 골라하는 사람들이 있다. 이처럼 「이미 힘든 상황에 처한 사람을 더 심한 궁지로 몰아넣는」(hurt the feelings of a person who has already been hurt; make matters worse) 것을 영어로는 add insult to injury라고 한다. 이 또한 이솝우화에 근거를 두고 있는 표현으로, 어느 빛나리 아저씨(bald man)가 자꾸 머리 위로 날아다니며 심사를 건드리는 파리를 잡으려다가 자기 머리만 내리치게 되자 "What will you do to yourself, now that you have added insult to injury?"(나한테 물린 데다가 한대 맞기까지 했으니 이제 어쩔 거냐?)라고 약 올렸던 파리의 대사에서 유래됐다.

Key Point

It's adding insult to injury 설상가상이군

▶ to add insult to injury 설상가상으로

❶ She added insult to injury when she refused to mail his final paycheck. 걘 마지막 급여를 보내주지 않겠다고 해서 걔를 더욱 궁지로 몰아넣었어.

❷ By insulting her appearance and ignoring her all evening, he added insult to injury. 외모를 비웃고 저녁 내내 무시함으로써, 걔는 여자를 더 비참하게 만들었어.

Mitt: Why are you so angry with Joey?
Helena: Not only did he forget my birthday, but he forgot my name too.
Mitt: Wow, that is really adding insult to injury.
Helena: I don't want to talk to him anymore.

Mitt: 조이한테 왜 그렇게 화를 내는 거야?
Helena: 내 생일을 잊어버린 것도 모자라 내 이름까지 잊어버렸잖아.
Mitt: 세상에, 완전히 설상가상이네.
Helena: 조이하고는 더 얘기하기도 싫어.

Choose the best definition for each expression. You can check your answers at www.mentors.co.kr.

01 Rob the cradle
(A) Take a child away illegally by force
(B) Cheat a young person out of his money
(C) Date someone who is much younger than you

02 It takes two to tango
(A) You must accept some responsibilities
(B) I want to dance the tango with you
(C) You'll need some help to finish up

It's the green-eyed monster

초록색 눈을 한 괴물이야??

영어권에서 「녹색」(green)은 흔히 「질투심」이나 「부러움」 등을 상징한다. Shakespeare의 Othello 3막 3장에서 Iago(이아고)가 "O! beware, my lord, of jealousy; It is the green-ey'd monster which doth mock / The meat it feeds on"이라고 Othello에게 아내 Desdemona에 대한 질투를 조심하라고 경고하는 문구가 나오는데, green-ey'd monster란 원래 눈동자가 녹색인 「고양이과 동물」을 가리킨다. 고양이나 호랑이 같은 동물들이 먹잇감을 잡으면 장난치고 놀다가(toying with their victims) 나중엔 이를 삼키는 이중적 행동을 하듯, 「사랑과 증오가 뒤섞인 이중적 감정」(mixed emotions of love and hatred), 「질투심」도 사람을 좀먹는다는 점에서 이 「녹색 눈의 괴물」에 비유한 것.

Key Point

It's the green-eyed monster 그건 질투심이야

▶ green with envy 몹시 샘을 내는

❶ **Don't let the green-eyed monster ruin your judgement.**
질투심 때문에 판단을 흐리지 마라.

❷ **You're the one who's green with envy. Jealous much?**
몹시 샘을 내는 건 바로 너야. 많이 샘나?

Milo: I can't believe she's agreed to go out with him.
Vicky: I think I sense a little bit of the green-eyed monster in your tone.
Milo: Maybe a little, but that guy is a real jerk.
Vicky: I guess you have a point.

Milo: 걔가 그 녀석이랑 사귀기로 했다니 말도 안 돼.
Vicky: 네 목소리에 어쩐지 질투심이 어린 것 같은데.
Milo: 아마 그럴지도. 하지만 그 녀석은 정말 얼간이라고.
Vicky: 그 말에 일리는 있어.

Choose the best definition for each expression. You can check your answers at www.mentors.co.kr.

01 Keep something under one's hat
(A) Keep something secret
(B) Keep something warm
(C) Keep something with the greatest care

02 Burn the candle at both ends
(A) Be wrapped in flames
(B) Work too hard without enough rest
(C) Prepare for a surprise party

Q He wants to save face

 걘 얼굴을 살리고 싶어 해??

A 여기서 face는 「면목」을 뜻한다. 즉 save face는 「면목 혹은 체면을 세우다」라는 뜻. 체면 운운하는 것이 어째 동양적인 냄새를 풍긴다 싶더니 아니나 다를까, 중국에 살던 영국인들(The English residing in China)이 중국어의 tiu lien(공개적으로 얼굴을 들 수 없는 상태)을 영어로 그대로 옮기면 lose face라는 뜻이 되는 것에 착안해 만들어 낸 말이다. lose face가 「체면을 잃다」는 뜻인데 그 체면을 안전하게 지켜냈으니(save) 「체면을 유지하다」라는 뜻이 될밖에.

Key Point 

He wants to save face 걔는 체면을 세우고 싶어해

▶ lose face 체면을 잃다

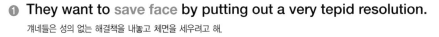

❶ **They want to save face by putting out a very tepid resolution.**
걔네들은 성의 없는 해결책을 내놓고 체면을 세우려고 해.

❷ **We have to find a good compromise that will permit both sides to save face.** 우린 양쪽 다 체면을 세울 수 있는 좋은 타협안을 찾아야 해.

Jack: Why did Jack take the blame for his boss?
Cherry: He was trying to save face for the company.
Jack: I hope his boss realizes what he did for him.
Cherry: I'm sure he'll find out.

Jack: 왜 사장한테 갈 비난을 잭이 받은 거야?
Cherry: 회사의 체면을 세우려고 했거든.
Jack: 잭이 무슨 일을 해준 건지 사장이 알아줘야 할 텐데.
Cherry: 깨닫게 되겠지 뭐.

Choose the best definition for each expression. You can check your answers at www.mentors.co.kr.

01 Roll out the red carpet for someone
(A) Ask someone to conduct the ceremony
(B) Give someone a chance to show his or her ability
(C) Provide special treatment for someone

Let's nip this in the bud

싹에서 이것을 nip하자고??

nip은 식물이 더 이상 자라지 못하도록(stop the growth of a plant) 「잘라내다」, 그리고 bud는 식물의 「새싹」을 뜻하는 단어. 그러므로 nip sth in the bud는 「…의 싹을 잘라버리다」라는 말이 되는데, 하찮은 문제를 괜히 키웠다가 '호미로 막을 수 있는 일을 가래로 막게 되기' 전에 「초장에 잡는다」(stop something, especially a situation that is likely to cause problems, before it has time to develop)는 의미. 귀찮다고 맨손으로도 간단히 제거할 수 있는 싹을 키워뒀다가는, 나중에 우람한 나무라도 되면 도끼나 전기톱을 들고 달려들어야 할 테니까! 「미연에 방지하다」, 「사전 차단하다」 정도로 이해하면 된다.

Key Point

Let's nip this in the bud 이 문제의 싹을 잘라버리자구

▶ nip sth in the bud 미연에 방지하다, 싹을 잘라버리다

❶ So you'd better **nip this in the bud** right now and I am not kidding.
그래 너는 지금 당장 이걸 없애버리라고, 그냥 하는 소리가 아냐.

❷ He is developing bad habits, and it's best to **nip them in the bud.**
걔는 나쁜 습관이 들고 있는데, 초장에 고치는 게 상책이지.

Kenny: My daughter started smoking.
Megan: They say you should **nip that in the bud** before it becomes a lifetime habit.
Kenny: I know. What do you suggest?
Megan: I'm not sure.

Kenny: 우리 딸이 담배를 피우기 시작했어.
Megan: 평생 버릇이 되기 전에 초장에 잡아야 한다는 말도 있잖아.
Kenny: 알아. 근데 어떻게?
Megan: 나도 몰라.

Choose the best definition for each expression. You can check your answers at www.mentors.co.kr.

01 Wet behind the ears
(A) Very young and without experience
(B) Just washed one's hair
(C) Hard of hearing

02 There's nobody home
(A) The house is not safe
(B) Someone who is stupid or feeble minded
(C) There is nobody to welcome you

She's the apple of my eye

 걔는 내 눈의 사과라고??

apple of one's eye는 「소중한 사람이나 물건」(person or thing that someone loves the most)을 뜻하는 말로, 구약의 신명기(Deuteronomy)에서 인간에 대한 신의 하해 같은 사랑을 묘사하는 구절 "He led him about, he instructed him, he kept him as the apple of his eye"(하나님은 그를 인도하고 호위하고 자기 눈동자 같이 지키셨도다)에서 비롯되었다. apple은 원래 눈동자가 사과처럼 둥글다는 점에서 착안해 「눈동자」의 은유적인 표현으로 사용되어 왔는데, 눈에 넣어도 아프지 않은 자기 눈동자와도 같은 존재라고 하면 얼마나 소중하겠는가! 연인들에게 사랑스러운 그녀 혹은 그이가, 부모에게 자녀들이 바로 그러한 존재일 것.

Key Point 

She's the apple of my eye 걔는 내가 가장 아끼는 사람이야

▸ be the apple of one's eye …가 가장 소중하게 생각하는 사람이다

❶ Oh look who it is, my husband. The apple of my eye.
이게 누구야, 내 남편이시네. 눈에 넣어도 아프지 않을.

❷ She told her boyfriend that he was the apple of her eye.
걘 자기에게 제일 소중한 사람은 너라고 남자친구에게 말했다.

Brady: You're so beautiful tonight!
Eva: Why are you flattering me? You only say nice things to me when you need something.
Brady: That's not true. You know you're the apple of my eye.
Eva: Yeah, right, what do you want?

Brady: 너 오늘밤 정말 아름답다! Eva: 웬 아첨? 넌 나한테 뭐 필요한 게 있을 때만 좋은 소리하더라.
Brady: 아냐. 넌 나한테 소중한 사람이라는 거 알잖아. Eva: 그래, 알았어, 뭐가 필요한데?

 Choose the best definition for each expression. You can check your answers at www.mentors.co.kr.

01 Too many cooks spoil the broth
(A) Too many people trying to manage something simply spoil it
(B) Making broth is very easy so we don't need too many cooks
(C) Cooperation makes work easier

We gave it two thumbs up!

우리는 그거에 두 엄지를 올려서 줬다고??

헐리웃 영화에서는 가족이나 친구와 헤어지면서 엄지손가락을 곧추 세우는 모습을 종종 볼 수 가 있는데, 이것은 「최고」(best)의 상징인 엄지손가락을 세워(thumb up) 「칭찬」 및 「격려」, 「지지」 등을 표하기 위해서이다. 그 느낌을 좀 더 강하고 확실하게 전달하고 싶은 경우에는 two thumbs up. 한편 영화 광고 등의 문장에서는 이러한 동작을 나타내는 give sth two thumbs up을 「극찬하다」라는 뜻으로 동사구로 활용하기도 한다. 반대로 엄지손가락을 아래로 내리는 thumb down은 「불만족」, 「반대」 등의 표시. 〈스파르타쿠스〉에서 글래디에이터들의 생사를 정하는 host가 사용하는 수신호.

Key Point 

We gave it two thumbs up! 최고였어!

▸ give sth two thumbs up 극찬하다

1. The art critics gave the show at the Guggenheim Museum two thumbs up. 미술 평론가들은 구겐하임 박물관에서 열린 전시회에 극찬을 보냈다.
2. You don't even have to say it out loud. If you see hymen, just give me a thumbs up. 큰소리로 말할 필요 없어요. 처녀막이 있으면 엄지손가락 치켜올려줘요.

Sam: What is Leslie planning to do for her birthday? How about taking her to a movie?
Daisy: We just saw the new Tom Cruise movie yesterday.
Sam: How was it?
Daisy: We gave it two thumbs up!

Sam: 레즐리는 생일날 뭐 할 작정이래? 극장에 데려가는 건 어때? Daisy: 어제 탐 크루즈 나오는 영화를 같이 봤어.
Sam: 어땠어? Daisy: 최고였지!

Choose the best definition for each expression. You can check your answers at www.mentors.co.kr.

01 Too many cooks spoil the broth
(A) Too many people trying to manage something simply spoil it
(B) Making broth is very easy so we don't need too many cooks
(C) Cooperation makes work easier

Don't spill the beans!

 콩을 흘리지 말라고??

고의로든, 실수로든 「비밀을 누설하는」(disclose a secret, either accidentally or imprudently) 행위가 바로 spill the beans인데, 그 유래는 고대 그리스로 거슬러 올라간다. 당시 한 비밀 결사단에서는 새로운 단원을 뽑을 때 찬성을 뜻하는 흰콩이나 반대를 표하는 검은콩을 단지에 넣어서 비밀 투표를 했는데, 간혹 '콩을 흘려서' 「비밀이 누설되는」 사태가 빚어지기도 했다. 여기서 유래한 표현으로, beans 대신에 soaps나 works를 쓰기도 한다. 배신과 첩자가 난무하는 미드에서 빠질 수 없는 표현.

Key Point 

Don't spill the beans! 비밀 누설하지 마!

▶ Sorry to spill the beans 비밀을 누설해서 미안

❶ We're planning a surprise party for Gibs. Don't spill the beans.
우리는 깁스에게 깜짝 파티를 열어줄 계획이니까 비밀을 지키라고.

❷ So why don't you just go ahead and spill the beans?
그럼 어서 가서 비밀을 폭로하지 그래?

Samuel: I'm sorry! I spilled the beans about your new job.
Eleanor: You did? I wanted to tell my parents myself.
Samuel: I know. I'm sorry I told them.
Eleanor: Oh, I guess it's okay. They'd find out eventually.

Samuel: 미안해! 내가 네 새 일자리에 대한 비밀을 누설했지 뭐야.
Eleanor: 네가 말했다고? 부모님께는 내가 직접 말하고 싶었는데.
Samuel: 알아. 말해서 미안해.
Eleanor: 아냐, 괜찮아. 결국엔 알게 될 일인데 뭘.

Choose the best definition for each expression. You can check your answers at www.mentors.co.kr.

01 Two's company, three's a crowd
(A) Something you already have is better than something you might get
(B) Often two people would want to be alone and a third person would be in the way
(C) Solve two problems with one solution

We made money hand over fist

돈을 벌었는데, 주먹위로 손으로??

hand over fist란 밧줄을 쥔 주먹(fist) 위로(over) 다른 쪽 손(hand)을 다시 뻗는 모습을 표현한 것으로, 돛을 올리고(hoist a sail) 그 위로 올라가느라(climb) 밧줄을 잡아당기는 일이 많았던 뱃사람들에게서 유래한 표현. 밧줄을 번갈아 잡아당기는 능숙한 손놀림처럼 어떤 일이 「반복적으로 꾸준히」(repeatedly) 또는 「매우 빠르게」(very quickly) 진행되는 것을 나타낸다. 제목에서처럼 돈을 「순식간에 왕창」 버는 경우(taking in money very quickly in a great volume)에 자주 사용된다.

Key Point

We made money hand over fist 우리는 돈을 왕창 벌었어

1. He started **making money hand over fist.**
   걔는 순식간에 돈을 벌어들이기 시작했다.
2. Wow, you're gonna **be making money hand over fist!**
   와, 너 순식간에 엄청 부자 되겠어!

Caroline: How's it going, Shawn?
Shawn: Very well, thank you.
Caroline: Rumor has it that your business has become quite lucrative.
Shawn: Well, to put it bluntly, we**'re making money hand over fist.**

Caroline: 요즘 어때, 숀?
Shawn: 좋아, 고마워.
Caroline: 듣자하니 자네 회사 돈벌이가 아주 쏠쏠하다면서.
Shawn: 글쎄, 탁 까놓고 말하면 왕창 벌어들이고 있는 셈이지.

Choose the best definition for each expression. You can check your answers at www.mentors.co.kr.

01 Have butterflies in one's stomach
(A) Get a nervous feeling in one's stomach
(B) Have an interest
(C) Often two people would want to be alone and a third person would be in the way

When push comes to shove

 밀다가 밀치다가 되면??

come to에는 become의 의미가 있으므로 when A comes to B은 「A가 B로 될 때」라는 뜻. 여기서 A와 B로 나온 push와 shove는 공통적으로 어떤 대상을 「미는 행위」(act of moving something or someone by using sudden or steady pressure)를 나타내지만, shove가 push보다 강도가 세다는 점에서 차이가 있다. 따라서 when push comes to shove는, push에서 shove로 「상황이 더 어려워지면」(when the situation becomes more difficult, or when matters escalate)이라는 의미로 이해할 수 있는데, push와 shove가 묘한 조화를 이뤄 「엎친 데 덮친다」의 뉘앙스를 담고 있다.

Key Point 

When push comes to shove 다른 대안이 없다면, 상황이 어려워지면

▶ if push comes to shove 다른 대안이 없다면

❶ **When push comes to shove,** I'll come up with the money you need.
상황이 어려워지면, 필요한 돈은 내가 마련해줄게.

❷ **When push comes to shove,** you always give me more work than you do yourself. 상황이 나빠지면, 네가 할 수 있는 것 이상의 일을 내게 주면 돼.

Justin: The manager said that he wants to speak with you in person.
Lilly: Really? Did he mention if there were any openings at the moment?
Justin: Yeah, he said that there were two.
Lilly: Well, I hope **when push comes to shove** you're on my side.

Justin: 부장이 자네하고 개인적으로 얘기하고 싶다던데.
Lilly: 정말? 현재 공석이 있다고 해?
Justin: 응, 두 자리가 비어 있다고 했어.
Lilly: 경쟁이 치열해지면 네가 내 편을 들어주길 바래.

Choose the best definition for each expression. You can check your answers at www.mentors.co.kr.

01 White elephant
(A) Someone who is meek and a little dull
(B) The latest luxury thing
(C) Something that is more trouble than it is worth

02 Save face
(A) Preserve one's good standing
(B) Change direction
(C) Attempt to communicate with someone

Beauty is only skin deep

 아름다움은 단지 피부깊이라고??

deep이 「깊은」이라는 뜻의 형용사이니까 「아름다움의 차이는 무척 깊다」는 엉뚱한 착각을 하는 사람도 있을지 모르지만, 여기서 deep은 무엇이 얼마나 깊은지 그 '정도'를 나타내는 단위처럼 사용된 경우로 skin deep은 「피부 두께」를 의미하는 것이다. 따라서 Beauty is only skin deep은 「아름다움은 피부 한꺼풀 두께에 지나지 않는다」라는 부정적인 의미를 담고 있는 말이다. 참고로 skin deep은 '추상적인 깊이가 얕다'는 의미에서 「피상적인」이라는 뜻으로도 사용된다.

Key Point 

Beauty is only skin deep 미모는 피부 한꺼풀 차이라고

▶ skin deep 피상적인

❶ My mother always told me that **beauty is only skin deep.**

엄마는 늘 아름다움이란 피부 한꺼풀 차이에 지나지 않는다고 했어.

❷ I know that **beauty is only skin deep,** but it's still important to me.

아름다움은 피부 한꺼풀 차이에 불과하지만, 그래도 내겐 아직 중요한 문제야.

Blair: I'm so pissed off. That guy I met last weekend hasn't returned any of my calls.
Saul: Any idea why?
Blair: No. How can he resist me? I'm so sexy and pretty.
Saul: Come on Blair, you know that **beauty is only skin deep.**

Blair: 화가 나서 미치겠어. 지난 주말에 만난 녀석이 내가 전화해도 전화를 안주네.
Saul: 왜 그러는지 짐작은 가고?
Blair: 아니. 어떻게 나를 거부할 수 있어? 이렇게 섹시하고 예쁜데 말이야.
Saul: 야, 야 블레어, 아름다움은 피부 한꺼풀에 불과하다고.

Choose the best definition for each expression. You can check your answers at www.mentors.co.kr.

01 Nine days' wonder
(A) A person who is in charge
(B) Refusal to accept a proposition
(C) A thing which has a great appeal for a short time

02 Play possum
(A) Pretend to be asleep, dead, or ignorant
(B) Attempt to gain advantage in an election
(C) Handle a situation in an impromptu manner

I'm at the end of my rope

난 내 로프의 끝에 있어??

예로부터 소나 개 같은 가축의 목에 줄을 매서(attach a rope to its neck) 기르던 관습에서 유래된 표현. 개를 예로 들면, 수상한 사람이 나타나더라도 목에 줄이 매인 이상 그 줄 밖에 있는 사람에 대해서는 어떻게 해볼 도리가 없는 노릇이다. 이렇게 줄에 매인 가축들에게 활동범위 및 능력의 「한계」(limit)가 되었던 end of one's rope가 인간들에게도 비유적으로 사용되기 시작하면서 「수단과 방책이 고갈되어 더 이상 어떻게 해볼 수 없는 상황」을 의미하게 된 것. 그래서 be at the end of one's rope하면 「진퇴양난의 위기에 처하다」, come to the end of one's rope하면 「한계 상황에 다다르다」라는 뜻이 된다.

Key Point

I'm at the end of my rope 더는 못 견디겠어, 죽을 지경이야

▶ come to the end of one's rope 한계 상황에 다다르다

❶ **Since her breakup with her boyfriend, she's been at the end of her rope.** 남자친구와 헤어진 뒤, 걔는 죽을 지경이었어.

❷ **After all the troubles at work, I'm at the end of my rope.** 회사에서 온갖 일들을 겪고 나니 더는 못 참겠어.

Sheldon: I can't believe I'm stuck in another traffic jam.
Heather: Just relax. You'll get out soon.
Sheldon: I'm at the end of my rope. I can't handle this.
Heather: Want me to drive?

Sheldon: 또 다시 꽉 막힌 도로에 갇힐 줄은 상상도 못했어.
Heather: 진정해. 곧 빠져 나갈 거야.
Sheldon: 인내심의 한계를 느낀다고. 참을 수가 없어.
Heather: 운전 내가 할까?

Choose the best definition for each expression. You can check your answers at www.mentors.co.kr.

01 Make a mountain out of a molehill
(A) Place all effort, interest in one thing
(B) Accept insult and humiliation
(C) Make something trivial seem very important and serious

02 Ask for the moon
(A) Ask for too much
(B) Ask no questions
(C) Ask someone out at night

Beauty runs in her family

 아름다움은 걔네 집에서 달린다고??

흔히 「어머니를 보면 그 딸을 알 수 있고 아버지를 보면 그 아들을 알 수 있다」고 한다. 이는 피를 나눈 부모자식지 간에는 하다못해 발가락이라도 닮기 마련이고 조부모로부터 부모에게, 다시 부모로부터 자식에게까지 대물림되는 「집안의 내력」이라는 것이 있기 때문. 이처럼 어떤 사람이 가진 신체적 · 정신적 특징이나 성격이, 그 사람 혼자만의 것이 아니라 부모나 형제 등 가족들에게서 공통으로 나타나는 「집안 전체의 특성」(characteristic to appear in all or most members of a family), 즉 「집안 내력」일 때 영어에서는 그것이 '피를 타고 전해진다'는 의미에서 run in the family라고 한다. 여기서 run은 「물이나 피 등이 흐르다」라는 뜻.

Key Point 

Beauty runs in her family 걔가 예쁜 건 집안 내력이야

▸ It runs in my family 그건 내 집안내력이야

❶ **Short tempers run in his family. His sister gets angry easily too.**
그 사람 성질 급한 건 집안 내력이야. 그 여동생도 걸핏하면 화를 내거든.

❷ **My father died of a heart attack. It runs in my family.**
아버지가 심장마비로 돌아가셨어. 집안내력이야.

Stewart: What are you going to wear tonight?
Franny: I'm going to wear my Gautier jacket. It goes well with my green eyes.
Stewart: Does everyone in your family have green eyes?
Franny: Yeah, it's a trait that runs in my family.

Stewart: 오늘밤에 뭐 입을 거야?
Franny: 고티에 재킷을 입을 거야. 내 녹색 눈과 잘 어울리거든.
Stewart: 너희 집 식구들은 다 눈이 녹색이야?
Franny: 응, 우리 집안 대대로 내려오는 특징이야.

Choose the best definition for each expression. You can check your answers at www.mentors.co.kr.

01 Take potluck
(A) Choose without enough information
(B) Do something without the permission
(C) Lose one's ability to handle someone

02 Pie in the sky
(A) Very easy
(B) Sold very fast
(C) Something pleasant that is unlikely to happen in the future

Q He got a taste of his own medicine

✕ 걘 자기 약의 맛을 갖고 있어??

환자들의 건강을 위한다는 미명(?)하에, 쓰디쓴 약(medicine)을 남에게 강요만 하는 입장에 있는 의사 · 약사들을 떠올려보면 쉽게 이해가 될 듯. 자기가 먹을 것도 아니기 때문에 그 약이 얼마나 쓴지 관심도 없고 관심을 갖으려고도 않으면서, 무조건 먹으라고 권하는 이들을 보면 「어디 너도 한번 먹어봐라」는 말이 절로 나오는데…. 「자기가 줬던 약의 맛을 보게 되다」라는 뜻의 get a taste of one's own medicine은 다른 사람에게 별생각 없이 강요했던 약의 쓴맛을 보게 된 의사나 약사의 처지처럼, 전에 자기가 남에게 했던 대로 「똑같이 당하는」(receive difficulties of the same kind that one has been causing other people) 것을 의미한다. 반대로 「똑같이 갚아줄」 때는 give sb a taste of sb's own medicine.

Key Point

He got a taste of his own medicine 걔도 똑같이 당했어

▶ give sb a taste of sb's own medicine …에게 똑같이 갚아주다

❶ I really hope that someday he gets a taste of his own medicine.
난 정말이지 걔도 언젠가 똑같이 한번 당해봤으면 좋겠어.

❷ Just thought we'd give Chris a taste of his own medicine.
우리가 크리스에게 똑같이 갚아주는 것을 생각하고 있었어.

Hamilton: Boy, I'd like to get my hands on that bully.
Julie: I know what you mean. He's such a creep.
Hamilton: I hope one day someone bigger than him gives him what he deserves.
Julie: Yeah, a taste of his own medicine.

Hamilton: 어휴, 저 못된 놈을 손 좀 봐줬으면 좋겠어. Julie: 무슨 말인지 알아. 저 녀석은 아주 저질이지.
Hamilton: 언제 저 놈보다 더 큰 애가 나타나서 꼭 좀 갚아줬으면 좋겠어.
Julie: 그래, 자기가 했던 대로 똑같이 말이지.

Choose the best definition for each expression. You can check your answers at www.mentors.co.kr.

01 A fly in the ointment
(A) Situation in which you come extremely close to danger
(B) Person who is lively and helps make a party fun and exciting
(C) Small, unpleasant matter that spoils the perfection of something

Q He really hit the ceiling

걘 정말 천장을 쳤다고?

hit은 「치다」, ceiling은 「천장」. 따라서 hit the ceiling은 「천장을 치다」라는 의미가 되는데, 이 표현의 진정한 뜻을 알려면 도대체 무엇 때문에 '천장을 치게 되었는지' 부터 살펴봐야 한다. 우리말에서는 몹시 흥분하거나 화가 난 사람을 보면 「팔짝팔짝 뛴다」, 「길길이 날뛴다」라는 식으로 표현하는데, hit the ceiling의 원인은 바로 여기에 있다. 얼마나 화가 났던지 길길이 날뛰다가 '결국엔 천장을 치게 될' 정도로 「화가 머리끝까지 났다」(become extremely angry)는 얘기. 또한 burn up이나 work oneself up 등도 화가 몹시 난 상태를 나타내는 비슷한 표현.

Key Point

He really hit the ceiling 걔 정말 머리끝까지 화가 났어

▶ get worked up 화를 내다

❶ My father **hit the ceiling** when I damaged his car.
아버지는 내가 차를 망가뜨려서 화가 머리끝까지 나셨어.

❷ If Gaby finds out, she's gonna **hit the ceiling.**
개비가 알아내면 길길이 날뛸 거야.

Robinson: Hey, look at me. I can carry three bowls of soup at the same time.
Phoebe: You'd better be careful you don't drop them all.
Robinson: No problem, I used to be a waitress. *(CRASH!)*
Phoebe: I told you to be careful. Mom's going to **hit the ceiling** when she comes home.

Robinson: 야, 나 좀 봐. 나는 한꺼번에 스프 그릇을 세 개나 나를 수 있어.
Phoebe: 떨어뜨리지 않도록 조심해야 돼.
Robinson: 문제없어. 왕년에 웨이스트리스였으니까. *(꽝!)*
Phoebe: 내가 조심하라고 그랬지. 엄마가 오면 불같이 화내실 거야.

Choose the best definition for each expression. You can check your answers at www.mentors.co.kr.

01 Eat humble pie
(A) Imagine something pleasant that is unlikely to happen
(B) Looks as if it will be very pleasant to eat
(C) Accept insult and humiliation

Q He was caught red-handed

 갠 붉은 손으로 잡혔어?

A 사이코 살인마를 소재로 한 영화의 법칙 가운데 하나는, 아무리 장갑을 끼고 비옷을 뒤집어쓰면서 완전범죄(perfect crime)를 노려도 몸 어딘가에 꼭 혈흔이 남는다는 것. 이렇게 범행을 저지르고 난 뒤 「피가 붉게 묻어있는 손」이 바로 red hand로, be caught red-handed는 도주는커녕 손에 묻은 피를 씻을 새도 없이 바로 「범행 중에(in the very act of crime) 현장에서 잡히는」 것을 말한다. red-handed 때문에 유혈이 낭자하는 폭행이나 살인 사건 등이 연상되지만, 이에 국한되지 않고 모든 범죄 행위에 대해서 사용된다는 점에 주의하자.

 Key Point

He was caught red-handed 걔는 현장에서 딱 잡혔어

▶ be caught in the act 현행범으로 잡히다

1. They **caught** the thief **red-handed** while he was putting the diamonds in his pocket. 도둑은 주머니에 다이아몬드를 넣다가 현장에서 검거됐어.
2. I **caught** my girlfriend **red-handed** with another man last night! 난 어젯밤에 내 여친이 딴 남자랑 있는 현장을 잡았어!

Adrian: So Brad was trying to steal your money?
Wendy: I **caught** him **red-handed** in my apartment.
Adrian: And did he apologize to you for doing that?
Wendy: Yes, but I still called the police.

Adrian: 그래, 브래드가 네 돈을 훔치려고 했다고?
Wendy: 내 아파트에서 현장을 잡았어.
Adrian: 그리고 네게 사죄는 했어?
Wendy: 그랬지만 그래도 난 경찰을 불렀어.

Choose the best definition for each expression. You can check your answers at www.mentors.co.kr.

01 Tempest in a teapot
(A) Sudden and unexpected accident during a happy time
(B) A lot of worry and nervousness over practically nothing
(C) Unhappy or complaining individual

Don't bury your head in the sand!

모래에 네 머리를 묻지 마??

bury one's head in the sand는 사자나 표범과 같은 맹수에게 쫓기게 되면 모래 속에 머리만 달랑 파묻는 타조(ostrich)의 모습에서 유래한 표현. '다리도 길겠다!' 열심히 뛰기만 하면 충분히 도망칠 수도 있을 법한데, 자기 눈에 적이 안 보이니까 적도 자기를 볼 수 없을 거라는 얄팍한 믿음에서(in the belief that because it is unable to see its enemy, it itself cannot be seen) 머리만 모래 속에 파묻어 놓고 버둥거리는 타조처럼 「어려움을 똑바로 직시하지 않고 얕은 수로 현실을 회피하려는」(refuse to notice a difficulty or problem or to avoid facing up to realities) 어리석은 작태를 묘사할 때 유용하다.

Key Point

Don't bury your head in the sand! 현실을 외면하지 마!

▶ stick one's head in the sand 현실을 외면하다

① Tradition is a trap, it allows people to **stick their head in the sand.**
전통은 함정이야, 사람들이 현실을 외면하게 만들잖아.

② Kevin has a tendency to **bury his head in the sand** when he should face problems. 케빈은 어려움이 생기면 현실을 회피하려는 경향이 있어.

Mitch: I'm sure Ralph is an honest man.
Vera: But most people think he's a liar.
Mitch: Oh, he'd never lie to me about anything.
Vera: I think you'**re burying your head in the sand.**

Mitch: 랄프는 정직한 사람이라고 확신해.
Vera: 하지만 대부분 사람들이 걔 거짓말쟁이라고 하던데.
Mitch: 내게는 거짓말을 한 적이 전혀 없어.
Vera: 넌 지금 현실을 회피하려는 것 같아.

Choose the best definition for each expression. You can check your answers at www.mentors.co.kr.

01 Much ado about nothing
(A) Very costly possession that is worthless to its owner and only a cause of trouble
(B) Decision or action has been taken and cannot be changed now
(C) A lot of delays or unnecessary activities

Q They sold like hotcakes

그것들이 핫케익처럼 팔렸다고??

우리네 호떡만큼이나 미국인들이 즐겨먹는 hotcake은 누구나 만들어서 쉽게 팔 수 있는 저가 인기품목의 대표격. 굳이 영어식 사고니 뭐니 거창한 사설을 읊지 않더라도 그저 핫케익을 살짝 호떡으로 대치시켜 '호떡처럼 팔려나간다'라고 말을 바꾸면 그만큼 쉽게 대량으로 잘 팔려 나가는 모습을 연상할 수 있다. 그래서 sell like hotcakes는 「날개 돋친 듯 팔려나가다」, 「불티나게 팔린다」(be sold very fast)라는 뜻이 되는데, 최근에는 핫케익 말고도 잘 팔리는 저가의 먹거리가 무궁무진한 만큼 아예 품목을 값싼 T-shirts로 바꿔서 sell like T-shirts라고 하거나 「정신없이 팔려나간다」는 의미에서 sell like crazy를 쓰기도 한다.

Key Point

They sold like hotcakes 불티나게 팔렸어

▶ sell like hotcakes 날개 돋친 듯 팔려나가다

❶ **The sweaters sold like hotcakes after the store lowered its prices.**
상점에서 가격을 내린 후 그 스웨터들은 불티나게 팔렸다.

❷ **She was surprised that such an ugly doll could be selling like hotcakes.** 걔는 그렇게 못생긴 인형이 불티나게 팔리는 사실에 놀랐다.

Peter: You sure seem like you're in a hurry. Where are you going?
Bree: I'm heading over to the Club Monaco warehouse sale.
Peter: Really? Do they have any good bargains?
Bree: Well, my sister told me everything in the place was selling like hotcakes.

Peter: 너 좀 서두르는 것 같은데, 어디 가니?
Bree: 클럽 모나코의 창고세일에 가는 중이야.
Peter: 그래? 값싼 물건이라도 있대?
Bree: 글쎄, 누나가 하는 말이 거기 있는 물건이 모두 불티나게 팔리고 있다는 거야.

Choose the best definition for each expression. You can check your answers at www.mentors.co.kr.

01 Feel under the weather
(A) Depend on the weather
(B) When one thing goes wrong, everything starts to go wrong
(C) Feel slightly ill

I could see the writing on the wall

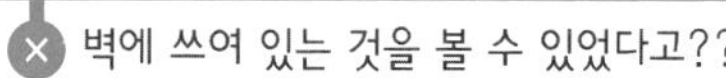
벽에 쓰여 있는 것을 볼 수 있었다고??

the (hand)writing on the wall은 「나쁜 일이 일어날 징조」(forecast of some ominous event) 혹은 「위험에 대한 경고」(warning of probable danger)라는 의미. 이 표현은 구약 성경 다니엘서에서, 바빌로니아의 Belshazzar왕이 연회를 벌이던 도중 갑자기 손이 나타나 벽에 「왕국의 종말」과 「왕의 부덕함」, 그리고 「왕국의 분리」를 예언하는 문구 "Mene, mene, tekel, upharsin"을 썼다는 구절에서 유래한 것이다. 벽에 쓴 글씨대로 Belshazzar왕은 그 날 밤 시해되고 바빌로니아 왕국도 결국 멸망의 길로 들어섰다. 따라서 see[read] the (hand)writing on the wall하면 「뭔가 불길한 일이 일어날 것을 예감하다」(know that something unpleasant or disastrous is certain to happen)라는 의미.

Key Point 

I could see the writing on the wall 내가 그럴 줄 알았다니까

▶ see[read] the (hand)writing on the wall 뭔가 불길한 일이 일어날 것을 예감하다

❶ **Tom saw the writing on the wall when the firm reduced his salary.** 탐은 회사에서 자기 월급을 깎자 뭔가 불길한 예감이 들었다.

❷ **I know I'll get fired. I can see the writing on the wall.**
난 내가 해고당할 거라는 걸 알아. 불길한 예감이 들거든.

Mike: This business is not doing very well.
Mona: Really? What problems are you having?
Mike: We've lost a lot of customers and don't have enough money.
Mona: I see the writing on the wall. Your business will fail.

Mike: 이 사업은 정말 잘 안 돼.
Mona: 정말? 무슨 문제가 있는데?
Mike: 많은 고객을 잃었고 돈이 충분하지도 않고.
Mona: 내 그럴 줄 알았어. 네가 사업은 쇠락하고 있어.

Choose the best definition for each expression. You can check your answers at www.mentors.co.kr.

01 hit the ceiling
(A) manage to obtain something
(B) become very angry
(C) start doing something for the first time

I need to bring home the bacon

 나는 집에 베이컨을 가져와야 된다고??

「베이컨을 집에 가져오다」라는 말은 「성공하다」 특히 「가족들에게 음식을 조달하는 데 성공하다」(succeed, especially in providing food or money for one's family)라는 뜻으로 쓰이고 있다. 이 표현은 Dunmow Flitch라고 알려진 England, Essex 지방의 전통에서 유래했는데, 신혼 1년 동안 싸우지 않고 깨가 쏟아지게 지낸 부부에게 소금절인 돼지고기 옆구리살(side of bacon or flitch)을 상으로 줬다고 한다. 까다로운(?) 자격요건에 비해 상품이 너무 시시한 감도 없지 않지만, 당시만 해도 귀한 물건이었기에 「베이컨을 집에 가져가는 것」이 곧 「가정생활에서의 성공」을 의미하게 된 것. 이 밖에 식구를 부양하기 위해 「돈을 벌어오는 사람」은 bread winner라 한다.

Key Point 

I need to bring home the bacon 내가 생활비를 벌어야 해

▶ bread winner 생계비를 벌어오는 사람

❶ He couldn't **bring home the bacon** with that job.
걔는 그 일을 해가지고는 생활비를 벌 수가 없었어.

❷ She tried to **bring home the bacon,** but didn't make enough money.
걔는 생활비를 벌어보려고 했지만, 돈을 그리 많이 벌지는 못했다.

Rick: I feel like I am always poor!
Gloria: I thought you made a lot of money at your job.
Rick: No, I can't **bring home the bacon** on the salary.
Gloria: You should try to find a new job.

Rick: 난 왜 이리 지지리도 가난한 걸까!
Gloria: 지금 일자리에선 돈을 많이 받는 줄 알았는데.
Rick: 아니, 그 월급으로는 생활비도 안된다고.
Gloria: 새 일자리를 알아봐야겠구나.

Choose the best definition for each expression. You can check your answers at www.mentors.co.kr.

01 Tomorrow is another day
(A) Don't worry what will happen tomorrow in advance
(B) Don't put off what you have to do today
(C) Tomorrow you will have another chance to solve the problem

It's the tail wagging the dog

꼬리가 개를 흔드는 거라고??

개가 꼬리를 흔들어야지(the dog wags his tail) 꼬리가 개를 흔들어댄다면 뭐가 잘못돼도 한참 잘못된 개판! 따라서 '꼬리를 휘둘러야 할 개가 꼬리에 휘둘리는' 상황을 표현한 The tail wags the dog은 개와 꼬리의 처지가 뒤바뀐 것처럼 「주객이 전도된」(small part is controlling the whole thing) 경우를 비유적으로 나타낸다. 한편 the tail을 생략한 wag the dog은 「시선을 다른 곳으로 돌리기 위해 연막을 치다」, 쉽게 말하면 '물타기' 하다라는 뜻의 속어로 사용된다.

Key Point

It's the tail wagging the dog 주객이 전도됐군

▶ wag the dog 물타기하다, 연막을 치다

❶ **Her influence over the boss is the tail wagging the dog.**
걔의 사장에 대한 영향력은 정말 주객이 전도된 격이야.

❷ **The secretary's bossing everyone around. It's a case of the tail wagging the dog.** 비서가 사람들을 다 쥐고 흔들려고 해. 이거야말로 주객이 전도된 거지 뭐야.

Adam: Have you met Tim's new girlfriend?
Sophie: No, what's she like?
Adam: She totally controls him. She even tells him how to spend his money.
Sophie: That's strange. It sounds like a case of the tail wagging the dog.

Adam: 팀이 새로 사귀는 여자 친구 만나봤니?
Sophie: 아니, 어때?
Adam: 팀을 완전히 쥐고 흔들어. 심지어는 돈을 어디다 어떻게 쓰라고까지 일러준다니까.
Sophie: 거 참 희한하군. 완전히 주객이 전도된 꼴인데.

Choose the best definition for each expression. You can check your answers at www.mentors.co.kr.

01 Born with a silver spoon in one's mouth
(A) Luxury-loving
(B) Born to a wealthy family
(C) Suddenly become rich

02 Sixty-four thousand dollar question
(A) Critical or basic question or problem
(B) Special treatment for someone
(C) Person who discourages others

Don't bite off more than you can chew

 씹을 수 있는 것보다 더 물지 말라고??

bite이나 chew 모두 구강운동(?)과 관련 있는 동사. 「분리」를 나타내는 부사 off와 결합해 의미가 강조된 bite은 「한 입 베어 무는 것」을, chewing gum에서도 알 수 있듯 chew는 「씹다」를 뜻한다. 그러므로 bite off more than one can chew라고 하면 「자기가 씹을 수 있는 양 이상을 베어 물다」라는 말인데, 욕심만 많아서 입을 움직이지도 못할 정도로 한껏 베어 물고는 이러지도 저러지도 못하고 있는 상황을 나타낸다. 이처럼 「감당하지도 못할 일을 대책 없이 저지르거나」, 「능력 밖의 욕심을 부릴」(try to do something more difficult than one is able to) 때 비유적으로 사용되는 표현.

Key Point 

Don't bite off more than you can chew 감당하지도 못할 일은 저지르지도 마

▶ bite off more than you can chew 욕심을 부리다

1. You sure you **haven't bitten off more than you can chew?**
   네가 정말 과욕을 부리지 않은 게 확실해?
2. I hope she didn't **bite off more than she can chew** by taking all those classes. 걘 감당도 못하면서 모든 과목을 수강신청 해놓지 않았으면 좋겠어.

Dirk: You have been working very hard recently.
Carla: I have three part-time jobs and I'm also a student.
Dirk: **Don't bite off more than you can chew.**
Carla: I know, sometimes I get overwhelmed by work.

Dirk: 너 최근에 열심히 일하는 것 같아.
Carla: 파트 타임을 3개나 하고 또 학생이잖아.
Dirk: 너무 과욕을 부리지마.
Carla: 알아, 때로는 일에 휩싸여있어.

 Choose the best definition for each expression. You can check your answers at www.mentors.co.kr.

01 Mind one's P's and Q's
(A) Be crazy, stupid or feeble minded
(B) Mind one's own business
(C) Be careful, especially not to say or do anything wrong

Q Let's call a spade a spade

스페이드를 스페이드로 부르자고??

A 여기서 spade는 카드놀이의 스페이드(♠)를 가리켜 목적어와 목적보어가 모두 a spade인 이 표현은, spade를 가지고 있으면서 더 가치가 있는 clover(♣)나 diamond(?)가 있는 것처럼 연막전술(smoke screen tactics)을 피우지 말고 「있는 그대로 말하라」는 얘기. 대개 남에게 기분 나쁘거나 무례하게 들릴 수 있는 말이라 하더라도(even if it is not polite or pleasant) 「할 말은 하다」, 「톡 까놓고 말하다」는 의미로 사용된다.

Key Point

Let's call a spade a spade 사실은 사실대로 인정하자고

▶ call a spade a spade 할 말을 하다, 있는대로 톡 까놓고 말하다

❶ **Don't waste our time. Let's call a spade a spade.**
시간 낭비하지 말고 사실대로 인정하자고.

❷ **Let's call a spade a spade. This movie stinks.**
톡 까놓고 얘기하자. 이 영화 정말 구리다.

Aaron: What do you think of Chris?
Stephanie: I don't think much of him, he's such a sore loser.
Aaron: I guess you could say that, but he is an OK guy.
Stephanie: Hey, let's call a spade a spade. Chris is an asshole!

Aaron: 크리스에 대해 어떻게 생각하니?
Stephanie: 별로야, 그 녀석은 남의 성질을 돋우는 왕재수야.
Aaron: 그렇게 말할 수도 있지만 그래도 괜찮은 녀석이야.
Stephanie: 이봐, 말은 바로 하자고. 크리스는 정말이지 재수 없어!

Choose the best definition for each expression. You can check your answers at www.mentors.co.kr.

01 Make ends meet
(A) Seize the most favorable opportunity
(B) Take action before the proper time
(C) Get just enough money for all of one's need

I think it's sour grapes

 그게 신포도 같다고??

「여우와 포도」(The Fox and the Grapes)라는 이솝우화에서 유래한 표현. 어느 날 먹음직스러워 보이는 포도송이 아래에 앉아있던(sitting below a mouth-watering bunch of grapes) 여우가, 짧은(?) 팔이라도 뻗어 포도송이를 따먹어보려 했지만 애석하게도 포도는 너무 높이 있었단다. 그러자 가진 건 자존심밖에 없는 이 여우 녀석, "The grapes are probably sour anyway"(어차피 포도는 실텐데 뭐)라는 생트집으로 애써 실망감을 감추며 황망히 자리를 떠났는데…. 여기서 연유한 sour grapes는, 자기 손에 넣을 수 없는 것의 단점을 부각시켜 마치 그것을 원치 않는 척(pretend not to want something because one cannot have it oneself) 자기 합리화하려는 「생트집」, 「공연한 오기」 등을 뜻한다.

Key Point 

I think it's sour grapes 괜한 생트집 같아

▶ sour grapes 생트집, 공연한 오기

❶ He says sports cars are dangerous, but **it's just sour grapes** because he can't afford one.
걔가 스포츠카가 위험하다고 말하는 건, 살 능력이 안 돼 공연한 트집을 잡는 거야.

❷ When she complains about pretty girls, **it's sour grapes.** She wishes she was pretty too.
여자가 예쁜 여자들에 대해서 투덜거리는 건 생트집이야. 자기도 예뻐지길 바라거든.

Buck: I heard you got turned down for a promotion.
Blair: It was a stupid job. I didn't really want it.
Buck: That sounds like **sour grapes** to me!
Blair: I don't know. Maybe you're right.

Buck: 너 승진에서 누락됐다며.
Blair: 아주 하찮은 자리였어. 난 그 자리에 별로 욕심이 없었다고.
Buck: 내가 보기엔 공연한 트집 같은데!
Blair: 글쎄. 네 말이 맞을지도 모르지.

Choose the best definition for each expression. You can check your answers at www.mentors.co.kr.

01 The die is cast
(A) Act at the most favorable time in order to get the best results
(B) Decision or action has been taken and cannot be changed now
(C) Incompetent people leading others who are similarly incapable

Let's cut through the red tape

빨간 테이프를 자르자고??

red tape은 「불필요하고 일의 진행을 더디게 하는」(seem unnecessary and cause delay) 「관료적 절차」(very bureaucratic procedures)를 말하는데, 이는 과거 영국에서 법률문서나 정부의 서류다발을 묶던(tie up bundles of official, legal or governmental documents) 끈이 실제로 붉은색이었기 때문에 생겨난 말. 따라서 cut through red tape이란 이러한 「관료적 절차를 싹둑 잘라내어 간소화하다」(simplify the procedures)라는 의미가 된다.

Key Point

Let's cut through the red tape 쓸데없는 절차를 줄여보자

▶ red tape 관료적 절차

❶ If you deal with the government, you will have to put up with lots of red tape. 정부를 상대하려면, 형식적 절차들을 수없이 견뎌내야 해.

❷ Sometimes, bribery is used as a method to cut through red tape. 때로는 뇌물이 불필요한 절차를 간소화시키는 방법으로 사용되기도 해.

Fred: Mr. Stolarze called this morning.
Stella: Well, what did he say?
Fred: He said that there is a lot of red tape, but there should be no problem.
Stella: Is there any way we can cut through the red tape?

Fred: 오늘 아침에 스톨라즈 씨가 전화했어.
Stella: 그래, 뭐라고 해?
Fred: 형식적인 절차가 많아서 좀 늦어지기는 하지만, 문제는 없을 거래.
Stella: 그 절차를 간소화할 방법은 없을까?

Choose the best definition for each expression. You can check your answers at www.mentors.co.kr.

01 Strike while the iron is hot
(A) Either do some useful work or let someone else do it
(B) Do something when the time is ripe
(C) Take control of a situation

Get more

I got the sack 나, 짤렸어
Poor Jean got the sack today. She's always late.
불쌍한 진이 오늘 해고당했어. 늘 지각하더니만.

It drives me up the wall! 돌아버리겠네!
Sally's driving me up the wall with her constant talk about her new house.
샐리가 새로 이사한 집에 대해 끝도 없이 이야기를 늘어놓는 통에 돌아버리겠어.

He's wearing two hats 걘가 일인이역을 하고 있어
Ever since my baby was born, I've been wearing two hats as a mother and a breadwinner.
아기가 태어난 뒤로, 난 아기도 키우고 돈도 벌면서 일인이역을 하고 있어.

Mind your P's and Q's! 행동거지 조심해!
The teacher was annoyed at the student for not minding his P's and Q's.
교사는 그 학생이 제멋대로 굴어서 화가 났어.

He is burning the candle at both ends 걘 자신을 너무 혹사시키고 있어
You can't keep on burning the candle at both ends. 그렇게 자신을 계속해서 혹사시켜서는 안돼.

Keep it under your hat 비밀로 해줘
Keep this under your hat, but I'm going to be the next vice president of the company.
비밀 지켜야 해, 그런데 내가 차기 부사장이 될거야.

Never say die 죽는 소리하지마
The economy is bad and you got fired? Never say die. Things will get better soon.
경기도 나쁜 데다 해고까지 당했다구? 그래도 기운내. 곧 좋아질거야.

He's sitting on the fence 걘 모호한 태도를 취하고 있어
Stop sitting on the fence and make up your mind whose side you're on.
저울질 좀 그만하고 어느 편인지 결정해.

He took the bull by the horns 걘 눈 질끈 감고 나섰어
She finally took the bull by the horns and demanded a raise.
걔는 마침내 두 눈 딱 감고 인금인상을 요구했어.

I don't want to lay an egg 실패하고 싶지 않아
I hope I don't lay an egg when it's my turn to sing. 내 차례가 되었을 때, 노래를 망치지 않았으면 좋겠어.

We rolled out the red carpet for him 우리는 걔를 극진히 대접해줬어
There's no need to roll out the red carpet for him. 걔는 융숭하게 대접해줄 필요가 없어.

Get more

You hit the nail on the head 핵심을 찔렀군

You've spotted the flaw, Mag. You hit the nail on the head. 결함을 찾아냈군, 맥. 핵심을 찔렀어.

This water hits the spot 이 물 한번 시원~하다

The hot soup you made tonight really hit the spot. 오늘 밤에 네가 만들어준 따근한 스프는 정말 끝내줬어.

He's the life of the party 걘 파티의 분위기 메이커야

John is always the life of the party. Be sure to invite him.
존은 항상 파티 분위기를 잘 띄우니까 꼭 초대해야 돼.

She's really dressed to kill 걔 정말 끝내주게 차려입었어

A person doesn't go to church dressed to kill. 교회갈 때는 지나치게 차려입는 게 아냐.

The sky is the limit 무제한이야

He can do anything he sets his mind to. For him, the sky's the limit.
걔는 마음먹은 것이면 뭐든 할 수 있어. 다른 사람은 몰라도 걔한테 한계가 없어.

He's wet behind the ears 걘 애송이라구

He may be wet behind the ears, but he's well-trained and totally competent.
걘 풋내기일지는 모르지만, 훈련을 잘 받아서 아주 유능하다구.

He's robbing the cradle! 걘 어린애를 꼬시고 있어!

There he goes robbing the cradle again; I bet she doesn't know his real age.
저 인간 또 새파랗게 어린애를 꼬시고 있네. 여자가 걔의 진짜 나이를 모르는 게 확실해.

I almost went bananas 거의 미칠 뻔했어

Whenever I see Suzie, I just go bananas! She's fantastic.
수지를 볼 때마다 정신을 못차리겠어. 걘 정말 끝내주거든.

She wears the pants in the family 걔가 집안 주도권을 잡고 있어

All right, if you have to wear the pants, have it your way.
좋아, 집안의 주도권을 잡아야겠다면 당신 맘대로 해.

The story doesn't hold water 그 얘기는 말이 안돼

The police's theory will not hold water. The suspect has an iron-clad alibi.
경찰의 주장은 이치에 맞지 않아. 용의자에게는 확실한 알리바이가 있거든.

I don't like taking potluck 주는 대로 받아 먹는 건 싫어

I've decided to take potluck and accept the first one that I hear back from.
나는 운에 맡겨서 가장 먼저 연락을 주는 곳에 그냥 가기로 했어.

Get more

I had to eat humble pie 수치스럽지만 참아야 했어

He had to eat humble pie and publicly admit his error.
걔는 창피를 무릅쓰고 자기 실수를 공개적으로 인정해야 했어.

She's going to blaze a trail 걔가 개척할 거야

He prefers to blaze a trail instead of following in other people's footsteps.
걔는 다른 사람들의 발자취를 따라가기보다 스스로 개척하는 것을 좋아해.

Don't make a mountain out of a molehill 별것도 아닌 일로 법석 좀 떨지마

Come on, don't make a mountain out of a molehill. 제발, 별것도 아닌 걸 가지고 법석 좀 떨지마.

It makes my mouth water 그것 참 군침도네

I'll cook you up something that'll make your mouth water. 내가 군침이 돌 만큼 맛있는 걸 만들어줄게.

I'm playing possum 자는 척하는 중이야

The injured soldier played possum so that he would not be shot again.
그 부상병은 다시 총에 맞지 않으려고 죽은 척했어.

It's a white elephant 무용지물이야

His old car became a white elephant when he purchased a new one.
새 차를 구입하자 걘 오래된 차가 거추장스럽게 느껴졌어.

When pigs fly! 해가 서쪽에서 뜬다면야!

I'll become a business partner with your brother when pigs fly!
나는 하늘이 두 쪽 나도 너희 오빠랑 동업은 안해.